1900년대 만주 고고학
연구자료 국역총서 3

조선 역사 지리

쓰다 소키치(津田左右吉) 지음

한세진 · 박지영 · 복기대 옮김

제1권

■ 역자 일러두기

1. 이 책은 만주역사조사부에서 역사조사보고서 제2권으로 간행한 『조선역사지리 1·2』(남만주철도주식회사, 1913)를 완역한 것이다. 원저는 쓰다 소키치(津田左右吉) 저, 시라토리 구라키치(白鳥庫吉) 감수로 되어 있다.

2. 일제강점기에 간행된 원저의 특성상 순화할 필요가 있는 용어는 현재의 기준으로 고쳤다. 예) 지나 → 중국, 우리나라 → 일본, 국사 → 일본사 등

3. 본서에 언급된 '지금' 또는 '오늘날'의 지명은 원저 간행 당시의 행정구역에 따른 것이다.

4. 본문에 인용된 한문 사료는 번역하고 원문을 병기했다. 원문은 본서에 표기된 대로 옮기되, 한국사데이터베이스 등의 교감본과 대조하여 명백히 다른 경우 해당 부분 뒤에 [ ] 표기하여 부기했다.

5. 원문 대조에 사용한 교감본의 출처는 다음과 같다.
   한국 사료 - 한국사데이터베이스 및 한국고전종합데이터베이스 수록 통행본
   중국 사료 - 중화서국 표점본 및 中國哲學書電子化計劃 수록 원문
   일본 사료(『일본서기』) - 동북아역사재단 간행 『역주 일본서기』(연민수 외, 2013)

6. 원저는 바탕문과 인용문의 구분이 없으나 사료의 인용이 길게 이어지는 경우 가독성을 고려하여 별도 인용문으로 처리했다.

7. 원저에는 서술 내용에 대한 키워드가 두주(頭註) 형식으로 기입되어 있으나 본서에서는 굵은 글씨의 소제목 형태로 본문 속에 배치했다.

8. 인용된 사료의 번역에 ( ) 표기하여 추가된 설명은 원저자에 의한 것이다.

9. 인용된 한문 사료의 원문에 저자가 강조 표기한 부분은 번역문의 해당 부분에 밑줄로 표시했다.

10. 원문에서 오류로 판단되는 부분은 그대로 번역하되 [ ] 표기하여 수정한 내용을 병기했다. 단 명백한 오식인 경우는 별도 표기 없이 수정했다.

11. 역자 주는 꼭 필요한 경우에 한해 [ ]로 표기하여 해당 부분 뒤에 삽입했다.

12. 고유명사의 한자는 처음에만 ( ) 안에 병기하는 것을 원칙으로 하되, 필요에 따라 추가로 병기했다.

13. 일본 인명과 지명은 원어 발음대로 표기하되 외래어 표기법에 따랐다.

1900년대 만주 고고학
연구자료 국역총서 3

조선 역사 지리

쓰다 소키치(津田左右吉) 지음

한세진 · 박지영 · 복기대 옮김

제1권

목차

『조선역사지리』· 1권

제1권

서문

우리가 남만주철도주식회사의 위탁을 받아 만한사(滿韓史) 조사를 하게 된 이유에 대해서는 이전에 간행된 『만주역사지리』 서문에서 이미 언급했다. 이제 『조선역사지리』 발간을 맞아 한반도 연구에 관한 한두 가지 감상을 기록하여 전언(前言)의 부족함을 보충하고자 한다.

지금 일본 영토에 들어와 있는 조선 반도는 예로부터 일본과 밀접한 관계를 가졌을 뿐만 아니라, 국토가 인접하여 언어와 문자를 해석하는 것도 용이했다. 따라서 일본인은 당연히 조선과 조선인에 대해 풍부한 지식을 가지고 있었을 터인데, 사실은 이와 반대로 일본 국민은 이들에 대해 아는 바가 극히 빈약하다. 이는 이상한 일이지만 이유가 없는 것도 아니다. 생각해보면 외국의 문물을 배우기에 익숙한 일본인은 받아들여서 배울 만한 문화를 가진 나라에 대해서는 관련 지식을 구하는 데 급급했다. 하지만 자국 문화를 다른 나라 국민 사이에 뿌리 내리게 하는 일도 없었고 또 외국에 나가서 활동한 적도 없는 일본인은 배울 만한 것을 갖지 못한 이웃 나라 사정을 알려고 하는 생각을 품지도 못했으며, 알지 못한 채 있어서는 안 된다는 사실상의 요구도 느끼지 못했던 것이다. 물론 상고 시대 일본의 문화가 한반도 국민에 의해 유도되었고, 또 한반도 남부 일각에 일본의 속령(屬領)이 존재했던 동안에는 일본인도 한반도에 관한 다소의 지식을 가졌을 것이다. 하지만 일단 직접적으로 대륙의 문물을 향수하게 되고, 또 반도에서 속령을 잃은 후에는 일본인은 자연히 한인(韓人)들의 나라를 등한시하게 되었을 것이다. 최근 서구문화를 배우는데 온 힘을 쏟게 되면서 오랜 세월 우리의 사표(師表)로서 존숭받았던 중국의 사물이 세간에서 경시당하게 된 것 또한 같은 사정이라고 하겠다. 이로써 일본인의 습성을 알 수 있을 것이다.

덧붙여 일본인은 오랜 쇄국으로 인해 이웃나라와 친교할 기회를 갖지 못했으므로, 한반도의 지식은 서적을 통해서 구할 수밖에 없었다. 그런데 한인은 서적을 숨기고 바깥으로 내보이는 것을 꺼리는 습성이 있었으므로, 일본인이 한반도의 사정에 어두웠던 것도 어쩔 수 없는 일이었다. 메이지(明治) 시대가 되어 일본인의 실질적인 경영이 저들의 영토에서 시도되면서 실제로 보고 듣는 현재의 상태에 관해서는 차츰 구명할 수 있게 되었다. 하지만 사적(史籍)으로 해명해야하는 과거의 사정에 대해서는 거의 아무 것도 얻지 못했는데, 이 또한 절반은 한인의 누습(陋習)에 의한 것이라고 할 수 있다. 우리 학계에서 조선에 관한 역사적 연구 수준이 아주 낮은 것 또한 많은 부분 그 때문이다.

그런데 지금은 형세가 크게 바뀌어 한반도는 일본에 합병되었고, 그 땅의 경영과 백성에 대한 보호와 유도가 일본 국민의 임무가 되기에 이르렀다. 따라서 한반도의 과거 및 현재 사정에 관한 확실하고 정밀한 지식이 더욱 간절해졌다. 동시에 정치적 위치의 변천에 따라 종래 비각(秘閣)에 다발로 보관되어 있던 저들 나라의 도서도 점차 세상에 나오기에 이르렀으니, 한반도에 관한 학술적 연구도 지금부터 점차 활발해 질 것이다. 특히 사적

(史籍)의 기록에 의지하는 일이 많은 역사 연구는 이제 비로소 실마리를 푸는 기회를 얻었다고 할 수 있을 것이다. 우리의 사업이 지향하는 바는, 이러한 때를 맞이하여 학계에 미력을 다함으로써 착실한 학술적 연구의 기운을 촉진하는 데 일조하고자 하는 것이다. 동시에 한반도의 실질적 경영에 대하여 학술상으로 다소의 참고 자료를 제공하고자 하는 것이다.

우리 조사실에서 조선에 관한 부분을 담당한 것은 이케우치 히로시(池内宏)와 쓰다 소키치(津田左右吉) 두 사람인데, 이케우치는 주로 조선시대를, 쓰다는 고려시대 이전을 분담했다. 지금은 우선 쓰다 씨의 역사지리에 관한 고증을 찬집하여 이 책을 만들었다. 연구 범위를 고려시대 이전으로 한정했으므로 사용된 자료는 대체로 이전부터 세상에 알려진 사료이지만, 주제는 아직 일본 학계의 검토를 거치지 않은 것도 적지 않으므로 고증 결과에도 많은 결함이 있을 것이다. 기꺼이 다른 학자들의 시정(是正)을 기다리고 있으니 행복하다고 하겠다.

남만주철도회사 역사조사실에서
1913년 9월
시라토리 구라키치

이 책은 조선반도의 역사지리에 관한 고증을 편집한 것이며, 지리상의 연혁을 계통적으로 서술한 것이 아니다. 통일신라시대 이후의 사적 및 군현의 위치, 구획 등은 『삼국사기』와 『고려사』 「지리지」, 『동국여지승람』 등에 의해서 대략 짐작할 수 있지만, 삼국 분립 시대의 각국의 강역 및 성지(城池), 고려시대 북경(北境)의 변천 등에 관해서는 역사상의 기재를 통해 바로 파악할 수가 없다. 따라서 전자는 여기에 기술할 필요가 없으나, 후자는 특수한 고증이 필요하다. 이것이 이 책이 한반도 전체를 계통적으로 서술하지 못하는 이유이다.

연구의 범위는 고려시대 이전으로 한정했다. 마지막 두 편은 조선 초기에 관한 것이지만, 고려 말에 이어지는 문제이므로 여기서 함께 논급한 것이다.

이 책을 상하 두 권으로 나눈 것은 열독의 편의를 생각한 것일 뿐 다른 이유가 있는 것은 아니다.

부도(附圖)로 나타낸 국경(특히 고대)은 시험 삼아 그은 추정선으로, 정확한 것은 아니다. 본문의 고증을 도상(圖上)에 나타내기 위해 달리 좋은 방법이 없기 때문이다. 또한 삼국이 나뉘어져 있던 시대의 성지(城池) 등에 대해서는 성의 소재지를 대략 추측할 수는 있지만, 분명하게 그 위치를 고증할 수 없는 것은 대체로 생략했다.

인용문 중에 괄호를 붙인 것은 필자의 주기(註記)이다.

1913년 9월

쓰다 소키치

한반도의 상황이 세상에 알려지게 된 것은 중국의 전국시대(서기전 403~221)부터이다. 전국시대 말기에 한반도의 서북쪽에 한 왕국이 있었는데, 중국 열국(列國)의 하나인 연(燕)이 요동지방을 병유하게 되면서 이 나라와 국경을 접하게 되었고, 뒷날 복속되었다. 이른바 기씨(箕氏) 조선이다. 한(漢) 초기(서기전 2세기 초)에 연에서 망명한 위만(衛滿)이 기씨를 대신하여 새로운 왕조를 열었지만, 그의 손자 우거(右渠) 때 수도 왕험성(王險城, 지금의 평양)이 한에 공략당해 멸망했다. 이때가 한 무제(武帝) 원봉(元封) 2년(서기전 109년)이다.

한은 그들의 옛 거주지(지금의 평안, 황해, 경기 지방)를 손에 넣고 낙랑군(樂浪郡)을 두었다. 조선의 북쪽 경계는 한 초기부터 패수(浿水)로 정해져 있었으며, 낙랑군이 설치되었을 때는 속현의 하나로 패수현(浿水縣)이 있었다. 본서의 제1장 「패수고(浿水考)」는 패수가 어떤 하천이고, 패수현이 어디에 있었는지를 연구하고, 이로써 한반도 세력과 대륙의 접촉선이 어디 부근에 있었는지 고증하고자 한 것이다.

낙랑군의 남쪽, 즉 한반도의 남쪽 반을 점유한 민족은 한족(韓族)이었다. 한족은 마한(지금의 충청, 전라 지방), 진한(지금의 경상북도 지방) 및 변한(변진, 지금의 경상남도 지방)의 세 부분으로 나뉘어, 마한에는 54국이 있었고 진한과 변진에는 각각 12국이 있었다고 한다. 제2장 「삼한 강역고(三韓疆域考)」는 이 세 강역을 고찰하여 논한 것이다.

한이 조선을 멸하고 낙랑군을 만들었을 때, 이와 함께 동북쪽의 맥(貊), 동쪽의 옥저(沃沮), 예(濊) 등의 지역도 공격하여 그곳에 진번(眞番, 압록강 상류 유역 부근), 현도(玄菟, 함경남도 방면), 임둔(臨屯, 주로 강원도 방면)의 3군을 두었다. 하지만 그 후 현도군과 임둔군 지역은 명의상 낙랑군의 속령이 되었고, 진번군 지역은 현도군이 되었다. 모두 반독립적인 토착민 집단이 있어서, 한 정부는 이들을 간신히 기미하는 데 불과했다. 특히 현도군 지역의 고구려는 기세가 대단히 강하여, 후한대(25~220)에 이르러서는 옥저 지방도 고구려의 속령이 되었다. 낙랑군의 남부에는 후한 말에 대방군(지금의 경기, 황해도 지방)이 나뉘어 설치되었다. 이렇게 2군이 된 고조선의 옛 땅은 여전히 한인(漢人)이 점유하는 땅으로서, 후한부터 조위(曹魏, 220~265)를 거쳐 진(晉) 초기에 이르기까지 한 무제의 정벌 이후 대략 400년간 거의 동일한 상태가 지속되었다.

그런데 선비족이 요서에서 궐기하면서 대륙의 세력이 동방에 미치지 못하게 되자 한반도의 정세에 일대 변화가 생기게 되었다. 현도 지방에서 일어난 고구려가 낙랑을 병합하고 남쪽으로 대방에 이르렀고, 마한의 일국이었던 백제는 마한을 통일하고 북쪽의 대방을 침략했다. 따라서 2군 지역은 맥인(貊人)과 한인(韓人)으로 분할되고 한인(漢人)의 세력은 완전히 일소되었다. 때는 바로 서진(西晉, 265~317) 말기로 4세기 초이다. 이와 거의 동시에 진한 지방은 소국이었던 신라(사로斯廬, 지금의 경주)로 통일되었으므로 한반도에는 고구려, 백제, 신라 삼국이 출현하게 되었다. 당시 예(濊)는 여전히 독립해 있었고 변진 땅에도 소국이 분립했지만, 한반도의 삼국이 상호 경쟁과 세력 균등에 의해 유지되는 형세는 거의 이때부터 이루어졌다고 하겠다. 그 신흥국 중 하나인 백제의 수도가 어디였는지를 연구하고, 아울러 백제 북진의 형세를 추적하고자 한 것이 제3장 「백제 위례성고(百濟慰禮城考)」이다.

한반도에 삼국이 출현한 후 얼마되지 않아 남쪽 일각에 근거지를 확보하려고 한 것은 일본(왜倭)이다. 변진의 일국이었던 가라(加羅, 구야狗邪)는 일본의 보호국이 되어 임나일본부(任那日本府)가 그 지역에 설치되었다. 고구려의 압박에 시달린 백제 또한 바다 동쪽에 있는 일본이 한반도에 다소 위세를 끼치는 것을 보고 도움을 청하기에 이르렀으며, 동시에 부근의 소국들도 점차 임나부에 복속된 듯하다. 때는 바로 백제 근초고왕(374년 사망) 무렵이 될 것이다. 이때 한반도에는 제4의 세력이 너해신 것이다. 그런데 고구려의 광개토왕(호태왕, 391~413, 백제 아신왕 및 전지왕 때)이 등장하여, 즉위 후 오래지 않아 백제를 침략하고 예를 병합하며 크게 남하의 뜻을 펼쳤다. 이때부터 고구려는 삼국 중 가장 우세한 위치를 차지하기에 이르렀다. 백제는 고구려의 남하를 막기 위해 더욱더 일본과 화친하여 이용하려고 했고, 신라는 일본의 압박을 면하고자 고구려에 의지하는 형세가 되었다. 제4장 「광개토왕 정복지역고(好太王征服地域考)」는 광개토왕 즉위 전 고구려의 남쪽 경계와 즉위 후 새로 정복하여 차지한 지역을 고증하고, 이로써 고구려 남하의 형세를 설명하고자 한 것이다.

이 무렵 대륙에서는 이른바 오호십육국의 난에 이어 남북조 분립에 이르는 분란이 계속해서 일어났다. 덕분에 고구려는 북쪽 방비에 대한 염려 없이 오로지 남침에 몰두할 수 있었고, 백제의 힘으로는 그 기세를 막아낼

방도가 없었다. 장수왕 15년(427)에 고구려는 도읍을 평양으로 옮기고 남방 경략의 뜻을 굳건히 했으며, 63년(475, 백제 개로왕 21년, 일본 유랴쿠雄略 천황)에 드디어 고구려군은 백제의 수도 한성(漢城, 지금의 광주廣州)을 함락시키고 부근 일대를 점령했다. 광개토왕이 백제의 북쪽 변경(예성강, 임진강 유역)을 침략하여 차지한 지 대략 70여년 후이다. 제5장 「장수왕 정복지역고(長壽王征服地域考)」는 이 점령지의 범위를 고구한 것이다.

백제는 이때부터 웅진(熊津, 지금의 공주公州)에 도읍을 정했고, 또 뒷날 사비(泗沘, 지금의 부여扶餘)로 도읍을 옮기며 세력이 점점 흔들리게 되었다. 신라 역시 점차 고구려의 압박을 느끼게 되었으므로 두 나라는 때때로 서로 연합하여 북쪽의 강자에 대적하기에 이르렀다. 신라는 법흥왕(514~540) 무렵부터 국력이 점차 성장했는데, 진흥왕 32년(551)이 되자 백제와 함께 고구려를 침공하여 고구려의 남쪽 가장자리(한강 유역 부근)를 빼앗아 차지했다. 2년 후에는 백제의 점령지도 병합했다. 고구려가 남쪽에 위세를 떨친 지 약 70여 년만이었다. 제6장 「진흥왕 정복지역고(眞興王征服地域考)」는 신라가 새로 점유한 지역을 고증한 것이다.

신라의 날카로운 칼끝은 한편으로는 일본의 임나일본부 영토에도 미치게 되었는데, 고구려를 공격했던 다음 해(552년, 긴메이欽明 천황 13년)에 임나부 지역이 모두 약탈과 정복을 당하고 말았다. 임나일본부에 딸린 영토는 그 이전부터 점차 감소했는데, 일부는 게이타이(継體) 천황조(백제 무령왕 및 성왕 시대)에 백제에 할양되었고, 일본부의 소재지인 가라도 같은 무렵(신라 법흥왕 시대) 신라에 예속되었다. 일본부는 안라(安羅)로 옮겨 근근이 유지되고 있었으나 그 세력은 날로 쇠약해졌는데, 이때에 이르러 완전히 멸망하여 사라지게 되었다. 임나부가 처음 설치되어 이때에 이르기까지 대략 200년간이 될 것이다. 임나 속령의 강역과 소속된 여러 나라의 위치를 고찰하여 비정하고자 한 것이 제7장 「임나 강역고(任那疆域考)」이다. 제8장 「신라 정토 지리고(新羅征討地理考)」는 임나를 근거로 한 일본 세력과 신라의 교전지를 연구한 것이다.

한편 신라는 고대부터 백제와 국경을 접했지만 그 영토가 확장됨에 따라 양국의 경계에도 변천이 있었다. 고구려의 남쪽 변경이 신라로 귀속되고 난 후에는 그 접경선 또한 크게 연장되었다. 제9장 「신라와 백제 경계고(羅濟境界考)」는 그 연혁의 자취를 고구한 것이다.

신라는 갑자기 영토를 확장하기는 했지만, 북쪽에는 고구려, 서남쪽에는 백제가 있어서 움직이기만 하면 두 나라가 연합하여 신라를 위협하는 상태였다. 따라서 신라는 새 영토의 방위에 적지 않은 고통을 느끼게 되었다. 그런데 때마침 대륙의 형세가 변화하기에 이르렀으니, 수가 중국을 통일하고(590), 바깥 변방까지 정복하기 위해 고구려에 군사를 보내기에 이르렀다. 따라서 고구려는 북쪽 익대륙 지키기에 급급하여 남쪽에 많은 힘을 분배하지 못하게 되었다. 그 사이 백제는 신라의 새 영토에 대한 공격에 전력을 기울이게 된 듯하다. 신라는 혼자 힘으로는 그 위세를 유지할 수 없음을 알고, 수를 대신하여 중국에 군림하여 크게 사방을 경략하고자 하는 당 왕조의 세력에 편승하게 된다. 그들의 힘을 빌려 한반도에서 우월한 지위를 얻고자 한 것으로, 결국 무열왕 7년(660, 백제 의자왕 20년, 일본 사이메이齊明 천황 6년, 당 고종高宗 현경顯慶 5년)에 당군과 함께 백제를 쳐서 멸망시켰다. 백제가 나라를 세운지 대략 350년이었다. 일본은 백제를 도우려고 했지만 구할 수가 없었다. 제10장 「백제 전역 지리고(百濟戰役地理考)」는 당시 전쟁의 지리적 관계를 고구한 것이다.

당은 백제를 토멸하고 그들의 영토로 삼았고, 동시에 고구려까지 정복하고자 신라군을 전투에 참가시켰다. 보장왕 27년(668, 신라 문무왕 8년, 당 고종 총장總章 원년)에 평양이 함락되어 고구려의 옛 땅이 모두 당의 영유가 되었다. 고구려가 낙랑군의 옛 지역을 영유한 이래 대략 350년이고, 장수왕 때에 평양이 고구려의 수도가 된 후 약 220년 만이다. 이리하여 한반도의 대부분이 대륙의 세력 아래로 귀속되었으므로, 신라는 점차 당에 대해 두려운 마음을 품게 되었다. 그렇지만 한편으로 멸망한 나라의 옛 땅을 병탄하고자 하는 포부를 금할 수 없었기에 마침내 군사를 보내 백제 지방을 점령했다. 또한 북쪽 경계인 임진강 부근의 수비를 엄히 했으므로, 결국 문무왕 11년부터 16년(671~676, 당 고종 함형咸亨 2년~의봉儀鳳 원년)에 걸쳐 당과 신라는 전쟁에 이르게 되었다. 제11장 「고구려 전역의 신라 진군로고(高句麗戰役新羅進軍路考)」 및 제12장 「나당 교전 지리고(羅唐交戰地理考)」는 두 전쟁에 관한 지리적 고증이다.

이렇게 당과 신라의 충돌은 피할 수 없는 형국이었지만, 당은 국정이 점점 혼란스러워졌고 국력 또한 한반도를 침략하고 다스리기에는 부족했다. 신라 역시 먼 북쪽을 침략하여 고구려의 옛 땅을 차지할 힘은 없었다. 양국의 전쟁은 수년 만에 저절로 그치고, 신라는 백제의 옛 땅을 확실하게 보유할 수 있게 되었지만 북쪽 변경은 많이 확장하지 못한 채 끝났다. 다만 신라는 이 전쟁을 전후로 강원도 방면을 차지하게 된 듯한데, 이 서북경은 이후 약 60년 후인 성덕왕 32년(733, 당 현종 개원開元 21년)에 당으로부터 패강(浿江, 대동강) 이남의 영유를 인정받게 될 때까지는 큰 변화가 없었다. 신라는 이때 패강 이남의 영유를 인정받게 되자 바로 이 지방의 경영에 착수했는데, 이것이 사실상 신라 강토의 최대한이다. 패강의 북쪽은 주인이 없는 지역이었으므로 그 경계는 신라의 국운이 끝날 때까지 지속되었지만, 동북쪽은 신흥국인 발해와 경계를 마주하며 다소 변화가 있었던 것 같다. 제13장 「신라 북경고(新羅北境考)」는 이들 경계의 연혁을 연구하고자 한 것이다.

신라는 한반도의 대부분을 영유하기에 이르렀지만 국운은 그 후 오래가지 못하고 점차 퇴폐했다. 진성왕 5년(892)에 북원(北原)에서 양길(梁吉)이 일어나고, 다음해 6년에는 견훤(甄萱)이 전주(全州)에서 일어나, 각각 부근의 땅을 침략하여 소유하면서부터 시끄럽고 어지러운 상황이 길게 이어지게 되었다. 효공왕 4년(900)에 견훤이 후백제를 세우고, 그 다음해에 궁예(弓裔) 또한 고구려의 부흥을 내세우며 왕이라 칭하자, 신라의 영토는 삼등분이 되었다. 경명왕 2년(918)에는 왕건(王建)이 궁예를 대신하여 왕이 되어 고려국을 세웠는데, 17년 후(935, 신라 경순왕 9년) 신라를 멸망시키고 이듬해에는 후백제도 차지하여 한반도를 통일했다. 신라가 진한 지방을 통일한 후 대략 600여년, 그리고 백제를 차지한 후 250년 만이다. 이에 주로 후백제의 영역을 연구하며 궁예 및 왕건의 점령지를 함께 고찰한 것이 제14장 「후백제 강역고(後百濟疆域考)」이다.

1. 패수고(浿水考)

부도 1. 삼한 강역도 참조

패수 문제

패수(浿水)라는 이름은 『사기(史記)』 「조선전」에는 한(漢) 초기 고조선의 북쪽 경계로 기록되어 있고, 또한 『한서(漢書)』 「지리지」에는 낙랑군 속현의 명칭으로 실려 있다. 전자는 통상 압록강으로 해석되고, 후자는 많은 학자들이 대동강 연안으로 비정하는 듯하다. 하지만 전자 역시 대동강으로 설명하는 사람도 있으므로, 학계는 이에 관한 정설을 아직 얻지 못한 것 같다. 패수는 한(漢)과 고조선 세력의 한계선을 정하는 것이자, 또한 과거에 매몰된 낙랑군 속현의 위치를 확인하는 열쇠이기도 하므로 고대 조선사와 중요한 관계가 있다. 따라서 한반도의 역사지리를 연구하는 데 있어서 우선 이 문제를 이해하지 않으면 안 된다.

『사기』 「조선전」의 패수

『사기』 「조선전」에 다음과 같은 기록이 있다.

처음 연의 전성기 때부터 일찍이 진번과 조선을 침략하여 복속시키고, 관리를 두어 국경에 요새를 쌓았다. 진이 연을 멸한 뒤에는 요동의 바깥 변방에 소속시켰는데, 한이 일어나서는 그곳이 멀어 지키기 어려우므로, 다시 <u>요동의 옛 요새를 수리하고 패수에 이르는 곳을 경계로 하여 연에 복속시켰다.</u>

(自始全燕時, 嘗略屬眞番朝鮮, 爲置史築鄣塞, 秦滅燕, 屬遼東外徼, 漢興, 爲其遠難守, 修遼東故塞, 至浿水爲界, 屬燕)

여기서 말하는 패수는 요동과 조선의 경계에 있었다는 것이 명백하므로 지금의 압록강이라는 것이 분명하다. 요동은 요수(遼水)에서 나온 호칭이므로 압록강의 남쪽 지역이 이 이름에 포함되었다고 생각하기는 어렵다. 고금을 통하여 이러한 용례가 사적(史籍)에 보이는 일이 없기 때문이다.

다음에 기록된 패수도 압록강이라고 해석된다.

위만은 연나라 사람이다. (중략) 요새를 나와 동쪽으로 달아나 패수를 건너 진의 옛 빈터인 상하장에 살았다.

(滿者故燕人也 (中略) 東走出塞, 渡浿水, 居秦故空地, 上下障)

원봉 2년에 한은 사신 섭하를 보내 우거(위만의 손자)를 꾸짖고 회유했으나 끝내 천자의 명을 받들려고 하지 않았다. 섭하가 돌아가면서 국경인 패수에 이르러서 마부를 시켜 전송나온 조선의 비왕 장을 찔러 죽였다.

(元封二年, 漢使涉何誘諭右渠, 終不肯奉詔, 何去至界上, 臨浿水, 使御刺殺送何者朝鮮裨王長)

그리고 조선 정벌 전쟁의 기록에도 보인다.

좌장군이 조선의 패수 서군을 쳤으나 깨뜨리고 전진할 수 없었다.

(左將軍擊朝鮮浿水西軍, 未能破自前)

우거는 태자를 보내어 들어가 사죄하게 하였다. (중략) 막 패수를 건너려 하는데 (중략) 사자와 좌장군이 속이는 게 아닌가 의심하여 마침내 패수를 건너지 않고 다시 부하를 인솔하여 돌아갔다.

(右渠遣太子入謝 (中略) 方渡浿水 (中略) 亦疑使者左將軍詐殺之, 遂不渡浿水復引歸)

좌장군이 패수의 군사를 격파하고 전진하여 성 아래 이르러 서북쪽을 포위했다.

(左將軍破浿水上軍, 乃前, 至城下, 圍其西北)

이와 같이 『사기』 「조선전」에 보이는 패수는 모두 압록강으로 해석하는데 아무런 문제가 없다.

『한서』 「지리지」의 패수

그런데 『한서』 「지리지」를 보면, 현도군 서개마현(西蓋馬縣)의 주석에 다음과 같은 기록이 있다.

마개수는 서북쪽으로 흘러서 염난수로 들어간다. 서남쪽으로 서안평에 이르러 바다로 들어간다. 2군을 지나며 2천 1백 리에 이르는 길이다.

(馬蓋水, 西北入鹽難水, 西南至西安平, 入海, 過郡二, 行二千一百里)

현도군치(玄菟郡治)는 "요수가 나오는 곳(遼水所出)"으로 주기(註記)된 고구려현이고 서안평(西安平)은 요동군의 속현이므로, 마개수(馬蓋水)는 곧 압록강인 것 같다. 패수에 관해서는 별도로 『한서』「지리지」의 낙랑군 패수현 주석에 "패수는 서쪽으로 증지현에 이르러 바다로 들어간다(水西至增地入海)"고 했으므로 마개수와는 다른 강이다. 따라서 역시 압록강이 아니라고 추측할 수 있다. 『수서(隋書)』「고려전」에는 "수도는 평양성이다. (중략) 남쪽은 패수에 접해있다(都於平壤城 (中略) 南臨浿水)"라고 기록되어 있으며, 『당서(唐書)』「고려전」에도 "임금은 평양성에 있다. (중략) 한대의 낙랑군이다. (중략) 남쪽은 패수와 연해있다(其君居平壤城 (中略) 漢樂浪郡也 (中略) 南涯浿水)"라고 했다. 따라서 수·당 시대에 대동강을 패수라고 불렀다는 것은 분명하므로, 『한서』「지리지」의 패수도 역시 대동강일지도 모르겠다.

『한서』「조선전」의 패수

다만 『한서』「조선전」의 패수에 관한 기사는 『사기』와 완전히 똑같다. 따라서 이 패수가 압록강을 가리킨다는 것은 말할 필요도 없으므로, 『한서』「지리지」에서 패수를 대동강이라고 해석하는 것은 이와 모순되는 것 같다. 『한서』「조선전」은 『사기』「조선전」을 답습한 것이지만 『한서』의 편자가 반드시 『사기』의 내용을 다시 조사하여 자신의 견해에 맞기 때문에 채택한 것은 아닐 것이다. 분명 사료에 아무런 비판도 가하지 않고 되는대로 인용하여 열거했을 것이다. 서로 모순된 기사를 포함하는 경우는 이른바 정사(正史)에도 그 예가 적지 않으므로, 「조선전」의 기사는 「지리지」의 해석에 영향을 주기에는 부족하다고 할 것이다. 이렇게 볼 때 『사기』에는 패수를 압록강으로 기록했지만, 『한서』에서는 이것을 대동강의 명칭으로 사용했다고 할 수 있을 것이다. 그렇지만 이것이 과연 『한서』를 바르게 풀이하여 얻은 결과라고 할 수 있을까. 『사기』 「조선전」도, 『한서』 「지리지」도 모두 한 왕조의 사실을 기록한 것인데, 패수라는 이름이 각각 다른 강을 가리킨다는 것은 매우 기이하지 않은가. 이 문제는 한층 더 상세한 검토가 요구된다.

무제 시대의 패수

우선 생각해야 할 것은 무제(武帝) 때 한인(漢人)이 패수라고 부른 것은 압록강이었다는 점이다. 앞에서 언급한 바와 같이 『사기』 「조선전」에 보이는 패수는 분명히 압록강을 가리키는 것이며, 저자인 사마천(司馬遷)이 무제 시대 사람으로 조선 정벌 때 생존해 있었다는 것은 확실하다. 그러므로 이 전쟁에 관한 「조선전」의 기재는 필시 전쟁터로 나갔던 사람의 기록이나 보고, 혹은 담화를 근거로 했을 것이다. 즉 직접 패수를 건너 다녀온 사람들의 지식에 바탕을 둔 기사로서, 그 확실성은 말할 필요도 없다. 또한 그것이 멀고 먼 땅에서 한 두 여행자가 보고 들은 것이 아니라 군대의 행동을 통해 다수의 눈으로 보고 전달한 것들이라는 점을 고려하면, 잘못 이해하거나 잘못 들은 것이 존재할 리가 없다.

연·진 시대의 패수

또한 압록강은 연(燕)이 조선을 복속시켰을 때부터 어떤 명칭으로써 한인(漢人)에게 알려졌을 것이다. 그러므로 무제 시대에 이것을 패수라고 부른 것은 분명히 예전부터 내려온 호칭이었을 것이다. 「조선전」에 보이는 무제 이전의 기사에 패수가 있는 것도 『사기』가 채택한 사료에 압록강을 그 이름으로 기록했기 때문일 것이다. 한인이 요동과 조선 사이를 오가려면 반드시 압록강을 건너야만 했으므로 그들이 부른 일정한 명칭이 있었을 것이고, 한 번 명칭이 정해진 후에는 짧은 기간에 아무 이유도 없이 바뀌었을 리가 없다. 이렇게 무제 때의 한인이 압록강을 패수라고 불렀다면 패수현(浿水縣)도 또한 분명 압록강 연안의 한 지점일 수밖에 없다.

패수현

패수현은 낙랑군의 속현이다. 낙랑군은 무제가 조선을 무력으로 쳐서 평정했을 때 그 땅을 통치하기 위해 둔 것이므로 패수현도 동시에 개설되었을 것이다. 따라서 그 위치는 같은 시대에 패수라고 불렀던 강의 연안이 될 것이다. 또한 한인은 패수라는 이름을 그 어의(語義)나 유래와 상관없는 고유명사로 사용한 것이므로, 같은 방면에 있는 두 강을 동시에 같은 이름으로 불렀다고 보기는 어렵다. 가령 패수현이 대동강 연안에 설치되었다면, 당시에 패수라는 이름을 압록강에서 빼앗아 대동강에 부여했다고 볼 수밖에 없다. 하지만 그러한 명칭의 변동이 행해졌을 리도 없고 또 그렇게 해야 할 필요도 없으므로, 패수가 압록강이고 패수현이 그 상사에 있있디는 것을 의심할 만한 이유는 어디에도 없는 것이다.

패수현 설치 시대

어떤 사람은 상상을 부풀려 패수현이 낙랑군 이후에 설치되었다고 하고, 또는 그 위치가 언제인가 이전된 일이 있었다고 하며, 무제 때에 패수라고 불린 것은 압록강이었지만 『한서』「지리지」에 보이는 군현이 정해졌을 때에는 그것이 대동강의 호칭이 아니었을까 생각하는 사람도 있을 것이다.

그렇지만 한대에는 요동도 낙랑도 모두 한인의 영토로서, 그 사이의 관계는 일찍이 바뀐 적이 없다. 한인은 항상 관리로서 그 지역에 주재했고 또한 장사꾼으로도 왕래했으므로, 그 지방과 본국의 교통은 끊임없이 행해졌다. 때문에 그들의 압록강에 대한 지식이나 그 강의 정치적, 인문적 관계도 아무런 변화 없이 지속되었을 것인데, 그 사이에 패수라는 이름이 압록강에서 대동강으로 바뀌었다고는 볼 수 없다.

패수현의 위치

가령 패수현의 설치가 무제 때가 아니라고 해도, 또 그 위치에 변경이 있었다고 해도, 패수가 압록강이라면 패수현은 분명히 압록강 연안에 존재해야만 된다. 하물며 위와 같은 가정은 역사상 어떤 근거도 없고, 그러한 의문이 끼어들 만한 털끝만한 유래도 문헌에 남아 있지 않다. 패수현은 개설 시대에 관한 특수한 기록이 역사상 존재하지 않으므로 낙랑군과 동시에 설치된 것이라고 해석하는 것이 타당하다. 뿐만 아니라 패수는 요동과 낙랑 사이 교통의 요충지이자 동시에 관액(關阨)이었으므로, 군현이 설치되었을 때 그 강가에 현치(縣治)가 설치되지 않았을 리가 없고, 한번 설치된 후에는 폐기되었을 리도 없다. 그 현치는 요동의 서안평(西安平)을 마주보는 낙랑 방면의 나루 부근으로 추정되지만, 이에 대한 설명은 잠시 보류하기로 한다. 패수현이 무제 때 설치된 것은 의심할 여지가 없으며, 또한 그 이름이 존재하는 동안에는 압록강을 떠나 먼 위치로 옮겨졌다고 보기는 어렵다. 『한서』「지리지」의 패수가 『사기』「조선전」의 기사와 마찬가지로 압록강이라는 것은 이상의 추론에 의해 명백해졌다고 믿는다.

한·위 시대 사적에 보이는 패수

나아가 위의 두 사료 외에 패수에 관한 다른 기사를 찾아보면 다음과 같은 것이 있다. 『사기정의(史記正義)』에 인용된 「지리지」에는 "패수는 요동의 변방 밖에서 나와 서남쪽인 낙랑현에 이르러 서쪽 바다로 들어간다(浿水出 遼東塞外, 西南至樂浪縣, 西入海)"는 기록이 있다. 낙랑현은 낙랑군이며, 요동의 변방 밖에서 나와 서남으로 흘러 낙랑군에 이르러 바다로 들어가는 강물이 압록강이라는 것에는 이의가 없을 것이다. 다음으로 『한서』「지리지」의 주석에 "찬이 말하기를, 왕험성은 낙랑군의 패수 동쪽에 있다고 했다(瓚云, 王險城在樂浪郡浿水東也)"는 기록이 있다. 왕험성이 평양이라는 것은 의심할 여지가 없으므로 패수는 압록강이 될 수밖에 없을 것이다. 문장이 약간 명확하지 않지만 중국에서 요동을 경유하여 조선에 도달하는 교통로를 따라 그 방향을 나타냈기 때문일 것이다.

『수경』의 패수

『수경(水經)』에는 "패수는 낙랑 누방에서 나와 동남으로 임패현을 지나 동쪽 바다로 들어간다(浿水出樂浪鏤方, 東南過臨浿縣, 東入海)"라는 기록이 보인다. 동남쪽으로 흘러 동쪽에서 바다로 들어간다고 한 것이 후대 사람의 의혹을 초래하게 되었지만, 이 점은 잠시 보류하기로 한다. 만약 이 패수가 대동강을 가리키는 것이라면, 『수경』에서는 요수(遼水), 소요수(小遼水) 및 대동강을 거론하고 압록강을 생략한 것이 되는데, 이는 중국인의 지식으로 생각할 때도 『수경』의 특성으로 보아도 아주 불합리하다. 그러므로 『수경』의 작자가 패수를 압록강의 호칭으로 생각했다고 볼 수 있다. 그렇다면 '동'은 '서'의 오류일 것이고, 임패현은 바로 패수현일 것이다. 『설문(說文)』에도 "패수는 낙랑 누방에서 나와 동쪽 바다로 들어간다(浿水出樂浪鏤方, 東入海)"라는 기록이 있는데, 그 필법이 흡사 『수경』과 같다. 두 책은 동일한 사료에 의한 것이며, 설령 그렇지 않다 해도 『수경』의 패수를 압록강으로 본다면 동일한 사실과 동일한 오류를 전하는 『설문』의 패수도 역시 압록강이 되는 것이다.

『위략』의 패수

『위지(魏志)』에 인용된 『위략(魏略)』에도 역시 패수라는 이름이 보인다.

한나라 때에 이르러 노관으로 연왕을 삼으니, 조선과 연은 추[패]수를 경계로 하게 되었다. 관이 배반하고 흉노로 도망간 뒤, 연나라 사람 위만도 망명하여 오랑캐의 복장을 하고 동쪽으로 격[패]수를 건너 준에게 항복했다.

(及漢, 以盧綰爲燕王, 朝鮮與燕界於溴[浿]水, 及綰反入凶奴, 燕人衛滿亡命爲胡服, 東度溴[浿]水詣準降)

이 기록은 다음의 『사기』 「조선전」 기록과 동일한 사실이라는 것이 명백하다.

한나라가 일어나서는 그곳이 멀어 지키기 어려우므로 다시 요동의 옛 요새를 수리하고 패수에 이르는 곳을 경계로 하여 연에 복속시켰다. 연왕 노관이 배반하고 흉노로 들어가자 만도 망명했다. 무리 1천여 명을 모아 북상투에 오랑캐의 복장을 하고서, 동쪽으로 도망하여 요새를 나와 패수를 건너 진의 옛 땅으로 공터인 상하장에 살았다.

(漢興, 爲其遠難守, 復修遼東故塞, 至浿水爲界, 屬燕, 燕王盧綰反入匈奴, 滿亡命, 聚黨千餘人, 魋結蠻夷服而東走出塞, 渡浿水居秦故空地, 上下障)

『위략』이 채택한 사료는 패수를 압록강의 호칭으로 사용한 것이 『사기』와 같다. 『위략』의 고조선에 관한 내용에는 『사기』 및 『한서』에 채택되지 않은 것이 있다는 점은 본문을 보고 바로 짐작할 수 있다. 또 인용 속의 '추(溴)', '격(溴)' 등의 글자가 '패(浿)'의 오류라는 것에는 이의가 없을 것이다.

『십삼주지』의 패수

이상과 같이 한·위 시대의 옛 문헌에 기록된 패수가 모두 압록강을 가리킨다는 것은 명백하다고 할 것이다. 덧붙여 확인해 둘 것은 감인(闞駰)의 『십삼주지(十三州志)』에 "패수현은 낙랑군의 동북쪽에 있고, 누방현은 낙랑군의 동쪽에 있다(浿水縣在樂浪東北, 鏤方縣在郡東)"고 한 것이다. 이 기사는 낙랑군의 속현인 패수현의 위치를 설명하려고 한 것인데, 감인은 낙랑군이 멸망하고 100여 년 후의 사람이다. 그 무렵 낙랑의 옛 땅은 모두 고구려의 영토가 되어 전대의 유적은 대부분 흔적도 없이 사라졌고 한인이 직접 고구려에 와서 지리를 답사할 수도 없었을 것이므로, 감인의 기술도 고서(古書)에 의해 얻은 지식에 불과할 것이다. 그런데 이 기술 내용은 패수가 압록강이든 대동강이든, 『수경』 및 『설문』에서 "패수는 낙랑군 누방현에서 나온다"고 한 것과 모순된다. 『수경』 등에 의하면 누방현은 패수 상류의 발원지에 가깝다. 『십삼주지』의 설명처럼 누방현이 낙랑군의 동쪽에 있고 패수현은 동북쪽에 있다면 패수는 북쪽 혹은 동북쪽으로 흐르는 강이 되어야 한다. 그런데 한반도의 북부에 그러한 큰 강이 없고, 압록강도 대동강도 모두 동북쪽에서 나와 서남쪽으로 흐른다. 『수경』은 강줄기의 방향에 오류가 있지만, 누방현과 패수의 관계를 부인할 정도는 아니다. 『수경』과 『십삼주지』 사이에 모순이 있다면, 낙랑군이 존재했던 시대에 편술되었다고 여겨지는 『수경』의 설에 따라야한다는 것은 말할 것도 없다. 가령 『수경』의 설을 오류로 보고 『십삼주지』에서 말하는 낙랑이 군치(郡治)의 위치를 가리키는 것이라고 한다면 패수를 대동강으로 볼 수도 있을 것 같지만, 한·위 시대의 옛 문헌에서 이 설에 부합되는 것을 전혀 볼 수 없으므로 이러한 해석은 타당하지 않을 것이다.

『십삼주지』의 기사는 대개 사료의 오해에서 기인한 것이다. 감인이 만약 당시의 고구려에 관한 지리적 지식을 가지고 있었다면 고구려인이 대동강을 패수라고 칭하는 것을 듣고 함부로 옛 패수현을 억측했을지도 모른다. 그렇지만 그것은 남북조시대의 새 호칭이지 한대부터 내려오는 관례는 아니다. 요컨대 『십삼주지』의 기사는 앞에서 열거한 여러 사료를 부정하는 근거가 되기에는 부족하다.

낙랑군 속현의 배치

나아가 낙랑군 속현의 배치를 고려해보아도 패수가 압록강이라는 것을 유추할 수 있다. 낙랑군의 관할 구역은 압록강 이남, 한강 유역 이북, 중앙 산맥 이서로 대략 고조선의 본국과 같고, 「지리지」에 보이는 25현 중 영동(領東)의 7현을 제외한 18현이 그 사이에 배치되었을 것이다. 그런데 만약 패수를 대동강이라고 하면 그 유역 이남에 있는 것이 14현이나 된다. 그 이름을 열거하면, 조선현치(朝鮮縣治)는 왕험성의 옛 땅 즉 지금의 평양이므로 패수현과 함께 패수의 강변에 있다. 증지현(增地縣)은 「지리지」의 주석에 의하면 패수의 어귀 부근이고, 누방현은 『수경』에 나오듯이 그 상류 지역에 있다. 또한 「지리지」의 주석에 점제(黏蟬)는 열수(列水)의 어귀 부근에, 탄열(呑列)은 그 상류에 있다고 되어 있는데, 열수는 뒤에 설명하겠지만 패수의 남쪽에 있다. 다음으로 소명현(昭明縣)은 「지리지」 주석에 남부도위(南部都尉)의 치소라는 기록이 있으며, 대방(帶方), 열구(列口), 장잠(長岑), 제해(提奚), 함자(含資), 해명(海冥)의 6현은 『진서(晉書)』 「지리지」에 대방군의 군현이라고 했다. 둔유현(屯有縣)은 『삼국지』의 『위지』 「동이전」에 "둔유현

이남의 황무지를 분할하여 대방군으로 삼았다(分屯有縣以南荒地, 爲帶方郡)"
는 기록이 있으므로 아무래도 낙랑군의 남부이다. 그러므로 이상 14현은
모두 대동강 유역 이남에 있다고 하지 않을 수 없다. 나머지 4현 즉 담감(䛁
邯), 수성(遂成), 사망(駟望), 운미(運彌)는 그 위치를 추측할 만한 아무런 근거
가 없으므로 잠시 제외하고 본다면, 압록강 이남, 청천강 유역인 낙랑군의
북부에는 존재하는 현이 하나도 없다. 가령 소재 불명의 4현이 모두 이 지
방에 있었다 하더라도 그 숫자가 남부의 14현에 비해 지나치게 적다. 이러
한 편파적인 행정 구획의 배치가 있을 리 없다. 게다가 이 4현이 모두 북쪽
에 있었다고 할 만한 근거도 없다. 만약 패수가 압록강이고 또 다음에 서술
하는 바와 같이 열수를 대동강으로 본다면, 적어도 패수, 증지, 누방의 3현
은 압록강 연안에 있으며, 조선, 탄열, 열구, 점제 4현은 대동강 유역이 되
므로 대체적으로 배치가 고르게 된다. 낙랑군의 지방 구획은 아마 이렇게
될 수밖에 없었을 것이다.

열수

이상에서 패수가 압록강이어야 할 이유를 설명했는데, 다음으로는 그것
이 대동강이 아니라는 것을 설명하여 논증을 더욱 보강해야 할 것이다. 그
이유는 대동강이 「지리지」에 나오는 열수(洌水)라는 것이 여러 사료에 의해
확실해졌기 때문이다. 『사기집해(史記集解)』에 인용된 장안(張晏)의 글에는
다음과 같은 기록이 있다.

조선에는 습수, 열수, 선수가 있는데, 세 강이 합하여 열수가 되니, 낙랑과
조선이라는 이름은 그것을 취한 것이 아닌가 한다.

(朝鮮有濕水, 洌水, 汕水三水合爲洌水, 疑樂浪朝鮮取名於此也)

명칭의 기원을 이렇게 설명한 것은 따르기 어렵지만, 장안이 이런 글을 쓴 것은 합쳐서 열수(洌水)가 되는 세 강이 낙랑과 조선의 땅에 있었기 때문이다. 이 사실은 의심할 여지가 없다. 그러므로 여기서 낙랑, 조선이라고 하는 것은 낙랑군 혹은 고조선의 전 영역이 아니라 낙랑군치나 조선현치 혹은 고조선의 수도를 가리킬 것이다. 만약 그렇지 않다면, 낙랑군 혹은 고조선에는 수많은 하천이 있으므로 낙랑과 조선이라는 이름이 이 세 강으로부터 나왔다고 할 리가 없기 때문이다. 그런데 낙랑군치이며 고조선의 수도였던 지금의 평양 부근을 흐르는 것은 대동강이므로 열수는 바로 대동강이다. 세 강이 합류한다는 것도 순천강(順天江), 성천강(成川江), 능성강(能成江) 세 지류가 합쳐져 대동강이 되는 사실에 부합한다.

『산해경』의 열수

이렇게 대동강이 열수라고 불렸다면, 『산해경(山海經)』에 "조선은 열양에 있다(朝鮮在列陽)"고 한 것도 정확하다고 할 수 있겠다. 『산해경』은 본디 지리적 사실을 전하기 위해 만들어진 것이 아니고 또 황당무계한 내용이 많다는 점에 이의는 없지만, 그 기록에 부분적으로 사실이 포함되어 있다는 것 역시 부정할 수는 없다. 특히 한인(漢人)이 숙지한 토지에 관해서는 고의로 허구의 붓을 놀렸을 리가 없으므로, 다른 사료와 모순되지 않는 경우에는 의심할 필요가 없다. 이 문장 또한 그 한 예로서, 조선현치인 지금의 평양이 열수의 북쪽 연안에 있었다고 하는 것이다. '列'과 '洌'은 동음이므로 서로 통용되었을 것이다.

열구

이렇게 생각하면 『사기』「조선전」에 열구(列口)라고 한 것이 열수의 강어귀를 가리킨다는 것 역시 추측할 수 있을 것이다. 무제가 조선을 정벌했을 때 누선(樓船) 장군이 해로를 이용하여 조선으로 건너와 바로 평양으로 향했다는 것은 "누선 장군이 산동성 출신의 군사 7천 명을 이끌고 먼저 왕험성에 당도했다(樓船將軍將齊兵七千, 先至王險)"는 기록으로 알려져 있는데, 같은 사실이 별도로 "군사가 열구에 이르렀다(兵至列口)"고도 기록되어 있다. 또한 좌장군이 패수 방면에서 나아가 왕험성의 서북을 치려고 하자, "누선 장군도 역시 가서 회합하고는 성 남쪽에 주둔했다(樓船亦 往會居城南)"고 했으므로, 열구의 위치는 왕험의 남쪽에 해당하며 서로 멀리 떨어져 있지 않은 것이 분명하다. 그러므로 이것을 대동강 어귀라고 한다면, 당시의 작전 상태에 딱 맞아떨어진다. 대동강이 한대에 열수라고 불린 것은 이상의 기술로 볼 때 의심할 여지가 없을 것이다. 종래의 「조선전」이 열구를 대동강 어귀로 해석했지만, 「지리지」는 열수를 별도로 임진강 혹은 한강(漢江)으로 비정하고, 열구현(列口縣)을 그 어귀라고 했다. 그렇지만, 조선 정벌 전쟁에서 대동강 어귀를 열구라고 칭한 것이 사실이라면, 이와 동시에 설치된 열구현이 임진강 혹은 한강 어귀에 있었을 리가 없다. 또한 열수라는 이름이 대동강을 버리고 남쪽의 강으로 옮겨졌을 리도 없다. 이러한 사정은 흡사 앞에서 언급한 패수 및 패수현과 비슷하다.

한인과 열수

대동강은 조선의 중앙을 관통하여 왕험성과 낙랑군치 옆을 흐르는 큰 강으로, 한인은 고조선 시대부터 낙랑군 시대에 이르기까지 끊임없이 그 강의 흐름을 보았고 그 이름을 불렀을 것이므로 그 사이에 명칭이 변했을 리가 없다. 「지리지」가 열수를 임진강 혹은 한강으로 비정한 것은, 패수를 대동강이라고 한 것과 열구가 『진서(晉書)』「지리지」에 대방군의 속현으로 기재되어 있기 때문일 것이다. 하지만 전자는 패수를 압록강으로 보면 그 근거가 저절로 없어져버릴 것이고, 후자도 열구현치(列口縣治)가 대동강 어귀의 남쪽 기슭에 있다고 하면 아무 문제가 없다. 곽박(郭璞)의 『산해경』에 "열은 또한 강의 이름이다. 지금 대방에 있다. 대방은 열구현에 있다(列亦水名也今在帶方, 帶方有列口縣)"고 한 기록도 대동강 하류의 남쪽 기슭을 대방군에 속한 것으로 간주하면 모순 없이 해석이 된다. 아마 열구현의 소재에 중점을 두고 '대방에 있다'고 말했을 것이다. 혹은 열구현이 대방군에 속한 후에 부주의하게 이렇게 기재한 것인지도 모르겠다. 어찌되었든 곽박의 이 말은 열수를 대동강이 아니라고 할 만한 증거가 되기에는 부족하다. 만약 그렇지 않다면 이 주석의 본문인 "조선은 열양에 있다"는 기록과 모순된다.

열수에 관한 「지리지」의 주석

좀 더 살펴보자면, 『한서』 「지리지」의 탄열현(呑列縣) 주석에 "분려산은 열수가 나오는 곳이고 서쪽으로 점제에 이르러 바다로 들어간다. 820여 리 길이다(分黎山, 列水所出, 西至黏蟬入海, 行八百二十里)"라는 기록이 있다. 열수의 물길을 기록한 것이 아주 정확하다. 만약 열수가 임진강 혹은 한강이라면, 이들 강의 발원지인 함경도와 강원도에 관한 지식이 많지 않은 한인이 이렇게 명확하게 강의 발원지와 물길을 기록할 수 있었을까. 대동강은 발원지가 모두 중앙산맥의 서쪽인 낙랑군 안에 있으므로, 한인이 그 물길에 관한 명확한 지식을 가진 것은 이상한 일이 아니다. 또 요동군과 낙랑군의 하천 중 「지리지」에 길이가 주기(註記)되어 있는 것은 대요수(大遼水), 마개수(馬皆水), 열수(列水)인데, 마개수가 압록강이고 열수가 대동강이라면 이 세 강은 모두 요동군과 낙랑군에서 가장 길고 큰 강이자 중요한 하천이 된다. 그렇지만 열수를 임진강 혹은 한강이라고 하면 낙랑군의 중앙을 꿰뚫어 흐르는 대동강을 제외시킨 것으로, 매우 온당하지 못한 선택으로 여겨진다. 다만 이 추론에 대해서는 어떤 식이든 반론이 있을 것이므로, 이를 근거로 열수가 어느 강인지를 밝힐 수는 없다. 그렇지만 앞에서 언급한 증거들에 의해 열수가 대동강이라는 것이 명백하다면, 이 또한 「지리지」 편자의 의도를 추측하는 한 자료가 될 수는 있을 것이다. 한강이 열수가 아니라는 것은, 「지리지」에서 말하는 대수(帶水)가 한강으로 밝혀진 사실을 통해서도 알 수 있다.(제2장 「삼한 강역고」 참조) 이와 같이 「지리지」의 열수가 대동강이라면 패수가 압록강이라는 것도 더욱 분명해진다.

마자수

그렇다면 「지리지」에서 서개마현(西盖馬縣) 조항 아래의 주석은 어떻게 해석해야 할까. 이 주석은 문장의 뜻이 그다지 명확하지 않으므로 강물의 방향, 본류와 지류의 관계가 여러 가지로 해석될 수 있을 것 같다. 그렇지만 가령 마자수(馬訾水)를 압록강이라고 해도, 그때문에 패수가 압록강이 아니라고 말하기는 어렵다. 마자수라는 이름이 서개마현의 주석에 기록되어 있는 것을 보면, 그것이 개마대산(盖馬大山)에서 멀지 않은 압록강 상류의 호칭이라는 것을 미루어 짐작할 수 있다. 그런데 예로부터 한인이 압록강으로 알고 있는 것은 요동과 조선의 교통로에 해당하는 하류 지역이며, 그들이 패수라는 이름으로 부른 것 역시 같은 수역이다. 연·진 시대에 한인은 항상 패수를 건너서 조선에 왕래했지만, 그 상류에 관해서는 아는 바가 많지 않았을 것이다. 무제가 4군을 설치한 후에 상류에 관해서도 알려지게 되자, 그 지방의 토착민으로부터 들은 호칭에 마자수라는 문자를 붙여 서개마 부근의 상류에 명명했을 것이다. 같은 하천이 상류와 하류에서 다른 이름으로 불리는 사례는 중국에도 많으므로, 한인에게는 조금도 이상한 일이 아니었을 것이다. 다만 「지리지」 주석의 필자가 단순히 마자수라고 적었을 뿐, 그 하류가 패수라는 것을 명기하지 않았기 때문에 후대 사람들의 오해를 초래한 것이다. 더욱이 마자수와 패수가 발음이 아주 비슷하다는 것을 고려하면 두 가지는 같은 발음을 다르게 표기한 것일지도 모르겠다. 한인이 이민족의 언어를 옮겨올 때 동일한 음 또는 와전된 음에 여러 종류의 문자를 사용하는 일은 보통의 습관이며, 한번 다른 문자로 표기된 후에는 원어(原語)가 같다는 것을 잊어버리는 예도 많았다. 마자수와 패수도 역시 이와 같은 사정이 있으며, 「지리지」의 필자가 사료에 존재하는 두 강이 같은 것이라는 것을 모르고 하나를 서개마현 조항에 주기하고, 또 하나는 패수현의 주석에 기입한 것은 아닐까. 그렇다면 이 두 가지를 압록강의 지방에 따른 호칭으로 해석할 필요는 없을 것이다. 요컨대 마자수가 압록강이라는 것이 패수가 압록강이 아니라는 증거는 될 수 없다.

염난수

통상적인 어법으로 보면 서개마현 조항의 주석은 "마개수가 서북쪽으로 흘러 염난수(鹽難水)로 들어간다"고 읽어야 할 것이다. 그렇다면 마개수는 압록강의 본류를 말하는 것이 아니고, 패수가 압록강이라는 것과도 아무런 관계가 없다. 다만 이렇게 해석하면 염난수가 압록강의 상류를 지칭하는 것이 되지만, 이를 지방에 따른 호칭이라고 하면 그 하류가 패수라고 해도 무방하며, 마개수에 관해서 위에서 언급한 것과 마찬가지이다. 그러므로 이 주석은 어떤 식으로 해석해도 패수가 압록강이 아니라는 것을 증명하지는 못한다.

남북조 시대의 패수

한대의 패수가 압록강이라면, 수·당 시대에 그 이름이 대동강에 적용된 것은 무슨 이유일까. 또 그 전화(轉化)는 어느 시기에 일어난 것일까. 이 의문을 분명하게 풀지 않으면 안 된다. 역도원(酈道元)의 『수경주(水經注)』를 살펴보면 다음과 같은 기록이 있다.

옛날 연나라 사람 위만이 패수 서쪽에서 조선에 이르렀다. (중략) 왕험성에 도읍했는데 지방이 수천 리였다. 그 손자 우거 때인 한 무제 원봉 2년, 누선장군 양복과 좌장군 순체가 우거를 토벌했는데 패수에서 격파해서 비로소 멸망시켰다. 만약 패수가 동쪽으로 흐른다면 패수를 건널 리가 없었을 것이다. 그 땅은 지금 고구려국이 다스리는 곳인데, 내가 고구려 사신을 방문하니 말하기를, 성은 패수의 북쪽에 있다고 했다. 그 물은 서쪽으로 흘러 옛 낙랑군 조선현을 지나는 것이다. 조선현은 낙랑군치로 한 무제가 설치한 것이고, 패수는 서북쪽으로 흘렀다. 그래서 「지리지」에서는 패수가 서쪽으로 증지현에 이르러 바다로 들어간다고 한 것이다. 또 한나라가 일어난 후 조선이 멀기 때문에 요동 옛 요새로써 패수를 경계로 삼았다. 지금과 옛 것을 상고해 보면 일에 차이와 오류가 있으니 아마도 『수경』이 잘못 고증했을 것이다.

(昔燕人衛滿自浿水西至朝鮮 (中略) 都王險城, 地方數千里, 至其孫右渠, 漢武帝元封二年遣樓船將軍楊僕, 左將軍荀彘, 討右渠, 破渠于浿水, 遂滅之, 若浿水東流, 無渡浿之理, 其地今高句麗之國治, 余訪番使, 言城在浿水之陽, 其水西流, 逕故樂浪朝鮮縣, 即樂浪郡治, 漢武帝置, 而西北流, 故地理志曰浿水西至增地縣入海, 又漢興以朝鮮爲遠, 循遼東故塞, 至浿水爲界, 考之, 今古乖事差謬, 蓋經誤證也)

『수경주』의 패수론

이 문장은 앞에서 인용했던 『수경』의 본문에 대한 주석이다. 당시 사람들이 패수라고 부른 강은 대동강인데, 이에 따르면 옛 역사 기재에 이해하기 어려운 점이 있고, 또 『수경』에 보이는 강줄기의 방향이 실제 지식과 옛 역사가 모순됨을 논하고 있다. 이를 통해 살펴보면 역도원이 살던 남북조시대에 고구려인이 대동강을 패수라고 부른 것이 분명하다. 하지만 그가 고구려의 사절에게 물어보고 나서야 비로소 패수가 대동강이라는 것을 알게 되었다고 한 점을 보면, 고구려 지방에 관한 중국인의 지리적 지식이 아주 빈약했다는 것을 가늠해 볼 수 있다. 또 대동강에 이러한 명칭이 있다는 것을 당시의 중국인이 숙지하지 못했다는 것도 알 수 있다. 바꾸어 말하면 역도원의 이 말은 대동강에 패수라는 호칭이 있다는 것이 당시 기록상의 지식으로 존재하지 않았음을 나타낸다. 이는 대동강이 패수라는 것을 명기한 현존하는 문헌이 『수경주』에서 시작되는 것을 보아도 충분히 짐작할 수 있다. 이를 통해 볼 때 『십삼주지』에 보이는 패수 기사는 당시의 대동강에 관한 실제적 지식에 기인한 것이 결코 아닐 것이다. 감인은 역도원보다 조금 앞선 시대 사람이다.

한인의 지식의 변화

한·위 시대의 사료에 보이는 패수는 모두 압록강인데 남북조 시대에 이르러 대동강이 되었다는 것을 보면, 패수의 호칭이 압록강에서 대동강으로 옮겨진 시대는 대충 추측할 수 있다. 한·위 때부터 진초(晉初)에 이르기까지 낙랑군이 한반도에 존재했고 요동에도 한인이 있었던 동안에는 패수의 정치적 위치에 아무 변화가 없었으며, 한인은 패수에 관하여 항상 동일한 지식을 가지고 있었을 것이다. 그것이 압록강이라는 명칭인 것은 전과 다름이 없었지만, 하루아침에 낙랑과 요동 두 군이 멸망하고 그 땅이 고구려의 영토로 귀속된 후 한인은 차츰 그 땅에서 내쫓기게 되었고, 패수와는 아무런 실제적 관계를 갖지 못하게 되었다. 따라서 그 이름은 역사상 공명(空名)으로 전락하고 말았다. 이때부터 한인과 고구려의 관계는 그 지리적 지식과 함께 더욱 빈약해져 갔다. 조공사 혹은 책봉사의 왕래를 통해 겨우 수도의 상태를 전해 듣는데 지나지 않았으므로, 패수라는 이름은 완전히 한인의 뇌리에서 사라졌을 것이다. 그렇다면 후세 사람이 역사상 그 이름을 발견했어도 어떤 하천인지 알 수 없었을 것이다. 오해와 부회(附會)가 생기는 것 역시 피할 수 없는 사정이었던 것이다.

고구려인의 지식

고구려 쪽에서 보아도, 요동과 낙랑 두 군에서 한인이 일단 떠나버린 후에는 그 땅의 산하에 대한 구시대의 호칭은 단지 한인의 사적으로만 남았을 뿐이었다. 따라서 고구려인들도 패수의 역사적 명칭이 어떤 하천을 말하는 것인지 알 수 없었다. 패수라는 문자는 한인 사이에서만 행해졌을 뿐이고, 고구려인들이 항상 사용한 것은 아니었기 때문이다. 이는 낙랑, 대방 두 군과 관련된 한대의 지명이 한인이 써 오던대로 고구려인에게 사용된 것이 하나도 존재하지 않는다는 점으로도 유추할 수 있다.

패수의 이름이 옮겨진 시기

후대에 이르러 대동강이 패수로 불리게 된 것은 이 때문이며, 그것은 압록강 및 대동강이 고구려 영토로 귀속된 후, 한 걸음 더 나아가 말하자면 평양이 고구려의 수도가 된 후의 일일 것이다. 다만 그것이 한인 혹은 고구려인의 오해로부터 나왔는지, 혹은 고구려인이 고의로 가져다 붙인 것인지는 알 도리가 없다. 이렇게 생각하면 패수라는 명칭이 압록강에서 대동강으로 옮겨진 시기와 이유를 잘 이해할 수 있고, 역도원이 『수경주』에서 밝힌 부분도 알 수 있다. 그는 고구려인으로부터 얻은 지식과 옛 역사의 기재가 모순됨을 알고서, 전자에 중점을 두고 후자를 오류로 여기는 태도를 나타내면서도, 한인의 패수에 대한 역사적 관계와 그에 대한 지식이 변화된 것을 살피지 않을 수 없었다. 요컨대 수·당 시대에 대동강을 패수라고 부른 것이 사실이지만, 그것은 남북조시대에 시작된 새 호칭이지 한대의 호칭은 아니다. 바꿔 말하면 패수라는 호칭은 진 초기에 한번 없어졌다가, 후대에 동일한 명칭이 새로 대동강에 붙여진 것이다. 그렇다면 이를 『한서』「지리지」의 패수에 적용할 것은 아니다.

백제인의 패수

패수라는 이름이 다른 하천에 적용된 일은 백제에서도 예를 찾을 수 있다. 『삼국사기』「백제본기」의 온조가 남쪽으로 건너간 기사에 "패수와 대수 두 강을 건너 미추홀에 이르렀다(渡浿帶二水, 至彌鄒忽)"고 했고, 온조왕 11년 조항에 "마침내 국토의 영역을 확정했으니 북으로는 패하에 이르렀다(劃定疆場, 北至浿河)"는 기록이 있으며, 같은 37년 조항에는 "패수와 대방 사이에 이르렀는데 사는 사람이 아무도 없었다(浿帶至間, 空無居人)"고 했다. 이들 기사를 곧 역사적 사실로 신뢰할 수는 없지만, 근초고왕 26년에는 다음과 같은 기록이 있다.

고구려가 군사를 동원하여 공격해왔다. 왕이 이를 듣고 패하에 복병을 배치하고 그들이 오기를 기다렸다가 불시에 공격했다.

(高句麗擧兵來, 王聞之, 伏兵於浿河上, 俟其至, 急擊之)

아신왕 4년에도 다음과 같은 기록이 있으므로 사실일 것이다.

왕이 (중략) 고구려를 치게 하니, 고구려 왕 담덕이 직접 군사 7천 명을 거느
리고 패수에 진을 치고 대항했다.

(王 (中略) 伐高句麗, 麗王談德親帥兵七千, 陣於浿水之上拒戰)

이 패수가 압록강도 대동강도 아니라는 것은 분명하다. 『고려사』 「지리
지」 평주(平州) 조항에 "저천(패강이라고도 한다)(猪淺(一云浿江))"라는 기록이 있
고, 『동국여지승람』 평양 조항에는 이것을 다음과 같이 인용하여 지금의
예성강에 비정했지만 확증이 있는 것이 아니다.

고려사에는 평산부 저탄강을 패강이라 했다. 즉 백제 시조가 북쪽은 패강으
로 경계를 삼았는데, (중략) 이것을 지칭하는 것이 의심스럽다. 이와 같다면 본
국 경내에는 세 개의 패수가 있다는 것이다.

(高麗史以平山府瀦灘爲浿江, 則百濟始祖, 北以浿江爲界, (中略) 疑指此也, 以
此觀之, 本國境內自有三浿水)

패수라는 문자는 중국의 사적에서 빌려온 것은 틀림없는데, 백제의 북
쪽 어딘가에 발음상 이렇게 표기될 만한 하천이 있었기 때문에 이와 같
은 문자를 사용한 것인지는 확실하지 않다. 「백제본기」에 "패수와 대수 두
강"이라고 패수와 함께 언급한 대수(帶水)는, 이 강을 건너서 미추홀(彌鄒忽)
에 이른다고 했고, 미추홀은 『삼국사기』 「지리지」에 의하면 지금의 인천이
므로 한강이라는 것을 알 수 있다. 한강은 광개토왕비에서 아리수(阿利水)
라고 불렸고, 「백제본기」에도 욱리수(郁利水)라고 나온다. 설령 백제인이

한대의 역사에서 대수가 한강을 가리킨다는 것을 알고 빌려서 사용했다 하더라도, 그 명칭은 당시 사람들이 사용한 것이 아니라는 점은 분명하다.(제3장 「백제 위례성고」 참조) 그렇다면 패수도 마찬가지로 당시의 실제 명칭이 아니고 역사가가 한인의 고서에서 뽑아 왔을 것이다.

패수라는 이름을 사용한 이유

아마도 백제인은 패수가 조선의 북쪽 경계에 있는 큰 강으로 역사상에 나타난 이후 이 명칭을 자기 나라의 북쪽 경계로 빌려서 사용했을 것이다. 고구려와 백제의 경계 부근을 흐르는 하천에 패수라는 명칭을 적용한 것은 고구려인이 아니라 백제인으로 추측되는데, 이 용례가 주로 「백제본기」에 나오고 고구려인은 별도로 대동강을 패수로 불렀기 때문이다.

패수로 불린 하천

그렇다면 백제인이 패수라는 이름으로 비정한 것은 어느 하천일까. '패수와 대수 두 강'으로 함께 언급된 점, 큰 강이리라는 점 등을 고려하면 지금의 임진강으로 볼 수 있을 것이다. 앞에서 인용한 「백제본기」 아신왕 4년 조항에 의하면 광개토왕이 백제를 물리친 후 패수가 고구려의 남쪽 경계였는데, 광개토왕 정복지의 남단은 임진강 유역이다.(제4장 「광개토왕 정복지역고」 참조) 「온조왕기」에 패하(浿河)를 백제의 북쪽 경계라고 한 것도 아마 이 시대의 상황을 바탕으로 만들어진 전설일 것이다. 그렇다면 백제인이 임진강에 패수의 이름을 붙인 것도 그 지역이 고구려의 영토에 들어간 후일 것이다. 따라서 백제인은 패수라는 명칭을 문서상의 기재에만 사용했을 것이다. 대동강이 패수라고 불린 것은 실제 고구려인 사이에 행해진 호칭이므로 백제인의 경우와는 약간 사정이 다르다. 하지만 국경 부근의 하천에 패수의 명칭을 부회한 것은 백제인과 마찬가지이다.

낙선정

끝으로 한 가지 덧붙이자면, 「지리지」의 낙랑군 주석에 "망은 낙선이라고 했다(莽曰樂鮮)"라는 기록이 있고, 패수현 주석에도 "망은 낙선정이라고 했다(莽曰樂鮮亭)"라는 기록이 있다. 따라서 패수는 낙랑군치와 어떤 관계가 있는 것처럼 보이고, 대동강과 관련이 있다고 생각될 수 있다. 「지리지」를 모두 훑어보면, 왕망(王莽) 때에 개칭한 군명(郡名)과 그 군명 아래에 '정(亭)' 자를 붙인 현명(縣名)은 아주 많다. 그렇지만 군치의 소재지로 생각할 수 있는 현은 겨우 한두 개뿐이고, 대다수는 군치와 떨어진 위치에 있었다. 그러므로 이 개명에 의해 낙선정(樂鮮亭)인 패수현과 낙선군(樂鮮郡)인 낙랑군치가 동일한 위치에 있다거나, 혹은 아주 가까웠다고 추측할 수는 없을 듯하다. 사전에서 '정(亭)'에 대한 해석을 보면, "정은 도로에서 묵는 곳이고 사람들이 머물러 모이는 곳이다(停也道路所舍人停集也)", 또는 "정은 머무는 것이다. 여행에서 숙박하는 객관이다(亭留也, 行旅宿會之所館也)", "정은 행서의 사이다. 즉 지금의 역체를 말한다(停也行書之舍, 則今驛遞)"고 되어 있다. 낙선정은 낙선역(樂鮮驛)의 뜻으로 사용했으며, 낙선가도의 요지에 해당하는 현의 이름으로 불린 것은 아닐까?

패수현의 위치

그렇다면 앞에서 패수현의 위치가 압록강 나루일 것이라고 한 억측에 하나의 증거를 얻은 듯하다. 패수현은 중국 본국과 낙랑군치 사이의 교통로에 있어서 요충지였기 때문이다.

결론

요컨대 『한서』「지리지」의 패수는 『사기』「조선전」의 패수와 마찬가지로 압록강을 가리키는 것이며, 이제까지 학계에 알려져 왔던 대동강을 말하는 것은 아니다. 그리고 패수라는 호칭은 요동군과 낙랑군이 멸망하고 고구려가 그 땅을 영유한 후에는 없어져 버렸는데, 평양이 고구려의 수도가 되고나서 고구려인이 옛 호칭을 부활시켜 대동강에 붙인 것이다. 백제인도 또한 이 명칭을 임진강에 빌려서 썼지만, 문서상의 기록으로만 쓰였을 뿐 실제 호칭으로 사용한 것은 아니므로 세상에 널리 전해지지 않았던 것이다.

2. 삼한 강역고(考)

부도 1. 삼한 강역도 참조

삼한의 위치

『위지』「동이전」중 한전(韓傳)에 다음과 같은 기록이 있다.

한은 대방의 남쪽에 있는데, 동쪽과 서쪽은 바다로 한계를 삼고 남쪽은 왜
와 접하니, 면적이 사방 4천 리쯤 된다. 세 종족이 있으니, 하나는 마한, 둘째
는 진한, 셋째는 변한이다.

(韓在帶方之南, 東西以海爲限, 南與倭接, 方可四千里有三種, 一曰馬韓, 二曰
辰韓, 三曰弁韓)

이에 의하면 한반도의 남부가 한(韓)으로 불렸다는 것은 분명하지만, 삼
한의 위치에 대해서는 "마한은 서쪽에 있다(馬韓在西)", "진한은 마한의 동
쪽에 있다(辰韓在馬韓之東)", "변진과 진한은 뒤섞여 살았다(弁辰與辰韓雜居)"
고 기록했을 뿐 자세하지 않다. 따라서 본 장에서는 주로 『위지』「동이전」
을 고찰하여 대강의 강역을 고증해보고자 한다.

변진의 남쪽 경계

먼저 변진(弁辰)의 위치를 살펴보자. 변한이 변진으로도 불렸다는 것은 위의 인용을 통해 명백히 알 수 있다. 변진에는 12개국이 있었다고 하는데, 국명을 열거한 조항에는 접도(接塗), 미리미동(彌離彌凍), 고자미동(古資彌凍), 고순시(古淳是), 반로(半路), 미오야마(彌烏邪馬), 감로(甘路), 구야(狗邪), 주조마(走漕馬), 안야(安邪), 독로(瀆盧)의 11개국에 각각 '변진'이라는 이름이 앞에 붙어있다. 또 별도로 '변(弁)'자를 앞에 붙인 변악노국(弁樂奴國), 변군미국(弁軍彌國) 두 나라가 있으므로 조금 불명확한 듯하다. 진한에도 군미국(軍彌國)이 있으므로, 뒤의 두 나라는 어쩌면 잘못 옮겨 쓴 것일지도 모른다. 12국명이 의심스러운 부분도 있지만, 변진이라는 두 글자를 앞에 붙인 나라들이 변진에 속한다는 것은 의심할 여지가 없다.

독로국

이들 가운데 독로국(瀆盧國)은 "왜의 접경(與倭接界)"이라고 되어 있으므로 한반도의 남단에 있었다고 추측할 수 있다. 위치는 명확하지 않지만 한반도의 남단으로 일본과 거리가 가장 가까운 곳은 낙동강 입구인 남쪽 해안 지방 및 거제도이다. "왜의 접경"이라고 한 것은 왜와 한(韓)의 교통 요충지에 해당하는 곳을 나타내는 듯하므로, 거제도보다는 낙동강 입구가 타당하다고 생각된다. 그런데 강 입구의 서쪽 연안인 김해(金海)는 뒤에 서술하겠지만 구야국(狗邪國)이라는 별도의 이름이 존재한다. 따라서 독로는 어쩌면 그 동쪽 연안인 부산 동래(東萊) 부근이 아닐까. 동래는 『삼국사기』 「지리지」에 "동래는 본래 거칠산군이다. 경덕왕 때 개칭되었다(東萊, 本居柒山郡, 景德王改名)"는 기록이 있다. 그러므로 신라 통일 후에 비로소 명명된 것이지만, 그 이름은 토착어인 듯하므로 옛 독로와 관계가 있을지도 모르겠다.

구야국

구야국(狗邪國)은 『위지』 「왜인전」에 대방군으로부터 일본에 이르는 도정을 기록한 다음 문장에 등장한다.

군에서 왜로 가려면 해안의 물길을 따라 한국을 거쳐야 하는데, 남쪽으로 가다가 동쪽으로 돌아, 그 북쪽 해안에 이르면 구야한국이다. 거리는 7천여 리이다. 비로소 바다를 1천여 리 가로지르면 쓰시마국에 이른다.

(從郡至倭, 循海岸, 水行曆韓國, 乍南乍東, 到其北岸狗邪韓國, 七千餘里, 始度一海, 千餘里, 至對馬國)

이 기록의 구야한국이 곧 구야국일 것인데, 쓰시마(對馬)의 북쪽, 한국의 남쪽 해안이 분명하다. 이 구야가 『삼국사기』에 등장하는 가야(加耶)이자 일본사에 보이는 가라(加羅)이다. 그 이유는 우선 명칭이 같고, 『삼국사기』 「지리지」에 "김해 소경은 옛 금관국이다(가락국, 또는 가야라고도 이른다)(金海小京, 古金官國(一云伽樂國, 一云伽耶))"고 한 지금의 김해에 해당하기 때문이다. 이곳은 낙동강 입구의 해수가 깊이 만입되는 지역이므로 선박의 정박에 편리하고, 또 대방군에서 쓰시마에 이르는 항로상의 위치와도 부합하므로 의심할 여지가 없다. 김해부는 지금은 해안에서 멀어진 지 오래되었지만, 낙동강 하류의 삼각주는 점차 확대되어 온 것이므로 2천 년 전에는 김해부에서 멀지 않은 지점까지 해수가 도달했으리라고 생각된다.

안야국

구야국이 가야이자 지금의 김해라면, 안야국(安邪國)은 『삼국사기』「지리지」에 "아시량국(아나가야라고도 한다)(阿尸良國 一云阿那加耶)"으로 나오는 함안군(咸安郡)일 것이다. 그 명칭이 동일하고 위치가 구야와 아주 가깝다는 점으로 추측할 수 있다. 이렇게 독로, 구야, 안야의 3국이 왜와 인접하여 한반도 남단에 있었다면, 그 외 변진의 여러 나라도 역시 근처에 있었을 것이다. 『후한서(後漢書)』「동이전」에 "변진은 진한의 남쪽에 있는데, 역시 12국이 있으며 그 남쪽은 왜와 접해 있다(弁辰在辰韓南, 亦十二國, 其南亦與倭接)"고 한 것도 사실과 부합됨을 알 수 있다. 다만 『위지』「동이전」에 "변진과 진한은 뒤섞여 살았다"고 한 기록은 조금 기이하게 생각된다. 변진이 진한의 남쪽에 있어서 대방군과 경계를 접하지 않았으므로 변진 사람이 대방군에 이르려면 반드시 진한을 경유했다는 점 때문에 이렇게 추측한 듯하다. 또는 변한을 변진이라는 이름으로도 쓴 것으로 보아 어느 시기엔가 진한의 일부였던 일이 있었는지도 모르겠다. 만약 그렇다면 "변진과 진한은 뒤섞여 살았다"는 기록도 근거가 없는 것은 아닐 것이다. 이상에서 변한의 남쪽 경계를 알 수 있었는데, 그 북쪽 경계는 진한의 위치를 먼저 살펴본 후에 고구하는 것이 편할 것이다.

진한의 동북경

진한은 『위지』에 기저(己抵), 불사(不斯), 근기(勤耆), 난미리미동(難彌理彌凍), 염해(冉奚), 군미(軍彌), 여담(如湛), 호로(戶路), 주선(州鮮), 마연(馬延), 사로(斯盧), 우유(優由)의 12개국 이름이 실려 있다. 하지만 사로가 신라이고 지금의 경주라는 것 외에 나머지 위치는 모두 분명하지 않다. 먼저 진한의 북쪽 경계를 살펴보면 『위지』「예전(濊傳)」에 다음과 같이 기록되어 있다.

예는 남쪽으로는 진한과, 북쪽으로는 고구려, 옥저와 접했고 동쪽으로는 큰 바다에 닿았으니, 오늘날 조선의 동쪽이 모두 그 지역이다.

(濊南與辰韓, 北與高句麗沃沮接, 東窮大海, 今朝鮮之東皆其地也)

진한의 북쪽에 인접한 것이 예(濊)라는 것은 분명하다. 그리고 예의 땅이 대략 지금의 강원도 지방이라는 점과, 강원도와 경상도의 경계 부근은 높은 산들이 중첩된 험난한 땅으로 민족의 구획을 이루기에 적합하다는 점을 고려하면, 진한의 동북경은 바로 지금의 경상도 동북변으로, 소백산 및 태백산 산맥에 있었음을 추측할 수 있다.

진한의 서북경

이상을 진한의 동북경으로 보면, 서북경은 여기에 연접한 지방이어야 한다. 태백산에서 서쪽으로 민족의 자연지리적인 경계가 될 만한 산맥을 찾아보면, 서북쪽으로 달려 강원도와 충청도의 경계를 이루는 것과 서남쪽으로 나아가 죽령(竹嶺) 및 조령(鳥嶺)이 되어 경상도와 충청도를 나누는 것이 있다. 진한의 서북경은 이 두 가지 중 하나일 것이다. 그런데 전자일 경우 충주 평원은 진한의 영토가 되어야만 하는데, 이 지방은 한강 유역으로서 서북쪽으로 뻗은 일대의 평야로 이어지며 그 사이에 아무런 자연적 구획이 없다. 그리고 앞에서 언급했듯이 강원도는 예에 속하고, 「예전」에 다음과 같은 기록이 있으므로, 예의 서쪽에는 낙랑군이 있었다.

단단대령의 서쪽은 낙랑에 소속되었으며, 고개의 동쪽 일곱 현은 도위가 통치하는데 그 백성은 모두 예인이다.

(單單大領以西屬樂浪, 自領以東七縣, 都尉主之, 皆以濊爲民)

이를 통해 볼 때 한강 하류 유역의 대부분은 낙랑군 구역 안에 있었다는 것이 분명하고, 충주 지방이 진한의 영토로 낙랑군에 대항했다고도 볼 수 없으니, 그 지방은 필시 낙랑군의 관내에 들어갔다고 해야 할 것이다. 그렇다면 진한의 서북쪽 경계는 후자로 보는 쪽이 타당할 것 같다.

진한과 낙랑, 대방과의 관계

앞에서 언급했던 것처럼 『위지』「한전」에는 변한을 대방군의 남쪽에 있다고 했고, 마한은 대방군의 서쪽, 진한은 대방군의 동쪽이라고 했다. 따라서 진한은 대방군에 인접한 동남쪽에 있었다고 미루어 짐작할 수가 있다. 『위지』가 인용한 『위략(魏略)』에는 고조선의 재상 역계경(歷谿卿)이 "동방의 진국(東方辰國)"에 갔던 일이 기록되어 있는데, 「한전」에 "진한은 옛 진국이다(辰韓古之辰國)"라고 했으므로 진국은 즉 진한이고 고조선의 동쪽에 해당한다. 『위략』에는 또 다음과 같은 기록이 있다.

왕망의 지황 연간에, 염사착이 진한의 우거수가 되어 낙랑의 토지가 비옥하여 사람들의 생활이 풍요하고 안락하다는 소식을 듣고 도망가서 항복하기로 작정했다. (중략) <u>함자현에서 군에 연락을 하자</u>, 군은 착을 통역으로 삼아 금중으로부터 큰 배를 타고 진한에 들어갔다.

(王莽地皇時, 廉斯鑡爲辰韓右渠帥, 聞樂浪土地美, 人民悅樂, 亡欲來降 (中略) 出詣含資縣, 縣言郡, 郡卽以鑡爲譯, 從芩中乘大船入辰韓)

함자현 및 대수

함자현(含資縣)은 『한서』「지리지」에 "함자는 대수가 서쪽으로 흘러 대방현에 이르러 바다로 들어간다(含資帶水西至帶方入海)"는 기록이 보이므로 대수(帶水) 옆에 있었던 것이 분명하다. 또 『진서』「지리지」에는 대방군의 속현으로 되어 있으므로 함자현이 대방군 안에 있었다는 것을 알 수 있다. 그런데 대방군은 후한 말에 낙랑군의 남부를 나누어 설치한 것이므로 그 지역은 한대의 낙랑군에 포함되었던 곳이고, 또한 얼마 안 가 고조선의 영토에 속하게 된 땅이다. 그렇다면 진한이 대방군에 인접하여 그 동남쪽에 있다고 하고, 또 고조선의 동쪽에 있다고 말한 위의 두 조항은 이 기사와 잘 들어맞는다. 이상의 세 가지를 참조하면 진한은 낙랑군의 남쪽, 즉 뒷날 대방군의 동쪽에서 동남쪽에 걸쳐 존재했다는 것을 알 수 있다. 앞에서 가정한 것처럼 진한의 서북쪽 경계가 죽령과 조령을 연결하는 산맥에 있고 한강 유역이 낙랑군의 관내라면, 진한과 낙랑의 교통로에 한강이 있게 되므로 진한과 함자현을 연결하는 강이 있었다는 『위략』의 기사와도 부합한다. 그 강은 함자현 옆을 흐른다고 한 대수임이 분명하고, 대수는 대방이라는 이름에서 유래했을 것이므로 대수는 곧 한강이고 대방은 그 유역일 것이다. 이렇게 생각해 보면 앞에서 말한 경계는 진한이 대방의 농쪽에서 농남쪽에 걸쳐 있었다고 추정한 것과도 부합된다. 여기서 확증을 얻었다고 할 수 있겠다. 앞의 인용에 나온 염사착(廉斯鑡)은 충주 방면부터 강을 거슬러 올라가 죽령을 넘어 진한에 들어갔을 것이다. 요컨대 진한은 태백산과 그 동쪽으로 이어지는 산지를 경계로 예와 접하고, 태백산에서 서남쪽으로 달리는 산맥을 경계로 대방군과 이웃한 것이다.

진한의 서쪽 경계

진한은 또 서쪽으로는 마한과 접한다. 그 접촉 지점은 진한과 대방군의 경계에 이어질 것이므로 조령에서 남쪽으로 달리는 한반도의 중앙산맥이다. 즉 속리산, 추풍령 등이 진한과 마한의 중간에 끼어 있었을 것이다. 그

리고 남쪽을 달리는 지리산 산맥은 저절로 마한과 변진의 경계를 이루게
될 것이다.

진한과 변진의 경계

이상에서 진한이 지금의 경상도 북부를 차지하고 낙동강의 상류 및 낙
동강으로 흘러들어가는 여러 지류 유역을 포함했다는 것과, 변진이 경상
도 남부에 있었다는 것을 알 수 있었다. 그렇다면 진한과 변진의 경계는 어
디였을까. 신라는 위나라 시대에 이미 한 나라를 이룩했다고 추측되는데,
『위지』에 보이는 진한 열국의 하나인 사로국이 바로 신라일 것이므로 그
수도였던 경주 부근이 진한에 포함되었음을 알 수 있다. 그렇다면 진한과
변진의 동쪽 경계는 경주 방면과 김해 및 동래 지방의 중간에 있었다는 것
이 명백한데, 이 부근의 자연지리적 경계는 낙동강의 동북쪽으로 길게 뻗
친 산맥이다. 또 서쪽으로는 앞에서 고증한 바와 같이 낙동강의 상류 유역
인 상주(尙州), 선산(善山) 방면이 진한에 속했던 것이 분명하므로, 그 남쪽
의 자연지리상 구획인 가야산을 중심으로 한 일대의 산지에 주목할 수 있
을 듯하다.

변진의 영역

그렇다면 변진은 북쪽은 가야산의 산지에 의해, 동쪽은 낙동강의 동북
쪽 산지에 의해 진한과 나뉜 것은 아니었을까. 다시 말하면 낙동강 하류 및
그 지류인 용강(龍江) 유역을 주로 하고, 여기에 협천(陜川) 옆을 흐르는 황
룡강(黃龍江) 유역을 더한 것이 진한의 강역은 아니었을까. 그렇다면 변진
은 진한보다 조금 협소하므로 『위지』「한전」에 진한과 변한에 각각 12개국
이 있고 넓이는 거의 비슷하다고 한 기록과 어긋나는 듯하다. 하지만 이들

여러 나라는 "큰 나라는 4~5천 가옥, 작은 나라는 6~7백 가옥(大國四五千家, 小國六七百家)"이라고 했으므로 각 나라들의 면적이 같지 않았고, 진한의 동북부는 산맥이 많아서 주민이 적었을 것이므로, 진한 지역이 변진보다 큰 것이 양쪽에 각각 12개국이 있었다는 사실과 모순된다고는 할 수 없다.

마한의 북경

진한 및 변진의 강역은 이미 알았으므로, 이것과 맞닿은 마한의 동쪽 경계는 굳이 자세히 언급할 필요가 없을 것이다. 그렇다면 마한에 관한 문제는 오로지 북쪽 경계에 있다고 하겠다. 그런데 한강 유역에 이미 대방군이 있었다는 것이 알려졌으므로, 마한의 한계는 대방군의 남쪽이 될 수밖에 없다. 한강의 남쪽에는 마한과 진한을 가를 수 있는 자연지리적 구획이 없으므로, 이 지역에서 두 세력의 한계를 추정하는 것은 대단히 어렵다.

마한의 넓이

진한과 변진이 각각 12개국이었는데 마한은 54개국이라고 했다. 그 땅이 진한과 변한에 비해 평야가 많으므로 백성의 거주에 적합하여 호구가 조밀했을 것이다. 이처럼 나라 수와 면적이 완전히 비례하지는 않겠지만 마한의 강토가 진한과 변한에 비해 광대했다는 것은 추측할 수 있을 것이다. 따라서 마한의 북쪽 경계가 한강 유역에서 멀리 떨어진 남쪽은 아니라고 볼 수 있다. 그런데 대방군이 동쪽으로 충주 방면을 포함했다면, 대방군의 서쪽 경계가 이보다 먼 북방에 있었다고 생각하기도 어렵다. 그렇다면 마한은 진강(鎭江) 및 그 지류의 모든 유역을 소유했고, 지금의 음성(陰城)과 죽산(竹山)부터 양지(陽智), 수원(水原) 혹은 직산(稷山), 아산(牙山)에 이르는 일대의 고지대가 대방군에 대한 경계를 이루었던 것은 아닐까. 『위지』에 열거된 54개국의 이름은 위치를 알 수 있는 것이 하나도 없다.

결론

이상의 고증은 대부분 자연지리상의 형세를 기초로 추측한 것이며, 역사적 지리 연구로서는 근거가 대단히 빈약하다는 점을 면할 수 없다. 그렇지만 사료상 근거를 찾을 수 없는 문제이므로 달리 해결 방법이 없었다. 특히 남한 지방은 자연지리상의 구획이 아주 단순하고 자연적 환경의 영향을 크게 받았던 미개시대이므로, 이와 같이 당시의 민족 세력권을 추측해도 큰 오류가 없으리라고 믿는다. 나아가 이러한 방법으로 후대의 국가 영역을 살펴보면, 진한의 예 및 대방군에 대한 경계는 고구려 장수왕 이후와 신라 진흥왕 이전의 두 나라의 경계와 다름이 없다. 그리고 진한과 마한의 접촉점은 신라와 백제의 접촉점과 큰 차이가 없다. 또 마한과 대방군의 경계는 웅진 천도 이후의 백제와 고구려의 경계 및 한성(漢城) 점령 이후의 신라와 백제의 경계와 거의 같다. 그리고 변진은 영역은 임나(任那)보다 조금 넓고, 그 북부인 가야산 남쪽 일대의 산지는 임나에 들어가지 않았지만 동서쪽의 경계는 변진과 임나 사이와 큰 차이가 없다. 이로써 자연 지리적 구획이 국가의 영역을 정하는데 크게 관계하며, 시대가 달라도 그 형세가 유사하다는 것을 알 수 있다. 따라서 이상에서 서술한 추론이 정확하지는 않더라도 크게 어긋나지는 않으리라 생각한다.

❖ 구야가 김해이며 안야가 함안(咸安)이라는 것, 동시에 독로가 동래부 지방이라는 설은 이미 요시다 토고(吉田東伍)의 『일한고사단(日韓古史斷)』(제2편 제3장) 및 나카 미치요(那珂通世)의 『조선 고사고(朝鮮古史考)』(제5장 「삼한고三韓考」)에 보인다. 염사착이

진한에 들어간 수로가 한강이라는 설도 나카의 『조선 고사고』에 나와 있으며, 대수가 한강이라는 것은 이마니시 류(今四龍)의 「백제국도 한산고(百濟國都漢山考)」(『史學雜誌』 제23편 제1호)에 고증되어 있다. 또한 낙랑과 대방의 강역에 관해서는 『만주역사지리』(제1권 제1장)에 시라토리 구라키치(白鳥庫吉) 및 야나이 와타리(箭內亙)의 고증이 있다.

3. 백제 위례성고

부도 2. 고구려 남진 형세도 참조

백제의 수도 이전에 관한 기존 학설

백제국의 수도는 시조인 온조왕 초기에 위례성(慰禮城)에 있었고, 뒤에 남한산(광주廣州)으로 옮겨졌으며, 근초고왕 때에 이르러 북한산(서울)으로 정해졌다는 것이 일반적인 학설이다. 위례성은 보통 지금의 충청도 직산(稷山)으로 비정된다. 관련 사료로 다음과 같은 기록들이 있다.

근초고왕이 고구려의 남평양을 빼앗고 한성으로 수도를 옮겼다.(『삼국사기』「지리지』)

(近肖古王取高句麗南平壤, 移都漢城)

온조가 (중략) 한산(지금의 광주)으로 수도를 옮겼다. (중략) 근초고왕이 고구려의 남평양을 빼앗아 북한성(지금의 양주)으로 수도를 옮겼다.(『삼국유사』 권2)

(溫祚 (中略) 移都漢山 (中略) 近肖古王 (中略) 取高句麗南平壤, 移都北漢城)

본래 위례성은 백제의 온조왕이 졸본부여로부터 남으로 내려와 개국하고 이곳에 수도를 세운 것이다.(『여지승람』 직산 조항)

(本慰禮城, 百濟溫祚王 自卒本扶餘, 南奔開國, 建都于此)

본래 백제의 남한산성은 시조인 온조왕 13년에 위례성으로부터 수도를 옮긴 것이다. 근초고왕 26년에 또 도읍을 남평양성으로 옮겼다(지금의 경도).(『여지승람』 광주목 조항)

(本百濟南漢山城, 始祖溫祚王十三年自慰禮城, 移都之, 近肖古王二十六年又移都南平壤城(今京都))

본래 고구려의 북한산군은 백제 온조왕이 빼앗아 축성한 것이며, 근초고왕이 남한산으로부터 수도를 이곳으로 옮겼다.(『여지승람』 한성부 조항)

(本高句麗北漢山郡, 百濟溫祚王取之築城近肖古王自南漢山徒都焉)

여기서 남평양은 곧 북한산이다.(제5장 「장수왕 정복지역고」 참조) 그런데 이들 내용을 과연 믿을 수 있는지에 대해서는 의심되는 바가 없지 않다.

온조 전설의 위례성

먼저 위례성의 위치를 상고해보면, 「백제본기」 제1에 다음과 같은 기록이 있다.

비류와 온조가 (중략) 남쪽으로 갔다. 그들은 드디어 한산에 이르러 부아악에 올라가 살만한 곳을 바라보았다. 비류가 바닷가에 살고자 하니 10명의 신하가 간하기를, 이 강 남쪽의 땅은 북쪽은 한수를 띠처럼 두르고 있고, 동쪽으로는 높은 산을 의지했으며, 남쪽으로는 비옥한 벌판을 바라보고, 서쪽으로는 큰 바다가 막혔으니 이렇게 하늘이 내려준 험준함과 지세의 이점을 얻기 어려운 형세입니다. 여기에 도읍을 세우는 것이 좋지 않겠습니까, 라고 했다. 비류는 듣지 않고 그 백성을 나누어 미추홀로 돌아가 살았다. 온조는 강 남쪽 위례성에 도읍을 정했다. 일설에 (중략) 패수와 대수 두 강을 건너 미추홀에 와서 살았다고 한다.

(沸流, 溫祚 (中略) 南行 (中略) 遂至漢山登負兒嶽望可居之地, 沸流欲居於海濱, 十臣諒日, 惟此河南之地, 北帶漢水, 東據高岳, 南望沃澤. 西阻大海, 其天險地利難得之勢, 作都於斯, 不亦宜乎, 沸流不聽, 分其民歸彌雛忽居之, 溫祚都河南慰禮城, 一云 (中略) 渡浿帶二水, 至彌雛忽, 以居之)

위례성은 강의 남쪽에 있다고 했는데, 한수(漢水)의 남쪽 연안 일대의 지역을 가리킬 것이다. 따라서 온조 전설의 작자는 위례성을 한수에서 멀지 않은 땅으로 여기고 직산처럼 남쪽이라고는 생각하지 않았음을 미루어 짐작할 수 있다. 온조왕 13년기에도 다음과 같은 기록이 있다.

여름 5월에 왕이 신하에게 말하기를, 나라의 동쪽에는 낙랑이 있고, 북쪽에는 말갈이 있다. 그들이 변경을 침공하여 (중략) 반드시 천도를 해야겠다. 내가 어제 순행하는 중에 한수의 남쪽을 보니 토양이 비옥했다. 따라서 그곳으로 도읍을 옮겨 영원히 평안할 계획을 세워야겠다고 했다. 가을 7월에는 한산 아래에 목책을 세우고 위례성의 백성을 이주시켰다.

(夏五月, 王謂臣下曰, 國家東有樂浪, 北有靺鞨, 侵軼疆境 (中略) 必將遷國, 予作出遊觀漢水之南, 土壤膏腴, 宜都於彼, 以圖久安之計, 秋七月就漢山下, 入柵, 移慰禮城民戶)

이 내용은 온조왕 8년기에 "말갈 도적 3천 명이 와서 위례성을 포위했다 (靺鞨賊三千來圍慰禮城)"고 한 것과, 온조왕 17년기에 "낙랑군이 쳐들어와서 위례성을 불태웠다(樂浪來侵, 焚慰禮城)"고 한 기록과 부합되는 것이다. 위례 성이 동북쪽의 낙랑과 말갈에게 침략당하기 쉬웠기에 한수의 남쪽인 한산 으로 수도를 옮겼다면, 전설의 작자는 위례성이 한산보다도 남쪽에 있다고 생각할 수는 없었을 것이다. 그런데 말갈은 강원도 방면의 예(穢) 민족을 말한다. 여기에 낙랑을 동쪽이라고 하고, 말갈을 북쪽이라고 한 것은 거짓 이다.(제4장 「광개토왕 정복지역고」 참조) 또한 온조왕 41년기에 "2월에 한수 동 북의 모든 부락의 15세 이상 되는 장정을 징발하여 위례성을 수리했다(二 月, 發漢水東北諸部落人年十五歲以上, 修營慰禮城)"는 기록이 있지만, 그것이 한 수 부근이었다는 것을 알기에는 부족하다.

「백제본기」의 고대 기사가 역사적 사실이 아니라는 것은 새삼 말할 필요 도 없고 위의 인용들도 마찬가지이지만, 어떤 전설이든 지리적 관계를 무 시할 수는 없다. 그리고 백제의 왕도가 위례라고 불린 것은 『일본서기(日本 書紀)』에도 보이는 명백한 사실이므로, 전설이 만들어진 것은 위례성이 여 전히 사람들의 기억에 남아있고 그것이 한수의 남쪽 기슭 부근에 있었다는 것이 알려졌을 때일 것이다.

마한의 일국으로서의 백제의 위치

백제는 『위지』에 '백제(伯濟)'로서 마한 여러 나라 중의 하나로 등장한 다. 그리고 한수 유역은 당시 대방군의 남쪽 경계로 마한의 영토가 아니었 으므로, 백제의 옛 땅은 한수 부근은 아니었을 것이다.(제2장 「삼한 강역고」 참 조) 부여씨가 북방에서 내려와서 백제에 의탁한 것으로 보아 그 위치는 마 한의 여러 나라 중 북부에 있었겠지만, 한수에서는 조금 멀리 떨어진 지점일 수밖에 없다. 그렇지만 백제의 전설은 당시의 사적(事跡)을 전혀 전해주지 않고, 구사(舊史)는 모두 백제가 마한의 여러 나라(최소한 마한의 북부)를 정복하고 나아가 대방군의 괴멸을 틈타 한수 부근을 점령했을 때를 건국으로 말한다. 『주서(周書)』「백제전」에 "처음 대방에 나라를 세웠다(始國於帶方)"라는 기록이 있고, 『수서(隋書)』에 "처음에 그 나라를 대방의 옛 땅에 세웠다(始立其國于帶方故地)"고 한 것 역시 그 증거이다. 그렇다면 백제의 왕도인 위례성이 옛 마한의 구역 안이 아니라 대방군의 옛 땅인 한수의 남쪽 기슭에 있었다고 여겨지는 것은 당연하다고 할 수 있다.

위례성의 위치

위례성이 한수의 남쪽 기슭이라는 것은 위에서 말한 바와 같지만, 그 위치는 여전히 분명하지 않다. 앞에서 인용했던 온조왕 13년기에 "어제 순행하는 중에 한수의 남쪽을 보니, 토양이 비옥했다. 따라서 그곳으로 도읍을 옮긴다"고 했는데, 그 후 얼마 안 되어 한산(漢山)으로 수도를 옮겼다면 한산은 한수의 남쪽인 남한산(광주)이 될 것이다. 위례성은 남한산과 멀지 않은 위치이지만 그 땅은 당연히 별개였던 듯하다. 그런데 『일본서기』유랴쿠(雄略) 천황 20년 조항에는 다음과 같은 기록이 있다.

『백제기』에 이르기를, 개로왕 을묘년 겨울, 박국의 대군이 와서 대성을 공격한 지 7일 낮밤을 공격했다. 왕성이 항복하여 함락되니 결국 위례국을 잃었다. 국왕과 태후, 왕자 등이 모두 적의 손에 죽었다고 했다.

(百濟記云, 蓋鹵王乙卯年冬, 狛大軍來攻大城, 七日七夜, 王城降陷, 遂失慰禮國, 王及大后王子等皆沒敵手)

이 위례국(慰禮國)은 곧 「백제본기」의 위례성이고, 그것이 당시 백제의 왕도였다는 것이 될 듯하다. 여기서 먼저 개로왕 시대의 왕도가 어떤 지역이었는지를 자세히 살펴보지 않을 수 없다.

근초고왕 시대의 수도

「백제본기」를 살펴보면 근초고왕 26년 조항에 다음과 같은 기록이 있다.

왕이 태자와 함께 정예군 3만 명을 거느리고 고구려에 침입하여 평양성을 공격했다. 고구려 왕 사유가 필사적으로 항전하다가 화살에 맞아 사망하자 왕이 군사를 이끌고 물러나 한산으로 도읍을 옮겼다.

(王與太子帥精兵三萬, 侵高句麗攻平壤城, 麗王斯由力戰拒之, 中流矢死, 王引軍退, 移都漢山)

여기서 말하는 한산이 남한산(광주)인지 북한산(서울)인지 분명하지 않지만, 앞에서 인용했던 온조왕 13년기에 남한산으로 수도를 옮겼다는 기록이 있으므로 북한산으로 해석하는 것이 옳을 듯하다. 그렇지만 역사적 사실이 아닌 온조왕의 전설을 가지고 바로 근초고왕 시대의 기사와 대조하는 것은 적절한 고찰 방법이 아니다. 다른 사료로 검증해보자면, 광개토왕비에 다음과 같은 기록이 있다.

그 수도에서 적이 기세에 복종치 않고 감히 나와 싸우니, 왕이 크게 노하여 아리수를 건너, 자객을[정병을] 보내어 그 수도에 육박했다. □□□□[퇴각하니] 그 성을 □□[포위했다.] [이에] 백잔왕이 곤핍해져, 남녀 생구 1천 명과 세포 1천 필을 바치면서 왕에게 귀부했다.

(其國城, 賊不服氣, 敢出百戰, 王威赫怒, 渡阿利水, 遣剌[刺]迫城. 橫[□□□□
[歸穴]□便國城, 百[而]殘王[主]困逼, 獻出男女生口一千人, 細布千匹, 歸王)

백제의 수도 부근에 있었다고 생각되는 아리수(阿利水)는 한수이므로, 북
방에서 내려오는 고구려군이 이 강을 건너 공격하여 함락시킨 수도가 남한
산이라는 것은 분명하다.

아신왕 시대의 수도

「백제본기」에도 아신왕 4년 조항에 다음과 같은 기록이 있다.

왕이 패수 전투의 패배를 보복하기 위하여, 직접 군사 7천 명을 거느리고,
한수를 건너 청목령 아래에 진을 쳤다. 그 때 마침 큰 눈이 내려 병졸들 가운데
동사자가 많이 발생하자, 왕은 회군하여 한산성에 와서 군사들을 위로했다.

(王欲報浿水之役, 親帥兵七千人, 過漢水, 次於靑木嶺下, 會大雪, 士卒多凍死,
廻軍至漢山城, 勞軍士)

왕이 한수를 건너 북진한 것을 보면 수도가 한수 남쪽에 있었다는 것을
알 수 있다.

개로왕 시대의 수도

또 개로왕 15년기에는 다음과 같은 기록이 있다.

쌍현성을 수리하고, 청목령에 큰 울타리를 설치하고 북한산성의 군사를 나
누어 수비했다.

(葦双峴城, 設大棚於靑木領, 分北漢山城士卒戍之)

특별히 북한산성이라고 기록한 것을 볼 때 수도가 북한산이 아니었다는 것을 짐작할 수 있다. 근초고왕 이후의 수도가 이렇게 남한산에 있었다고 한다면, 근초고왕 때 북한산으로 수도를 옮겼다고 믿기는 어렵다.

그런데 개로왕 때 수도의 함락을 기록한 「백제본기」의 문장은 다음과 같다.

고구려 왕 거련이 군사 3만 명을 거느리고 와서 <u>수도 한성</u>을 포위했다. 왕이 싸울 수가 없어 성문을 닫고 있었다. 고구려 사람들이 군사를 네 방면으로 나누어 협공하고, 또한 바람을 이용해 불을 질러 성문을 태웠다. 백성들 중에는 두려워하여 성 밖으로 나가 항복하려는 자들도 있었다. 상황이 어렵게 되자 왕은 어찌할 바를 모르고, 기병 수십 명을 거느리고 성문을 나가 서쪽으로 도주하려 했으나 고구려 군사가 추격하여 왕을 죽였다.

(麗王巨璉帥兵三萬, 來圍王都漢城. 王閉城門, 不能出戰, 麗人分兵爲四道夾攻, 又乘風縱火焚燒城門, 人心危懼, 或有欲出降者, 王窘不知所圖, 領數十騎出門西走, 麗人追而害之)

이때 고구려의 대로 제우, 재증걸루, 고이만년 등이 군사를 거느리고 와서 <u>북쪽</u> 성을 공격하여 7일 만에 함락시키고, <u>남쪽</u> 성으로 옮겨 공격하자 성안이 위험에 빠지고 왕은 도망하여 나갔다. 고구려 장수 걸루 등이 왕을 보고 말에서 내려 절을 하고, 왕의 낯을 향하여 세 번 침을 뱉고서 죄목을 따진 다음 아단[채]성 밑으로 묶어 보내 죽이게 했다.

(至是高句麗對盧齊于, 再曾桀婁 古爾萬年等帥兵來攻北城, 七日而拔之, 移攻

南城, 城中危恐, 王出走. 麗將桀婁等見王下馬拜已, 向王面三唾之, 乃數其罪, 縛
送於阿旦[且]城下伐之)

이에 따르면 왕은 남쪽 성에 있었던 것처럼 생각되는데, 남쪽 성을 북쪽
성에 상대되는 호칭으로 생각하면 그것이 북한산과 남한산이라는 것을 알
수 있다. 이상의 서술을 종합하면 백제의 수도는 개로왕 때 고구려에게 공
격을 받고 함락될 때까지는 시종 남한산에 있었던 듯하다. 그렇다면 『일본
서기』에 기록된 위례성은 곧 남한산이다.

『일본서기』와 『삼국사기』의 모순

이와 같이 『일본서기』에 인용된 『백제기』에 따르면 위례성은 바로 남한
산이며, 별도의 다른 지역이 있는 것이 아니다. 그렇다면 『삼국사기』 「백제
본기」의 기사와는 명백히 모순된다. 이 모순을 해결하기 위해서는, 한산(漢
山)이라는 명칭의 유래와 백제의 건국 당시 형세를 자세히 연구할 필요가
있다.

한수의 명칭

한수, 한산, 한성 등의 명칭이 한국어가 아니라는 것은 알 수 있을 것이
다. 이 지방에서 한어(漢語)로 명명된 것들은 낙랑군이 설치되었을 무렵일
것이다. 그렇지만 당시는 한수를 대수(帶水)라는 이름으로 불렀으므로, 한
수는 한·위 시대의 명칭은 아니다.(제1장 「패수고」 및 제2장 「삼한 강역고」 참조) 그
런데 낙랑과 대방의 강역과 함께 한인(漢人)의 질서 정연한 문화는 영토를
버리고 사라졌으며, 당시 명명되었던 한식(漢式) 지명도 역시 흔적이 사라
지기에 이르렀다. 그러므로 후대에 중국 문화가 다시 고구려 및 백제에 수

입될 때까지는 이 지방의 강에 한수라는 이름이 명명되었을 리가 없으며, 백제의 고대에도 당시 사람들은 반드시 한국어로 불렀을 것이다. 광개토왕비에 나오는 아리수가 바로 그것으로, 이 명칭이 광개토왕 때(백제는 진사왕 무렵) 일반적으로 사용되었을 것이다. 「백제본기」 개로왕 21년 조항에 있는 욱리하(郁里河)도 한수를 가리킬 것이다.

백성들을 모조리 징발하여 흙을 쪄서 성을 쌓고, 그 안에는 궁실, 누각, 사대를 지으니 웅장하고 화려하지 않은 것이 없었다. 또한 욱리하에서 큰 돌을 캐다가 관을 만들어 아버지의 해골을 장사했다.

(盡發國人, 烝土築城, 即於其内作宮, 楼閣臺樹 無不壯麗, 取大石於郁里河, 作槨以葬父骨)

아리(阿利)와 욱리(郁里)는 아마 같은 발음이 잘못 전해진 표기일 것이다.

한산과 한성의 명칭

이렇게 한수라는 이름이 당시에 존재하지 않았다면, 한산, 한성의 명칭도 마찬가지로 추측할 수 있다. 광개토왕비에 실려 있는 이 지방의 성 이름이 미추성(彌鄒城), 아단성(阿旦城), 각미성(閣彌城) 등 모두 한국어라는 점으로 보아도 백제의 수도도 또한 한국어로 불렸음을 알 수 있다. 그 이름이 바로 위례성이 아니었을까. 위례라는 단어는 욱리와 음이 비슷하다. 한산과 한수의 명칭상의 관계를 고려해 보면 성 이름을 강 이름에서 취하는 것은 고대로부터의 풍습이었는지도 모르겠다.

명명의 시기

근초고왕 말년에 백제가 처음으로 동진(東晉)과 교통을 시작하면서부터 중국의 문물이 점차 들어오게 되었으므로, 한수 및 한산이라는 이름도 이 이후에 정해졌을 것이다. 그렇지만 공문서상이나 문자를 알고 있는 집단에서만 이 명칭을 사용했을 것이고, 일반 백성들은 전과 다름없이 욱리하 및 위례성이라는 옛 명칭을 버리지 않았을 것이므로 한국어와 한어(漢語) 명칭이 함께 사용되었을 것이다. 『일본서기』에 위례라고 기록된 것은 어쩌면 이 때문일 것이다. 후대 사람은 위례성이 남한산의 옛 명칭이라는 것을 잊은 채, 이름이 다르니까 각각 다른 곳으로 생각하게 되었다. 이 때문에 위례성에서 남한산으로 수도를 옮겼다는 전설이 탄생하게 된 것이며, 「백제본기」 역시 이에 따른 것이라고 생각한다.

위례성의 정치적 지위

위례성은 백제가 마한의 일국에서 일어나 북방으로 진출하여 대방의 옛 땅을 빼앗았을 때에 창건했으리라는 것은 앞에서 이미 서술했다. 그렇다면 위례성은 그 점령지를 잘 제어할 수 있고 나아가 북진을 계속 추진할 근거지로서도 편리한 위치에 있었을 것이다. 한강의 남쪽 기슭에서 그러한 지점을 찾아보면, 지금의 충주(忠州)와 여주(驪州)는 동남쪽으로 치우쳐 있어 북진의 근거지로서 적합하지 않고, 강어귀에 가까운 곳은 지역이 협소하여 상류의 땅을 제어하기에 충분하지 못하다. 한강 평야에서 좋은 위치에 있으면서 이런 조건에 잘 맞고 또 구릉에 둘러싸인 다소의 방어 진지를 지니는 곳으로는, 그 중간 지점인 광주 즉 남한산 외에 달리 적합한 곳이 보이지 않는다. 신라시대에 한주(漢州)의 치소를 여기에 둔 것을 보아도 그 정치적 지위를 짐작할 수 있을 듯하다. 따라서 위례성이 남한산이 될 수밖에 없다는 점은 미루어 짐작할 수 있을 것이다.

북한산성

반대쪽 기슭인 북한산성은 백제가 북방 경영에 한 걸음 나아가기 위한 것인지, 혹은 고구려의 남하를 방어하려고 한 것인지 분명하지는 않다. 그렇지만 수도의 부속 성으로 한산(남한산) 천도 후에 축조되었을 것이다. 이것을 특별히 북한산으로 부르고 한산을 남한산으로는 부르지 않은 것을 보면 양자의 비교적 지위를 알 수 있다. 이는 또한 한산이라는 명칭이 백제시대에 시작되었음을 나타내는 것이기도 하다. 만약 고구려가 이 지방을 영유했을 때에 명명된 것이라고 한다면 한산이라는 명칭은 고구려의 근거지였던 북한산에 사용되었을 것이고, 남한산에 특별히 '남' 자를 붙였을 것이기 때문이다.(제5장 「장수왕 정복지역고」 참조)

남한산의 명칭

남한산이라는 단어는 『삼국사기』에는 「신라본기」 문무왕 8년 조항에 "군사 남한산의 북거(軍師南漢山北渠)"라고 한 것 외에는 보이지 않는다. 이 기록 전후의 「신라본기」 기사는 남한산을 한산 혹은 한성이라는 이름으로 칭했다. 따라서 남한산은 신라가 이곳을 영유했던 시대에도 공식적인 명칭은 아니었던 것이다. 어쩌면 북한산에 대한 속칭이었을 수도 있겠다. 백제시대에도 이 명칭은 등장하지 않는다. 본 고찰에서 남한산이라는 명칭을 사용한 것은 편의상 오늘날의 관습에 따랐을 뿐이다.

이상의 고찰에 다행히 오류가 없다면, 백제의 수도는 대방군을 점령한 초기부터 웅진 천도에 이르기까지 항상 한산(남한산)에 있었고 일찍이 이동한 적이 없었으며, 위례성은 그것의 옛 이름이다.

❖ 개로왕 이전의 백제 수도가 남한산이었다는 것은 이마니시 류(今西龍)의 「백제국도 한산고(百濟國都漢山考)」(『史學雜誌』 제23편 제1항)에서도 설명되었다.

4. 광개토왕 정복지역고

부도 2. 고구려 남진 형세도 참조

한반도의 변동, 삼국의 출현

진(晉) 초기 낙랑군과 대방군의 붕괴는 이전부터 이미 다소의 동요를 느껴왔던 부근 민족간의 세력 균형을 완전히 무너뜨리고 한반도의 형세에 일대 변화를 일으켰다. 두 군의 옛 땅 대부분은 고구려에 소속되었고, 진한 지방은 거의 신라에 통일되었으며, 마한 및 대방군의 일부는 백제의 영토로 귀속되었다. 이들 세 나라의 강역 및 접촉 지점은 구사에 명기되어 있지 않으므로 상세히 알기 어렵다. 하지만 『삼국사기』에서 단편적인 기록이 산견되므로 대략 파악할 수는 있다. 본 장에서는 우선 고구려 광개토왕 시대를 중심으로 고구려와 백제 및 신라의 경계를 자세히 살펴보고자 한다. 광개토왕을 중심으로 한 것은, 왕의 공로를 명기한 비문이 존재하여 그 사적을 알 수 있고, 이 시기에 이르면 『삼국사기』 기재도 거의 역사적 사실로 인정할 수 있기 때문이다. 왕의 비문 중 주요한 부분은 아래와 같다. 인용은 백산흑수문고(白山黑水文庫) 소장 탁본에 의하고, 해독하기 어려운 부분은 나카 미치요(那珂通世)의 「고구려 고비고(高句麗古碑考)」를 참조했다.

백잔과 신라는 옛적부터 (고구려의) 속민으로써 조공을 해왔다. 그런데 왜가 신묘년에 □[바다를 건너와 백잔을 깨트리고, [신]라를 □□하여 신민으로 삼았다. 6년 병신년에 왕이 친히 수[□]군을 이끌고, 백잔국을 토리[벌]했다. 군사가 □□하여, 일[영]팔성, 구모로성, 춈[각]모로성, 간료[저]리□[성], □□성, 각미성, 모로성, 미사성, □사조성, 아단성, 고리성, □리성, 잡미[진]성, 오리성, 구모성, 고막소[야]라성, 혈□□, □□□[성], 분이능라□[이야라성], □[전]성, 어리[□□]성, □□□[성], □[두]노성, 비□□리성, 미추성, 야리성, 태산한성, 소가성, 돈발□[성], □□□, □루매성, 산□[나]성, 나루[나단]성, 세성, 모루성, 우루성, 소회성, 연루성, 석지리성, 암문지[□]성, 임성, □□□, □□□, □□□[리]성, 취추성, □발성, 고모루성, 윤노성, 관노성, 삼양성, □[증]□□[성], □□로[라]성, 구천성, □□□□ 등을 공취하고, 그 수도를 □했다. 적이 기세[의]에 복종치 않고, 감히 나와 싸우니, 왕이 크게 노하여 아리수를 건너, 자객을[정병을] 보내어 그 수도에 육박했다. □□□□[퇴각하니] 그 성을 □□[포위했다.] [이에] 백잔왕이 곤핍해져, 남녀 생구 1천 명과 세포 1천 필을 바치면서 왕에게 귀부하고 [무릎꿇고], 이제부터 영구히 고구려왕의 노객이 되겠다고 맹세했다. 태왕은 □의 잘못을 은혜로서 용서하고 뒤에 순종해온 그 정성을 기록했다[기특히 여겼다.] 이에 58성 700촌을 □하고[획득하고] 백잔주의 아우와 대신 10인을 데리고 군사를 돌려 환도했다. 8년 무술년에 한 부대의 군사를 파견하여 帛[백]신과 토곡을 순시했으며, 그 때에 막신[□]라성과 가태라곡의 남녀 300여 명을 잡아왔다. 이 이후로 조공하고 보고하며 섬겼다. 9년 기해년에 백잔이 맹서를 어기고, 왜와 화통했다. 왕이 평양으로 행차하여 내려갔다. 이에 신라왕이 사신을 보내어 아뢰기를, 왜인이 그 국경에 가득 차 성지를 부수고, 노객을 백성으로 삼으려 하니 왕께 귀의하여 명을 받기를 청한다고 했다. 태왕이 은혜로워[은혜롭고 자애로워] 그 충성을 칭찬한 후[갸특히 여겨], 신라 사신을 돌려보낼 때 □□[계략]을 고하게 했다. 10년 경자년에 왕이 보병과 기병 5만 명을 보내어 신라를 구원하게 했다. (고구려군이) 남거성을 거쳐 신라성에 이르니, 그곳에 왜군이 가득했다. 관군이 막 도착하니 왜적이 퇴각했다. □□□□□□□□□ [급히] 추격하여 임나가라의 종발성에 이르니, 성이 곧 항복했다. 안라인 수병, 신라성 표[□]성, 함락[□]했고, 왜구가 가득했다. 왜가 크게 무너졌다. (이하 77자 중 거의 대부분 불명) 옛적에는 신라 □[매]금이 몸소 내조하고 □□한[보고하며 섬긴] 일이 없었는데, □□□□[국강상광]개토경호태왕에 이르러 □□□□□□□□ 굴복하고 [매금이] □□□ 조공했다. 14년 갑진년에 왜가 법도를 지키지 않고, 대방 지역에 침입했다. 석성 □□배를 이어□□□□[왕이 직접 이끌고], 평양에 □□□□하니 서로 맞부딪치게 되었다. 왕의 군대가 길을 끊고 막아 좌우로 공격하니[소탕하니] 왜구가 패하여 궤멸했다. 참살한 것이 무수히 많았다. 17년 정미년에 왕의 명령으로 보병과 기병 5만 명을 파견하여, □□□□□□□□[군대개] 합전하여, 모조리 참살하여 소탕했다. 유치한[노획한] 갑옷이 1만여 벌이며, 군수와 기계는 헤아릴 수 없이 많았다. 돌아와 사화[귀]성, 누성, □□□□□□□□□□[□주성 □성, □□□□□성]을 격파했다. 20년 경술년, 동부여는 옛적에 추모왕의 속민이었는데, 중간에 배반하여 조공을 하지 않으니, 왕이 친히 토벌군을 끌고 가서, 부여성에 도착하자, 이에 부여성[□]의 온 나라가 놀라 □□□□□□□□. 왕의 은덕이 미치고 개선했다. 또 그 교화를 사모하여 따라 온 자는 미구루압로, 비사마압로, 사립[타새]루압로, 숙사사□□[압로], □□□[압]로였다. 무릇 공파한 성이 64개, 부락이 1천 4백이었다.

(百殘新羅舊是屬民, 由來朝貢, 而倭以辛卯年來渡海[□], 破百殘□□□[新]羅, 以爲臣民, 以六年丙申, 王躬率水[□]軍, 討利[伐]殘國, 軍□□首攻取壹[寧]八城, 臼模盧城, 呑[各]模盧城, 幹弓[氐]利□, □□城, 閣彌城, 牟盧城, 彌沙城, □舍蔦城, 阿旦城, 古利城, □利城, 雜彌[珍]城, 奧利城, 勾车城, 古模所[耶]羅城, 頁□□, □

□□[城], 分[□]而能[耶]羅□[城], □[瑑]城, □□[於]利城, □□□[城], □[豆]奴城, 沸
□□利城, 彌鄒城, 也利城, 太山韓城, 掃加城, 敦拔□[城], □□□, □[城,]婁賣城,
散□[那]城, □婁[那旦]城, 細城, 牟婁城, 亏婁城, 蘇灰城, 燕婁城, 析支利城, 巖門至
[□]城, 林城, □□□, □□□, □□□[□]利城, 就鄒城, □拔城, 古牟婁城, 閏奴城,
貫奴城, 彡穰城, □□□[曾□城], □□羅[盧]城, 仇天城, □□□□[,]□其國城, 賊不
服氣[義], 敢出百戰, 王威赫怒, 渡阿利水, 遣刺[刾]迫城. 橫[□]□□□[歸穴]□便國
城, 百[而]殘王[主]困逼, 獻□[出]男女生口一千人, 細布千匹, 歸[跪]王, 自誓, 從今以
後永爲奴客, 太王恩赦□迷之愆[愆], 錄其後順之誠, 於是□[得]五十八城, 村七百,
將殘主弟幷大臣十人, 旋師還都, 八年戊戌, 教遣偏師, 觀帚愼土谷, 因便抄得莫新
[□]羅城, 加太羅谷, 男女三百餘人, 自此以來, 朝貢論事. 九年己亥, 百殘違誓, 與
倭和通, 王巡下平穰, 而新羅遣使白王云, 倭人滿其國境, 潰破城池, 以奴客爲民,
歸王請命, 太王恩後稱[慈, 矜]其忠□[誠], 時[□]遣使還告, 以□□[計]. 十年庚子, 教
遣步騎五萬, 往救新羅. 從男居城, 至新羅城, 倭滿其中, 官兵[軍]方至, 倭賊退□□
□□□□□未[□]背息[急], 追至任那加羅, 從拔城, 城卽歸服, 安羅人戎[戌]兵, 拔
[□]新羅城彪[□]城, 倭滿, 倭[寇大]潰城六[□]□□□□□□□□□□□□□□□□
□□盡□□□安羅人戎[戌]兵, 滿□□□□□□□□□□□□□□□□□□[新□□□□
其□□□□□□言□□□□□□□□□□□□□□□□□□□□□□辭□□□□
□□□□□□□□□潰□□□]安羅人戎[戌]兵, 昔新羅□[寐]錦, 未有身來朝□[論事],
□□□□□[國罡上廣]開土境好太王□□□□□[寐錦]□□□[ ]僕勾□□□[□]朝
貢, 十四年甲辰, 而倭不軌, 侵入帶方界□□□□□石城□連船□□□□□□□□□
□[□]連船□□□, 王躬率□□, 從]平穰□□□□[鋒]相遇. 王幢要截盜刺[盪刾], 倭寇潰
敗, 斬煞無數, 十七年丁未, 教遣步騎五萬□□□□□□□□□□[師]□□合戰, 斬
煞湯[蕩]盡. 所稚[獲]鎧鉀一萬餘領, 軍資器械不可勝[稱]數. 還破沙溝[溝]城, 婁城□
□□[住城,]□□[城,]□□□□□□城, 卄年庚戌, 東夫餘, 舊是鄒牟王屬民, 中叛不

貢. 王躬率往討軍, 到[, 軍到]餘城, 而餘城[□]國駢[駭]□□□□□□□□□□王恩普處 [覆], 於是旋還, 又其慕化隨官來者味仇婁鴨盧, 卑斯麻鴨盧, 社立[楊社]婁鴨盧, 肅 斯舍□□[鴨盧], □□□□[鴨]盧, 凡所攻破, 城六十四, 村一千四百)

1) 광개토왕 이전 고구려의 남쪽 경계

① 백제에 대한 경계

고구려의 낙랑 점령과 대방 침략

광개토왕 치세 이전에 평양이 고구려 소유였다는 것은 광개토왕비에 평양을 공격하여 빼앗았다는 사실이 기록되어 있지 않은 점을 볼 때 분명하다. 평양이 이미 고구려의 소유였다면 대동강 유역이 그 영토였다는 것은 저절로 알 수 있다. 「고구려본기」 미천왕 14년(서진西晉 민제愍帝 건흥建興 원년) 조항에 "낙랑군을 침공했다(侵樂浪郡)"고 한 것은, 연도가 반드시 정확하다는 보장은 없지만 당시의 형세로 볼 때 사실임에 틀림없다. 또 이듬해에 "남쪽의 대방군을 침공했다(南侵帶方郡)"고 한 기록에 따르면 고구려는 더 남진하여 대방을 침략했다고 생각된다. 그런데 대방의 남부 한강 유역은 분명 백제가 점거한 곳이었으므로 두 나라의 경계는 한강의 북쪽이 될 수밖에 없다.(제3장「백제 위례성고」참조)

백제의 북쪽 경계와 패수

「백제본기」 온조왕 13년 조항에 의하면 백제의 강역은 "북쪽으로는 패수에 이르고 (중략) 동쪽으로는 주양에 닿았다(北至浿水 (中略) 東極走壤)"고 한다. 고대의 『삼국사기』의 기재는 역사적 사실로서 신뢰할 수 없으므로 잠시 이 기록을 제쳐놓는다 하더라도, 근초고왕 26년 조항에도 다음과 같은 기록이 있으므로 패수가 백제의 북쪽 경계에서 그다지 멀지 않았다고 추측할 수 있다.

고구려가 군사를 동원하여 공격해왔다. 왕이 이를 듣고 패하에 복병을 배치하고 그들이 오기를 기다렸다가 불시에 공격했다. 고구려 군사가 패배했다.
(高句麗擧兵來, 王聞之, 伏兵於浿河上, 俟其至, 急擊之, 高句麗兵敗北)

그렇지만 이 패수는 임진강을 가리키는 것으로 보이므로(제1장「패수고」참조), 그것이 백제의 북쪽 경계에 가까웠다고 하더라도 단지 하류 지방만 그러했을 것이다.

패수 이북의 백제 영토
「백제본기」의 다음과 같은 기록을 참조하자.

왕이 태자와 함께 정예군 3만 명을 거느리고, 고구려에 침입하여 평양성을 공격했다. 고구려 왕 사유가 필사적으로 항전하다가 화살에 맞아 사망하자, 왕이 군사를 이끌고 물러났다.(근초고왕 26년 조항)
(王與太子帥精兵三萬, 侵高句麗攻平壤城, 麗王斯由力戰拒之, 中流矢死)

왕이 군사 3만을 거느리고 고구려의 평양성을 공격했다.(근구수왕 3년 조항)
(王將兵三萬, 侵高句麗平壤城)

고구려가 공격해 와서 북쪽의 <u>수곡성</u>이 함락되었다.(근초고왕 30년 조항)

(高句麗來攻北鄙水谷城陷之)

이들 기록을 고려하면 동북쪽 산지에서는 백제가 임진강의 훨씬 북쪽까지 영유하고 있었던 듯하다. 근초고왕의 평양 공격은 「백제본기」 외에 다른 자료에서는 보이지 않지만 사유(斯由)의 전사에 관해서는 『위지』 「백제전」에 기록되어 있으므로 사실일 것이다. 다음은 연흥(延興) 2년에 백제왕이 위나라에 올린 표문이다.

신과 고구려는 조상이 모두 부여 출신입니다. (중략) 그의 조상 쇠(사유)가 경솔하게 우호 관계를 깨뜨리고 직접 군사를 거느려 우리 국경을 침범하여 왔습니다. 신의 조상 수(근초고왕)이 군사를 정비하여 번개같이 달려가 기회를 타서 공격하니 잠시 싸우다가 쇠의 머리를 베어 효시했습니다.

(臣與高句麗, 源出扶餘 (中略) 其祖釗, 輕廢隣好, 親率士衆, 凌踐臣境, 臣祖須整旅電邁, 應機馳擊, 矢石暫交, 梟斬釗首)

따라서 평양 공격도 역시 근거 없는 것은 아닐 것이다. 그리고 백제가 평양을 공격할 수 있었던 것은 그 영토가 평양에서 멀리 떨어지지 않은 지역에 있었기 때문일 것이다. 「지리지」에 의하면 수곡성(水谷城)은 신라의 단계현(檀溪縣)이자 고려의 협계현(俠溪縣)이고, 『여지승람』 신계현(新溪縣) 조항에 "협계 폐현은 현의 남쪽 30리에 있다(俠溪廢縣, 在縣南三十里)"고 했으므로 예성강 상류 연안이다. 수곡성이 백제 소유였다면 예성강 유역은 백제의 영토로서, 그 북쪽 경계는 적어도 신계현 부근보다 남쪽이 될 수는 없다.

북한산과 남평양

『삼국사기』「지리지」의 백제 조항에 "근초고왕이 고구려의 남평양을 취하고 한성에 도읍했다(近肖古王取高句麗南平壤都漢城)"는 기록이 있고, 『삼국유사』에도 "근초고왕 때인 함안 원년에 고구려의 남평양을 빼앗고 도읍을 북한성(지금의 양주)으로 옮겼다(近肖古王咸安元年, 取高句麗南平壤 移都北漢城(今楊州))"고 했다. 이는 앞에서 인용한 「백제본기」 근초고왕의 평양 공격 기사 다음에 "한산으로 도읍을 옮겼다"고 한 것을 보면, 평양을 남평양이라고 부른 것이다. 남평양은 「지리지」 한주(漢州) 조항에 "한양군은 본래 고구려의 북한산군이다(일설에는 평양)(漢陽郡本高句麗北漢山郡(一云平壤))"라는 기록이 있으므로 북한산(서울)을 가리키는 것이지만, 이 이름이 북한산에 붙여진 것은 후세의 일이지 근초고왕 시대는 아니다. 평양은 고구려 영토의 한 도부(都府) 이름이므로, 북한산에 남평양이라는 이름을 붙인 일이 있었다면 그 지역이 고구려의 영토로 귀속되었을 때가 아니면 안 된다. 그런데 근초고왕 이전에는 그러한 흔적과 증거가 없다. 설령 당시 북한산이 고구려에 속한 일이 있었다고 하더라도 평양이 아직 수도가 아니고 그 지위가 그렇게까지 중요하지 않았던 시대에 특별히 그 이름을 다른 도부(都府)에 붙였다고는 생각되지 않는다. 평양이 고구려의 수도가 된 것은 장수왕 63년이다. 그렇다면 위에서 인용했던 「지리지」 및 『삼국유사』의 기사는 후년에 이르러 생긴 남평양이라는 호칭을 근초고왕 시대로 혼동한 오류임이 분명하다. 당시의 평양은 대동강 가에 있는 평양이 틀림없다.(제5장 「장수왕 정복지역고」 참조)

고구려와 백제의 교전지

이 외에 고구려와 백제의 관계에 관해서는 근초고왕 24년에 다음과 같이 기록되어 있다.

고구려왕 사유가 보병과 기병 2만 명을 거느리고 치양에 와서 주둔하며 군사를 시켜 민가를 약탈했다. 왕이 태자에게 군사를 주어, 지름길로 치양에 이르러서 불시에 공격하여 그들을 격파했다.

(高句麗斯由帥步騎二萬, 來屯雉壤, 分兵侵奪民戶, 王遣太子, 以兵至雉壤, 急擊破之)

진사왕 6년에도 "고구려를 쳐서 도곤성을 함락시켰다(伐高句麗拔都坤城)"라는 기록이 있지만, 치양(雉壤)과 도곤성(都坤城)의 위치는 분명하지 않다. 다만 치양 전투는 근구수왕기에 다음과 같은 기록이 있으므로 반걸량(半乞壤) 부근일 것이다.

고구려 국강왕 사유가 직접 침략해 오자, 근초고왕은 태자를 보내 방어하게 했다. 반걸양에 이르러 (중략) 진격하여 크게 이기고, 달아나는 군사를 계속 추격하여 수곡성 서북에 도착했다.

(先是高句麗高句麗國岡王斯由親來侵, 近肖古王遣太子拒之, 至半乞壤 (中略) 進擊大敗之, 追奔逐北, 至於水谷城之西北)

따라서 치양이 수곡성 부근에 있으며, 고구려의 국경에서 멀지 않다고 볼 수 있다.

고구려의 남쪽 경계

이상의 고찰을 통해 볼 때 고구려와 백제 두 나라의 경계선은 대동강 유역과 예성강 유역을 나누는 분수령, 즉 수안(遂安)과 곡산(谷山) 부근에 있었다고 생각된다. 이 경계선은 옛 낙랑과 대방의 경계와 거의 같다고 할 수 있지만, 봉산(鳳山)과 서흥(瑞興)의 서쪽, 즉 재령강(載寧江) 및 그 지류 유역은 고구려 소유였을 것이다. 북방에서 남하하여 낙랑을 점령한 고구려는 분명 기세를 타고 대방군의 구역 안으로 침입하려 했을 것이다. 동쪽은 산악이 중첩되어 수많은 험지가 있으므로 넘어가기 쉽지 않았지만, 서쪽은 평양 방면에서 강을 건너거나 중화(中和)와 황주(黃州) 지방에서 남하하면 바로 재령강 유역으로 나갈 수 있으므로 자연히 고구려의 수중으로 들어갔다고 상상할 수 있다.

고구려와 백제 충돌의 형세와 경계선

한편 백제는 대방군이 무너지는 틈을 타서 우선 한강 유역을 점령하고, 더욱 북진하여 임진강 및 예성강 유역을 병유했을 것이다. 이 지방의 백제 영토는 지금의 평산(平山), 백천(白川), 연안(延安) 지방을 포함하고, 그 서북쪽에 이어진 일대의 산지로써 고구려와 접경을 이루었다고 여겨진다. 이렇게 생각하면 「백제본기」에서 말하는 바와 같이 고구려 군사가 패수(임진강) 부근을 침략한 일이 있다는 것도 수긍할 수 있다. 고구려군은 그 영토에서 조금 더 나아가 예성강을 건너면 바로 임진강에 다다를 수 있기 때문이다.

백제 북침의 진군로

근초고왕의 평양 공격은 신계, 수안 방면에서 삼등(三登)으로 나와 능성강(能成江) 유역에서 평양의 동북면으로 향했을 것이다. 앞에서 인용했던 근구수왕기의 반걸량 및 수곡성 전투 기사에 의하면, 고구려군도 역시 신계 방면에서 침략해 내려온 일이 있다. 이 길은 나중에 신라군이 평양에 갈 때 통과했던 곳으로 고대에는 중요한 교통로였다고 여겨진다.(제11장 「고구려 전역의 신라 진군로고」 참조)

② 예(濊) 및 신라에 대한 관계

고구려의 동남쪽 경계

다음으로 살펴볼 것은 고구려의 동남쪽 경계이다. 『삼국사기』에 의하면 고구려는 광개토왕 이전에 이미 신라 영토에 접촉했던 것 같다. 두 나라의 관계는 일찍이 「신라본기」 조분이사금(助賁尼師今) 및 첨해이사금(沾海尼師今) 조항에도 보이는데, 이 시대는 역사적 사실로 인정할 수 없다. 하지만 나물이사금(奈勿尼師今) 37년, 즉 광개토왕 원년(비문에 따르면 2년)에 신라가 볼모를 고구려에 보냈다는 기록은 간과할 수 없다. 광개토왕비에 "백제와 신라는 옛적부터 속민으로써 조공을 해왔다(百殘新羅舊是屬民, 由來朝貢)"고 한 것이 과장된 말이라고는 하지만, 광개토왕 치세에 이미 신라와 어떤 식이로든 관계가 있었다는 것은 사실로 보인다. 그렇지만 이들 기사는 여전히 의심의 여지가 있다. 따라서 우선 편의상 『삼국사기』에 보이는 말갈(靺鞨)이 무엇을 가리키는 것인지부터 고찰하고자 한다.

『삼국사기』의 말갈

말갈이라는 문자는 수·당시대에 이르러 비로소 중국의 사적에 나타나며, 북부 만주인 송화강(松花江) 및 오소리강(烏蘇里江) 유역에 거주한 퉁구스 민족을 가리키는 것이다. 그렇지만 『삼국사기』를 읽어보면 「백제본기」 및 「신라본기」의 고대에 자주 말갈이 침략해 왔다는 기사가 있고, 특히 「백제본기」에는 거듭해서 계속 보이므로 접촉이 끊어진 시기가 거의 없다는 것을 알 수 있다. 이 말갈은 중국사에 보이는 말갈과는 다르다고 여겨지는데, 그 이유는 시대가 다르고 지역의 차이도 두드러지기 때문이다. 따라서 백제 및 신라의 구기(舊紀)에 말갈이라고 한 것은, 중국사에서 함부로 그 이름을 가져와서 붙인 것이라고 할 것이다. 하지만 말갈이라는 명칭이 후대 사람의 가탁에서 나온 것이라 해도, 이러한 전설이 생겼다는 점으로 볼 때 고대에 어떤 이민족이 두 나라를 자주 침략한 사실은 분명 존재했을 것이다.

백제 및 신라와 말갈의 교전지

한국 문헌에서 말갈에게 공격당한 성지(城池)를 살펴보면, 「백제본기」진 사왕 3년에 "관미령에서 말갈과 싸웠으나 승리하지 못했다(興靺鞨戰關彌嶺 不捷)"는 기록이 있고, 7년에는 "말갈이 북쪽 변경의 적현성을 공격하여 함락시켰다(靺鞨攻陷北鄙赤峴城)"고 했다. 관미령(關彌嶺)은 뒤에 다시 언급하겠지만 임진강 하류의 동남쪽 기슭이고, 적현성(赤峴城)에 대해서는 참조할 자료가 없다. 다만 말갈이 이 방면에서 침략해왔으므로 백제의 북쪽에 있었다는 것은 알 수 있다. 온조왕 8년에 "나라의 (중략) 북쪽에 말갈이 있다(國家 (中略) 北有靺鞨)"고 한 것도 지어낸 말은 아니다. 「신라본기」에는 자비왕 11년에 "고구려와 말갈이 북쪽 변경의 실직성을 습격했다(高句麗餘靺 鞨襲北邊悉直城)"는 기록이 있고, 소지왕 3년에 "고구려와 말갈이 북쪽 변경에 들어와서 호명성 등 일곱 성을 빼앗았다(高句麗餘靺鞨入北邊, 取狐鳴城等七城)"고 했다.

말갈의 위치

이상의 기록에 따르면 말갈이 신라의 북쪽에 존재했다는 것은 분명하다. 그런데 백제는 북쪽으로 고구려와 인접하여 그 사이에 다른 민족이 들어올 여지가 없었다. 또한 이 지방은 한대부터 낙랑 및 대방의 관치(管治)에 속한 곳으로 말갈이라고 불릴 만한 이민족이 존재할 리가 없다. 앞의「신라본기」기록을 고려한다면 이 말갈은 신라의 북쪽이고, 백제의 동북쪽에 있었다고 볼 수밖에 없다.

백제의 동북쪽 경계

백제의 북쪽 경계는 앞 장에서 고증한 바와 같지만 동북쪽 경계는 분명하지 않다. 온조왕기에 "동쪽으로는 주양에 이르렀다(東極走壤)"고 했는데, 「신라본기」문무왕 13년 조항에 "수약주의 주양성(일명 질암성)(首若州走壤城(一名迭巖城))"이라는 기록이 있다. 수약주(首若州)는 「지리지」에 의하면 지금의 춘천(春川)에 배치된 고을 이름이므로 주양은 춘천에 가까운 지방으로 생각되지만 그 위치는 알 수 없다. 다만 백제의 북부는 대방의 옛 땅이었으므로 그 동북경도 대방의 동쪽 경계와 마찬가지로 태백산과 소백산 부근부터 뻗어나가 지금의 영월(寧越), 원주(原州), 홍천(洪川), 춘천(春川)의 서남쪽으로 이어지는 산맥에 있었을 것으로 상상할 수 있다.

신라의 북쪽 경계

신라는 지금의 경주에서 일어나 진한의 여러 나라를 병합했을 때 먼저 상주 지방의 평야를 손에 넣었을 것이고, 일단 그 지역을 귀속시킨 후에는 위력이 낙동강 상류 및 그 지류 유역까지 미쳤을 것인데, 그 사이에 신라를 막고 방해할 만한 자연지리상의 형세는 보이지 않는다. 그러므로 신라의 북쪽 경계는 바로 진한의 북쪽 경계였을 것이다.(제2장「삼한 강역고」참조) 이렇게 볼 때 이른바 말갈은 지금의 강원도에 살았던 민족을 지칭하는 것이 분명하다. 그렇다면 신라와 강원도 지방 사이에는 태백산을 중심으로 한 큰 산맥이 자연의 장벽을 이루지만, 백제와 강원도 사이에는 이와 같은 천연의 험한 지형이 없고 임진강 및 소양강 계곡으로 이어진다. 따라서 말갈이 서남쪽으로 나와서 백제의 동북쪽 경계를 침범하는 것은 아주 용이했을 것이다. 이것이 말갈 침입의 전설이 백제에 많고 신라에는 적은 이유일 것이다.

예족

강원도 지방의 주민은 한·위 시대에 예(濊)라고 불렸고, 낙랑 및 대방에 얽매여있으면서도 반쯤은 독립된 세력이었다는 것이 중국사에 명기되어 있다. 하지만 낙랑과 대방이 멸망한 후 그들의 행동에 대해서는 역사상 아무런 기록도 보이지 않는다. 두 군의 위력이 엄연히 존재했을 때도 거의 독립적인 세력을 유지했던 예가 그 붕괴로 유발된 한반도의 커다란 동요 속에서 아무 행동도 하지 않았다고는 생각할 수 없다. 따라서 『삼국사기』에 보이는 말갈의 백제 및 신라에 대한 침략 기사는 틀림없이 예에 관한 사적의 결함을 보충하는 것으로, 말갈은 즉 예족일 것이다. 「백제본기」 성왕 26년 조항에 "고구려왕 평성이 예와 공모하여 한수 이북의 <u>독산성</u>을 공격해 왔다(高句麗王平成與濊謀攻漢北獨山城)"라는 기록이 보이는데, 독산성은 충주지방이므로 여기에 침략해 왔다는 예가 바로 강원도 지방에 거주한 예족일 것이다. 하지만 이 조항에서만 말갈이 아닌 예로 기록한 것은 기이하다. 생각컨대 백제의 사가(史家)는 중국사를 따라 강원도 지방 민족을 예라고 기록해왔지만, 이후에 말갈이 북방에 나타나면서부터 그 세력이 강대한 것을 보고 동북쪽의 이민족을 이 이름으로 부르게 되었고, 이전에 예라고 기록한 것도 역시 말갈로 고쳤을 것이다. 단지 이 조항 하나가 우연히 고쳐지지 않은 채 남았을 것이다.(독산성에 대해서는 제5장 「장수왕 정복지역고」 참조) 고대 전설 시대의 「백제본기」 및 「신라본기」의 말갈 침입 기사는 후세의 사실에 의해 구상된 것으로 생각되지만, 참고를 위해 이들 기사에 보이는 두 나라와 말갈의 충돌 지역을 모두 훑어보기로 한다.

「백제본기」에 보이는 말갈과의 교전지

백제와 말갈의 교전지는 대부현(大斧峴, 온조왕 8년), 곤미천(昆彌川) 및 청목천(靑木川, 온조왕 10년), 병산책(瓶山柵, 온조왕 8년 및 11년, 다루왕 7년), 칠중하(七重河, 온조왕 18년), 부현(斧峴, 온조왕 22년, 40년), 술천성(述川城, 온조왕 40년, 근초고왕 49년). 마수산(馬首山, 온조왕 8년, 다루왕 3년, 다루왕 7년), 고목성(高木城, 온조왕 22년, 다루왕 4년), 우곡성(牛谷城, 다루왕 29년, 기루왕 32년, 구수왕 16년), 사도성(沙道城, 초고왕 45년, 구수왕 3년, 4년), 석문성(石門城, 초고왕 49년) 적현성(赤峴城, 초고왕 19년, 구수왕 3년, 4년) 등이 있다. 이들 중 소재가 분명하게 알려진 것은 많지 않지만, 청목령에 대해서는 아신왕 4년에 다음과 같은 기록이 있다.

임금이 패수 전투의 패배를 보복하기 위하여, 직접 군사 7천 명을 거느리고 한수를 건너 청목령 아래에 진을 쳤다.

(王欲報浿水之役, 親帥兵七千人過漢水, 次於靑木嶺下)

또 개로왕 15년에 "청목령에 큰 목책을 설치하고, 북한산성의 병졸들을 나누어 그곳을 수비하게 했다(設大柵於靑木嶺, 分北漢山城士卒戍之)"고 했다. 따라서 청목령은 한수의 북쪽이고 북한산에서 멀지 않은 지점임을 알 수 있다. 그리고 온조왕 10년에 다음과 같은 기록이 있으므로 곤미천(昆彌川)

의 남쪽이라는 것도 추측할 수 있다.

말갈이 북부 국경을 침략했다. 왕이 2백 명의 군사를 보내 곤미천에서 싸웠다. 그러나 우리 군사가 패하여 청목산을 거점으로 자체 수비를 하고 있었다. 왕은 직접 100명의 정예 기병을 거느리고 봉현으로 나와 구원했다.

(靺鞨寇北邊, 王遣兵二百, 拒戰於昆彌川上, 我軍敗績, 依靑木山, 自保, 王親帥精騎一百, 出烽峴救之)

이상의 기록으로 추정할 때 청목령은 지금의 벽제역(碧蹄驛)의 북방에 연결되며 한강과 임진강이 두 줄기로 나뉘는 경계 산맥에 있고, 곤미천은 그 북쪽 기슭에서 임진강으로 흘러들어가는 한 지류인 듯하다. 『여지승람』 개성부 조항에는 부의 북쪽 5리에 있는 송악(松嶽)을 청목령이라 했는데 이는 확증이 있는 것이 아니다.

다음으로 칠중하(七重河)는, 「지리지」에서 적성현(積城縣)의 옛 이름을 칠중현이라고 했으므로 지금의 임진강이라는 것을 알 수 있다. 술천성(述川城)은 「지리지」에 고구려의 술천군을 고려의 천령군(川寧郡)으로 삼았다고 되어 있고, 『여지승람』 여주(驪州) 조항에 천령폐현(川寧廢縣)이 여주 서쪽 25리에 있다고 한 것을 고려하면 지금의 여주 부근이다. 적현성(赤峴城)은 앞에서 언급했다. 부현(斧峴)은 온조왕 22년에 "왕이 1천 명의 기병을 거느리고 부현 동쪽 지방에서 사냥했다(王帥拔兵一千, 獵斧峴東)"는 기록이 있으므로 한산(漢山)에서 멀리 떨어진 지방은 아닐 것이다.

또 「백제본기」에는 후세에도 한산성(동성왕 4년), 마수책(馬首柵, 무령왕 3년), 고목성(高木城, 무령왕 7년), 장령성(長嶺城, 무령왕 7년), 횡악(橫岳, 무령왕 7년) 등에 말갈이 침입했다는 기록이 있다. 이 시대의 기사는 대체로 역사적 사실로 간주할 수 있지만 한성 방면에 관한 것만은 신뢰하기 어렵다. 따라서 이들 여러 조항 역시 사실로 인정하기 어려우므로 덧붙여 두기만 한다.(제5장 「장수왕 정복지역 고」 참조) 단 이 가운데 위치를 알 수 있는 것은 횡악(橫岳)인데, 아신왕 11년 조항에 "여름, 큰 가뭄이 들어 벼가 타들어가자, 왕이 직접 횡악에서 기우제를 지내니 곧 비가 내렸다(夏大旱, 禾苗焦枯, 王親祭橫岳, 乃雨)"고 한 기록을 통해 한성 부근으로 추측할 수 있을 뿐이다. 이상의 고찰을 통해 볼 때 백제의 역사가는 임진강 혹은 소양강 상류 방면에서 서남쪽을 향해 출동해 내려온 민족을 말갈이라고 불렀음을 알 수 있다.

「신라본기」에 보이는 말갈과의 교전지

「신라본기」에 말갈과 충돌 지역으로 기록된 곳은 대령책(大嶺柵, 지마이사금 14년), 니하(泥河, 지마이사금 14년), 장령(長嶺, 일성이사금 4년), 실직(悉直, 나물이사금 40년)이다. 뒤에 상술하겠지만 실직은 지금의 삼척(三陟)이고 니하는 한강 상류이다. 대령책은 추주 이유가 "말갈이 북쪽 변경에 대대적으로 침입했기 때문(靺鞨大入北境)"이라고 했으므로 역시 신라의 북쪽 변방이다.

예와 고구려

말갈 즉 예가 백제 및 신라와 접촉한 위치는 이상과 같지만, 말갈과 고구려와의 관계는 여전히 명료하지 않은 부분이 있다. 『위지』「고구려전」에 "옥저와 동예를 모두 복속시켰다(沃沮, 東濊皆屬焉)"고 했고, 『위지』「예전」에는 다음과 같은 기록이 있으므로 예도 위나라 시대에는 한때 고구려에 속했던 것처럼 보인다.

정시 6년, 낙랑태수 유무와 대방태수 궁준은 영토 동쪽의 예가 고구려에 복속하자 군대를 일으켜 정벌했다.

(正始六年, 樂浪太守劉茂, 帶方太守弓遵 以領東濊屬句麗, 興師伐之)

하지만 이는 단지 북방의 강국에 얽매여 조공했다는 의미에 지나지 않는다. 위 문장에 이어지는 기록을 보면 예후(濊侯)가 여전히 존재했었다는 것을 알 수 있다.

불내예후 등이 고을을 들어 항복했다. 그 8년에 조정에 와 조공하므로, 다시 불내예왕으로 봉했다.

(不耐濊侯等擧邑降, 其八年詣闕朝貢, 詔更拜不耐濊王)

이후로는 대방에 속했다는 것은 앞에서 이미 설명했으므로, 만약 예가 고구려의 영토에 들어왔다면 그것은 낙랑과 대방이 붕괴한 후가 아니면 안 된다. 그렇지만 고구려는 낙랑을 점령함과 동시에 백제와 충돌하여 격렬한 쟁투가 일어났으므로, 칼끝을 돌려 동쪽의 예를 정복할 여유까지는 없었을 것이다. 또 고구려의 영역이 만약 예의 지역도 포함했다면, 백제는 멀리 북방으로 나아가 임진강 및 예성강 유역을 영유할 수 없었을 것이다. 광개토왕비에도 다음과 같은 기록이 있다.

수묘하는 일에는, 내가 몸소 다니며 약취해 온 한인과 예인들만을 데려다가 무덤을 수호, 소제하게 하라.

(守墓者但取吾躬率所略來韓穢令備洒掃)

광개토왕비에는 "새로 온 한인과 예인(新來韓穢)"이라는 구절도 있으므로, 예는 광개토왕 때에 이르러 비로소 고구려에 복속된 것으로 보인다. 비문에 보이는 '예(穢)'라는 글자는 '濊'와 같은 것이며, 한대부터 이렇게 불렸던 강원도 주민 외에 예인으로 생각할 만한 것은 없다. "한인과 예인"이라고 합쳐서 부른 것도 그것이 백제와 이어지는 지역에 있었기 때문일 것이다. 「백제본기」 및 「신라본기」에는 광개토왕 시대 이후 말갈이 항상 고구려와 힘을 합쳐 공격해온 것으로 기록되어 있는데, 이 또한 광개토왕 때에 말갈 즉 예가 고구려에 귀속되었음을 나타내는 듯하다. 「백제본기」 동성왕 및 무령왕 조항에는 말갈이 혼자 힘으로 공격해 내려왔다는 기사가 있지만, 이 기록을 신용할 수 없다는 것은 앞에서 서술한 바와 같다. 따라서 예는 광개토왕 이전에는 독립적인 세력을 유지한 것으로 보인다.

옥저와 고구려

예의 북방은 옥저(沃沮)인데, 옥저는 『위지』 「옥저전」에 다음과 같은 기록이 있다.

나라가 작아, 큰 나라의 틈바구니에서 핍박을 받다가 결국 고구려에 복속되었다. 고구려는 그 중에서 대인을 두고 군주[사자]로 삼아, 함께 통치하게 했다. 또 대가로 하여금 조세를 통괄 수납하게 하여, 맥, 포, 어, 염, 해초류 등을 천리나 되는 거리에서 져서 나르게 하고, 또 미인을 보내게 하여 종이나 첩으로 삼았으니, 그들을 노비처럼 대우했다.

(國小, 迫於大國之間, 遂臣屬句麗, 句麗復置其中大人爲主[使]者, 使相主領, 又使大加統責其租賦, 貊布魚鹽海中食物, 千里擔負致之, 又送其美女以爲婢妾, 遇之如奴僕)

고구려에 복속된 것이 오래되었으므로, 관구검(毌丘儉)의 정벌 이후에도 이 관계는 변화가 없었을 것이고, 낙랑군의 붕괴는 이 지방에서 고구려의 권력을 더욱 견고하게 했을 것이다. 그렇다면 고구려의 동남쪽 경계는 옥저의 남쪽 경계와 거의 같았다고 할 수 있을 듯하다. 하지만 때가 마침 한반도의 동란 무렵이었고 당시 예가 주로 남방을 향해 세력을 뻗치고 있었다는 점을 생각하면, 고구려는 북방에서 예의 땅을 빼앗고 조금 남진한 일은 있지만, 고구려의 남경이 반드시 옛날 옥저와 동일했다고는 할 수 없을 것이다. 그렇지만 그것이 철령(鐵嶺) 부근이었다는 것은 자연지리상의 형세로 미루어 짐작해볼 수 있다.

고구려와 신라

이상과 같이 강원도 방면이 삼국 사이에서 독립적 기운을 가지고 있었다면, 신라와 고구려의 영토는 서로 멀리 떨어져 있었을 것이다. 그런데 광개토왕 즉위년에 신라가 이미 볼모를 고구려에 보냈다고 하는 점에 의문이 생긴다. 두 나라가 함께 예의 횡포에 시달리다가 협력하여 예에 대항하려고 했거나 혹은 함께 백제를 압박하려고 한 사정이 있었다면 먼 곳과는 화친하고 가까운 곳은 공격하는 책략이 두 나라 사이에 행해지는 것도 자연스럽지만, 고구려가 예의 침범을 당했다는 흔적도 없고, 당시 신라와 백제는 심하게 다투지 않은 것처럼 보이므로 이 또한 당시의 형세에 부합되지 않는다. 전후 사정을 살펴보건대 신라가 고구려에 의지하게 된 것은 일본의 압박에 대한 방어 계획에서 나온 것으로 해석되므로, 이 일은 아마 광개토왕 즉위 후일 것이다.

고구려의 남쪽 경계

이상의 고찰을 바탕으로 고구려의 남방 경계선을 그려보자면, 지금의 황해도 해주(海州) 동쪽에서 시작해서 서흥(瑞興)의 동쪽을 거쳐 북진하여, 수안(遂安)의 북쪽에 이르러 동쪽으로 꺾어, 곡산(谷山)의 남쪽을 지나서 황해도 동쪽 경계를 따라 북쪽으로 향하다가 동쪽으로 선회하여 철령 산맥에 맞닿는 하나의 선으로 비정될 것이다. 정확한 것은 아니지만 큰 오류는 없을 것이다. 광개토왕은 실로 이와 같은 영토를 차지하며 즉위한 것이다.

2) 광개토왕이 새로 정복한 지역

① 백제 방면

고구려의 낙랑 점령과 대방 침략

광개토왕이 백제와 싸워서 전쟁으로 빼앗은 지역에 관해서는 비문에 50여 개 성이 열거되어 있지만, 그 위치를 알 수 있는 것은 아주 적다.

미추성

그 중에 미추성(彌鄒城)은 「지리지」에 의하면 고려의 인주(仁州)이며, 지금의 인천이다.

아단[차]성

아차성(阿旦[且]城)은 「백제본기」 개로왕 21년 조항에 등장하는데, 고구려군이 한성을 공격하여 함락시켰을 때 개로왕을 사로잡아 "아단[차]성 밑으로 묶어 보내 죽이게 했다(縛送於阿旦[且]城下戕之)”고 했다. 따라서 광개토왕 이후 고구려 남쪽 국경의 중요한 군사적 요충지가 되었을 것이다. 「신라본기」문무왕 15년 조항에는 다음과 같은 기록도 있다.

안북하를 따라서 관과 성을 설치했고, 또한 철관성을 쌓았다. 말갈이 아달성에 들어와 위협하고 노략질하자 성주 소나가 맞서 싸우다가 죽었다. 당의 군사가 거란과 말갈 군사와 함께 와서 칠중성을 포위했다.

(緣安北河設關城, 又築鐵關城, 靺鞨入阿達城劫掠, 城主素那逆戰死之, 唐兵與契丹靺鞨兵來圍七重城)

이에 의하면 임진강 북방에 아달성이라는 성이 있었음을 알 수 있는데, 이것이 바로 아단[차]성이 아닐까. 과연 그렇다면 아단[차]성은 칠중현(七重縣, 적성積城)의 건너편 지역에 있었을 것이다.(제12장「나당 교전 지리고」참조)

각미성(閣彌城)은『삼국사기』에 나오는 이른바 관미성(關彌城)으로 ‘관(關)’은 ‘각(閣)’의 오자라는 설이 있지만, 옳고 그름의 여부는 알 방도가 없다. 그 외의 여러 성에 대해서는 알 수가 없다.

석현성, 관미성
다음으로 「백제본기」에서 광개토왕이 침입해 온 기사를 보면 다음과 같다.

가을 7월에 고구려 왕 담덕이 4만 명의 군사를 거느리고 와서 북쪽 변경을 침공하여 석현성 등 10여 성을 함락시켰다. 왕은 담덕이 용병에 능통하다는 말을 듣고 대항하기를 회피했다. 한수 북쪽의 여러 부락을 빼앗겼다. 겨울 10월에 고구려가 관미성을 쳐서 함락시켰다.(진사왕 8년)

(秋七月高句麗王談德帥兵四萬來攻北鄙, 陷石峴等十餘城, 王聞談德能用兵, 不得出拒, 漢水北諸部落多沒焉. 冬十月, 高句麗攻拔關彌城)

진무를 좌장으로 임명하여, 군사에 관한 일을 맡겼다 (중략) 왕이 진무에게 말하기를, 관미성은 우리나라 북쪽 변경의 요충지이다. 그 땅이 지금은 고구려의 소유로 되어, 과인이 애통해 하는 바이다. 그대는 응당 이 점에 마음을 기울여, 이 치욕을 갚아야 할 것이라고 했다. 마침내 1만 명의 군사를 동원하여 고구려의 남쪽 변경을 칠 것을 계획했다. 진무는 병졸보다 앞장서서 화살과 돌을 무릅쓰고 석현 등의 다섯 성을 회복하기 위하여 먼저 관미성을 포위했는데, 고구려 사람들이 성문을 닫고 굳게 방어했다. 진무는 군량의 수송로를 확보하지 못하여 군사를 이끌고 돌아왔다.(아신왕 2년)

(拜眞武爲左將, 委以兵馬事 (中略) 王謂武曰關彌城者我北鄙之襟要也, 今爲高句麗所有, 此寡人之所痛惜, 而卿之所宜用心而雪恥也, 遂謀將兵一萬, 伐高句麗南鄙, 武身先士卒, 以冒矢石, 意復石峴等五城, 先圍關彌城, 麗人嬰城固守, 武以糧道不繼, 引而歸)

이들 기록에 의하면 석현성과 관미성은 서로 멀리 떨어지지 않은 위치에 있었음을 알 수 있다. 신라 문무왕 25년에는 당의 군사가 석현성을 공격해 온 일이 있었는데, 동시에 공격당하고 포위당한 여러 성이 대체로 임진강 기슭이라는 점으로 볼 때 석현성도 이들과 동일한 지역으로 추측된다. 따라서 관미성도 그 부근이 될 것이다.(제12장 「나당 교전지리고」 참조) 그렇다면 「고구려본기」 광개토왕 원년 조항에 관미성의 형세에 대해 "그 성은 사면이 가파른 절벽으로 바닷물이 둘러싸고 있다(其城四面峭絶, 海水環繞)"고 한 것은 반드시 해변이라는 의미는 아닐 것이다. 임진강과 한강이 만나는 지점 부근이 만리창파와 같아서 바다와 비슷했으므로 이렇게 기록했을 것이다. 「백제본기」 기사에 관미령(關彌嶺)이라는 단어가 있으므로 관미성의 소재지처럼 생각할 수 있지만, 이렇게 험하고 막힌 산지는 임진강 서북쪽보다는 동남쪽 기슭에 많다. 또한 '북쪽 변경의 요충지'로서 백제가 회복에 고심한 것을 보아도 그것이 강어귀인 남쪽에 있었던 것으로 보아야 할 듯하다. 이상의 기사는 광개토왕이 적어도 임진강 연안 이북 땅을 공격하여 빼앗았음을 알려주는 것이다.

패수

그렇다면 「백제본기」 아신왕 4년 조항에 등장하는 패수도 임진강으로 볼 수 있다.

왕이 좌장 진무 등에게 명하여 고구려를 치게 하니, 고구려 왕 담덕이 직접 군사 7천 명을 거느리고 와서 패수에 진을 치고 대항했다. 우리 군사가 크게 패했다. (중략) 왕이 패수 전투의 패배를 보복하기 위하여, 직접 군사 7천 명을 거느리고 한수를 건너 청목령 아래에 진을 쳤다. 마침 큰 눈이 내려 병졸들 가운데 동사한 자가 많이 발생하자, 왕은 회군하여 한산성에 와서 군사들을 위로했다.

(王命左將眞武等伐高句麗, 麗王談德親帥兵七千來陳浿水之上, 拒戰, 我軍大敗 (中略) 王欲報浿水之役, 親帥兵七千人過漢水, 次於靑木嶺下, 會大雪, 士卒多凍死, 囘軍至漢山城, 勞軍士)

여기서 당시 임진강이 고구려군의 점령 하에 귀속되었다는 것을 분명히 알 수 있다. 바로 전년 기록인 「백제본기」 아신왕 3년 조항에는 "고구려와 수곡성 아래에서 싸워 패배했다(與高句麗戰於水谷城下, 敗績)"고 했지만, 수곡성(水谷城)은 예성강 상류 유역에 있으므로 임진강 연안이 이미 고구려에 귀속된 후에 이와 같이 북방에서 양쪽 군사의 충돌이 있었다고는 생각되지 않는다. 아마 착오일 것이다.

광개토왕 정복지의 남쪽 경계

광개토왕이 임진강 연안을 차지한 것이 분명하다면 남쪽은 어떠했을까. 앞에서 인용한 진사왕기에 "한수 북쪽의 여러 부락을 빼앗겼다"는 내용이 있었고, 비문에도 수도 한성을 공격하여 함락시켰다는 것과 미추성을 점령한 일이 기록되어 있다. 따라서 한수 유역도 한때 고구려군에게 유린당한 사실은 틀림없어 보이지만, 이 전쟁 후에 백제의 수도가 전과 다름없이 한산(남한산)이었다는 것을 보면 한강 연안은 백제가 회복했다는 것이 된다.(제3장「백제 위례성고」참조) 그리고 개로왕 15년에 "청목령에 큰 목책을 설치하고, 북한산의 병졸들을 나누어 그곳을 수비하게 했다(設大柵於靑木嶺, 分北漢山士卒戍之)"는 기록이 있고, 청목령은 앞에서 언급한 바와 같이 벽제역의 북쪽에 있을 것이므로 두 나라의 경계는 임진강 유역과 한강 유역 중간에 있었다고 추측할 수 있다. 그 경계선을 상세히 알 수는 없지만, 자연지리상의 형세로 생각하건대 지금의 파주, 적성(積城), 포천 등은 고구려에 포함되었을 것이다. 온조왕기에 백제의 북쪽 경계를 패하(浿河, 임진강)라고 한 것은 이 시대의 상황을 조금 과장하여 전설화한 것이다.

광개토왕의 진군로

광개토왕의 백제에 대한 진군로는 명확하지 않지만, 비문에 "왕이 직접 수군을 이끌고 백제를 쳤다(王躬率水軍討利殘國)"는 기록이 있고, 「백제본기」에 바닷물이 둘러싼 관미성을 빼앗긴 일이 기록되어 있으므로 한강 하류에서 수군을 사용한 것은 틀림없다. 그렇지만 수군이라는 두 글자에 집중하여 고구려군이 평양에서 대동강을 따라 먼 바다로 나가서 황해도 서쪽을 우회하여 한강으로 들어갔다고 해석하는 것은 타당치 않다. 고구려의 본토는 압록강 상류인 산간지역이므로, 고구려군은 하천을 건너는 것은 몰라도 먼 바다를 항행하는 것에 익숙하지 않았을 것이다. 또 백제와는 땅이 서로 인접했으므로 육로로 남하하는 데 아무 문제가 없었고, 당시에 특별히 육로 진군을 피할 전략적인 이유가 있었다고 생각할 수도 없다. 광개토왕 전후로 두 나라의 교전에서 수군이 바다로 우회한 일이 없다는 점도 이 추론을 뒷받침해준다. 따라서 광개토왕은 평양에서 육로로 남진했고, 백제의 국경에 닿은 후 한강 하류로 나갈 때 특별히 배를 이용한 것일 뿐이다. 비문에 "아리수를 건너(渡阿利水)"라고 했으므로, 한성에 가까이 갈 때도 수군으로 한강을 거슬러 올라간 것이 아니라 육로 즉 북한산 방면으로 나가서 강을 건넜다고 볼 수 있을 것이다.

일본군과 고구려군의 교전지

광개토왕비에는 이 지방의 해전에 관한 다음과 같은 기록도 있다.

14년 갑진년에 왜가 법도를 지키지 않고, 대방 지역에 침입했다. 석성 □□ 배를 이어□□□□□[왕이 직접 이끌고], 평양을 □□□□하니 서로 맞부딪치게 되었다. 왕의 군대가 길을 끊고 막아 좌우로 공격하니[소탕하니] 왜구가 패하여 궤멸했다. 참살한 것이 무수히 많았다.

(十四年甲辰, 而倭不軌, 侵入帶方界□□□□□石城□連船□□□□□□□□□[□連船□□□, 王躬率□□, 從平穰□□□□[鋒]相遇. 王幢要截盪刺[盪刺], 倭寇潰

敗, 斬煞無數)

　판독이 불가한 문자가 많아 통독이 어렵고 뜻을 정확히 알 수는 없지만, 평양은 대방군의 구역이 아니므로 "대방 지역에 침입했다"는 구절을 근거로 평양 부근으로 진군했다고 해석할 수는 없다. 그러나 이어지는 문장에 평양이 등장하는데, 나카 미치요는 「고구려 고비고」에서 '□□□□平壤'의 첫 글자를 '率'로 판독했다. 이에 따르면 왕이 군사를 거느리고 평양을 출발했다는 문맥으로 해석할 수 있을 듯하고, 그렇다면 이때의 해전도 역시 한강 하류에서 일어났을 것이다. 그래야만 "대방 지역에 침입했다"는 구절에도 들어맞는 것이다. 아마 왜군은 백제와 함께 고구려의 남쪽 경계인 임진강 유역으로 침입했을 것이며, 수군도 역시 그 강어귀 근처로 나아갔을 것이다.

② 예 방면

예 정복의 시기

　광개토왕의 백제에 대한 전승 결과는 대략 앞 장에서 서술한 바와 같지만, 동남쪽 방면에 대한 경략은 『삼국사기』에도 비문에도 명기되어 있지 않다. 그러나 앞에서 인용한 바와 같이 예가 광개토왕 시대에 새로 그 영역에 들어왔다는 것은 비문으로 알 수 있으므로, 어떤 과정이었는지는 몰라도 광개토왕은 강원도 방면을 정복했을 것이다. 그 시기 또한 알기 어렵지만, 광개토왕이 빼앗은 백제의 북부 지방은 바로 예와 이어진 곳이므로 왕은 백제 정벌의 여력으로 예도 정복했든지, 혹은 백제를 격파한 고구려의 위력을 두려워한 예가 스스로 항복했을 것이다. 따라서 이 형세의 변화는 백제 정벌 후 얼마 되지 않아 일어났을 것이다. 또한 광개토왕 9년에 이전에 영토의 접촉이 없었던 신라에 원군을 보낸 것을 보면 예의 복속은 필시 그 이전에 일어났다고 볼 수밖에 없다. 고구려가 신라와 접촉할 수 있는 지점은 예의 남쪽 경계 밖에 없기 때문이다.

비문의 해석

이렇게 생각해 볼 때 비문의 다음 문장이 주목된다.

8년 무술년에 한 부대의 군사를 파견하여 息신토곡을 순시했으며, 그 때에 막신[□]라성과 가태라곡의 남녀 300여 명을 잡아왔다. 이 이후로 조공하고 보고하며 섬겼다.

(八年戊戌教遣偏師觀息愼土谷, 因便抄得莫新[□]羅城, 加太羅谷, 男女三百餘人, 自此以來, 朝貢論事)

무슨 무슨 곡(谷)이라고 하는 지명은 광개토왕이 백제로부터 새로 얻은 지방인 지금의 경기도 북부와 예 지역인 강원도에 아주 많다. 산맥이 종횡으로 교차되는 지역이므로 그 사이에 자연히 골짜기가 많이 생기기 때문일 것이다. 여기에 열거된 지명은 모두 소재를 알 수 없으므로 이들이 예 지역이라고 할 만한 확증은 없다. 하지만 이와 같은 자연지리적 형세와 더불어, 6년에 백제 정벌을 끝내고 9년에 신라에 군사를 보낸 전후 상황으로 볼 때 8년에 예를 정복한다는 것은 순서상 합리적으로 여겨진다. 따라서 息신토곡 등의 지역을 예의 거주지로 볼 수도 있을 것이다. 息신을 숙신(肅愼)이라 하고, 막신[□]라 등을 남한(南漢) 방면이라고 하는 설은 당시의 형세를 전혀 모르는 것이다. 息신토곡은 息신과 토곡이 아니라, 息신토에 곡(谷)이 붙은 지명일 것이다.

또 광개토왕이 백제로부터 빼앗은 것이 58개 성과 7백 개 마을이라고 하는데, 왕의 치세 동안 공격하여 쳐부순 총 숫자는 64개 성과 1천 4백 개 마을이므로 6개 성과 7백 개 마을은 백제 이외의 지역일 것이다. 이 중에서 6개 성은 비문에 나온 20년의 전쟁에서 빼앗은 부여성(扶餘城) 등일지도 모르지만, 나머지 7백 개 마을은 비문에도 전혀 보이지 않는다. 그렇지만 이와 같이 광대한 지역은 예 이외에 달리 찾을 수 없을 듯하다. 성의 이름도 없고 마을만 있는 것은 예의 문화가 한(韓)에 뒤떨어져 성이라고 부를 만한 것이 적었기 때문은 아닐까.

신라와의 접촉

광개토왕은 예를 정복함으로써 그 영토가 비로소 신라에 인접하게 되었다. 신라가 일본의 압박을 면하기 위해 고구려에 의지했고, 고구려가 바로 신라에 원군을 보낸 것도 이와 같은 형세의 변화가 있었기 때문이다. 비문의 9년 및 10년 기사가 실제로 이를 증명하고 있다. 신라가 고구려에 볼모를 보냈다고 한 『삼국사기』 기사도 아마 이 무렵의 일일 것이다.

신라와의 경계

예가 이미 고구려 영토에 들어왔다고 하면, 예의 백제 및 신라에 대한 경계는 곧 고구려의 남쪽 경계가 되었을 것이고, 그 사이 다소의 변화는 있었겠지만 큰 변화는 생기지 않았을 것이다. 신라에 관해서는 「신라본기」 눌지마립간 34년(고구려 장수왕 38년) 조항에 다음과 같은 기록이 있다.

고구려의 변방 장수가 실직의 들에서 사냥하는 것을, 하슬라 성주 삼직이 군사를 내어 불시에 그를 죽였다.

(高句麗邊將獵於悉直之原, 何瑟羅城主三直出兵, 掩殺之)

또한 자비마립간 11년(장수왕 55년) 조항에는 다음과 같은 기록이 보인다.

고구려와 말갈이 북쪽 변경의 <u>실직성</u>을 습격했다.

(高句麗與靺鞨襲北邊悉直城)

<u>하슬라</u> 사람 중 15세 이상인 자를 징발하여 <u>니하</u>에 성을 쌓았다.

(徵何瑟羅人年十五已上 築城於泥河)

장수왕 때 실직(悉直)과 하슬라(何瑟羅) 부근이 두 나라의 경계였던 것을 보면, 광개토왕 시대의 영역도 거의 이와 같았을 것이다. 「지리지」에 의하면 실직은 지금의 삼척(三陟)이며 하슬라는 강릉(江陵)이다. 그런데 실직이 고구려 군사의 공격을 당했을 때 하슬라가 안전했다는 것은 지형적으로 조금 적절하지 않은 것 같다. 연해 일대의 땅은 오대산 산맥에 의해 서쪽과 나뉘므로 태백산의 북쪽인 영월, 정선 지방이 고구려의 영토인 상황에서 신라가 멀리 북방으로 나아가 강릉을 점령하는 것이 반드시 불가능하지는 않겠지만, 실직과 하슬라 사이의 연결선은 측면에서 항상 적군의 위협을 받는 곳이었으므로 신라가 확실하게 이곳을 보유했다는 것은 의심스럽다.

실직

다만 실직이 신라의 북쪽 변경이라는 것은 『일본서기』 유랴쿠(雄略) 천황 8년 조항에, 고구려군이 신라의 축족류성(築足流城)을 공격했을 때 임나

일본부가 병사를 보내어 신라를 구했다는 기록이 남아있다는 점으로 보아도 분명하다. 축족류성은 『일본서기』에 "어떤 책에서는 쓰쿠사기성이라고 한다(或本云都久斯岐城)"고 되어 있는데, 발음으로 보아 실직과 같은 것임에 틀림없다. 이 『일본서기』 기사는 아마 앞에 인용한 「신라본기」 자비마립간 11년의 기록에 상응하는 것일 것이다. 기년에 3년의 차이가 있지만, 이 시대의 『일본서기』 기년은 아직 정확함을 보장할 수 없으므로 이 차이로 양자의 기사가 부합된다는 것을 부정할 수는 없다.

니하

「신라본기」에는 별도로 소지왕 3년(장수왕 69년)에 이르러 다음과 같은 기사가 등장한다.

고구려와 말갈이 북쪽 변경에 쳐들어와 호명성 등 7성을 빼앗았고, 또한 미질부에 진군해 왔다. 우리 군사와 백제, 가야의 구원병을 나나 이 고네시 닉스니 적이 패해 물러갔다. 니하 서쪽까지 추격해 그들을 물리쳤는데 1천여 명을 목 베었다.

(高句麗與靺鞨入北邊, 取孤鳴城等七城, 又進軍彌秩夫我軍與百濟加耶援兵, 分送禦之, 賊敗退, 追擊破之泥河西, 斬首千餘級)

그런데 이 일은 「고구려본기」에는 보이지 않는다. 또 이 해는 백제가 고구려에게 한성을 공격당하여 함락된 수년 뒤이므로 군사를 보내 이웃나라를 구할 여지가 없었을 때이다. 그러므로 이 기사는 아마 앞의 『일본서기』 기록과 동일한 사건으로, 자비마립간 11년의 기사의 중복인 듯하다. 그런데 호명성(孤鳴城) 등 7개의 성이 실직 부근의 좁고 험한 지방에 있었다고 생각하기는 어렵고, 임나부의 원군이 이렇게 외지고 먼 지방에 갔다는 것도 타당성이 부족한 듯하다. 좀 더 살펴보면, 니하(泥河)라는 지명은 소지마립간 18년(고구려 문자왕 6년) 조항에도 나오는데, "고구려가 우산성을 공격해 왔다. 장군 실죽이 출격해 니하에서 그들을 깨뜨렸다(高句麗來攻牛山城, 將軍實竹出擊泥河上破之)"고 했다. 우산성은 충주(忠州), 보은(報恩) 방면이므로(제5장 「장수왕 정복지리고」 참조), 니하는 지금의 영춘(永春)과 단양(丹陽) 부근을 흐르는 한강의 상류가 아닐까. 「지리지」에 정선의 옛 이름을 잉매현(仍買縣)이라고 했는데, '잉(仍)'이라는 소리가 '니(泥)'와 비슷하므로 니하는 '니매(泥買)' 즉 잉매와 같은 것이며, 토착어 발음을 옮겨온 듯하다. 정선은 한강의 상류에 있으므로 그 땅에 붙여진 니매(泥買, 잉매)라는 이름은 바로 한강을 가리킬 것이고, 우산성에서 멀지 않은 땅에도 니하가 있었다면 그 호칭은 충주 지방보다 상류의 긴 구역에 사용되었을 것이다. 그렇다면 호명성 등은 죽령 부근이고, 당시에 고구려군은 정선, 영월 방면에서 한쪽은 실직을 향하고, 한쪽은 강을 따라 남하하여 양쪽에서 신라를 공격했던 것이 아닐까. 백제와 임나부가 신라와 협력하여 고구려를 막은 것도 고구려의 이러한 행동으로 백제의 영토인 충주 지방이 위협당했기 때문이라고 생각할 수도 있겠다. 또 정선 부근인 한강의 상류가 니하라고 불렸다면, 자비마립간 15년 조항의 니하 축성 기사에서 하슬라(何瑟羅) 사람을 거론한 것은 해석에 문제가 있다고 하지 않을 수 없다. 같은 해 기사에도 "북쪽 변경의 실직성(北邊悉直城)"이라는 말이 있으므로 하슬라가 신라 소유였다는 것은 대단히 의심스러우며, 이 기사는 받아들이기 어려울 듯하다.

고구려의 동남쪽 경계

광개토왕이 정복한 고구려의 새 영토를 종합하면 해안은 삼척의 서북쪽에서 신라와 인접했고, 한강 상류 유역에서는 대략 영춘(永春), 제천(堤川) 부근에서 백제와 경계를 이루고 있었을 것이다.

백제와의 경계

여기에서 서북쪽으로 길게 뻗어 예의 서남쪽 경계를 이루었던 일대 산맥은 저절로 고구려와 백제의 새 경계선이 되었고, 임진강의 남쪽 경계와 가평(加平) 부근에서 연접했을 것이다. 온조왕기에 백제의 동쪽 경계를 주양(走壤)이라 한 것은 대략 이 시대의 상황에 따른 것이라고 하겠다.

5. 장수왕 정복지역고

부도 2. 고구려 남진 형세도 참조

고구려의 평양 천도

고구려 장수왕이 재위 15년에 수도를 평양으로 옮긴 것은, 낙랑의 옛 땅이 영토로써 중요한 위치를 차지하기에 이르렀다는 것과 남하 정책이 고구려의 국시로서 확정되었다는 것을 의미한다. 이 정책의 명시는 곧바로 남쪽에 반향을 일으킨 듯한데, 이전까지 고구려와 친분을 맺고 백제에 대항해 온 신라는 이때부터 태도를 바꾸어 백제와 화친하기에 이르렀다. 고구려의 압박에 대한 방위의 필요성을 깨달았기 때문일 것이다. 이리하여 고구려는 평양 천도 이후 28년이 지난 장수왕 43년(백제 개로왕 원년)에 비로소 백제 공격의 첫 활시위를 당겼고, 다시 10여 년이 지나 장수왕 55년(신라 자비왕 10년)에 신라의 실직성을 공격했다.

고구려의 남침

장수왕 43년의 백제 공격에 대해서는 「신라본기」 눌지마립간 39년 조항에 신라가 백제를 구했다고 기록되어 있지만, 「고구려본기」와 「백제본기」

에는 이에 대한 기사가 없다. 55년의 신라 공격은 『일본서기』 유랴쿠 천황 8년(장수왕 52년) 조항의 기록과 같은 사건으로 여겨지는데, 만약 그렇다면 백제 및 임나의 군사가 신라를 도왔을 것이다.(제4장 「광개토왕 정복지역고」참조) 사필이 거칠어서 사실의 왜곡 여부는 알 수 없지만, 고구려가 차츰 움직이게 되고 신라와 백제가 연합하여 대항하려고 한 형세는 볼 수 있다. 개로왕 15년에 백제가 청목령에 목책을 설치했다는 것 역시 고구려에 대한 방비였다는 것이 분명하고, 개로왕 18년에 위나라에 조공하며 고구려를 치기 위한 원군을 요청한 것은 그 압박이 얼마나 시급을 다투는 일이었는지 잘 보여준다.

한성의 공격과 점령

개로왕 21년에 고구려군은 단번에 백제의 수도인 한성(남한산)을 점령했다.(제3장 「백제 위례성고」 참조) 신라가 백제를 도우려고 했지만 이루지 못했고, 국왕이 잡혀서 죽고 왔자 뮤주(文周)는 남쪽으로 천도하여 웅진(熊津)에 근거를 두었다. 백제는 이때부터 크게 쇠퇴했다. 「신라본기」는 이 전쟁을 전년의 일로 기록하고 있고 『일본서기』는 다음 해 조항에 기록했지만 모두 잘못일 것이다. 여기서는 「고구려본기」 및 「백제본기」에 따르기로 한다. 『일본서기』가 인용한 『백제기』도 이와 같다.

한성(남한산) 함락으로 고구려는 당연히 한강 유역 일대를 영유하기에 이르렀다. 이는 자연스러운 추세일 것인데, 한국 기록에는 이와 상반되는 점이 있어 진상을 알기가 쉽지가 않다. 본 장에서는 이에 대해 다시 살펴봄으로써 장수왕이 정복한 지역의 개요를 상고하고자 한다.

1) 「백제본기」의 기록

한성 함락 이후의 고구려와 백제의 교전지

우선 한성 함락 이후의 고구려와 백제의 충돌 지점 및 한성에 관한 「백제본기」의 기사를 통람하기로 한다.

개로왕 21년에 고구려가 침입하여 한성을 포위했다. (중략) 고구려 군사는 비록 물러갔으나 성이 파괴되고 왕이 사망했다. 왕이 즉위했다. (중략) 겨울 10월에 웅진으로 도읍을 옮겼다.(문주왕 원년)

(蓋鹵王二十一年高句麗來侵, 圍漢城 (中略) 麗兵雖退, 城破王死, 王即位 (中略) 冬十月移都於熊津)

이 기록에 의하면 고구려군은 일단 한성을 공격하여 함락시켰지만 영구히 이곳을 병유한 것은 아니다. 따라서 백제의 웅진 천도는 한성이 적국의 영토가 되었기 때문은 아니라고 해석할 수도 있다.

말갈이 한산성을 습격하여 함락시키고, 3백여 호를 포로로 잡아 돌아갔다.(동성왕 4년)

(靺鞨襲破漢山城, 虜三百餘戶以歸)

봄에 왕이 사냥하기 위하여 한산성에 이르러 군사와 백성들을 위무하고 열흘 만에 돌아왔다.(동성왕 5년)

(春, 王以獵出至漢山城, 撫問軍民)

여름에 큰 가뭄이 들어 백성들이 굶주렸다 (중략) 한산 사람들 중에 고구려로 도망간 자가 2천 명이나 되었다.(동성왕 21년)

(夏大旱, 民饑相食 (中略) 漢山人亡入高句麗者二千)

이와 같이 「백제본기」는 남한산을 여전히 백제의 소유로 보고 있다.

치양성, 수곡성

다음 기사에서 치양성(雉壤城)의 위치는 분명하지 않지만, 근초고왕 24년기에 보이는 것과 동일한 것이라면 수곡성(水谷城) 방면인 것 같다.(제4장 「광개토왕 정복지역고」 참조) 혹은 이름은 같지만 다른 지역인지도 모르겠다.

고구려가 치양성을 포위하자, 왕이 신라에 사신을 보내 구원을 요청했다. 신라왕이 장군 덕지에게 명령하여 군사를 거느리고 가서 구하게 하니 고구려 군사가 물러갔다 (동성왕 17년)

(高句麗來圍雉壤城, 王遣使新羅請救, 羅王命將軍德智, 帥兵救之, 麗兵退歸)

겨울 11월, 고구려의 수곡성을 습격했다.(무령왕 원년)

(冬十一月, 襲高句麗水谷城)

수곡성은 신계(新溪)의 남쪽이다.(제4장 「광개토왕 정복지역고」 참조) 백제가 한강 유역을 영유하지 않았다면, 이곳을 공격하지 않았을 것이다.

횡악

다음 기록을 참조하면 횡악(横岳)은 한성 부근일 것이다.(제4장 「광개토왕 정겨울 10월에 고구려 장수 고로가 말갈과 함께 한성을 치기 위하여 횡악 아래에 와서 진을 치니, 왕이 군사를 출동시켜 그들을 물리쳤다.(무령왕 7년)

(冬十月, 高句麗將高老與靺鞨謀欲攻漢城進屯於橫岳下, 王出師, 戰退之)

가불성, 원산성

가불(加弗), 원산(圓山), 위천(葦川)은 모두 소재가 분명하지는 않다. 원산이 만약 「신라본기」 벌휴이사금 5년 조항에 "백제가 서쪽 국경에 있는 원산향을 습격했다(百濟襲西境圓山鄉)"고 한 것과 같은 곳이라면 충주와 보은 방면일 것이다.(제9장 「나제 경계고」 참조)

고구려가 가불성을 습격하여 빼앗고, 다시 군사를 옮겨 원산성을 격파하니 죽이거나 약탈하여 간 것이 매우 많았다. 왕이 용감한 기병 3천 명을 거느리고 위천 북쪽에 나가 싸우니 고구려 병사들이 왕의 군사가 적은 것을 보고 가벼이 여겨 진을 치지 않았으므로, 왕이 기발한 작전을 써서 기습하여 크게 무찔렀다.(무령왕 12년)

(高句麗襲取加弗城, 移兵破圓山城, 殺掠甚衆, 王帥勇騎三千, 戰於葦川之北, 麗人見王軍少, 易之不設陣, 王出奇急擊 大破之)

쌍현성

다음은 쌍현성(雙峴城)에 대한 기록이다.

봄 2월에 왕이 한성으로 가서 (중략) 15세 이상 되는 한수 이북 주·군의 백성

들을 징발하여 쌍현성을 쌓게 했다.(무령왕 23년)

(春二月, 王幸漢城 (中略) 徵漢北州郡民年十五歲以上, 築双[雙]峴城)

또 아신왕 7년에 "쌍현성을 쌓게 했다(築双[雙]峴城)"라는 기록이 있고, 개
로왕 15년에도 "쌍현성을 수축했다(葺双[雙]峴城)"고 했다. 또 같은 시기에
"청목령에 큰 목책을 설치하고, 북한산성의 병졸들을 나누어 (중략) 그곳을
수비하게 했다(設大柵於靑木嶺, 分北漢山城士卒 (中略) 戍之)"는 기록이 있으므
로, 이 성은 고구려에 대한 방비를 위해 축조한 것 같다. 그러므로 그 위치
는 한강의 북쪽에 있으며 청목령과 서로 호응하는 지점일 것이다.

가을 8월에 고구려 군사가 패수에 이르자 (중략) 나가 싸워서 물리쳤다.(성왕
원년)

(秋八月, 高句麗兵至浿水 (中略) 出戰退之)

이 기록은 백제의 영토가 패수 즉 임진강에 근접한 곳임을 추측하게 한
다.(제1장 「패수고」 참조)

혈성 및 오곡

겨울 10월에 고구려 왕 흥안이 직접 군사를 거느리고 침입하여 북쪽 변경
혈성을 함락시켰다. (중략) 오곡 벌판에서 항전하게 했으나 이기지 못했다.(성왕
7년)

(冬十月, 高句麗王興安, 躬帥兵馬來侵 拔北鄙穴城 (中略) 拒戰於五谷之原, 不克)

「지리지」에 의하면 신라 시대의 오곡(五谷)은 고려시대의 동주(洞州)이고

『여지승람』에 따르면 지금의 서흥(瑞興)이다. 혈성(穴城)은 분명하지 않다.

우산성

왕이 장군 연회에게 명령하여 고구려의 <u>우산성</u>을 치게 했으나 승리하지 못했다.(성왕 18년)

(王命將軍燕會攻高句麗牛山城不克)

우산성(牛山城)에 대해서는 「신라본기」 소지마립간 19년 조항에 "고구려가 우산성을 공격하여 함락시켰다(高句麗攻陷牛山城)"는 기록이 있다. 원래 신라에서 고구려에 넘어간 것인데 다시 백제에게 공격을 당했다면, 삼국 국경의 접촉 지점이라는 것을 알 수 있다. 충주의 남쪽인 보은(報恩)에 가까운 지방으로 비정할 수 있는데, 뒤에 상술하기로 한다.

독산성

고구려왕 평성이 예와 공모하여 <u>한수 이북의 독산성</u>을 공격해왔다.(성왕 26년)

(高句麗王平成與濊謀攻漢北獨山城)

독산성(獨山城)은 「신라본기」 선덕여왕 5년 조항에 "백제의 장군 우소가 독산성을 습격하려 했다(百濟將軍于召欲襲獨山城)"는 기록이 있는 것을 보면 신라의 영토였던 적도 있다. 삼국 사이에 이러한 변천이 있었다는 것은 그 위치가 삼국 경계의 접촉점 부근이라는 것이다.(제6장 「진흥왕 정복지역고」 참조) 그런데 "한수 이북의 독산성"이라는 위치는 충주 방면이 신라의 영토가 된 후에 백제의 공격을 받았다는 점으로 볼 때 의심스럽다. 아마도 충주 평원의 서남쪽일 것이다.

도살성, 금현성

정월에 임금이 장군 달기를 보내 군사 1만 명을 거느리고 고구려의 도살성을 공격하게 하여 이를 함락시켰다. 3월, 고구려 병사가 금현성을 포위했다.(성왕 28년)

(正月, 王遣將軍達己領兵一萬, 攻取高句麗道薩城, 三月, 高句麗兵圍金峴城)

이 도살성(道薩城) 및 금현성(金峴城)은 이후에 바로 신라에게 빼앗기게 되므로(제6장「진흥왕 정복지역고」참조) 삼국 경계의 접촉 지점이라는 것이 분명하다.「신라본기」진덕여왕 3년에 백제군이 도살성 아래에 왔던 일이 기록되어 있는데, 이때는 충주 지방이 이미 신라에 귀속된 후이다. 따라서 도살성은 충주 평야의 서남쪽 혹은 보은의 서북쪽으로 백제에 근접한 지방임을 알 수 있다. 금현성은 백제의 영토이므로 그 서남쪽일 것이다.

이상「백제본기」의 기사에 의하면 백제는 웅진 천도 후에도 여전히 한성을 점유한 듯하다. 고구려와 충돌한 지역은 주로 한강의 북쪽이지만, 성왕 18년 이후에는 충주와 보은 방면으로 옮겨진 것으로 나타난다. 한성 지방이 여전히 백제의 영토였다면 당시 고구려가 충주 방면으로 군사를 보낼 수 있었을까 하는 의심이 생길 수도 있겠지만, 강원도 지방에서 한강의 상류를 따라 서남쪽으로 내려오는 길도 있으므로 반드시 이상한 추론은 아닐 것이다. 의문은 오히려 한성 방면에 관한「백제본기」의 기사가 과연 진실일까 하는 점에 있다.

2) 「백제본기」의 허구

「지리지」에 보이는 용례

『삼국사기』「지리지」에 실려 있는 한강 남쪽의 군현명을 보면 다음과 같다.

신라	고구려	현재[1913년] 지명
음성현(陰城縣)	잉홀(仍忽)	음성(陰城)
백성군(白城郡)	내혜홀(奈兮忽)	안성(安城)
적성현(赤城縣)	사복홀(沙伏忽)	양성(陽城)
수성군(水城郡)	매홀(買忽)	수원(水原)
차성현(車城縣)	상홀(上忽)	용성(龍城)
소성현(邵城縣)	매소홀(買召忽)	인천(仁川)
술성현(戌城縣)	수이홀(首尒忽)	통진현(通津縣) 내
동성현(童城縣)	동자홀(童子忽)	통진현(通津縣) 내

'홀(忽)'은 한국어로 고을의 뜻을 가진 'Pul'의 음가를 표기한 것이겠지만, 오로지 고구려에서만 이것을 사용했고 신라 및 백제에서는 같은 단어를 '벌(伐)', '화(火)', '부리(夫里)' 등의 문자로 썼다. 다만, 「지리지」에 신라 야성군(野城郡, 영덕盈德)의 옛 이름을 야시홀(也尸忽)이라 하고, 사수현(泗水縣, 사천泗川)의 옛 이름을 사홀(泗忽)이라고 기록한 것은 예외이다. 그렇다면 위의 명칭들은 고구려의 영토가 한강 남쪽에 이른 적이 있음을 나타낸다고 할 수 있다. 다음 목록도 살펴보자.

신라	고구려	현재[1913년] 지명
괴양군(槐壤郡)	잉근내(仍斤內)	괴산(槐山)
흑양군(黑壤郡)	금물내(今勿內)	진천(鎭川)
곡양현(穀壤縣)	잉벌노(仍伐奴)	금천(衿川)
공암현(孔岩縣)	제차파의(濟次巴衣)	양천(陽川)
동성현(童城縣)	구사파의(仇斯波衣)	통진현(通津縣) 내
분진현(分津縣)	별사파의(別史波衣)	통진(通津)
장구군(獐口郡)	고사야홀차(古斯也忽次)	안산(安山)

　「지리지」를 훑어보면 '내(內)', '노(奴)', '파의(巴衣)', '야홀차(也忽次)'라는 문자가 붙는 사례는 고구려 지명에는 많지만 백제 및 신라에는 존재하지 않는다. 이 또한 한강의 남쪽 기슭이 고구려에 복속된 일이 있음을 암시하는 것이다.

　「지리지」에 신라 한주(漢州)의 영역이 모두 고구려에 속했던 것처럼 기록된 것을 반드시 믿을 필요는 없다. 명주(溟州) 관내인 곡성군(曲城郡), 야성군(野城郡), 유린군(有隣郡), 울진군(蔚珍郡) 등은 고구려에 복속된 일이 있다고 할 만한 증거도 없고, 오히려 처음부터 신라의 영역이었다는 것이 충분히 추정된다. 「지리지」에 이들이 고구려 영역인 것처럼 기록된 것은 한주, 삭주(朔州), 명주 3주의 관할 구역을 모두 고구려의 옛 영토로 잘못 단정했기 때문이다. 이 또한 「지리지」의 기재를 반드시 믿을 수 없는 하나의 예라고 하겠다. 그렇지만 지명의 발음을 문자로 옮기는 삼국의 용례가 각각 다르고, 나라마다 대략 일정한 관습이 있으므로 앞에서 기록한 용례를 간과할 수는 없다.

남평양

다음으로 연구해야 할 것은 북한산의 별칭인 남평양에 관한 문제이다. 근초고왕 시대에는 북한성에 평양 혹은 남평양이라는 이름이 없었다는 것은 제4장 「광개토왕 정복지역고」에서 언급했던 바와 같지만, 그 이후에는 남평양으로도 불렸던 듯하다. 『삼국사기』 「거칠부전(居柒夫傳)」에 다음과 같은 기록이 있다.

진흥대왕 12년 신미년에 왕이 거칠부와 (중략) 여덟 장군에게 백제와 더불어 고구려를 침공하도록 명령을 내렸다. 백제 사람들이 먼저 평양을 공격하여 깨뜨렸다.

(眞興大王十二年辛未, 王命居柒夫 (中略) 等八將軍, 與百濟侵高句麗, 百濟人先攻破平壤)

『일본서기』 긴메이(欽明) 천황 12년 조항에는 다음과 같이 기록되어 있다.

이 해에 백제 성명왕이 몸소 군사 및 두 나라의 병사를 거느리고 고구려를 정벌하여 한성의 땅을 차지했다. 또 진군하여 평양을 토벌했는데, 무릇 옛 땅 6군을 회복했다.

(是歲百濟聖明王親率衆及二國兵, 往伐高麗, 獲漢城之地, 又進軍討平壤, 凡六郡之地復故)

긴메이 천황 14년 조항에도 "이 해에 백제가 한성과 평양을 버렸다. 이로 말미암아 신라가 한성에 들어가 살았다(是歲, 百濟棄漢城與平壤, 新羅因此入居漢城)"는 기록이 있는데, 한성은 남한산, 평양은 북한산을 가리킬 것이다.(제6장 「진흥왕 정복지역고」 참조) 다시 『삼국사기』를 살펴보면, 성덕왕 34년 조항에 "패강 이남의 땅을 주었다(勅賜浿江以南地)"는 기록이 있고, 35년에는 "겨울 11월 (중략) 평양주와 우두주 2주의 지세를 살펴보게 했다(冬十一月 (中略) 檢察平壤, 牛頭二州地勢)"고 되어 있다. 헌덕왕 17년 조항은 다음과 같다.

헌창의 아들 범문이 고원[달]산 산적 수신 등 100여 명과 반역을 모의하고 평양에 수도를 세우고자 북한산주를 공격했다.(평양은 지금의 양주이다. 태조(왕건) 가 지은 장의사 제문에 고구려의 옛 땅이요, 평양의 명산이라는 구절이 있다.)

(憲昌子梵文與高遠[達]山賊壽神等百餘人, 同謀叛, 欲都立[立都]於平壤, 攻北漢山州(平壤 今楊州也, 太祖製莊義寺齋文有高麗舊[舊壤]平壤名山之句))

성덕왕 35년 기록은 대동강 이남이 신라의 영토로 정해진 다음 해의 일이므로 이 평양이 대동강가의 평양은 아닐 것이고, 헌덕왕 조항의 평양은 어조로 보아 북한산을 가리키는 것으로 해석될 수 있을 것 같다. 주석에 보이는 장의사(莊義寺)에 대해서는 「신라본기」 무열왕 6년에 "한산주에 장의사를 지었다(創漢山州莊義寺)"고 나온다. 다만 평양이 주(州)의 이름인 것처럼 "평양주와 우두주의 2주"라고 한 표현은 다른 기사에서는 보이지 않는다. 북한산을 치소로 하는 주(州) 이름은 항상 북한산주 혹은 한산주였으므로, 평양주라는 이름은 매우 의심스럽다.(제11장 「고구려 전역의 신라 진군로고」 참조) 북한산이라는 지명은 「신라본기」에 자주 보이고 「고구려본기」에도 보이지만, 평양이 북한산을 가리킨다고 인정할 만한 기사는 겨우 위에 인용한 문장에 지나지 않는다. 『삼국사기』의 편자는 왜 이처럼 몇 안 되는 경우에만 특별히 평양이라고 기록했는지 의문이 든다. 더 나아가 북한성에 평양 혹은 남평양이라는 별칭이 있었다는 설이 과연 사실인지도 의심하게 된다. 그러나 사례가 적다해도 분명 위와 같은 기사가 있고, 이를 바탕으로 『삼국사기』 「지리지」 및 『삼국유사』의 저자가 근초고왕이 공격했던 평양도 남평양으로 보고 북한산에 비정한 것을 생각하면(제4장 「광개토왕 정복지역고」 참조), 북한산의 별칭이 평양이라는 전설이 고려시대에도 남아있었다고 볼 수 있을 듯하다.

남평양이라는 호칭의 유래

추정하건대, 행정구획 혹은 공식적인 지명은 북한산이었지만, 말장난을 하는 사람들이 사적으로 남평양이라는 별명을 붙여서 일부 인사들 사이에서 사용되었고, 그들의 손에 의해 만들어진 기록을 『삼국사기』 편자가 재료로 삼아 북한산에 평양이라는 지명을 사용하게 되었을 것이다. 한편 북한산이 평양으로 불린 것이 사실이라면, 그것은 대동강 연안의 평양이 고구려의 수도가 된 후이고, 또 북한산이 고구려에 영유된 이후가 되어야한다. 그렇다면 장수왕의 한성 함락 이후 고구려가 한강 유역, 적어도 그 북쪽 기슭인 북한산 지방을 영유했음을 나타내는 것이 된다. 이 이전에는 고구려가 북한산 지방을 점유했다고 인정할 수 있는 시기가 없기 때문이다. 이상과 같이 북한산이 만약 고구려의 영토이고 또 평양이라는 이름을 가질 만큼 중요시되었다고 한다면, 고구려는 이 지역을 남쪽의 중요한 요충지로 하여 백제에 대한 공격과 방어의 근거지로 삼았을 것이다.

북한산의 정치적 위치

『수서(隋書)』 「고려전」에 다음과 같이 기록되어 있는 한성은 바로 이 북한산일 것이다.

국도는 평양성으로 (중략) 남쪽은 패수에 닿아 있다. 또 국내성과 한성이 있는데, 모두 도회지로서 그 나라에서는 삼경이라 부른다.

(都平壤城 (中略) 南臨浿水, 復有國內城, 漢城, 並其都會之所, 其國中呼爲三京)

수대는 고구려가 북한산을 잃고 30년 후에나 시작되지만, 이 기재는 신라에 빼앗기기 이전의 견문을 바탕으로 했을 것이다. 『삼국사기』 「지리지」에는 "한성군(한홀, 또는 식성, 또는 내홀이라고도 한다)(漢城郡(一云漢忽, 一云息城, 一云乃忽))"라고 했는데, 식성군(息城郡)은 신라의 중반군(重盤郡)으로 『여지승람』에 따르면 지금의 재령(載寧)이다. 따라서 재령은 고구려 시대에 한성군이라고 불린 적이 있는 것 같지만, 『수서』에 나오는 한성은 물론 이와 같은 지역은 아닐 것이다. "그 나라에서는 삼경이라 부른다"고 했을 정도로 중요시된 지역이기 때문이다. 뿐만 아니라 이미 한강 연안에 한성이 존재하는데 별도로 재령 지방을 한성이라고 불렀다는 것도 매우 의심스럽다. 어쩌면 북한성을 신라에 빼앗긴 후, 한성이라는 이름(혹은 그 주변의 일부)을 여기로 옮겨서 사용한 것인지도 모르겠다. 마치 중국인이 낙랑과 대방 등을 잃은 후 요서 지방에 같은 이름의 군을 둔 것과 같은 것은 아닐까. 이에 대해서는 잠시 제쳐두고, 이렇게 북한성이 고구려의 하나의 도성으로서 남쪽 일대의 중요한 요충지였다고 가정하면, 고구려의 영토는 한강 이북에 한정되지 않고 그 남쪽 유역의 대부분을 포함했음을 알 수 있다. 한강의 강물로는 영토를 나누기에 부족하기 때문이다.

이상, 한수 남쪽에 존재하는 지명을 통해 그것이 고구려에 영유된 적이 있다는 것을 논하고, 북한산이 고구려의 중요한 요충지였다고 인정할 만한 근거를 들었다. 나아가 고구려의 위력이 한강 남쪽 기슭에도 미쳤음을 추론했다. 이 가정은 뒷날 신라 진흥왕이 고구려로부터 죽령 서쪽의 땅을 빼앗고, 백제의 성왕이 한성 지방을 회복했다는 전설에 의해 명백하게 증명된다.(다음 장 및 제6장「진흥왕 정복지역고」참조) 그리고 고구려가 이 지방을 영유한 것은 장수왕이 한성을 공격하고 함락한 결과가 아닐 수 없다.

「백제본기」의 허구

이상에서 논증한 바에 의하면 「백제본기」에 당시 백제가 한성 지방을 영유한 것처럼 기록된 것은 완전한 거짓이며, 백제의 역사가가 자국의 쇠약을 꺼려서 함부로 그릇되게 썼을 것이다. 백제가 웅진 천도 후에 대단히 쇠약해진 것은 의심할 수 없는 사실이며, 『양서(梁書)』「동이전(백제전)」에도 다음과 같은 기록이 보인다.

천감 원년(백제 무녕왕 2년)에 태의 호칭을 정동장군으로 올려 주었다. 얼마 뒤 고구려에게 격파되어 날로 쇠약해지더니 남한 지방으로 도읍을 옮겼다.

(天監元年, 進太號征東將軍, 尋爲高句麗所使破, 衰弱者累年, 遷居南韓地)

백제의 웅진 천도는 천감(天監) 원년보다 27년이나 먼저 일어난 일이므로 "얼마 뒤"라고 쓴 것은 오류이지만, 백제가 쇠약해졌다고 한 것은 진실일 것이다.

백제인의 조작

백제가 당시 일본의 임나부 관리를 농락하여 그 영토의 서쪽을 받아낸 것도 어쩌면 북쪽에서 잃은 것을 남쪽에서 보상받고자 한 것이 아닐까.(제7장 「임나 강역고」참조) 그런데 『양서』「백제전」에는 다음과 같은 기록이 있다.

보통 2년(백제 무령왕 21년) 왕 여융(무령왕)이 비로소 다시 사신을 파견하여 표문을 올려, 여러 번 고구려를 무찌르며 싸웠으나 이제 비로소 우호관계를 맺게 되었다고 하니, 백제가 다시 강국이 된 것이다.

(普通二年王餘隆始復遣使奉表, 稱累破句驪, 今始與通好, 而百濟更爲強國)

이는 백제왕이 올린 표문의 과장된 말을 그대로 믿고 쓴 기록일 것이다. 이 말이 거짓이라는 것은 분명하다. 『남제서(南齊書)』「동남이전(東南夷傳)」의 백제전은 다음과 같이 전한다.

이 해에 위의 오랑캐가 또 기병 수십만을 동원하여 백제를 공격하여 그 경계에 들어가니, 모대(동성왕)가 장군 사법명, 찬수류, 해례곤, 목간나 등을 파견하여 무리를 거느리고 오랑캐 군을 기습 공격하여 그들을 크게 무찔렀다.

(是歲魏虜又騎數十萬, 攻百濟, 入其界, 牟大遣將沙法名贊首流解禮昆木干那, 率衆襲擊虜軍, 大破之)

『책부원귀(冊府元龜)』를 참조하면 이 일은 영명(永明) 8년(백제 동성왕 12년)에 있었던 듯한데, 전후의 사실과 당시의 형세로 볼 때 이 또한 백제가 남조(南朝)의 환심을 사기 위하여 날조한 허위 보고에 의한 것으로 사실이 아니다. 이와 같은 일은 백제의 관용적인 수단이었을 것이다. 그러므로 「백제본기」의 한성 방면에 관한 기록 역시 이러한 관점에 따른 것이라고 하겠다. 다만 충주 방면에서 일어난 고구려와의 충돌은 사실이다. 그것은 단지 고구려 군사가 강원도 방면에서 서남쪽으로 내려온 것이 아니라, 오히려 한성 지방 정복의 결과 충주 지방도 그 영토의 중요한 요충지가 된 것으로 해석해야 할 듯하다. 이를 좀 더 명확히 하기 위해 이 시대의 고구려와 신라의 경계를 상고할 필요가 있을 것이다.

3) 고구려와 신라의 경계

신라와 고구려 두 나라의 교전 지점

『삼국사기』에서 장수왕의 한성 함락 이후의 신라와 고구려의 충돌 지점을 살펴보면,「신라본기」의 기록은 다음과 같다.

고구려가 북쪽 변경에 침입했으므로 우리 군사가 백제와 함께 모산성 아래에서 공격하여 크게 깨뜨렸다.(소지 마립간 6년)

(高句麗侵北邊, 我軍與百濟合擊於母山城下, 大破之)

가을 9월에 고구려가 북쪽 변경을 습격하여 재[과]현에 이르렀다. 겨울 10월에 호산성을 함락했다.(소지 마립간 11년)

(秋九月高句麗襲北邊, 至才[戈]峴, 冬十月陷狐山城)

장군 실죽 등이 고구려와 살수의 들판에서 싸우다가 이기지 못하고 물러나 견아성을 지켰는데 고구려 군사가 그곳을 포위하여 백제왕 모대가 군사 3천 명을 보내 구원하니 포위를 풀었다.(소지 마립간 16년)

(將軍實竹等與高句麗戰薩水之原, 不克退保犬牙城, 高句麗兵圍之百濟王牟大遣兵三千救解圍)

고구려가 우산성을 공격해 왔다. 장군 실죽이 출격하여 니하에서 그들을 격

파했다.(소지 마립간 18년)

(高句麗來攻牛山城, 將軍實竹出擊泥河上破之)

고구려가 <u>우산성</u>을 공격하여 함락시켰다.(소지 마립간 19년)

(高句麗攻陷牛山城)

이들 여러 성의 소재를 살펴보면, 재[과]현(才[戈]峴) 및 호산성(狐山城)의 위치는 알 수 없지만 살수(薩水)에 관해서는 추적할 수 있다.

살수

「지리지」에 상주(尙州) 삼년산군(三年山郡)에 속한 청천현(淸川縣)의 옛 이름을 살매현(薩買縣)이라고 했는데, 『여지승람』 청주(淸州) 조항에 의하면 "청천현은 청주 동쪽 60리에 있다. 옛 살매현이다(청천이라고도 한다)(靑川縣, 在州東六十里, 古薩買縣(一云靑川))"라고 한다. 같은 조항에 "청천천은 청천현에 있다(靑川川, 在靑川縣)"고 했으므로 이 청천(靑川)에서 비롯된 이름일 것이다. 청천은 보은 방면에서 발원하여 북쪽으로 흘러 괴산을 지나 충주 부근에 이르러 한강으로 들어간다. 살매는 곧 살수를 뜻하는데, 평안도의 청천강(淸川江)에도 살수라는 이름이 있는 것을 참고하면, 청천은 살매의 한역(漢譯)일 것이다. 따라서 살수가 지금의 청천(靑川)이라는 것에는 의심의 여지가 없을 것이다.

견아성

이 무렵 신라는 보은 지방을 점령했으므로(제9장 「신라와 백제 경계고」 참조), 고구려와 청천(靑川) 부근에서 싸웠을 때 퇴각하여 지켰다고 했다. 그리고 고구려군에게 포위당했을 때 백제군의 구원을 받았다고 한 견아성(犬牙城)은 청천의 상류에 있는 것으로 보은에 가까운 지점일 것이다.

우산성, 모산성

우산성(牛山城)은 「백제본기」 성왕 18년(신라 진흥왕 원년) 조항에 "고구려가 우산성을 공격했다"는 기록이 있으므로 소지왕 19년의 전쟁 때부터 고구려에 속했다고 추측할 수 있다. 그런데 고구려와 신라 두 나라가 청천 부근에서 싸웠을 때 신라에서 고구려로 넘어갔고, 뒷날 백제가 우산성을 공격한 일이 있었다면 우산성 역시 보은에서 그리 멀리 떨어지지 않은 북쪽 지역임을 알 수 있다.

모산성(母山城) 또한 위의 인용을 통해 삼국의 접촉점 부근으로 추정할 수 있으므로 같은 지역이다.(제9장 「신라와 백제 경계고」 참조) 그렇다면 신라와 고구려의 충돌은 항상 충주와 보은 방면에서 이루어졌음을 알 수 있다.

죽령 서쪽 땅

위의 사실은 충주 방면이 반드시 고구려의 영토였음을 나타내는 것은 아니지만, 「거칠부전」에는 다음과 같은 기록이 있다.

진흥대왕 2년에 (중략) 백제와 더불어 고구려를 침공했는데, 백제가 먼저 평양을 공격하여 깨뜨렸다. 거칠부 등은 승세를 타서 죽령 바깥, 고현 안쪽의 10군을 빼앗았다.

(眞興大王二年 (中略) 與百濟侵高句麗, 百濟先攻破平壤, 居柒夫等乘勝取竹嶺以外高峴以內十郡)

또 선덕왕 11년기에는 고구려왕이 신라의 사절 김춘추에게 다음과 같이 말했다는 기록이 있다.

죽령은 본래 우리의 땅이니, 그대가 만약 죽령 서북의 땅을 돌려준다면 군사를 보낼 수 있다.

(竹嶺本是我地分, 汝若還竹嶺西北之地, 兵可出焉)

고구려왕의 이 말을 「김유신전」에는 "마목현과 죽령은 본래 우리 땅이다(麻木峴與竹嶺本我國地)"라고 전하고 있다. 또 「온달전」에 다음과 같이 기록된 것을 보면 죽령(竹嶺)과 계립령(雞立嶺)의 서북이 진흥왕 이전에는 고구려에 속했음을 알 수 있다.

신라가 우리의 한북 지역을 차지하여 자기들의 군현으로 만들었으므로 (중략) 계립현과 죽령의 이서 지역을 되찾아오지 못하면 돌아오지 않겠다.

(新羅割我漢北之地爲郡縣 (中略) 雞立峴竹嶺已西不歸於我, 則不返)

죽령은 지금도 여전히 같은 이름을 가지고 있고 계립령은 조령(鳥嶺)의 동북쪽에 있어서 경상도의 서북 경계를 이루는 것이 되므로, 그 서북쪽의 충주 방면이 고구려의 영유였다는 것은 분명하다고 하겠다. 마목현(麻木峴)의 위치는 분명하지 않다. 이렇게 진흥왕 이전에는 죽령이 두 나라의 경계였지만 광개토왕 시대에는 충주 방면이 여전히 백제에 속했으므로, 그것이 고구려에 복속된 것은 장수왕이 한성을 함락시킨 결과로 보는 것은 타당한 해석이 될 것이다.(제4장 「광개토왕 정복지역고」 참조)

신라와 고구려의 경계

고구려가 이렇게 죽령의 서북쪽인 충주 방면을 점령했고, 당시 신라는 보은과 청산(靑山) 지방을 영유하고 있었던 것을 보면, 두 나라의 영토는 죽령과 조령이 이어지는 산맥 및 속리산에서 서쪽으로 꺾어 보은의 북쪽을 가르는 선상에 있었을 것이다.(제9장 「신라와 백제 경계고」 참조) 그리고 이 선을 서쪽으로 연장하면 결국 백제와 고구려의 경계가 될 것이다.

4) 고구려와 백제의 경계

「지리지」에 보이는 고구려의 군현명

고구려가 장수왕 이후 한강 유역을 점유한 것이 사실이라면, 고구려의 백제에 대한 남쪽 경계는 어느 지역일까. 「지리지」에 의하면, 신라 시대의 한주(漢州)는 남부의 당성(唐城, 지금의 남양南陽), 부산(釜山, 지금의 진척振戚), 사복홀(沙伏忽, 지금의 양성陽城), 내혜홀(奈兮忽, 지금의 안성安城), 사산(蛇山, 지금의 직산稷山), 개차산(皆次山, 지금의 죽산竹山), 금물노(今勿奴, 지금의 철산鐵山), 잉홀(仍忽, 지금의 음성陰城), 도서(道西, 지금의 도안道安), 잉근내(仍斤內, 지금의 괴산槐山) 등을 포함하며, 이들 여러 군현은 모두 고구려의 옛 영토였던 것 같다. 그렇다면 지금의 충청북도 북반 및 충청남도의 북쪽 가장자리는 고구려에 귀속되었던 곳으로, 고구려의 백제에 대한 경계는 직산(稷山), 철산(鐵山), 청안(淸安)의 남쪽으로 이어지는 하나의 선이 될 것 같다. 하지만 앞에서도 언급했듯이 「지리지」에 기재되었다고 해서 모두 그대로 믿을 수는 없다. 이에 따르면 백제의 수도 웅진은 적국에 아주 근접하여 고구려가 바로 남하하여 공격할 수 있는 상황이다. 그런데도 역사상 일찍이 그러한 사건이 없었다는 점으로 보아 의문이 없지 않다. 두 나라의 경계는 이보다 더 북쪽이었던 것은 아닐까.

후년의 신라와 백제의 경계

하지만 진흥왕 이후 한강 유역을 영유한 신라의 남쪽 경계는 대략 앞에서 말한 선상이었던 것 같다. 그 동쪽은 신라가 고구려로부터 빼앗았고, 서쪽은 백제가 고구려로부터 회복한 후 신라에 귀속된 것이므로, 고구려가 차지했던 한강 유역 영토와 큰 차이가 없다고 보아도 틀리지는 않을 것이다.(제6장 「진흥왕 정복지역고」 참조)

자연지리적 구획

또 앞에서 서술한 경계선에 따르면 웅진강(熊津江) 유역은 대개 백제의 영토이고, 한강 및 그 지류 유역과 안성천(安城川) 유역이 고구려에 속하게 된다. 해변에서는 남양만(南陽灣) 및 아산만(牙山灣)으로 두 나라가 나뉘어 자연지리적인 구획과 거의 일치하는 것을 볼 수 있다. 진천(鎭川)은 웅진강 상류에 있지만, 신라와 고구려의 경계가 보은의 북쪽에 있다고 하면 청안(淸安)과 진천은 고구려에 속했다고 보는 것이 자연스러운 형세일 것이다. 국경이 웅진에 근접한 것은 사실이지만, 옆에 신라가 있어서 항상 고구려를 견제하며 백제와 협력해서 방어했으므로 고구려는 남하의 뜻을 마음대로 펼 수 없었을 것이다. 백제가 나라를 잘 보존할 수 있었던 것은 실로 이 때문이며, 웅진이 수도로 유지될 수 있었던 것도 이 때문이었을 것이다.

백제의 사비 천도

웅진은 고구려 군의 공격을 받은 일은 없었던 것 같지만, 성왕 16년에 수도를 사비(泗沘)로 옮긴 것은 웅진 수비의 곤란함을 우려했기 때문인 듯하다. 그렇다면 이 또한 국경이 웅진에서 멀지 않다는 것을 나타낸다.「백제본기」위덕왕 원년 조항에 "고구려가 대대적으로 군사를 동원하여 웅천성을 공격했다가 패하고 돌아갔다(高句麗大擧兵來攻熊川城, 敗衄而歸)"고 했는데, 이 웅천성이 웅진인 듯하다. 그렇지만 당시는 한강 유역이 이미 신라에게 귀속된 후이므로 고구려군이 백제에 침입했다는 것은 의심스럽다. 따라서 이 기사는 연도에 착오가 있는 것으로, 웅천성 전쟁은 사비 천도 이전에 있었던 것이 아닐까. 그렇다면 이 전쟁이 사비 천도의 한 원인이 되었을 것이다.「백제본기」는 무왕 8년에도 고구려군이 송산성(松山城) 및 석도성(石頭城)을 공격해 온 일이 있다고 기록하고 있지만 이 또한 믿기 어렵다. 따라서 앞에서 말한 경계는 시기에 따라서 다소의 들고 남이 있었던 것 같고, 반드시 시종일관 같았다고는 할 수 없다. 지금은 단지 그 대략을 추정할 뿐이다.

6. 진흥왕 정복지역고

부도 3. 신라 북진 형세도 참조

　

고구려 장수왕이 한강 유역을 백제로부터 빼앗은 후 70여 년, 이 지역은 신라의 영유로 귀속되었다. 이 구역에 관해서는 역사상의 기록이 명백하지 않아 의심스러운 부분이 적지 않으므로 조금 살펴보고자 한다.

1) 한강 유역의 점령

먼저 문헌상의 기록을 뽑아서 정리하면 다음과 같다.

백제가 고구려의 도살성을 빼앗았다. 고구려가 백제의 금현성을 함락시켰다. 왕은 두 나라의 군사가 피로한 틈을 타서 (중략) 두 성을 빼앗았다.(「신라본기」 진흥왕 11년, 고구려 양원왕 6년)

(百濟拔高句麗道薩城, 高句麗陷百濟金峴城, 王乘兩國兵疲 (中略) 取二城)

126 「조선역사지리」·1권

왕이 거칠부 등에게 명하여 고구려를 침입케 했는데, 승세를 타서 <u>10개의</u> <u>군</u>을 빼앗았다.(『신라본기』 진흥왕 12년)

(命居柒夫等侵高句麗, 乘勝取十郡)

왕이 거칠부 (중략) 등 여덟 장군에게 명하여 백제와 더불어 고구려를 침공하도록 명령을 내렸다. 백제 사람들이 먼저 평양을 공격하여 깨뜨렸다. 거칠부 등은 승세를 타서 <u>죽령 바깥, 고현 이내의 10군</u>을 빼앗았다.(『거칠부전』, 진흥왕 12년)

(王命居柒夫 (中略) 等八將軍, 與百濟侵高句麗, 百濟人先攻破<u>平壤</u>, 居柒夫等乘勝取竹嶺以外, 髙峴以内十郡)

이 해 백제 성명왕이 몸소 군사 및 두 나라의 병사를 거느리고 고려를 정벌하여 한성의 땅을 차지했다. 또 진군하여 <u>평양</u>을 토벌했는데, 무릇 <u>6군의 땅</u>을 회복했다.(『일본서기』 긴메이欽明 천황 12년, 신라 진흥왕 12년)

(是歲百濟聖明王親率衆及二國兵, 往伐高麗獲漢城之地, 又進軍討平壤, 凡六郡之地復古)

백제의 동북 변경을 빼앗아 <u>신주</u>를 설치했다.(『신라본기』 진흥왕 14년)

(取百濟東北鄙, 置新州)

이 해에 백제가 <u>한성</u>과 <u>평양</u>을 버렸다. 이로 말미암아 신라가 <u>한성</u>에 들어가 살았다.(『일본서기』 긴메이 천황 14년, 신라 진흥왕 14년)

(是歲百濟棄漢城與平壤, 新羅因此入居漢城)

북한산을 순행하여 국경을 정했다.(『신라본기』 진흥왕 16년)

(巡幸北漢山, 拓定封疆)

비열홀주를 설치했다.(『신라본기』 진흥왕 17년)

(置比列忽州)

국원을 소경으로 삼았다. 신주를 폐지하고 북한산주를 설치했다.(『신라본기』
진흥왕 18년)

(以國原爲小京. 廢新州置北漢山州)

귀족의 자제들과 6부의 부유한 백성을 국원으로 옮겨서 그곳을 채웠다.(『신
라본기』 진흥왕 19년)

(徙貴戚子弟及六部豪民, 以實國原)

이상의 기록을 살펴보면, 신라는 도살(道薩)과 금현(金峴) 두 성을 빼앗은
후부터 고구려 침략의 기회를 얻은 것 같고, 두 성의 점령은 그 후 수년간
에 걸친 큰 발전의 단서가 된 것 같다. 위의 인용으로 보아 두 성은 삼국의
접촉 지점 부근이 분명하므로 충주의 서남쪽에 있었을 것이고, 신라는 보
은 방면에서 군사를 일으켜 공략했을 것이다. 그리고 이 지역에서 나아가
한강 유역을 병탄한 것은 지리상 자연스러운 추세일 것이다.(제5장 『장수왕 정
복지역고』 참조)

신라가 취한 10군

도살성과 금현성을 취한 다음 해에 신라는 고구려의 10군을 빼앗았다고

했는데 이 10군은 「거칠부전」에서 말하는 "죽령 바깥, 고현(高峴) 이남"에 해당한다. 죽령이 지금의 경상도 서북쪽 경계임에는 이견이 없다. 고현의 소재에 대해서는 사료상 명백한 증거는 없지만, 지금의 임진강 상류 지역인 마전(麻田)과 영평(永平) 중간에 있는 고현리(高峴里)일 것이다. 아래에 상술하겠지만 이때 이후로 신라의 북쪽 경계는 임진강 연안이었기 때문이다. 그렇다면 이른바 10군은 지금의 충주에서 여주(驪州), 양근(楊根), 포천(抱川) 방면 일대를 포함한 곳일 것이다.

백제가 한때 점령한 6군

「거칠부전」과 「긴메이(欽明) 천황기」에 의하면 이때 신라가 10군을 정벌할 때 백제는 평양을 점령했다고 하는데, 고구려의 수도가 당시 백제의 공격을 받아 함락되었다는 전설은 어디에도 보이지 않는다. 또 백제의 힘이 이와 같은 행동을 감당할 수 있었다고 볼 수도 없으므로, 이 평양은 남평양(북한산)이고 동시에 함락시켰다는 한성은 남한산일 것이다. 그렇다면 이 해에 신라가 정벌한 10군은 한강 유역의 동쪽이고, 백제가 점령한 6군은 한강 유역의 서쪽임을 알 수 있을 것이다. 그런데 백제가 그 점령 지역을 유지하지 못하고 바로 포기했으므로 신라가 손에 넣은 것이다.

신주

백제가 포기한 지역은 바로 「신라본기」에 "백제의 동북 변경을 빼앗아 신주를 설치했다(取百濟東北鄙, 置新州)"고 한 곳이다. 동북 변경이라는 말이 조금 타당하지 않은 듯하지만, 그것이 한성 및 북한산 지방을 말한다는 것은 2년 후 왕이 북한산으로 순행을 하고, 4년 후 신주(新州)가 북한산주로 바뀌었다는 점을 통해서도 알 수 있다. 신주의 치소는 명기되어 있지 않지만, 이 지방에서 정치적 수뇌가 되는 곳은 북한산과 한성(남한산) 외에는 없으므로 신주의 주치(州治)는 아마 한성이었을 것이다. 『일본서기』에 "이로 말미암아 신라가 한성에 들어가 살았다"고 한 것도 한성이 신라에 귀속되고 새 영토의 치소가 되었음을 나타내는 것이다. 백제가 포기한 북한산이 한성과 함께 신라의 영유가 된 것은 명백한 사실이겠지만 특별히 "한성에 들어가 살았다"라고 기록한 것은 단순히 점령했다는 의미 이상일 것이다. 다만 고구려가 이 지방을 영유했던 시대에 북한산이 치소였던 역사적 사정이 있고, 또 신라가 새롭게 주력해야 할 점이 고구려에 대한 방비였으므로 나중에 북한산으로 옮긴 것이다.

새 점령지의 행정 구획

신주 및 북한산주의 관할 구역이 새 점령지 전체였는지, 혹은 그 서쪽만 관할하고 동쪽에 별도로 주치가 설치되었는지는 분명하지 않다. 뒤에 설명하겠지만 비열홀주(比列忽州)는 새 점령지 동북부의 치소였을 것으로 추측되고, 국원(國原, 충주)도 동남쪽의 핵심 지역이었다고 여겨진다. 그렇지만 진흥왕 29년 조항에 "북한산주를 폐지하고 남천주를 설치했다(廢北漢山州置南川州)"는 기록이 있고, 남천(南川)은 「지리지」에 의하면 지금의 이천(利川)이므로, 적어도 한강 유역 전부는 신주 및 북한산주에 속했을 것이다. 남천은 한강 유역의 중앙에 있으므로, 여기로 치소를 옮긴 것은 행정상의 필요에 의한 것일지도 모르겠다. 백제와 전쟁 때 신라왕이 이 지역에 머문 일이 있다는 것을 보면 그 무렵에도 중요한 요충지로 여겨졌던 듯하다. 이후 진평왕 26년에 주치가 다시 북한산으로 옮겨진 것은 그 전년에 북한산이 고구려의 침공을 당한 사실로 미루어 국방상의 이유라고 할 수 있다. 같은 해에 또 "비열홀주를 폐지하고, 원홀주를 설치했다(廢比列忽州, 置遠忽州)"는 기록이 있는데, 비열홀주의 폐지는 사실이지만 원홀주의 설치에는 의심되는 부분이 있으므로 이 사이의 사정은 명백하지 않다.

2) 고구려와의 경계

신라와 고구려의 교전지

진흥왕이 정복한 지역의 북쪽 경계가 한강 유역에서 멀지 않았다는 것은 다음과 같은 기록에서도 알 수 있다.

고구려가 북한산성에 침입했으므로 왕이 몸소 군사 1만 명을 이끌고 막았다.(「신라본기」진평왕 25년)

(高句麗侵北漢山城, 王親率兵一萬以拒之)

유신이 행군하여 한강을 넘어 고구려의 남쪽 경계로 들어갔다.(선덕왕 11년)

(庾信行軍過漢江, 入高句麗南境)

이 외에도 여러 지명이 보이지만 다음의 성들은 위치를 알 도리가 없다.

고구려가 우명산성을 점령했다.(진평왕 30년)

(高句麗拔牛鳴山城)

고구려의 낭비성을 침공했다.(진평왕 51년)

(侵高句麗娘臂城)

왕이 장군 인문에게 명하여, 품목[일], 군관, 문영 등이 일선주와 한산주의 군사를 이끌고 부성의 병마와 함께 고구려의 <u>돌사성</u>을 공격하여 성을 점령했다.(문무왕 4년)

(王命將軍仁問, 品目[日]軍官文穎等率一善漢山二州兵, 與府城兵馬, 攻高句麗突沙城滅之)

춘추가 훈신 사간과 함께 고구려를 방문하는데, 행렬이 <u>대매현</u>에 이르니 그 고을 사람 두사지 사간이 총포 300보를 그에게 주었다. 이윽고 저들의 경내에 들어갔다.(『김유신전』)

(春秋與訓信沙干, 聘高句麗, 行至代買縣, 縣人豆斯支沙干贈靑布三百步, 旣入彼境)

선덕은 군사 5만 명으로 고구려의 남쪽 경계에 침입하여 <u>수구성</u>을 탈취했다.(『당서(唐書)』「동이전」정관貞觀 17년)

(善德使兵五萬入高句麗南鄙, 拔水口城)

칠중성 및 아단성
다만 다음의 기록들은 이 문제에 좋은 자료를 제공해 준다.

<u>칠중하</u>에 이르러 (중략) 강을 건너 고구려의 경계로 들어갔다.(『김유신전』)

(至七重河 (中略) 渡河, 入高句麗之境)

고구려가 북쪽 변경의 <u>칠중성</u>을 침공했으므로 백성들이 놀라고 동요하여 산골짜기로 들어갔다. 왕이 대장군 알천에게 명하여 그들을 모아 안정시키게

했다.(선덕왕 7년)

(高句麗侵北邊七重城, 百姓驚擾入山谷, 王命大將軍閼川安集之)

　아뢰기를, 생각건대 신라가 우리 한북의 지역을 빼앗아 군현으로 삼으니 백
성은 몹시 가슴아파하며, 지금껏 부모의 나라를 잊지 않고 있습니다. 대왕께
서 저를 어리석다고 생각하지 않고 군대를 주신다면, 한 번 가서 반드시 우리
의 땅을 되찾아 오겠습니다, 라고 했다. 왕이 허락했다. (중략) 드디어 가서 아
단성 아래에서 싸웠는데 빗나간 화살에 맞아 죽었다.(『온달전』)

(奏曰, 惟新羅割我漢北之地爲郡縣, 百姓痛恨, 未嘗忘父母之國, 願大王不以愚
不肖, 授之以兵, 一往必還吾地, 王許焉 (中略) 遂行, 與羅軍戰於阿旦城之下, 爲流
矢所中而死)

　이들 자료를 통해 대략 두 나라의 경계를 추정할 수 있다. 칠중성(七重城)
은 지금의 적성(積城)이고, 아단성(阿旦城)은 적성의 북쪽, 임진강의 건너편
기슭일 것이므로(제4장 「광개토왕 정복지역고」 참조), 이 지방에서 신라의 북쪽
변경은 대략 임진강 연안이었을 것이다.

새 점령지의 서북쪽 경계

　그렇다면 앞에 인용한 고현(高峴)을 지금의 고현리로 하고, 이곳을 신라
의 북쪽 경계로 추정하는 데 형세상 무리가 없다. 뒷날 당의 군사가 신라에
쳐들어오자, 신라가 있는 힘을 다해 임진강 가에서 막아 지키려고 했던 것
도 이 지역이 신라 변경이었음을 알려준다.(제12장 「나당나 교전지리고」 참조)
당시 다소의 들고 남은 있었겠지만 신라가 임진강 일대 지역으로 서북쪽
경계를 삼았다는 것은 틀림없다. 다만 신라가 이렇게 임진강 연안으로 영

토를 확장한 것이 한성 및 북한산을 점령한 기세를 타고 더욱 북진한 것인지, 혹은 동쪽에서 이미 고현을 영유했기 때문에 임진강 연안을 빼앗고 나아가 백제가 점령한 북한산 지방으로 압박을 가해 마침내 병탄하게 된 것인지는 분명하지 않다. 그래도 백제가 한때 점령한 구역이 이렇게 북쪽까지 미치지는 못했을 것이다.

새 점령지의 동북쪽 경계

새 영토의 서북쪽 경계는 이상의 고찰에 의해 알 수 있게 되었지만, 동북쪽 경계는 정말 명료하지 않다.

비열홀주

앞에서 인용한 바와 같이 진흥왕 17년에 "비열홀주를 설치했다"는 기록이 있고, 「지리지」에 삭주(朔州)에 속한 삭정군(朔庭郡, 함경도 안변安邊)의 옛 이름을 비열홀(比列忽)이라고 한 것을 참조하면, 신라는 당시 이미 이 지방을 정복한 것처럼 보인다. 따라서 적어도 지금의 강원도 지방은 완전히 신라의 영유로 귀속되었던 것 같다. 그런데 이 기록은 쉽게 믿을 수가 없다. 앞에서 인용한 진흥왕의 영토 확장에 관한 연표를 통람하면, 비열홀주의 설치는 한강 유역이 정복당한 결과인 것 같고, 따라서 그 위치도 같은 방면일 것으로 생각된다.

웅곡

그런데 여기서 주목해야 할 것이 「제사지(祭祀志)」 4진(四鎭) 조항에 "북쪽의 웅곡악(비열홀주)(北, 熊谷岳(比列忽州))"이라고 기록된 것이다. 「제사지」에 의하면 오악(五岳)의 북쪽은 "태백산(나사군)(太白山(奈巳郡))"이고, 사해(四

海)의 북쪽은 "비례산(실직군)(非禮山(悉直郡))", 사지(四瀆)의 북쪽은 "한산하(한산주)(漢山河(漢山州))"이므로, 이들로 유추하면 웅곡악(熊谷岳)의 소재지인 비열홀이 안변과 같은 북쪽은 아니라는 것을 알 수 있다. 웅곡악은 분명하지는 않지만, 「신라본기」 나해이사금 23년 조항을 참고할 수 있을 것이다.

백제 군사가 우두주에 들어오자, 이벌찬 충훤이 군사를 이끌고 그들을 막았다. 웅곡에 이르러 적에게 패하게 되었다.

(百濟兵入牛頭州, 伊伐飡忠萱將兵拒之, 至熊谷爲賊所敗)

이 기사를 역사적 사실로 간주할 수는 없지만, 우두주(牛頭州)에 대해서는 「지리지」에 "우수주('수'는 '두'라고도 한다)(牛首州(首一作頭))"라고 했고, 또 "선덕왕 6년에 (중략) 우[중]수주로 삼고 군주를 두었다. (중략) 경덕왕이 삭주로 고쳐 삼았다. 지금의 춘주이다(善德王六年 (中略) 爲牛[中]首州, 置軍主 (中略) 景德王改爲朔州, 今春州)"라는 기록도 있다. 따라서 신라가 통일한 후에 지금의 춘천(春川)에 두었던 주명(州名)인데, 그 지역에서 백제로 향하는 방면에 웅곡(熊谷)이라고 부르는 지역이 있었다는 것이 거짓은 아닐 것이다. 웅곡은 웅곡악의 소재지로 생각되는데, 4진의 하나로서 제사지냈을 정도로 중시되었다는 것을 보면 세상에 알려진 지명이었을 것이므로 신라의 역사가는 이로써 고대의 기사를 구성했을 것이다. 그리고 이를 전후로 「신라본기」가 신라와 백제의 충돌지로 기록한 것이 대부분 충주 평원 부근이고(제9장 「신라와 백제 경계고」 참조), 작자의 머릿속에 있는 우두주(牛頭州) 구역은 「지리지」 기사와 같은 후세의 상황이었을 것이므로, 웅곡은 충주의 북쪽이고 춘천의 서남쪽에 있는 한 지점이라고 볼 수 있다. 웅곡악은 대략 강원도와 경기도를 나누는 중앙산맥 중 하나의 높은 봉우리일 것이다. 그렇다면 비열홀은 경기도의 동쪽 변경일 것이다. 나아가 「직관지(職官志)」를 보면, "문무 13년에 비열홀정을 없애고, 우수정을 설치했다(文武十三年罷比列忽停, 置牛首停)"는 기록이 있다. 「직관지」에 따르면 신주정(新州停)은 남천정(南川停)이 되었다가 또 바뀌어서 한산정(漢山停)이 되었고, 실직정(悉直停)은 하서(河西)로 바뀐 일이 있는데, 이런 사례를 통해 추측하자면 비열홀은 우수(牛首, 춘천) 부근인 것 같다.

비열성

그런데 「신라본기」에는 별도로 비열성(卑列城)이라는 이름이 있다. 문무왕 7년에 신라군이 백제에 주재한 당군과 함께 평양을 공격할 부서를 기록한 문장을 보자.

> 고종이 유인원과 김인태에게 비열도를 따르도록 하고, 또한 우리 군사를 징발하여 다곡과 해곡 두 길을 따라서 평양에서 모이도록 명령했다
>
> (高宗命劉仁願, 金仁泰 從卑列道, 又徵我兵從多谷, 海谷二道, 以會平壤)

이 비열도(卑列道)는 비열성에서 나온 이름일 것이다. 『당서』 「고려전」에는 동일한 사실을 "유인원을 비열도에, 금대문을 해곡도에(劉仁願卑列道, 金待問海谷道)"라고 기록했다. 당시 유인원(劉仁願)은 백제에 주재했는데 그의 군사가 신라군과 행동을 함께 하여 평양으로 향하려면 지금의 경기도를 통과하지 않으면 안 되므로, 비열도도 이 지방일 것이다.

비열도

이 부대의 편제는 이후에 조금 변경된 것 같은데, 「신라본기」의 이듬해

조항은 다음과 같다.

　이찬 인태를 비열도 총관으로 삼고, 영[잡]찬 군관, 대아찬 도유, 아찬 용장
을 한성주 행군총관으로 삼고, 이[잡]찬 숭신, 대아찬 문영, 아찬 복세를 비열성
주 행군총관으로 삼고, 파진찬 선광, 아찬 장순, 순장을 하서주 행군총관으로
삼았다.

　(伊湌仁泰爲卑列道摠管, 迎[迊]湌軍官大阿湌都儒, 阿湌龍長爲漢城州行軍摠
管, 邇[迊]湌崇信, 大阿湌文穎, 阿湌福世爲卑列城州行軍摠管, 波珍湌宣光, 阿湌
長順純長爲河西州行軍摠管)

　또 이어서 다음과 같은 기록이 있는 것을 보면, 유인원은 신라군과 함께
하지 않고 별도로 당군을 이끌고 백제에서 북진하여 황해도 서쪽으로 나간
것 같고, 신라군은 비열도 총관인 김인태가 이들을 통솔한 것 같다.

　부성의 유인원이 귀천[간] 미힐을 보내, 고구려의 대곡과 한성 등 2군 12성
이 항복하여 귀순했다는 것을 알렸다.

　(府城劉仁願遣貴千[于]未肹, 告高句麗大谷漢城等二郡十二城歸服)

　이들 군대의 명칭은 실제 부대의 편제 및 행군로와 반드시 같은 것은 아
니며 다소 과장된 것이겠지만, 그 지리적 관계는 거짓이 아닐 것이다. 한성
주(漢城州), 비열성주(卑列城州), 하서주(河西州) 세 주의 군사를 총관하는 호
칭에 비열도를 붙인 것을 보면, 비열도라는 이름은 비열성에서 온 것이며
그곳이 신라군의 진군로에 해당하는 중요 지점임을 알 수 있다. 나아가 비
열성주는 한성주 및 하서주의 중간에 위치했다고 추정할 수 있다. 이 전쟁

에서 신라군은 적성(積城)에서 신계(新溪), 수안(遂安)을 거쳐 삼등(三登) 방면을 통해 평양으로 향한 것이고, 적성 이남에서는 한성이 후방 기지였다고 여겨진다.(제11장 「고구려 전역의 신라 진군로고」 참조)

신라와 고구려의 교통로

신라에서 평양으로 가는 도로는 동쪽에도 존재했을 것이다. 앞에서 서술한 바와 같이, 진평왕 12년의 정벌이 충주 평원에서 고현 방면으로 이어진 지역이었고 한성 방면이 별도로 백제의 점령으로 귀속되었다고 한다면, 충주에서 서북쪽으로 나아가 고현에 이르는 큰 길이 있었을 것이다. 이 길은 서북쪽으로 올라가 삭령(朔寧) 지방에서 신계로 나가는 것으로, 고구려가 평양과 충주 방면을 연결했던 교통로였다고 추측할 수 있다. 「거칠부전」이 "죽령 바깥쪽과 고현 안쪽"이라고 특별히 기록한 것을 보면 고현이 고구려 영유였던 시대에 중요한 성읍이었다고 추정되므로, 충주와 이 지역 사이에 직통로가 존재한 것은 당연하다고 할 수 있다. 이 도로의 노선은 지금의 여주에서 지평(砥平)을 거쳐 북한강을 건너서 가평을 지나거나, 혹은 양근(楊根)의 서쪽에서 북한강 연안을 거슬러 올라가 포천 방면으로 나가는 것 외에는 없을 것 같은데, 비열도는 바로 이것일 것이다. 그렇다면 비열성은 그 노상의 한 지점으로, 틀림없이 북한강 연안에 있었을 것이다. 후세에 이 방면으로 중요한 도로가 나지 않은 것은 개성(開城) 또는 지금의 서울이 중앙 정부의 소재지가 되어 수도와 경상도 방면의 통로가 여기에서 서남쪽으로 옮겨졌기 때문일 것이다. 후세의 상황을 가지고 충주를 통해 평양과 경주를 연결할 지름길을 필요로 했던 삼국시대의 상황을 짐작할 수는 없다.

비열홀주의 위치

비열성은 이와 같이 고구려 전쟁에서 중요시 되었지만, 「신라본기」 문무왕 8년 조항에 별도로 "비열홀주를 설치했다(置比列忽州)"는 기사가 있고, 진흥왕 29년에는 한때 폐지되었던 비열홀주를 다시 설치했다는 기록이 보인다. 전쟁의 와중에 특별히 비열홀주를 다시 설치한 것은 고구려 원정군의 출동과 관련된 중요한 지점이었기 때문으로 추측된다. 그렇다면 비열성(卑列城)이 바로 비열홀(比列忽)이 아닐까. '卑列'과 '比列'은 발음이 같을 뿐만 아니라, 각기 중요한 두 곳의 성읍이 같은 시기에 같은 이름으로 존재했다고는 볼 수 없기 때문이다. 한자가 다른 것은 하나는 당의 기록에 의한 것이고, 하나는 신라의 관례에 따랐기 때문일 것이다. 비열(卑列)이라는 이름이 고구려 전쟁에 관한 역사에만 보이고, 그 전후로 「신라본기」에서도 사라지고 보이지 않는다는 점도 이 추론을 뒷받침한다. 이를 바탕으로 앞에서 추정한 비열홀(比列忽)과 비열성(卑列城)의 위치를 맞추어 보면 두 곳이 일치하는 것을 볼 수 있다. 북한강 연안은 물길을 따라 바로 춘천과 연결되고, 그 거리도 그다지 멀지 않다. 남쪽으로는 곧바로 충주 방면으로 통하고, 또 춘천 방면과 한강 유역을 영유한 백제의 인접 지점과도 가깝기 때문이다.(제4장 「광개토왕 정복지역고」 참조)

비열의 뜻

덧붙여 '비열(比列)'의 뜻을 생각해 보자. 「지리지」에 따르면 삭주 삭정군(朔州 朔庭郡, 안변安邊)의 옛 이름이 비열홀이고, 천성(淺城)이라고도 했다고 한다. 따라서 '비열'은 '천성'에 해당하는 한국어였을 것이다. 그리고 안변이 남대천(南大川) 연안에 있다는 것을 생각하면, 천성이라는 이름은 강물과 관련된 것임을 추측할 수 있다. 「지리지」에 한주(漢州) 우봉군(牛峯郡)

의 속현인 장단현(長湍縣)의 옛 이름이 장천성현(長淺城縣)이라고 했는데, 여기에도 필시 비열이라는 한국어 지명이 있었을 것이고 강물에 인접한 지역일 것이다. 신라시대의 장단현치(長湍縣治)는 임진강의 지류인 사미천(沙尾川) 연안에 있는 지금의 고장단(古長湍)일 것이다. 따라서 여기서 말하는 비열홀이 북한강 연안에 있다고 보아도 문제가 없을 것이다.

비열홀주의 설치 이유

진흥왕이 한강 유역 부근을 정복했을 때 춘천 지방은 여전히 고구려 영유였으므로, 신라는 한편으로는 새 점령지의 동북쪽을 통치하는 기관으로서, 다른 한편으로는 춘천 방면에 대한 국경의 중요한 요충지로서 여기에 비열홀주를 두었다. 이후 이유가 있어 한때 폐지되었으나 고구려와의 전쟁이 일어나자 전략상 필요한 지점이었으므로 다시 설치한 것이다.

비열홀주의 폐치

그 사이에 비열성은 한때 고구려에 빼앗긴 일이 있었던 것 같은데, 문무왕 11년에 왕이 당의 장군 설인귀(薛仁貴)에게 보낸 답서에 다음과 같은 문장이 있다.

비열성은 본래 신라 땅이었는데 고구려가 쳐서 빼앗은 지 30여 년 만에 신라가 다시 이 성을 되찾아 백성을 옮기고 관리를 두어 수비했습니다. 그런데 이 성을 가져다 고구려에 돌려주었습니다.

(卑列之城, 本是新羅, 高句麗打得, 三十餘年, 新羅還得此城, 移配百姓, 置官守捉, 又取此城, 還與高麗)

글의 뜻이 아주 애매하지만, 신라의 영유였던 비열성이 한때 고구려에게 빼앗겼다가 30여 년 후에 신라가 회복하여 수비를 새롭게 했는데, 당 정부가 다시 빼앗아 고구려에 주었다는 의미로 해석된다. 고구려에 돌려주었다는 것이 언제인지는 분명하지 않다. 그렇지만 이 문장의 전후에 건봉(乾封), 총장(總章), 함형(咸亨) 무렵의 사건이 기록되어 있고, 마지막에는 다음과 같은 내용이 있으므로 대략 그 시기를 추측할 수 있을 듯하다.

삼사년 사이에 한 번 주었다가 한 번은 빼앗으니, 신라 백성은 모두 모두 본래의 희망을 잃었습니다.

(三四年間, 一與一奪 新羅百姓 皆失本望)

다만 이때는 고구려가 멸망한 후이므로 내용이 의심스럽지만, 백제가 멸망한 후 당의 웅진도독부를 지칭하여 백제라고 한 예도 있다는 점에 주목하자. 여기서 고구려(고려)라는 것이 평양의 안동도호부를 가리키는 것이고, 위의 내용은 비열홀이 그 관하에 들어갔다는 의미가 아닐까. 안동도호부가 고구려의 옛 땅을 모두 다스렸다면 춘천도 그 치하에 귀속되었을 것이고, 춘천과 가깝고 고구려의 영유였던 비열성이 함께 예속된 것도 전혀 이상하지 않다. 그렇다면 "신라가 다시 이 성을 되찾아 백성을 옮기고 관리를 두어 수비했습니다"라고 한 것은 문무왕 8년(총장 원년)에 "비열홀주를 다시 설치했다"고 한 사건을 가리킬 것이다. 이보다 앞서 30여 년 전에 이 지역을 고구려에 빼앗긴 기록이 「신라본기」에 보이지 않는 것은 역사의 탈루이겠지만, 비열홀주가 한차례 폐지되었던 이유도 그 지역이 고구려에 인접하여 지키기 어려웠기 때문은 아니었을까. 문무왕 8년에 다시 설치한 것은 춘천에서 고구려를 수비하고자 한 이유도 있을 것 같다. 또한 13년에 병영(兵營, 정停)을 춘천으로 옮긴 것은 전년부터 안동도호부의 정책이 일변하여 무력적 진압책이 철폐되고 춘천도 방기되었으므로 신라가 그 자리를 대신한 것일지도 모른다.(제12장「나당 교전지리고」참조)

달홀과의 관계

비열홀 혹은 비열성의 위치를 이렇게 추정한다면, 이상에서 서술한 바와 같이 옛 문헌의 기록은 대략 해석할 수 있을 것 같다. 다만 진흥왕 29년에 "비열홀주를 폐지하고, 달홀주를 설치했다(廢比列忽州, 置達忽州)"는 기록이 있는데, 달홀(達忽)을「지리지」에 따라 지금의 고성(高城)으로 본다면, 이 문장만으로는 비열홀을 안변(安邊)으로 하는 쪽이 타당한 듯 보인다. 그렇지만 무열왕 5년기에 다음과 같은 기록이 있다.

하슬라의 땅이 말갈과 맞닿아 있으므로 사람들이 편안치 못하다고 여기고 경을 폐지하여 주로 삼고 도독을 두어 지키게 했다. 또 실직을 북진으로 삼았다.

(以下瑟羅地連靺鞨, 人不能安, 罷京爲州, 置都督以鎭之, 又以悉直爲北鎭)

또「직관지」에 "태종(무열왕) 5년에 실직정을 폐지하고 하서정을 두었다(太宗王五年罷悉直停, 置河西停)"고 한 것을 보면, 진흥왕 시대부터 수십 년이 지난 후에도 신라의 북쪽 경계는 여전히 하슬라 부근이었음을 알 수 있다. 따라서 진흥왕 당시에 이미 고성이 신라의 영유였다는 것은 아마 오류일 것이다. 경덕왕이 군현을 명확하게 정했을 때 안변 및 고성을 비열홀이라고 하고 달홀이라고 한 것은 사실이겠지만, 진흥왕기에 보이는 비열홀이 안변이라고 볼 수는 없다.(제13장「신라 북경고」참조)「신라본기」소지마립간 3년 조항에 "비열성에 행차했다(幸比列城)"는 기록이 있지만, 소지왕은 진흥왕보다 3대가 앞서므로 이 비열성은 본고에서 말하는 곳과 관계가 없다. 하지만 앞에서 고증한 곳 외에 다른 비열성이 있었다고 볼 수도 없으므로, 이 기사는 아마 억지로 끌어다 붙인 듯하다.

새 점령지의 동북 경계

그렇다면 새 영토의 동북쪽 경계는 어디일까? 무열왕 8년기에 상세히 기록된 전쟁 상황을 참고로 살펴보자.

5월 9일(또는 11일)에 고구려의 장군 뇌음신이 말갈의 장군 생해와 함께 군사를 합하여 술천성을 공격해 왔다. 이기지 못하자 북한산성으로 옮겨가서 공격했다.

(五月九日(一云十一日)高句麗將軍惱音信與靺鞨將軍生偕合軍來攻述川城不克, 移攻北漢山城)

술천성(述川城)은 지금의 여주(驪州)에서 서쪽으로 25리에 있으므로, 먼저 이 지방을 침략하고 방향을 바꿔 북한산성을 공격한 고구려군은 원주 방면에서 출동해 온 것 같다. 따라서 원주 지방 역시 고구려에 귀속되었음을 알 수 있다. 무열왕 2년기에도 다음과 같은 기록이 있다.

고구려가 백제와 말갈과 더불어 군사를 연합하여 우리의 북쪽 변경을 침략하여 33성을 탈취했다.

(高句麗與百濟靺鞨連兵侵軼我北境, 取三十三城)

당시 백제와 신라의 투쟁 지점은 주로 충주 평원이었으므로, 이 33개의

성도 역시 같은 지방이었을 것이고(제9장 「신라와 백제 경계고」 참조), 이 전쟁에서 고구려군의 행동도 역시 원주 방면을 근거지로 삼았을 것이다. 여기에서 이른바 말갈이란 고구려 동북쪽의 말갈을 가리키는 것인지, 강원도 주민인 예(濊)를 말하는 것인지 분명하지 않지만, 어쨌든 있었을 것이다. 다만 "하슬라의 땅이 말갈과 맞닿아 있다"고 한 말갈은 강원도 주민으로 해석할 수밖에 없다. 이렇게 원주 방면이 고구려에 속했다고 한다면, 그 북쪽인 홍천(洪川)과 춘천 지방도 마찬가지였을 것이다. 진흥왕기를 통람해 보아도 신라가 강원도 방면을 다스렸다고 간주할 만한 증거는 전혀 없다.

새 점령지의 한계

앞에서도 인용했지만 「거칠부전」에 "죽령 바깥, 고현 이남"이라는 기록이 있고, 「온달전」에도 "신라가 우리의 한북 땅을 차지하여 자기들의 군현으로 만들었으므로 (중략) 계립현과 죽령의 서쪽 지역을 되찾지 못하면 돌아오지 않겠다"고 했다. 선덕왕 때 고구려왕이 신라 사절에게 대답한 말에도 "죽령은 본래 우리 땅이니. 만약 죽령 서북의 땅을 돌려준다면 군사를 보낼 수 있다"는 내용이 있다. 고구려가 회복하고자 한 목표가 죽령과 계립령이라는 것을 보아도, 진흥왕의 새 영토가 강원도 방면에 미치지 못했음을 알 수 있다. 계립령은 조령의 동북쪽에 있고, 문경에서 충주로 통하는 옛 길이다.(제9장 「신라와 백제 경계고」 참조) 특히 고구려왕이 "죽령의 서북"이라고 분명히 말했고, 온달이 "계립현과 죽령의 서쪽"이라고 한 것은 그곳이 충주 평원에서 서북쪽 혹은 서쪽으로 이어지는 일대임을 증명하는 것이다. 『구당서(舊唐書)』 「고구려전」에 나오는 개소문(蓋蘇文)의 말도 진흥왕의 경략에 대한 것이다.

고구려와 신라는 원수를 맺은 지가 이미 오래다. 지난날 수와 서로 싸울 적에 신라는 그 틈을 타서 고구려 땅 5백 리를 빼앗고 성읍도 신라가 모두 차지했다. 스스로 그 땅과 성들을 돌려주지 않으면 이번의 싸움을 그만둘 수 없다.

(高麗新羅怨隙已久, 往者隋室相侵, 新羅乘釁奪高麗五百里之地, 城邑新羅皆據有, 自非反地還城, 此兵恐未能已)

여기서 5백 리라고 한 것은 대략 죽령 바깥과 임진강 이남 정도의 거리와 같을 것이다. 단 "수와 서로 싸울 적에"라는 표현은 오류이거나, 그렇지 않으면 당의 사절에게 한 말이므로 일부러 이렇게 표현했을 것이다. 고구려의 리(里) 제도는 명확하지 않지만, 한·위 시대부터 내려오는 제도나 후위의 제도를 따랐을 것이다. 오타니 가쓰마(大谷勝眞)는 「당대의 이정에 대해(唐代の里程に就いて)」(『東洋時報』, 제222호)에서 한대의 1리를 일본의 3정(町) 55간(間)[약 427미터], 당대의 1리를 4정 51간[약 529미터]으로 계산한 바 있다. 후위의 제도가 당과 큰 차이가 없거나 혹은 조금 짧다고 한다면, 고구려의 1리는 길어도 일본의 4정[약 436미터] 남짓으로 현재 한국의 1리보다는 조금 길 것이다. 한편 죽령에서 충주, 여주, 지평, 가평, 포천을 거쳐 고현에 이르는 거리는 한국 리로 대략 470~480리이고, 양근(楊根)과 양주(楊州) 방면을 거쳐 적성(積城)에 달하는 통로는 한국 리로 약 500리이다. 그러므로 고구려인이 5백 리라고 한 것은 사실상 큰 차이가 없다고 할 수 있다. 다만 진덕왕 원년에 "대아찬 수승을 우두주 군주로 삼았다(拜大阿湌守勝爲牛頭州軍主)"고 했으므로 당시 춘천은 신라의 영유였던 것처럼 보이는데, 이 기사는 앞에서 살펴본 전후의 기사와 모순된다. 아마 잘못된 기록일 것이다. 그렇다면 춘천, 홍천, 원주의 서남쪽으로 이어지는 중앙산맥이 두 나라 사이에 천연의 국경이 되고, 그 동북쪽은 진흥왕 이후에도 여전히 고구려 영유

였다고 할 수 있다. 이는 광개토왕 이후 장수왕 이전에 같은 산맥이 고구려와 백제의 경계였다는 것과 같다.

하슬라 방면

다만 동해안 방면의 좁고 긴 구역은 오대산 산맥에 의해 서쪽과 나뉘어서 신라가 실직(悉直) 방면에서 다소 북진이 가능했을 것이므로, 하슬라(강릉) 지방은 진흥왕 때부터 신라의 영유가 된 듯하다. 만약 그렇다면 하슬라 지방과 충주 평원을 연결하는 한강 상류 유역인 영월, 정선, 평창 방면은 저절로 신라의 세력권 안으로 들어왔겠지만, 그것이 과연 진흥왕 시대인지 혹은 그 이후인지는 알 수가 없다.

3) 백제와의 경계

신라와 백제의 충돌 지점

새 영토의 남쪽 경계에 관해서는 역사상 증거라고 할 만한 것이 매우 적다. 앞에서 살펴본 「거칠부전」 및 『일본서기』에 의하면 진흥왕 때 먼저 한강 및 북한산을 쟁취한 것은 백제이고, 백제는 이때 6군의 땅을 회복했다고 했다. 따라서 한성 및 북한산이 신라에 점령당함과 동시에 6군의 땅도 역시 신라의 수중으로 귀속되었을 것이고, 신라와 백제의 경계는 대략 장수왕 이후 고구려와 백제의 경계와 같았을 것이다. 이렇게 추정할 수 있는 한두 가지 자료를 들어보면 「소나전(素那傳)」에 다음과 같은 기록이 있다.

사산의 경계가 백제와 서로 뒤섞여 있었기 때문에 서로 간에 침입과 공격이 없는 달이 없었다. (중략) 인평 연간에 백성군에서 군사를 내어 가서 백제의 변방 고을을 빼앗았다.

(蛇山境, 百濟相錯, 故互相寇擊, 無虛月 (中略) 仁平中, 白城郡出兵, 往抄百濟邊邑)

「지리지」에 의하면 사산(蛇山)은 지금의 직산(稷山)이고, 백성(白城)은 안성(安城)이라고 하므로, 이 방면에서 신라의 남쪽 경계는 직산과 안성 남쪽에 있었음을 알 수 있다.

신라와 중국의 교통로

진흥왕 때 신라가 비로소 북제(北齊) 및 진(陳)에 조공한 이후로 중국에 대한 직접적인 교통이 열렸고, 후년에는 일본의 견당사도 신라의 길로 당에 왕래했지만, 당시의 항로는 백제와의 전쟁 때 당나라 군사가 빼앗은 것과 같았을 것이다.

덕물도

당시 덕물도(德物島)에 정박했다는 것을 생각하면(제9장「신라와 백제 경계고」 및 제10장「백제 전역 지리고」참조), 『당서』「지리지」에 기록된 등주(登州)와 당은포(唐恩浦) 사이의 행정(行程)이 바로 그 항로일 것이다.

등주에서 동북쪽으로 바다로 나아가, 대사도, 귀흠도, 말도, 오호도를 지나 300리이다. 북쪽으로 오호해를 건너 마석산 동쪽의 도리진에 이르기까지 200리이다. 동쪽으로 바닷가로 접근하여, 청니포, 도화포, 행화포, 석인왕, 탁타만, 오골강 800리를 지난다. 이내 남쪽으로 바닷가로 접근하여, 오목도, 패강

구, 초도를 지나, 신라 서북쪽의 장구진에 이른다. 또 진왕, 석교, 마전도, 고사
도, 득물도를 지나 1천 리, 압록강 당은포구에 이른다. 이내 동남쪽으로 육로
로 7백 리를 가서 신라 왕성에 이른다.

(登州東北海行過大謝島, 龜歆島, 末島, 烏湖島三百里, 北渡烏湖海, 至馬石山
東之都里鎮, 二百里, 東傍海壖, 過青泥浦, 桃花浦, 杏花浦, 石人汪, 橐駝灣, 烏骨
江, 八百里, 乃南傍海壖, 過烏牧島, 貝江口, 椒島, 得新羅西北之長口鎮, 又過秦
王, 石橋, 麻田島, 古寺島, 得物島, 千里, 至鴨淥江唐恩浦口, 乃東南陸行七百里,
至新羅王城)

득물도(得物島)는「신라본기」에 덕물도(德物島)로 표기된 것이고, 당은(唐
恩)은「지리지」에 의하면 지금의 남양만(南陽灣)이다. 압록강(鴨淥江)이라는
세 글자는 잘못 끼어들어간 글자일 것이다. 그렇다면 당시 신라의 조공선
은 남양만 혹은 인천만에서 출범했을 것이다. 따라서 남양 방면은 확실히
신라의 영토였음이 분명하고, 그 남쪽 경계가 적어도 남양만 및 아산만 부
근에 있었다는 것 역시 추측할 수 있을 것이다.

당항진

선덕왕 11년기에는 "백제 왕 자비가 (중략) 또 고구려와 함께 모의하여
당항성을 빼앗아 당나라와 통하는 길을 끊으려고 했다(百濟王慈悲 (中略) 與
高句麗謀欲取黨項城以絶歸唐之路)"는 기록이 있다. 이 당항(黨項)은 문무왕 8년
기에 나오는 당항진(黨項津)일 것이다.

유인궤가 황제의 칙명을 받들어 숙위인 사찬 김삼광과 함께 당항진에 도착
했다. 왕이 각간 김인문에게 성대한 예식으로 인도하여 맞이하게 했다. 이에

우상(인궤)가 약속을 마치고는 천강으로 향했다.

(劉仁軌奉皇帝勅旨, 與宿衛沙湌金三光到黨項津, 王使角干金仁問往迎之, 以大
禮, 於是, 右相約束訖, 向泉岡)

그리고 유인원은[인궤는] 해로로 신라의 영토로 들어온 것 같이 보이므로
(제11장 「고구려 전역의 신라 진군로고」 참조), 당항진은 당과 신라 사이의 교통로
에서 중요한 항구였을 것이다. 「지리지」에는 장항구현(獐項口縣)이라는 지
명이 보이는데, 『여지승람』에 의하면 그 옛 터는 지금의 안산군 서쪽 30리
에 있었다고 하므로 해변 지역이다. 당항(党項)과 장항(獐項)의 발음이 비슷
하다는 점으로 볼 때 당항진(黨項津)이 바로 장항구현(獐項口縣)은 아닐까.
그렇다면 그 땅이 남양(南陽)의 북쪽에 있으며 아주 가깝고, 당과 신라 사이
의 교통로인 항구로써도 위치가 적절하다. 이로써 새 영토가 이 지방도 포
함했다는 것을 알 수 있다. 그 동쪽의 경계는 별도로 제9장 「신라와 백제
경계고」에서 서술할 것이므로 상세한 설명은 뒤로 미루지만, 충주 평원의
서남쪽에 있었다는 것은 분명하다.

4) 남은 문제 – 진흥왕 순경비에 대해서

진흥왕 순경비

끝으로 언급하고자 하는 것은 황초령(黃草嶺)에 있었다고 전해지는 진흥
왕 순경비이다. 비문은 다음과 같다. 인용은 나이토 도라지로(内藤虎次郎)의
「신라 진흥왕 순경비고」(『藝文』 제2년 제2호)에 의한다.

8월 21일 계미에 진흥태왕이 관경을 돌아보고[□□]하고 돌에 새겨 기록하다.

□□ 세상의 도리가 진실을 장악하고[어긋나고], 그윽한 교화가 펴지지 않으면 사악함이 서로 다툰다. 이에 제왕(帝王)은 연호를 제정함에 스스로를 닦아 백성을 편안히 하지 않음이 없다. 그러나 짐은 □ 태조의 기틀을 이어 받아 왕위를 계승하여, 몸을 조심하고 스스로 삼가면서 □□□할까 두려워했다. 또 하늘의 은혜[를 입어] 운수를 열어, 그윽한 가운데 신기에 감응되어 □ 사방으로 영토를 개척하여 백성과 토지를 널리 획득하니, 이웃나라가 신의를 맹세하고 화호를 요청하는 사신이 서로 통하여 온다. □□□□□ 신민과 구민을 [어루만졌으니] 오히려 왕도의 교화가 아직 없다고 한다. 이에 무자년 가을 8월에 영토를 돌아보고 민심을 살펴 이로써 노고와 □□에 선물을 내려주고자 한다. 충성과 신의와 정성이 있거나, 재주가 □□□□□ 두텁고 [나라를 위해 충절을 다한] 공이 있는 무리에게는 벼슬을 상으로 더하여 주고 그 공훈을 표창하고자 한다. 수레를 돌려 감에 □□□□□□□□□□□□□□이다. 이때에 왕의 수레를 따른 인물인 사문 도인은 법장과 혜인이고, 대등은 훼부 거칠□[부], □□□□□ □□□□지 잡간, 훼부 복미[동]지, 대아간 비지부지, 급간 미지 □□□[나말] □ □□□□□□□□□□□혜 대사, 사훼부 무지 대사, 애[이]내 종인은 훼부 □□ □[몰혜차], 여난(与難) 대사이고, 약사는 사훼부 매형소□□□□□□□□□□ □□□□□□□, 전은 훼부 분지, 길지, 애[이]공흔본[평] 소사□□□[말매] □□□ □□□□□□□□□□□□□, 훼부 비지 사간, 남[조]인 사훼부 윤□□□[지 나말]이다.

(八月二十[卅]一日癸未, 眞興太王巡狩[□□]管境刊石銘記也

□□世道秉[乖]眞, 玄[旨]化不敷, 則耶爲交竸, 是以帝王建號, 莫不脩[修]己以安百姓, 然朕□紹太祖之基, 纂承王位, 兢身自愼, 恐遠□□, 又[蒙]天恩開示運記, 冥感神祇應□四方託境, 廣獲民土, 隣國誓信, 和使交通, 府□□□□[撫育]新古黎

土□[黎庶猶]謂道化未有, 於是, 歲次戊子秋八月, 巡狩管境, 訪採民心, 以欲勞□□
有[何]忠信精誠□[才]□□□□□益篤[爲國盡節]有功之徒, 可加賞爵物以章勳効, 廻
駕顧行□□□□□□□□□□□□□□者矣 于時隨駕沙門道人法藏慧忍 大等
喙部居柒□[□□夫]□□□□□□□□知匝[迊]干喙部服未[冬]知, 大阿干比知夫
知, 及干未知□□□[奈末]□□□□□□□□□□□兮, 大舍沙喙部另知, 大舍哀
[裏]內從人喙部□□□[沒兮次]□□□□□□□□□□□□□喙部與難, 大舍藥師
沙喙部篤[大舍藥師罵]兄小□□□□□□□□□□□□□□□□典喙部分知, 吉
之哀[裏]公欣本[平], 小舍□□□[末買]□□□□□□□□□□□□□□□□喙部非
知, 沙干男[助]人沙喙部尹□□□[知奈末])

황초령은 함흥부(咸興部) 서북쪽 110리(한국 리)에 있다. 진흥왕이 만약 이
땅을 순행한 일이 있었다면 왕의 정복 지역은 멀리 함경도의 남부에 이르
며, 적어도 함흥평야를 포함한 것이 되므로 본 장의 결론은 완전히 오류라
고 하지 않을 수 없다. 과연 그럴까.

『삼국사기』의 가치

이제까지 고증한 진흥왕 정복 지역은 주로 『삼국사기』 기록에 바탕을 둔
것인데, 그 해석이 올바른 것이었다면 본 장의 결론과 비문 내용의 모순은
곧 『삼국사기』와 비문의 모순이 될 것이다. 비문이 말하는 바가 진실이라
면, 그에 반하는 『삼국사기』 기사가 거짓이 된다. 물론 『삼국사기』가 모두
믿을 수 있는 것은 아니다. 하지만 『삼국사기』는 그 내용상, 또 신라를 계
승한 고려조에서 편찬되었다는 점으로 볼 때 주로 신라의 기록에서 자료를
채택한 것이 분명하다. 따라서 신라가 기록을 시작한 이후의 기사, 특히 신
라 자신에 관한 기사에 심한 오류는 없으리라고 추측할 수 있다. 역사적 사

실이 아니라는 것이 분명한 고대사조차도 상세하게 관찰해 보면 그 기사를 구성한 자료의 유래가 짐작 가능한 것이 있다.(제9장「신라와 백제 경계고」, 제7장「임나 강역고」등 참조) 시대가 내려오면, 중국사에서 가져온 기사 외에 중국사에 실려 있지 않는 내용도 중국사와 맥락을 잘 참조하면 당시의 진상을 알 수 있는 것들이 적지 않다. 또 일본사 기록과 부합하는 것이 많다는 점만으로도 「신라본기」가 대체로 신뢰할 수 있는 사료라는 것은 충분히 증명된다. 진흥왕, 무열왕 및 문무왕 시대의 일본 및 당에 관한 「신라본기」의 기사를 본 사람은 누구나 수긍할 것이다. 다소의 오류가 혼재하는 것은 분명하지만, 「기」와 「전」 및 여러 「지」에 각각 반복적으로 산견되는 내용들이 일맥상통한 이치로 서로 연결되어 있으므로 역사가로서 그 확실함을 부정할 이유는 없는 것이다.

본 장에서 진흥왕이 새로 획득한 영토의 북쪽 경계가 임진강 연안 및 오늘날의 강원도 서쪽 경계에 있었다고 고증한 것은 실로 이와 같은 확실성을 가진 기록에 근거한 것이다. 신라인이 자국의 영토를 기재하는 데 있어서 과장은 했을망정 축소하는 경우는 없었을 것이다. 그러므로 신라인의 기록이 앞에서 고찰한 바와 같다면, 그보다 훨씬 광대했다고 상상할 수 있는 이유는 어디에도 존재하지 않는 것이다. 어쩌면 진흥왕이 함경도 남쪽을 정복했지만 역사의 탈루로서 『삼국사기』에 기록되지 않았다고 말하는 사람도 있을 것이다. 그렇지만 역사의 탈루란 다른 기록과 관계가 없는 독립된 사건이거나, 또는 다른 기사와 모순되지 않는 범위에서만 말할 수 있는 것이다. 이 경우와 같이 역사상 여러 군데에 중복되어 나오고 자주 보이는 내용과 모순되는 경우에는 해당되지 않는다. 『삼국사기』는 진흥왕의 함경도 정복을 빠트린 것이 아니라 부정한 것이다. 만약 이 부정을 거짓이라고 하려면, 『삼국사기』보다 더 확실한 자료를 통해 입증하지 않으면 안 된다. 이 비석이 과연 그러한 가치가 있는 것인지 모르겠다.

비문의 의심스러운 점

비문을 살펴보면 의심스러운 부분이 많다. 첫째, 「신라본기」 법흥왕 23년 조항에 "연호를 칭하여 건원 원년이라 했다(始年號云建元元年)"는 기록이 있다. 신라가 중국 문화를 배운 것과 그 세력이 큰 발전을 이룬 것이 마침 이때에 시작된 것을 보면 이 기사는 진실일 것이다. 그런데 진흥왕 12년에 "연호를 개국으로 바꾸었다(改元開國)"고 했고, 29년에는 "연호를 대창으로 바꾸었다(改元大昌)"고 했으므로, 진흥왕 시대에도 연호를 사용했다는 것은 분명하다. 그렇다면 이러한 비문에는 반드시 연호가 명기되었어야 하는데 문장 안에서 연호를 발견할 수 없다는 점이 의심스럽다. 또 맨 앞에 갑자기 월과 날짜를 기록하고, 연도를 말하지 않은 것도 크게 체제에 맞지 않는 것이다.

둘째, 비문에 진흥태왕이라는 이름이 있다. 진흥(眞興)이 시호인지 휘인지는, 법흥(法興), 진지(眞智), 진평(眞平), 선덕(善德) 등과 함께 여전히 연구를 요하는 부분이지만, 만약 시호라면 왕의 치세에 이 비석이 세워졌을 리가 없고, 반대로 휘라면 중국 사상에 감화되었을 당시의 문사가 감히 휘를 명기했다는 것이 의심스럽다. 다만 이 이름이 생전부터 사용된 일종의 존칭이라면 이 모순을 피할 수는 있지만, 신라에서 그런 일이 있었는지는 분명하지가 않다.

셋째, "짐은 태조의 기틀을 이어 받아(朕□紹太祖之基)"라고 했으므로 본문은 칙어를 기록한 것처럼 보이지만, "수레를 돌려감에(廻駕)" 다음부터는 갑자기 왕의 행동을 기록하고 있어 글에 맥락이 없다. 또 전체적으로 문장이 졸렬하고 글의 뜻이 통하지 않는 느낌이다. 진흥왕의 명에 따라 건설한 것이라면 당시 제일의 문사 혹은 승려에게 쓰게 했을 것인데 이러한 문체는 의심스럽다고 할 것이다.

넷째, 『삼국사기』 「제사지」에 의하면, "제 36대 혜공왕 때에 이르러 비로소 5묘를 제정했다(至第三十六代惠恭王始定五廟)"고 했으므로, 그 이전에는 신라에 묘제(廟制)가 없었던 것 같다. 그런데 비문에 태조라는 단어가 있는 것도 의심스럽지 않은가.

다섯째, "이웃나라가 신의를 맹세하고 화호를 요청하는 사신이 서로 통하여 오도다(隣國誓信, 和使交通)"라는 말은 좋게 과장한 말이라고 하더라도 당시의 형세와 맞지 않는다. 진흥왕의 경략은 고구려의 원한을 샀을 뿐 아니라 이전까지 화친 관계를 유지했던 백제도 핍박하여 원수가 되었으므로, 신라가 그 사이에서 결코 이와 같이 평화적 태도를 나타낼 수는 없었을 것이다.

여섯째, "대등은 훼부 거칠□(大等喙部居柒□)"에서 居柒□는 거칠부(居柒夫)인 듯한데, 『삼국사기』에 따르면, 거칠부는 김씨로 왕족이다. 훼부(喙部)는 사량부(沙梁部)를 사훼부(沙喙部)로도 쓴 예가 있으므로 양부(梁部)일 것인데, 양부는 6부의 하나로 양산촌(楊山村)에서 나왔고 성은 이씨이므로 거칠부의 성과 같지 않다. 또 거칠부의 벼슬은 상대등(上大等)으로 「신라본기」에 의하면 진평왕 초년에 주어진 것이다. 대등(大等)이라고 하는 벼슬의 품계는 신라에 존재하지 않는다.

이상은 모두 비문이 체제를 갖추지 못했고, 고사(古史)의 기재와도 모순됨을 나타내는 것이므로 비석의 진위를 의심할 이유가 된다. 하지만 비문을 믿고 그와 모순되는 고사의 기사를 모두 오류라고 하거나, 혹은 글의 체제를 갖추지 못하고 문장이 졸렬하다는 것이야말로 오히려 당시에 만들었다는 증거라고 한다면, 그렇게 말할 수 없는 것도 아니다.

비석을 세운 목적

다시 한 번 비석을 세운 목적이 어디에 있는지 생각해 보면 이 비석의 가치는 저절로 판명될 것이다. 비문에는 "관경을 돌아보며 민심을 살펴서 노고에 보답하고자 한다(巡狩管境訪採民心)"는 말은 있지만, 한마디도 토지에 관한 것이 없다. 따라서 비석을 세운 목적은 강토를 정하는 증적(證跡)으로 삼기 위한 것도 아니고, 주필(駐蹕)을 기념하기 위한 것도 아님을 알 수 있다. 전문을 통독하면 그 주요한 요지는 충성과 신의가 있고 참되고 성실한 마음인 자, 혹은 공로가 있는 무리들에게 벼슬과 상을 내린다는 내용으로 귀결되는 것 같다. 이렇게 백성에게 공포하는 것 같은 내용을 돌에 새기는 것부터가 이미 기이하다고 할 것이다. 만약 새겨서 많은 사람에게 보이고자 했다면 그 위치는 모름지기 도읍이나 성시(城市)의 많은 사람들의 눈에 띄는 곳을 선택했을 텐데, 고생스럽게 이러한 산간벽지 땅을 찾은 이유는 무엇일까. 황초령은 함흥평야와 압록강 지류인 중강(中江) 유역의 분수령으로, 정치적 세력의 한계선으로 적합하지 않은 것은 아니다. 그렇지만 정계비 같은 종류라면 몰라도 이러한 비를 이러한 산 정상에 세울 이유는 어디에 있는 것일까. 이 한 가지 사실로도 비가 진흥왕 당시에 건설된 것이 아니라는 점을 증명하고도 남을 것이다. 이상과 같이 비를 믿을 수 없는 점들이 있으므로, 이를 근거로 『삼국사기』의 기재를 부정할 수는 없을 것이다. 이 비와 관계가 있다고 여겨지는 북한산의 비도 역시 의심스럽다. 그렇지만 북한산 비가 의심스럽다는 점이 황초령 비의 진위를 결정할 수 있는 자료가 되지는 못하므로 여기서는 논외로 하겠다.

진흥왕 시대의 대세

나아가 당시의 대세를 생각해보면, 평양을 수도로 한 고구려가 여전히 의연하게 존재한 때이다. 그 남쪽 경계가 대동강 유역의 이남에 있었던 것은 분명하므로 그것을 임진강 연안으로 보면 상황이 잘 들어맞는다. 이렇게 서쪽에서 임진강 부근을 북쪽 경계로 한 신라가 동쪽에서만 멀리 함흥 북쪽으로 그 영토를 확장할 수 있었다고는 생각하기 어렵다. 물론 중앙 산맥의 동쪽은 서부의 평야와 완전히 나뉘어 저절로 별천지를 이루고 있었으므로, 서쪽에서 임진강 부근에 머물렀던 신라의 세력도 동쪽에서는 다소 북진할 수도 있었을 것이다. 그래도 함흥평야까지 미쳤다고 한다면 필시 대원정군을 보내어 토벌했을 텐데, 어느 방면에서 이렇게 진군을 했다는 것일까. 삼척과 강릉 방면에서 동해 연안의 땅을 점차적으로 잠식해 갔다고 보기에는 띠처럼 좁고 긴 땅에서 군대를 유지할 힘을 지니기는 어려웠을 것이다. 또 임진강 상류를 거슬러 올라가서 진군하는 것도 강기슭에서 국경을 수비하는 고구려군의 저지를 당하게 될 것이 분명하다. 고구려가 만약 신라군을 막지 못하면 경계 지점의 방비를 잃게 되는 것인데, 국경은 여전히 변하지 않고 그대로 있었다. 소양강 유역을 점령하고 철령(鐵嶺)을 넘어 북진하는 것도 산간 험지에서 적국을 격파해 가는 것이 용이한 일은 아닐 것이다. 또는 이 세 경로로 군이 나란히 나아가 전력을 다해 북진을 했다고 보기도 어렵다. 후방에서 백제가 허점을 엿보며 움직이기만 하면 고구려와 함께 거사에 나설 우려가 있었다는 것을 잊으면 안 된다. 뒷날의 역사에서 그 증거를 볼 수 있는데, 신라는 한강 유역의 새 영토 유지에 막대한 고난을 겪었다. 백제와 고구려 두 나라 사이에 끼어서 남북 두 세력의 협공에 응하지 않을 수 없는 이 지방의 경영이 험난했다는 것은 말할 필요도 없는 일이다. 신라는 이곳에 힘을 집중시키기에도 급급했을 것인데 북침을 위한 대군을 움직일 여력이 어디에 있었겠는가. 이처럼 북쪽을 정벌하기 위한 군사 동원은 어려운 일이었으므로 함흥 방면을 수중에 넣지 못한 것은 분명하다.

결론

요컨대 진흥왕이 정복한 범위는 한강 유역을 중심으로 한 지역에 그쳤다. 그 북쪽 경계가 임진강 부근에 있었다고 하는 『삼국사기』의 기재는 진흥왕 전후의 삼국 경쟁의 대세에 부합하는 것이다. 이에 대해서는 어떤 의혹도 제기될 이유가 없으므로, 이른바 진흥왕 순경비라는 것은 신뢰할 수 없음이 분명하다.

❖ 135쪽 우수주(牛首州)에 관한 인용문에 주석이 빠졌으므로 보완한다. 『삼국사기』「지리지」에 "선덕왕 6년에 (중략) 우[중]수주로 삼고 군주를 두었다(또는 문무왕 13년, 당 함형 4년에 수약주를 설치했다고 한다)(善德王六年, (中略) 爲牛[中]首州, 置軍主(一云文武王十三年, 唐咸亨四年, 置首若州))"고 한 것이다. 이 문장을 인용한 것은 우수주 즉 지금의 춘천이 신라통일 후 비로소 그 영유로 들어갔음을 말하기 위해서이므로, 주목할 부분은 선덕왕 운운한 본문이 아니라 문무왕 때에 대한 주석이다. 필사 당시 취사선택에 오류가 있었다. 춘천 지방이 고구려 멸망 때까지 그 영토에 속했던 것은 본문 144~145쪽 및 「신라 북경고」(374쪽)에서 서술한 바와 같으므로, 위의 기사는 본문이 오류이고, 주석의 내용이 사실을 전하는 것이라고 믿는다.

7. 임나 강역고

부도 4. 임나 강역도 참조

고대에 일본이 한반도 남부에 속령을 두었을 때, 이 통치 기관을 칭하여 임나일본부(任那日本府)라고 했다. 임나라는 이름은 일본부의 소재지였던 가라국(加羅國)의 다른 이름으로도 사용되었고, 또 일본부가 통치한 지방의 총칭으로도 사용되었던 것 같다.

한국 사료에 나타난 임나

한국 문헌에는 임나라는 이름이 거의 보이지 않는다. 『삼국사기』 「강수전(强首傳)」에 "신은 본래 임나가량 사람입니다(臣本任那加良人)"라는 한 구절이 있을 뿐이다. 그렇지만 일찍이 광개토왕비에 "뒤를 급히 쫓아 임나가라 종발성에 이르렀다(追至任那加羅, 從拔城)"라고 기록되었으므로, 이 이름이 한국 땅에 널리 알려졌다는 것은 분명하다. 그러나 이들 문장 중에 보이는 임나와 가라, 또는 가량과의 관계는 명료하지 않다.

중국사에 보이는 임나의 호칭

중국사에는 『송서(宋書)』「이만전(夷蠻傳)」 왜국 조항에 다음과 같은 기록이 있다.

아우 진이 임금이 되어 사신을 보내고 공물을 바쳤다. 스스로 사지절도독 왜, 백제, 신라, 임나, 진한, 모한 육국 제군사 안동대장군 왜국왕이라 칭했다.

(弟珍立, 遣使貢獻, 自稱使持節都督倭, 百濟, 新羅, 任那, 秦韓, 慕韓六國諸軍事, 安東大將軍倭國王)

왜국왕 제가 사신을 보내 공물을 바치니 다시 안동장군 왜국왕의 벼슬을 주었다. (중략) 사지절 도독 왜, 신라, 임나, 가라, 진한, 모한 육국 제군사 벼슬을 더했다. 안동장군은 예전과 같다.

(倭國王濟遣使奉獻復以爲安東將軍倭國王 (中略) 加使持節都督倭, 新羅, 任那, 加羅, 秦韓, 慕韓六國諸軍事, 安東將軍如故)

『남제서(南齊書)』「동남이전(東南夷傳)」 왜국 조항에 보이는 칭호에도 "왜, 신라, 임나, 가라, 진한, 육국 제군사(倭, 新羅, 任那, 加羅, 秦韓, 六國諸軍事)"로 되어 있다. 여기에 임나와 가라를 열거한 것을 보면 이 두 나라를 각기 병존한 것으로 해석해야 할 듯하지만, 이것은 임나일본부가 위세를 떨치기 위해 스스로 과장하여 칭한 것에서 기인했을 것이다. 당시 존재하지 않았던 진한(秦韓)과 모한(慕韓, 마한) 등의 이름까지 든 것을 보아도 알 수 있으므로 애초부터 증거로 삼기에 부족하다. 또 『통전(通典)』「변방전(邊防典)」의 신라 조항에 "가라와 임나 여러 나라를 습격하여 그들을 멸망시켰다(襲加羅, 任那諸國滅之)"고 한 것도 임나와 가라를 동시에 존재한 두 나라로 간주한 것 같지만, 이 책은 후세에 편찬된 것이므로 구사에 임나가라(任那加羅)라고 한 것을 단순히 옮겨 적은 것인지도 모른다. 이렇게 중국과 한국 사료에서는 임나라는 이름이 매우 드물게 등장하므로, 이를 통해 한국인과 중국인들이 그 이름을 어떻게 사용했는지 알기는 어렵다. 따라서 일단 일본의 관례를 바탕으로 넓은 의미로서 임나부 속령의 총칭으로 사용하고자 한다.

임나라는 단어의 두 가지 의미

임나를 가라의 다른 이름으로 쓴 것은 『일본서기』 스이닌(垂仁) 천황 2년 조항에 "임나왕(任那王)"이 있다. 그 주석에는 가라에 미마나(彌麻那)라는 이름을 하사했다고 되어 있다. 또 긴메이(欽明) 천황 초년에 거듭 보이는 "임나 부흥"이라는 말도 이 용례이다. 유랴쿠(雄略) 천황 8년, 게이타이(繼體) 천황 23년 조항 등에 나오는 "임나왕"도 마찬가지이다. 임나 속령 전체에 군림한 왕이 있을 리가 없기 때문이다. 한편 임나 속령의 총칭으로 쓴 예로는 게이타이 천황 6년 조항에 "임나국의 상다리(上哆唎), 하다리(下哆唎), 사타(娑陀), 모루(牟婁) 4현(任那國, 上哆唎, 下哆唎, 娑陀, 牟婁四縣)"이라는 기록이 있고, 긴메이 천황 4년에 "임나의 하한(任那之下韓)"이라고 했으며, 23년에 임나 관가의 멸망을 기록한 조항에는 "통틀어서 임나라 하고, 별도로 말한다면 가라국, 안라국(總言任那, 別言加羅國, 安羅國)" 등을 들며 그 속국의 이름을 열거한 것이 명백한 용례이다.

임나 속국의 명칭

일본사에서는 임나의 어원에 대해 설명하기를 미마키(御間城, 스진崇神) 천황의 이름에서 나왔다고 했고, 가라가 스진 천황 때에 처음으로 일본에 복속한 기념으로 이 이름을 부여받았다고 했다. 그러나 이는 아마 일본 고대의 전설에 많이 보이는 지명 관련 설화의 하나에 지나지 않을 것이다. 그렇지만 임나일본부 속령의 중심이 가라였던 것은 분명하다. 「스이닌 천황기」에는 의부가라(意富加羅)라고 되어있지만, 이 또한 가라라는 것은 뒤에 상술하기로 하고, 가라 이외의 영토에 대한 기록부터 살펴보자.

비자목[발], 남가라, 훼[탁]국, 안라, 다라, 탁순, 가라의 일곱 나라를 평정했다.(『일본서기』 진구 황후神功皇后 49년)

　(平定比自㶱[㶱], 南加羅, 喙[喙]國, 安羅, 多羅, 卓淳, 加羅七國)

남만의 침미다례를 공격하여 빼앗아 백제에 주었다.(진구 황후 49년)

　(屠南蠻忱彌多禮, 以賜百濟)

다사성을 더 주어 오고 가는 길의 역으로 삼게 했다.(진구 황후 50년)

　(增賜多沙城, 爲往還路驛)

『백제기』에 이르기를, 아화왕이 왕위에 있으면서 귀국에 예의를 갖추지 않았으므로 우리의 침미다례 및 현남, 지침, 곡나, 동한의 땅들을 빼앗았다고 했다.(오진應神 천황 8년 조항 분주分註)

　(百濟記云, 阿花王立, 無禮於貴國, 故奪我忱彌多禮, 及峴南, 支侵, 谷那, 東韓之地)

백제가 임나국의 상다리, 하다리, 사타, 모루 4현을 청했다.(게이타이 천황 6년)

　(百濟請任那國上哆唎, 下哆唎, 娑陀, 牟婁四縣)

오미노 게나노오미 장군에게 (중략) 임나로 가서 신라에게 패배한 남가라, 훼, 기탄[탁기탄 : 원문은 훼와 기탄 두 나라로 보고있으나 탁기탄 하나의 나라로 해석하는 견해에 따라 교감함]을 다시 세우게 했다.(게이타이 천황 11년)

(近江毛野臣 (中略) 欲往任那, 爲復興建新羅所破南加羅, 喙, 己呑[喙己呑])

임나는 멸망했다. 통틀어 말하면 임나이고, 별도로 말하면, 가라국, 안라국, 사이기국, 다라국, 졸마국, 고차국, 자타국, 산반하국, 걸찬국, 임례국 등 모두 10국이다.(긴메이 천황 23년 조항 분주)

(任那滅焉, 忽言任那, 別言加羅國, 安羅國, 斯二岐國, 多羅國, 卒麻國, 古嗟國, 子他國, 散半下國, 乞湌國, 稔禮國 合十國)

이상의 기록을 통해 그 이름을 대부분 알 수 있다. 지금부터 이들 각각의 위치를 고증하고, 아울러 임나의 전 강역을 고찰하고자 한다.

1) 가라(가야)

가라의 위치

일본사에서 이른바 가라(加羅)는 『삼국사기』의 가야(加耶)로, 지금의 김해부(金海部) 부근 지역이라는 것은 『삼국사기』「지리지」를 통해 알 수 있다.

김해소경은 옛 금관국이다. 가락국 또는 가야라고도 한다. 시조 수로왕으로부터 10대 구해왕에 이르러 양의 중대통 4년, 신라 법흥왕 19년에 백성을 거느리고 와서 항복하여 그 땅을 금관군으로 삼았다.

(金海小京, 古金官國, 一云伽落國, 一云伽耶, 自始祖首露王, 至十世仇亥王, 以梁中大通四年, 新羅法興王十九年, 率百姓來降, 以其地爲金官郡)

또 「김유신전」에는 다음과 같이 기록되어 있다.

12세조 김수로는 어디 사람인지 알지 못한다. (중략) 구봉에 올라 가락의 9촌을 바라보고는 마침내 그곳에 가서 나라를 열고 이름을 가야라고 했다가 뒤에 금관국으로 고쳤다.

(十二世祖首露不知何許人也 (中略) 登龜峯望駕洛九村, 遂至其地開國, 號加耶, 後改爲金官國)

「이사부전(異斯夫傳)」에는 "가야 혹은 가라라고도 한다(加耶, 或云加羅)"고 했고, 「사다함전(斯多含傳)」에도 "가라는 가야라고도 한다(加羅, 一作加耶)"는 기록이 있다. 이와 같이 가라(加羅)와 가야(加耶)는 같은 음이 다른 문자로 표기된 것일 뿐이다. 앞에서 인용한 「강수전(强首傳)」의 가량(加良)이라는 명칭이나, 『위지』에 나오는 구야국(狗邪國)도 마찬가지라는 것은 제2장 「삼한 강역고」에서 서술한 바 있다. 모두 같은 말이다.

일본사의 의부가라국

「스이닌 천황기」에는 의부가라(意富加羅)라는 명칭으로 나오는데, 의부(意富)는 크다는 뜻이므로 미칭(美稱)을 붙인 것에 지나지 않는다. 진구 황후(神功皇后) 이후에는 가라로 기록되고 있지만, 스이닌 천황이 의부가라에 내려준 임나라는 칭호가 가라에도 사용되고 있고, 임나부가 가라에 설치된 것을 보면 의부가라와 가라는 같은 것임을 알 수 있다.(나카 미치요, 『조선 고사고』 제8장

「가라고(加羅考)」참조)「스진 천황기(崇神紀)」에는 또 다음과 같은 기록이 있다.

임나는 쓰쿠시국에서 2천여 리 떨어진 거리에 있다. <u>북쪽은 바다로 막혀 있으며 계림의 서남쪽에 있다.</u>

(任那者去築紫國二千餘里, 北阻海以在鷄林西南)

이 임나는 의부가라를 가리키는 것이지만, 쓰쿠시(築紫)에서 보면 바다에 막힌 북쪽에 있고, 계림(신라)의 서남쪽에 있다고 하는 그 위치가 가라에 해당한다는 것은 언뜻 보기에도 분명하다. 2천여 리라는 단어가 과장이라는 것은 말할 필요도 없다. 『성씨록(姓氏錄)』에 다음과 같은 기록이 있는 것도 역시 임나가 신라의 서남쪽에 있다는 것을 나타낸 것이며, 그 위치가 가라에 해당한다는 것을 뒷받침한다.

미마키이리히코(스진) 천황 시대에 임나국이 아뢰어 말하기를, "신의 나라는 <u>동북쪽</u>에 삼파문(三巴紋)의 땅이 있는데, (중략) 신라국과 서로 다투었습니다"라고 했다.

(御間城入彦(崇神)天皇御代, 任那國秦曰, 臣國東北有三巴紋地 (中略) 與新羅國相爭)

삼파문(三巴紋)의 소재는 알기 어렵지만 대략 낙동강 왼쪽 연안이 아닐까. 분명 의부가라는 한반도 남부의 여러 나라 중 처음으로 일본에 복속해 온 것인데, 이는 그 나라의 지리적 위치가 일본과 가깝고, 해변에 있어서 교통편이 편리하여 고대부터 일본인과 서로 알고 있었기 때문일 것이다. 따라서 가라의 위치는 의부가라와 일치한다. 또 그 지역이 일본과 대방군사이의 교통로에서 선박의 중계지로서 중요시되었으며(제2장 「삼한 강역고」 참조), 일본인과 교섭한 역사적 유래가 존재한다는 것을 볼 때 의부가라가 가라라는 것은 의심할 여지가 없다.

임나부가 가라에 설치된 이유

임나부가 가라에 설치된 것은 해로로 바로 일본 본토와 연락할 수 있는 요충지일 뿐만 아니라, 가장 빨리 일본에 복속하여 한국 땅에서 일본 세력 발전의 근거지가 된 역사적 관계가 존재하기 때문일 것이다. 임나부의 창시 및 영토 확장의 사정이 과연 구사에 기록된 바와 같은지 여부는 여전히 연구가 필요하지만, 가라가 먼저 일본에 보호를 요청해 왔으므로 일본부가 여기에 설치되었고, 부근 여러 나라는 이후에 점차로 그 치하로 들어오게 되었다는 것이 자연스러운 경로일 것이다. 진구 황후 49년에 다음과 같은 기록이 있다.

아라타와케와 가가와케를 장군으로 삼았다. (중략) 탁순국에 이르러 신라를 치려고 했다. (중략) 탁순에 모여 신라를 격파하고, 비자목[발], 남가라, 훼[탁]국, 안라, 다라, 탁순, 가라의 7국을 평정했다.

(以荒田別, 鹿我別爲將軍 (中略) 至卓淳國, 將襲新羅 (中略) 集于卓淳, 擊新羅, 平定比自㶱[㳽], 南加羅, 㖨[㖨]國, 安羅, 多羅, 卓淳, 加羅七國)

이 기록을 보면 가라도 다른 여섯 나라와 동시에 일본에 복속된 것처럼 보이지만, 이는 아마 모두 함께 임나일본부의 영토가 되었으므로 이렇게 열거한 것에 지나지 않을 것이다. 한반도에 어떠한 근거지도 없이 일본이 한국 땅에서 이런 활동을 할 수는 없었을 것이고, 그 근거지는 임나부의 소재지인 가라 외에 달리 찾을 수는 없기 때문이다. 이 점으로 보아도 처음으로 일본에 복속해 온 의부가라가 바로 가라임을 알 수 있을 것이다.

임나부의 소재지

긴메이 천황 2년 조항에 백제왕의 말로 기록된 "가라에 나아가 임나일본부에 모였다(赴加羅, 會于任那日本府)"라는 문장은 임나일본부의 위치가 분명히 가라에 있었음을 나타내는 것이다. 이때는 가라가 이미 신라에 복속되어 임나일본부가 안라(安羅)로 옮긴 후이지만, 백제왕의 말은 과거의 사실을 진술한 것이다. 이어서 "그 후에도 계속 임나를 재건하려고 하는 일을 염두에 두었다(以後繫念, 相續圖建任那)"고 한 점을 보면 분명히 알 수 있다. 이 임나는 가라 혹은 가라에 있는 임나일본부를 의미할 것이다. 뒤에 설명하겠지만 일본부가 안라로 옮긴 것은 가라가 신라에 복속되었기 때문이고, 처음에는 가라에 있었던 것이다.

가라의 강역

가라의 강역을 살펴보면, 동북쪽은 낙동강(황산강黃山江)을 사이에 두고 신라와 서로 대치한 것 같다. 「진구 황후기」 5년 조항에 "신라로 나아가 도비진에 진을 치고 초라성을 정벌했다(詣新羅, 次于蹈鞴津, 拔草羅城)"고 한 초라성(草羅城)이 『삼국사기』의 삽량성(歃良城), 즉 지금의 양산(梁山)으로 신라의 영토였다는 것을 보면 알 수 있다. 「신라본기」에는 또 "황산진 입구에서 가야 군사와 싸웠다(與加耶兵戰於黃山津口)"(탈해이사금 21년), "가야를 친히 정벌했다. 보병과 기병을 이끌고 황산하를 건넜다(親征加耶, 帥步騎, 度黃山河)"(지마이사금 4년) 등의 기록도 보인다. 이들 「신라본기」 기사는 전설 시대의 것이므로 모두 역사적 사실로 간주할 수는 없지만, 황산강이 신라와 가라 사이의 국경이었다는 것은 후세에도 전해진 사실로 여겨진다. 가라의 서쪽 경계에 대해서는 뒤에 상술하겠지만, 칠원(漆原) 지방이 탁순(卓淳)의 영토였다는 점으로 볼 때 창원의 서쪽 산지 및 마산포 만(灣)에 있었을 것이다.

일본사에 보이는 가라의 지명

『일본서기』에 보이는 지명 중 가라의 영토로 추정되는 것에 금관(金官), 배무(背戌), 안다(安多), 위타(委陀)가 있다.(게이타이 천황 23년) 또 다다라(多多羅), 수나라(須奈羅, 소나라素奈羅), 지타(知陀, 화타和陀, 왜타委陀), 비지(費知, 발귀發鬼, 불지귀弗知鬼)라는 이름도 보인다.(게이타이 천황 23년, 비다쓰敏達 천황 4년, 스이코推古 천황 8년) 이 중에서 금관은 뒷날의 금관경(金官京)으로 바로 지금의 김해부이다. 다다라는 "다다라 들판"(게이타이 천황 23년)으로도 나오는데, 앞에 인용한 「진구 황후기」의 도비진(蹈鞴津)도 역시 같은 곳일 것이다. 진(津)이라고 했으므로 황산강 연안으로 추측되고, 초라성과의 관계로 볼 때 가라의 동북 경계에 있었다고 추정할 수 있을 것 같다. 그 외의 지명에 대해서는 알 수 없지만 금관 및 다다라에 아주 가까운 지역으로 보이므로 가라의 동쪽이었을 것이다. 또 「게이타이 천황기」 23년 조항에 보이는 도가(刀伽), 고파(古跛), 포나우[모]라(布那宇[牟]羅)의 세 성 및 기질기리성(己叱己利城)도 가라의 영내였다고 생각되지만 그 위치는 알 수 없다.

가라의 이반

가라는 게이타이 천황 때부터 신라에 예속되었다. 관련 기록은 다음과 같다.

가야 국왕이 사신을 보내서 혼인을 청했으므로, 왕이 이찬 비조부의 세[ ]

여동생을 보냈다.(『신라본기』 법흥왕 9년)

(加耶國王遣使請婚, 王以伊湌比助夫三[之]妹, 送之)

왕이 남쪽 변방의 새로 넓힌 지역을 두루 돌아보았는데, 가야의 국왕이 찾아와서 만났다.(법흥왕 11년)

(王出巡南境拓地, 加耶國王來會)

금관국의 왕인 김구해가 (중략) 항복했다. (중략) 본국을 식읍으로 삼게 했다.(법흥왕 19년)

(金官國主金仇亥 (中略) 來降 (中略) 以本國爲食邑)

가라가 신라와 한 편이 되어 일본을 원망했다. 가라왕은 신라 왕녀를 아내로 맞아 드디어 자식을 두었다.(게이타이 천황 23년)

(加羅結儻新羅, 生怨日本, 加羅王娶新羅王女, 遂有兒息)

『일본서기』는 가라가 신라에 예속된 것을 명기하지는 않았지만, 같은 해에 다음과 같이 기록하고 있다.

오미 게나노오미를 안라에 사신으로 보내어 명령을 내려 신라에게 남가라와 훼, 기탄[탁기탄]을 다시 세우도록 권하게 했다. 백제는 장군 군윤귀, 마나갑배, 마로 등을 보내어 안라에 가서 조칙을 들었다. 신라는 번국의 관가를 없앤 것이 두려워서 대인을 보내지 않고 부지내마례와 해나마례 등을 보내어 안라에 가서 조칙을 듣게 했다.

(遣近江毛野臣使于安羅, 勅勸新羅, 更建南加羅, 喙[喙], 己呑, 百濟遣將軍君尹

貴麻那甲背麻鹵等往赴安羅, 式聽詔勅, 新羅恐破蕃國官家, 不遣大人, 而遣夫智奈麻禮, 奚奈麻禮等往赴安羅, 式聽詔勅)

이 기사는 당시 임나일본부가 안라에 있었다는 것을 나타내는 것으로, 가라가 이미 일본 영유가 아니었음을 증명하는 것이다. 일본부의 이전은 아마 가라의 이반 때문이었을 것이다. 가라가 완전히 신라의 일부가 된 것은, 「신라본기」 진흥왕 23년에 "가야가 반란을 일으키니 왕이 이사부에게 명하여 토벌케 했다(加耶叛, 王命異斯夫討之)"고 한 기록을 통해 알 수 있다. 같은 해인 긴메이 천황 23년 조항에는 "신라가 임나의 관가를 쳐서 멸했다(新羅打滅任那官家)"고 되어 있는데, 이때 임나 관가는 안라에 있는 일본부를 가리킬 것이므로, 「신라본기」에서 말한 가야는 곧 안라의 일본부일 것이다. 안라의 일본부를 가야라고 칭한 사례가 한국 역사에도 있기 때문이다.

가라의 멸망

그렇다면 이들 기사가 곧 가라의 토멸을 의미하는 것은 아니지만, 안라에 있는 일본부의 멸망은 머지않아 신라와 안라 지방 중간에 위치한 가라의 멸망도 가져오게 되었을 것이다. 긴메이 천황 23년 조항의 주석에 임나 지역의 멸망한 10국 중에 가라국이 포함되어 있는 것은 이 해에 가라가 멸망했다는 확실한 증거로는 부족하지만 대세로 보아 그렇게 추측할 수 있을 것이다.

2) 안라

안라의 위치

안라(安羅)는 「지리지」에 "법흥왕이 대군을 일으켜 아시량국(일명 아나가야)을 멸했다(法興王以大兵滅阿尸良國(一云阿那加耶))"고 한 아시량국(阿尸良國)으로, 지금의 함안(咸安) 지방일 것이다. 법흥왕은 게이타이 천황과 센카(宣化) 천황대에 해당하는데, 당시 임나부가 여전히 안라에 엄연히 존재했다는 것은 앞에서 인용한 게이타이 천황 23년의 기사 외에도 다음과 같은 근거가 있다.

백제는 안라의 일본부가 신라와 더불어 계책을 공모한다는 말을 들었다.(긴메이 천황 2년)

(百濟聞安羅日本府與新羅通計)

임나는 안라를 형으로 삼고 (중략) 안라인들은 일본부를 하늘로 삼았다.(긴메이 천황 5년)

(任那者以安羅爲兄 (中略) 安羅人以日本府爲天)

이 외에 전후로 여러 번 일본부의 사신(宰, 미코토모치)이 안라에 있다고 분명히 기록되어 있다. 함안이 안라라는 것은 조금 의심스럽기는 하지만, 아나(阿那), 안라(安羅), 아시량(阿尸良)이 같은 발음의 명칭이 와전된 것임은 확실하다. 또 가라가 신라에 복속된 후 일본부가 안라로 이동 설치되었다는 것을 보면, 안라가 가라보다 서쪽에 있는 것이 분명하므로 지리적 형세가 함안에 들어맞는다. 따라서 법흥왕이 안라를 멸망시켰다는 「지리지」의 기재는 오류일 것이다.

안라의 영역

나아가 안라의 영역을 살펴보면, 「지리지」에 현무현(玄武縣)과 의령현(宜寧縣)을 함안군의 속현이라고 했으므로 안라 지역도 거의 이곳과 같을 듯하다. 의령현은 지금도 여전히 같은 이름이고, 현무현은 소재가 명확하지 않지만 「대동여지도」에 함안의 서남쪽에 그 이름이 표기되어 있는 것을 참조할 수 있다. 안라가 가라와 함께 옛 변진(弁辰) 시대부터 존속해 온 나라이며, 임나부가 여기로 옮겨졌다는 것을 보면 비교적 큰 나라였다고 추정할 수 있다. 그러므로 수도는 지금의 함안이지만 그 영토는 남강(南江, 진강晉江) 하류 유역을 포함했을 것이다. 동북쪽은 「긴메이 천황기」 5년 조항에 백제왕의 말을 빌어 "신라와 안라 양국의 국경 지역에 큰 강이 있는데 요해의 땅(新羅安羅兩國之境, 有大江水, 要害之地也)"이라고 했으므로, 낙동강을 경계로 신라와 서로 대치했을 것이다. 서북쪽 경계는 대략 자굴산(闍堀山)에서 시작하여 남강(南江)의 서북쪽으로 이어진 일대 산맥이었을 것이다. 또한 일본부가 안라로 옮겨진 후 일본에서 직접 왕래가 있었던 것처럼 보이므로, 동남쪽은 진해만(鎭海灣) 방면의 바다 가까이 있었을 것이다.

안라에 아나가야(阿那加耶)라는 호칭이 있는 것은 일본부가 있었기 때문일 것인데, 이는 뒤에서 다시 언급할 것이다. 안라의 지명으로는 게이타이 천황 25년에 걸덕[탁]성(乞德[乇]城)이 등장하지만 소재는 알 수 없다.

3) 비자목[발]

낙동강 왼쪽 연안의 영토

비자목[발](比自枺[林])은 『삼국사기』 「지리지」에 보이는 비자화(比自火, 또는 비사벌比斯伐, 지금의 창녕昌寧)으로 비정하는 기존의 연구에 따라야 할 것이다.(요시다 토고吉田東伍, 『일한고사단日韓古史斷』 제4편 제4장 및 나카 미치요, 『조선 고사고朝鮮古史考』 제8장 참조) 비자목[발]은 진구 황후에게 정복당했다는 『일본서기』 기사 외에는 역사상 다른 언급이 없으므로 일찍이 신라에 멸망당한 것 같다. 그 위치를 낙동강 왼쪽 연안에서 신라에 가까운 창녕이라고 하면 이 형세에 잘 들어맞는다. 임나부에 예속된 훼(喙)[탁(啄)]의 위치도 낙동강 왼쪽 연안으로 여겨지므로, 일본의 세력은 한때 강을 건너 북쪽까지 미쳤을 것이다.(다음 절 참조)

임나 영토의 가장 북쪽 경계

지도를 살펴보면 창녕의 동쪽에 화왕산(火旺山)이 있는데 표고가 832미터이다. 여기서 산맥이 비스듬히 동남쪽으로 뻗어나가 삼랑진(三浪津) 부근에 도달한다. 임나의 영토는 이 산맥으로 신라와 경계를 이룬 것으로, 비자목[발]은 그 북단일 것이다. 가장 빨리 신라에 멸망당한 것은 이러한 지리적 형세 때문이며, 신라는 비자목[발]을 취한 후 바로 훼[탁]를 핍박하기에 이른 것이다.

4) 훼 및 기탄[탁기탄]

훼[탁]과 신라의 관계

훼(喙)[탁(喙)]는 「진구 황후기」에 보이는 7국의 하나이지만, 유랴쿠(雄略) 천황 초기에 이미 한 번 신라에게 빼앗겼던 것 같다. 9년에 기노오유미노 스쿠네(紀小弓宿禰) 등이 신라를 토벌하고 훼[탁]를 회복했다는 기록이 보이기 때문이다.

기노오유미노 스쿠네 등이 신라로 들어가서 근처의 고을을 다니면서 공격하였다. 신라왕은 밤에 사방에서 관군의 북소리가 울리는 것을 듣고 훼의 땅[탁지]를 모두 얻었음을 알았다. (중략) 훼의 땅[탁지]가 모두 평정되었다.

(紀小弓宿禰等卽入新羅, 行屠傍郡, 新羅王夜聞官軍四面鼓聲, 知盡得喙[喙]地 (中略) 喙[喙]地悉定)

유랴쿠 천황대에는 일본부가 여전히 가라에 있었고, 임나의 영토는 대략 옛날과 같았을 때이다.(비자목[발]은 이미 신라에 들어갔을지도 모른다.) 그런데 유독 훼[탁]를 먼저 신라에게 빼앗긴 것은, 비자목[발]을 제외하면 훼[탁]가 임나의 여러 나라 중 신라에 가장 가까웠기 때문일 것이다. 그런데 한 번 회복한 이 땅은 얼마가지 않아 다시 빼앗긴 것 같다. 게이타이 천황 21년에 다음과 같은 기록이 있는 것을 보면 이미 다시 신라의 영유가 되어 있다.

오미 게나노오미는 군사 6만을 이끌고 임나에 가서, 신라에게 멸망당한 남가라, 훼, 기탄[탁기탄]을 다시 세워 임나에 합치고자 했다.

(近江毛野臣率衆六萬, 欲往任那, 爲復興建新羅所破南加羅, 喙, 己吞[喙己吞],

合任那)

이때 가라는 신라에 예속된 것 같지만 여전히 나라가 존재하고 있었는데, 훼[탁]가 일찍이 신라의 영유가 된 것은 가라보다 강한 압박을 받을 수밖에 없는 위치에 있었기 때문일 것이다. 「긴메이 천황기」2년 조항에 보이는 백제왕의 말은 그러한 역사적 사실을 잘 설명해준다고 할 수 있다.

훼와 기탄[탁기탄]은 가라와 신라의 경계에 있어 해마다 공격을 받아 패배했는데 임나도 구원할 수가 없었고, 이로 말미암아 망하게 되었다.

(喙, 己呑[喙己呑], 居加羅與新羅境際, 而被連年攻敗, 任那無能救援, 由是見亡)

이로써 훼[탁]의 위치도 알 수 있다. 낙동강 남쪽 연안에는 이와 같은 나라를 받아들일만한 땅이 없으므로, 훼[탁]는 북쪽 연안에서 강을 사이에 두고 가라에 인접한 지역이었을 것이다.

기탄

기탄(己呑)이라는 지명은 진구 황후기에는 보이지 않지만, 훼[탁]와 함께 임나부에 속한 나라로서 훼[탁]와 이어진 지역으로 여겨진다. 대략 창녕(비자목[밸])의 남쪽인 영산(靈山) 및 그 동남쪽, 낙동강의 북쪽 연안 지방이 두 나라의 영토였을 것이다. 이렇게 신라는 훼와 기탄[탁기탄]을 취함과 동시에, 한편으로는 가라를 압박하여 속국으로 삼고, 나아가 탁순(卓淳) 지방을 핍박한 것이다.(탁순 조항 참조)

5) 남가라

임나에서 남가라의 지위

남가라(南加羅)도 「진구 황후기」에 보이는 7국 중 하나이지만, 게이타이 천황 시대에 훼와 기탄[탁기탄]과 같은 무렵에 신라의 영유가 되었다는 것은 앞에서 서술했다. 남가라라는 명칭은 가라의 남쪽에 있다는 의미인 듯하다. 긴메이 천황 2년 조항에 다음과 같이 백제왕의 말이 인용되어 있다.

훼와 기탄[탁기탄]은 가라와 신라의 경계에 있다. (중략) 남가라는 땅이 협소하여 불의의 습격에 대비할 수 없었고 의지할 바도 알지 못하여, 이로 인하여 망했다.

(喙, 己呑[喙己呑], 居加羅與新羅境際 (中略) 其南加羅蕞爾狹小不能卒備, 不知所託, 由是見亡)

이에 의하면 훼, 기탄[탁기탄]과는 위치가 떨어져 있었던 것처럼 생각된다. 그렇지만 가라와는 아주 가까운 지역이었다는 것을 「스이코 천황기」 8년 조항을 통해 알 수 있다.

신라와 임나가 서로 공격하자, 천황이 임나를 구원하고자 했다. (중략) 임나를 구하기 위해 신라를 치도록 했다. (중략) 곧바로 신라를 향하여 바다를 건너 갔다. 신라에 이르러 5성을 공격하여 빼앗았다. 이에 신라왕이 두려워하여 (중략) 다다라, 소나라, 불지귀, 위타, 남가라, 아라라 6성을 떼어 주며 항복을 청했다.

(新羅與任那相攻, 天皇欲救任那 (中略) 爲任那擊新羅 (中略) 直指新羅, 以泛海

往之, 及到[乃到于]新羅, 攻五城而拔, 於是新羅王惶之 (中略) 割多多羅, 素奈羅, 弗知鬼, 委陀, 南加羅, 阿羅羅六城以請服)

다다라(多多羅) 이하 4성이 가라의 동쪽 경계라는 점으로 보아도 남가라는 가라와 가까웠을 것이다.(가라 조항 참조) 낙동강의 왼쪽 연안, 김해부의 동남쪽으로, 대략 구포(龜浦) 방면이 아닐까. 만약 남가라가 김해부의 남쪽 혹은 서남쪽에 있었다고 한다면, 가라가 신라의 영역이 아니고 탁순(卓淳)이 여전히 존재한 상황에서 남가라가 일찍이 신라에 멸망당한 사실은 이치에 맞지 않게 된다.(다음 절 참조)

남한

긴메이 천황 5년 조항의 백제왕의 말 속에 나온 남한(南韓, 아리히시카라)이라는 지명은 여기에서 말하는 남가라와는 다르다. 이에 대해서는 뒤에 언급하기로 한다. 또 『삼국사기』 「김유신전」에서 남가야의 시조는 수로이다(南加耶始祖首路)"라고 한 남가야는 가라를 가리키는 것이 분명하다. '남' 자를 붙인 것은 신라의 남쪽이기 때문일 것이다. 이 또한 여기에서 말하는 남가라와는 다르다.

고대 가라의 전체 영토

가라의 영토는 『일본서기』 및 『삼국사기』에 보일 무렵에는 황산강(黃山江) 서쪽으로 한정된 듯하지만, 이는 신라의 압박을 받은 후의 일이므로 오랜 옛날에는 동쪽 연안을 포함했을지도 모른다. 만약 그렇다면 남가라는 당시에 가라의 일부였지만 가라가 강 서쪽으로 축소되기에 이르렀을 때 신라에 정복되지 않고 스스로 독립한 작은 나라였던 것은 아닐까. 가라라는 호칭은 김해의 가라 외에는 따로 존재하지 않을 것 같다. 다만 동래(東萊) 지방은 옛 독로국(瀆盧國)으로 구야(狗邪, 가라)의 영토는 아니었을 것이므로, 강 동쪽 가라의 영유 지역도 구포 부근의 협소한 범위를 벗어나지 못했을 것이다.(제2장 「삼한 강역고」 참조) 따라서 남가라를 구포 부근으로 보는 것은 문제가 없을 듯하다.

6) 탁순

「진구 황후기」 46년 조항에 의하면 백제인이 처음으로 일본에 입조하려 했을 때 탁순(卓淳)에 와서 길을 모색했다고 한다. 이로 미루어 탁순은 해변에 있고 일본으로 통하는 좋은 항구를 지니고 있었던 듯하다. 그렇지만 이 기사는 다소 전설적인 부분이 있으므로 정확한 역사적 사실로 간주하기는 어렵다. 그렇다면 다른 방면의 자료를 통해 위치를 찾아보아야 할 것이다. 탁순은 긴메이 천황 초기 혹은 그보다 조금 앞선 시기에 신라에 멸망당한 것 같다. 다음은 「긴메이 천황기」 2년 조항에 인용된 백제왕의 말이다.

탁순은 위아래 사람들이 다른 마음을 지녔는데, [왕] 스스로가 귀부하려는 생각으로 신라에 내통하였다. 이 때문에 망하게 되었다.

(卓淳上下携貳, 至[主]欲自附, 內應新羅, 由是見亡)

구례산
5년 조항에도 백제왕의 말이 기록되어 있다.

신라는 봄에 훼[탁]순을 취하고, 이어 구례산의 우리 수비병을 내쫓고 마침내 점거해버렸다. 안라에 가까운 곳은 안라가 경작을 하고, 구례산에 가까운 곳은 신라가 경작을 하고 있다.

(新羅春取喙[喙]淳, 仍擯出我久禮山戍, 而遂有之, 近安羅處, 安羅耕種, 近久禮山處 斯羅耕種)

이 기록의 훼[탁]순(喙[喙]淳)은 탁순(卓淳)과 같은 것이다. 봄에 탁순을 취했다는 것은 수년 전의 사건일 것이다. 같은 백제왕은 또 다음과 같이 말한 바 있다.

신라와 안라 양국의 국경 지역에 큰 강이 있는데 요해의 땅이다. 내가 이를 거점으로 6성을 수축하고자 한다. 삼가 천황에게 3천 명의 병사를 청하여 성마다 5백 명씩 두고, 우리 병사들과 함께 농사를 짓지 못하도록 막으면, 구례산의 5성은 자연히 무기를 버리고 항복할 것이나. 탁순국 또한 다시 일으키게 될 것이다.

(新羅安羅兩國之境, 有大江水, 要害之地也, 吾欲據此修繕六城, 謹請天皇三千兵士, 每城充以五百, 幷我兵士, 勿使作田而過[逼]惱者, 久禮山之五城, 庶自投兵降首, 卓淳之國, 亦復當興)

이에 의하면 탁순의 영토에 근접한 지점에 구례산이 있고, 그 지역이 탁순과 함께 신라의 영유로 되어 있다는 것을 알 수 있으며, 또한 탁순이 안라와 가까운 지역임을 추측할 수 있다.

안라, 신라, 탁순의 관계

한편 앞에서 인용한 신라 침공의 형세를 볼 때 안라의 북쪽은 낙동강에서 신라와 맞닿아 있었던 것이 분명하므로, 훼와 기탄[탁기탄]을 취한 신라가 강을 건너 동북쪽에서 안라를 압박해왔다고 여겨진다. 따라서 탁순은 안라의 동북쪽, 칠원(漆原) 지방에 있었다고 볼 수 있다. 그런데 뒤에 상술하겠지만 이 무렵에 초계(草溪)와 협천(陜川) 지방은 이미 신라에 복속되어 있었으므로 안라와 신라의 접촉 지점은 의령(宜寧)의 북쪽에도 있었을 것이다. 따라서 탁순을 안라의 서북쪽 인근이었다고 해석할 수도 있을 듯하다. 그렇다면 탁순이 신라의 영유가 된 후 안라가 신라와 인접하게 되었다고 해도, 이것만으로는 탁순이 안라의 동쪽이었는지 서쪽이었는지 판단할 수가 없다. 따라서 다시 구례산의 위치를 생각해 볼 필요가 있다. 「게이타이 천황기」 24년 조항에는 신라와 백제 두 나라의 군사가 임나의 게나노오미 (毛野臣) 군사와 싸웠던 일이 다음과 같이 기록되어 있다.

게나노오미가 백제 군사가 온다는 것을 듣고 배평에서 맞아 토벌했다(배평은 지명인데 능비기부리라고도 한다). (중략) 백제는 (중략) 신라와 함께 성을 에워쌌다. (중략) 게나노오미가 성에 의지하여 스스로 굳게 지켰으므로 사로잡을 수 없었다. 이에 두 나라는 편리한 곳을 찾아 한 달을 머물다가 성을 쌓고 돌아갔는데, 구례모라성이라 한다. 돌아갈 때 길목의 등리지모라, 포나모라, 모자지모라, 아부라, 구지파다지 다섯 성을 쳐부수었다.

(毛野臣聞百濟兵來, 迎討背評(背評地名, 亦能備己富里) (中略) 百濟 (中略) 共新羅 圍城 (中略) 毛野臣嬰城自固, 勢不可擒, 於是二國圖度便地, 淹留弦晦, 築城而還, 號曰久禮牟羅城, 還時觸路, 拔騰利枳牟羅, 布那牟羅, 牟雌枳牟羅, 阿夫羅, 久知 波多枳五城)

여기에 보이는 구례모라(久禮牟羅)가 앞에서 나온 구례산으로, "구례산의 다섯 성"이 여기에 나열된 성들일 것이다. 그렇다면 구례모라는 이때부터 백제 군사가 수비하는 곳이 되었다가, 긴메이 천황 시대에 신라가 탁순을 병유함과 동시에 백제 군사를 축출하고 빼앗았을 것이다. 그리고 구례모라는 게나노오미가 머물던 성과 멀지 않은 지점이었다고 생각된다.

구사모라

마찬가지로 「게이타이 천황기」 24년 조항에 "게나노오미가 드디어 구사모라에서 집을 짓고 2년을 머물렀다(毛野臣遂於久斯牟羅, 起造舍宅, 淹留二歲)"고 했으므로, 두 나라 군사에게 포위 공격을 당해 게나노오미가 굳게 지켰던 성은 이 구사모라(久斯牟羅)일 것이다. 구사모라는 전년도 기사에서도 볼 수 있다.

게나노오미가 웅천에 머무르며(어떤 책은 임나의 구사모라에 머물렀다고 했다) 신라와 백제 두 나라의 왕을 소집했다.

(毛野臣次于熊川(一本云次于任那久斯牟羅)召集新羅百濟二國之王)

이전에 게나노오미는 안라에 있었는데, 임나의 회복을 꾀하기 위해 이런 행동을 한 것이므로, 그가 향한 곳은 가라 방면이었을 것이다. 따라서 구사모라는 의안군(義安郡, 창원)에 해당하는 곳이라고 여겨진다. 「지리지」에 의하면 옛 이름은 굴자군(屈自郡)이다. 안라(함안)에서 가라(김해) 방면으로 가는 길은 창원을 통과하는 것이 일반적이기 때문이다. 웅천은 지금의 웅천으로 생각할 수도 있지만 분명하지 않다. 게나노오미가 이 땅에 집을 지은 것은, 가라가 신라의 속국이 되고 임나부가 안라로 옮긴 후 가라 및 훼, 기탄[탁기탄] 등의 회복을 도모하기 위한 근거지로 적당한 지역이기 때문일 것이다. 창원의 서쪽에는 지금 천지산(天地山)이라고 불리는 산이 있다. 해발 674미터로 지세가 험하고 중요한 곳이다. 이에 대한 신라와 백제 두 나라 군사의 위치는 필시 북쪽이 될 것이므로, 구례모라성은 창원의 북쪽, 낙동강의 남쪽일 것이다. 앞에서 인용했던 백제왕의 말에 신라와 안라의 국경인 낙동강변에 축성을 하면 구례산의 신라 병사는 스스로 투항할 것이라고 했는데, 이 말 또한 구례산이 낙동강의 남쪽이라는 것을 뒷받침해준다. 다만 이 무렵 백제의 출병은 진주(晉州) 방면에서 가는 길밖에 없었을 것인데, 안라를 넘어 동북쪽에 인접한 창원의 북쪽으로 군사를 보내고, 또 그 땅에 축성을 계획했다는 것은 조금 불합리해 보인다.

백제의 안라와 탁순 방면에서의 활동

「게이타이 천황기」에는 "이 해의 간지 신해(게이타이 25년) 3월, 군사를 안라로 진격시키고 걸덕[탁]성을 쌓았다(大歲辛亥三月, 師[軍]進至安羅, 營乞德[乇]城)"라는 『백제본기』의 기록이 인용되어 있다. 이에 의하면 백제가 안라에 출병한 것은 사실일 것이다. 또한 이 무렵은 백제가 임나일본부를 농락하여 그 영토를 잠식하려 했을 때이므로 이러한 대담한 행동을 했을 것이다. 이상에서 인용한 기록 중 "신라는 봄에 훼[탁]순(喙[喙]淳)을 취하고, 이어 구례산의 우리 수비병을 내쫓고 마침내 점거해버렸다", "구례산의 5성은 자연히 무기를 버리고 항복할 것이다. 탁순국 또한 다시 일으키게 될 것이다"라는 내용들로 볼 때, 구례산이 창원의 북쪽이라면 탁순 역시 이 부근에 있었다는 것을 알 수 있다. 칠토현(漆吐縣, 칠원漆原)이 탁순의 수도였던 것은 아닐까. 이상에서 탁순이 안라의 서북쪽이 아니라 동북쪽이라는 것이 입증되었다고 믿는다.

탁순의 위치 및 경역

좀 더 상세히 밝혀보자면, 「진구 황후기」에 7국 평정의 일을 기록하여 "탁순국에 이르러 신라를 치려고 했다"고 했고, "탁순에 모여 신라를 격파했다"고 한 것은 탁순이 일본의 근거지인 가라에서 멀지 않은 지역이든지, 아니면 해로가 바로 닿을 수 있는 지역임을 나타낸다고 할 수 있다. 또 7국 평정 후 "군대를 옮겨 서쪽으로 돌아 고해진에 이르러, 남쪽의 오랑캐 침미다례를 무찔렀다(仍移兵西, 廻至古奚津, 屠南蠻忱彌多禮)"고 한 기록에 의하면 탁순에서 해로를 이용하여 서쪽으로 군사를 이동시킨 것 같다. 이 또한 탁순이 안라의 동쪽이라는 점을 증명하는 것이 아닐까. 여기에 「진구 황후기」의 백제가 조공해 온 전설을 참조하면, 탁순은 칠원을 중심으로 북쪽은 낙동강에 이르고, 남쪽에 옛 마산포(馬山浦)를 포함하여 해로로 일본과 교통할 수 있는 위치에 있었을 것이다. 창원은 『일본서기』에 특별히 "임나의 구사모라(任那久斯牟羅)"라고 기록되어 있으므로 탁순의 영역이 아니고 가라에 속했던 것 같다.

포상 8국

「신라본기」 나해이사금 14년 조항에 다음과 같은 기록이 있다.

포상 8국이 가라를 침입할 것을 모의하자, 가라 왕자가 와서 구원을 요청했다. 왕이 태자 우로로 하여금 (중략) 가서 이를 구해주게 했다.

(浦上八國謀侵加羅, 加羅王子來請救, 王命太子于老 (中略) 往救之)

이 사건은 「물계자전(勿稽子傳)」에는 다음과 같이 전한다.

포상 8국이 함께 아라국을 치기로 하자 아라의 사신이 와서 구원을 청했다. 이사금이 왕손 날음으로 하여금 이웃의 군과 6부의 군사를 거느리고 가서 구해주게 하니, 드디어 8국의 군대를 패배시켰다. (중략) 3년이 지나 골포, 칠포, 고사포의 세 나라 사람들이 갈화성을 공격했다. 왕이 군사를 거느리고 가서 구하고 세 나라의 군사를 대패시켰다.

(八浦上國同謀伐阿羅國, 阿羅使來請救, 尼師今使王孫㮈音率近郡及六部軍往救, 遂敗八國兵 (中略) 後三年骨浦, 柒浦, 古史浦三國人來攻竭火城, 王率兵出救, 大敗三國之師)

「물계자전」에는 아라(阿羅)라고 되어 있지만, 『삼국사기』에 보이는 아라에 관한 기사는 「지리지」 함안군 조항에 "법흥왕이 많은 병사를 동원하여 아시량국을 멸했다(法興王以大兵滅阿尸良國)"고 한 것 외에 다른 예가 없다. 또 아라는 신라와 가라를 사이에 두고 그 서쪽에 있었으며 신라가 아라를 도울 만한 사정도 보이지 않는다. 따라서 이 사건은 「신라본기」에 가라라고 한 것이 옳은 듯하다. 하지만 이 기사 역시 역사적 사실로서 승인할 수 없고, 포상 8국(浦上八國)이라는 호칭이 실재한 것인지도 의심스럽다. 그렇지만 포상의 나라들이 가라와 투쟁했다는 기사는 어떤 사실을 반영하고 있을지도 모른다.

포상 8국 전설의 역사적 사실

이른바 포상 8국 각각의 이름은 알려져 있지 않지만, 인용문에 열거된 골포(骨浦), 칠포(柒浦), 고사포(古史浦)를 포함한다는 것은 추측할 수 있다. 골포는 합포(合浦) 즉 지금의 옛 마산포 부근이고, 고사포는 고자군(古自郡)으로 지금의 고성군(固城郡)일 것이다. 칠포는 『고려사』 「충렬왕 세가」 6년 조항에 "고성 칠포(固城柒浦)"라는 언급이 있으므로 고성 부근일 것이다. 그렇다면 어쨌든 임나부의 영토이다. 이들 지방과 가라가 싸울 때 신라가 가라를 구원했다는 것은, 탁순 지방에서 일본 세력이 신라에 종속된 가라를 회복시키고자 신라와 충돌한 사건이 아닐까. 이 기록은 어쩌면 오미노 게나노(近江毛野) 등의 활동이 전설화되어 고대의 사적으로 남게 된 것일지도 모르겠다. 참고를 위해 억측을 덧붙이면, 가라와 그 서남쪽 해변 지방 사이에 싸움이 있었고 신라가 관여한 일이 있었다고 한다면, 그것은 포상의 여러 나라가 아직 신라에 편입되지 않고 일본부 치하에 있었을 때의 사건이 된다. 가라도 이들과 함께 일본에 종속되어 있는 시기이므로 이러한 싸움은 있었을 리가 없고 설령 있었다 해도 신라에 도움을 청할 리가 없기 때문이다. 고성(固城)에 관해서는 다음 조항을 참조하기 바란다.

7) 다라

이전의 연구에서는 대부분 다라(多羅)를 『삼국사기』 「지리지」의 대량(大良, 대야大耶)에 비정하여 지금의 협천(陜川)으로 보았다. 다라와 대량은 발음이 유사하고, 또 창녕(비자목[발])을 취한 일본이 협천도 함께 정복했다고 보는 것이 지리상 형세에도 부합하므로 기존의 연구에 따라야 할 듯하다.

일본사에 나타난 다라의 행동

그런데 「긴메이 천황기」 2년 및 5년 조항에 다라의 하한기 이타(下旱岐夷他)와 이수위 흘건지(二首位訖乾智)가 가라, 안라 등의 관리와 함께 백제로 가서 임나 부흥의 계획을 의논했다는 기록이 있다. 또 긴메이 천황 23

년 임나 멸망 기사에 주기(註記)된 10국 중에 다라가 포함되어 있는 점으로 볼 때, 다라는 긴메이 천황 시대에 엄연히 존재하고 있었으며 임나일본부에 예속되었던 것처럼 생각된다. 가라는 긴메이 천황 시대에 이미 신라에 예속되긴 했지만 나라는 그대로 존재했고, 또 임나부의 소재지였던 곳이므로 일본에 대해서는 애매한 태도를 취한 것이다. 따라서 가라의 관리가 임나 부흥 회의에 참가한 것은 나름대로 이유가 있었을 것이다. 이때 일본 정부의 방침은 외교 정책을 통해 그 목적을 달성하고자 했던 것 같고, 신라와도 상의할 정도였으므로 가라가 여기에 참가한 것은 이상할 것이 없다. 그렇지만 다라는 이러한 특수한 관계가 아니었으므로 이때 회의에 참가한 것은 분명 임나부의 속국이었기 때문일 것이다. 임나 멸망 조항의 주석에 명기된 10국은 위치를 알기 어려운 나라가 많지만, 훼[탁], 남가라, 탁순처럼 신라의 영유가 된 나라가 포함되지 않았다는 점으로 보아 모두 당시 일본부에 예속되었던 나라임을 알 수 있다.

협천과 신라

대량(협천)은 이보다 먼저 이미 신라의 영유가 된 것 같다. 게이타이 천황기에 반파국(伴跛國)이 신라와 접촉한 일이 기록되어 있는데, 반파국은 지리산 동남쪽 기슭에 있었으므로 신라와 경계가 닿았다면 협천 지방도 신라의 영유가 되어야만 한다. 지세로 보아도, 창녕(昌寧)과 영산(靈山, 비자목[발], 훼[탁]) 등 낙동강 동북 연안의 땅이 이미 신라의 영유가 된 후에 초계(草溪)와 협천 지방이 독립을 유지했다고 보기는 어려울 듯하다. 그렇다면 신라가 탁순 및 안라(칠원, 함안, 의령)를 압박했을 때에는 비자목[발], 훼, 기탄[탁기탄](창녕, 영산)과 함께 초팔(草八), 대량(초계, 협천)도 이미 신라의 영유였을 것이다. 이렇게 게이타이 천황 시대에 대량이 신라의 영유였다면, 긴메이 천황 시대에 여전히 대량이 존재하여 임나부에 예속될 수는 없다. 따라서 다라를 대량으로 비정하는 것은 정확하다고 보기 어렵다.

다라의 위치

「긴메이 천황기」 2년, 5년, 및 23년 조항은 다라를 솔마(率麻), 산반해(散半奚), 사이기(斯二岐), 자타(自他), 구차(久嵯) 등과 함께 열거하여 기록하고 있다. 따라서 그 위치는 이들 여러 나라와 인접했다고 추정된다. 이들은 안라의 남쪽, 지금의 고성과 사천 방면이었다고 여겨지므로, 다라도 역시 같은 지방의 작은 나라였을 것이다. 다만 「오진(応神) 천황기」에는 다라가 7국의 하나로서 탁순, 안라 등과 동시에 정복된 나라로 기록되어 있는데, 솔마 등 여러 나라의 이름은 보이지 않으므로 다라는 이들 여러 나라 중 안라에 가장 근접한 나라였을 것이다. 어쩌면 지금의 반성(班城) 지방일지도 모르겠다.

8) 침미다례, 다사, 비리, 벽중, 포미지, 반고

진구 황후의 7국 평정 기사에는 다음과 같은 내용이 이어진다.

그리고 군대를 옮겨 서쪽으로 돌아 고해진에 이르러 남쪽의 오랑캐 침미다례를 무찔러 백제에게 주었다. 이에 백제왕 초고와 왕자 귀수가 또한 군대를 이끌고 와서 만났다. 그때 비리, 벽중, 포미지, 반고 4읍이 스스로 항복했다. 그래서 백제왕 부자와 아라타와케, 목라근자 등이 의류촌(지금은 주류수기라고 한다)에서 함께 서로 만나 기뻐하고 후하게 대접하여 보냈다.

(仍移兵, 西廻至古奚津, 屠南蠻忱彌多禮, 以賜百濟, 於是, 其王肖古及王子貴

須, 亦領軍來會, 時比利, 辟中, 布彌支, 半古四邑自然降服, 是以, 百濟王父子及荒田別, 木羅斤資等共會意流村(今云州流須祇)相見傾[欣]感, 厚禮送遣之)

이듬해 기사에는 "다사성을 더 주어 오고 가는 길의 역으로 삼게 했다(增賜多沙城, 爲往還路驛)"고 되어 있다. 이들 지방은 모두 정확히 알기는 어렵지만, 다사(多沙)의 소재만은 확실하므로, 이를 통해 대략 방위는 추측할 수 있을 것이다.

다사의 위치

『삼국사기』 「지리지」에 한다사군(韓多沙郡)이라는 지명이 있는데 지금의 하동(河東)이라고 했다. 하동은 섬진강(蟾津江) 어귀에 가까운 동쪽 연안에 있는 경상도 서남단의 중요한 나루이다. 삼국시대의 다사군치(多沙郡治)는 지금의 하동보다도 남쪽에 있었을 것이다. 『여지승람』 하동 조항에는 고현면(古縣面)이라는 지명이 나오고 군치의 남쪽이라고 되어 있는데, 이 고현면이 고대 현치(縣治)의 소재지였던 것은 아닐까. 일본과 교통하는 중요한 나루라면 당연히 지금의 하동보다 하류에 있었을 것이다. 그 위치는 옛 변진의 서쪽 경계이고, 건너편 기슭은 마한의 영역일 것이므로, 마한이 백제에 통일되면서 그 지역 역시 곧바로 백제와 마주하게 되었을 것이다.

다사와 가라의 관계

「게이타이 천황기」 23년 조항을 참조하자.

백제왕이 하다리 국수 호즈미노 오시야마오미에게 이르기를, 무릇 조공하는 사자는 늘 섬의 굽은 해안을 피해다니며 매번 바람과 파도에 고통을 겪는

다. 이 때문에 가지고 오는 물건이 젖어서 모두 상하여 보기 흉하다. 가라의 다
사진을 신들이 조공하는 나루길로 삼기를 청한다, 라고 했다.

(百濟王謂下哆唎國守穗積押山臣曰, 夫朝貢使者恒避島曲, 每苦風波, 因玆濕
所賫[賷], 全壞無色, 請以加羅多沙津爲臣朝貢津路)

이 기록에 있는 가라의 다사진(多沙津)은 바로 「지리지」의 한다사군에 해
당할 것이다. '한(韓)'은 일본어 발음이 '가라'이므로 한다사군은 곧 가라다
사군으로 발음했을 것이다. 위의 인용 기사에서 특별히 '가라(加羅)'라는 문
자를 덧붙인 것은 그것이 가라(임나부)의 영토이기 때문일 것인데, 그것이
임나의 영토였다는 것은 호즈미노 오시야마(穗積押山)가 이것을 관할했다
는 것을 통해 알 수 있다(임나부를 가리켜 가라라고 칭한 것에 대해서는 뒤에 언급하
기로 한다). 그리고 이 지역을 하동으로 보면, 백제왕이 일본에 조공하러 가
는 지름길이라고 한 것과도 부합한다. 그렇다면 「진구 황후기」에 나오는 다
사성 역시 이곳임을 알 수 있다. "오고 가는 길의 역으로" 삼게 했기 때문이
다. 그런데 이미 진구 황후 시대에 백제에게 준 다사를 게이타이 천황 시대
에 백제가 다시 요구하고 있다는 것은, 오진 천황 시대에 한번 몰수당했기
때문일 것이다. 좀더 상세히 살펴보자.

다사 정복의 시기

다사가 일본에 정복당했다는 것은 그것을 백제에게 주었다는 기록으로
보아 분명한 일이지만, 다사를 정복한 기사는 보이지 않는다. 추측하자면
침미다례(忱彌多禮)를 무찌르고 비리(比利) 등 4읍이 항복했을 때, 이들과
함께 일본 영유로 귀속되었을 것이다. 그렇다면 이들 토지도 역시 다사 부
근이었다고 추측할 수 있다. 7국을 평정한 후 "서쪽으로 돌아 고해진에 이

르렀다"고 한 것을 보면 분명 육로를 통하지 않고 해상에서 군사를 움직인 것이므로, 일본군은 마산포 방면에서 도곡(島曲)을 우회하여 서쪽으로 향했을 것이다. 이 전쟁에서 일본은 처음부터 백제 장군을 참가시켰고, 침미다례를 정복하자 백제에게 주고 이어서 백제왕이 와서 회합을 가진 전후의 사정을 생각하면, 진군의 목적은 주로 백제와 일본의 교통로를 열기 위함이었던 것 같다. 그러므로 정복의 목적지는 처음부터 다사 부근이었을 것이다.

침미다례

침미다례(忱彌多禮)의 소재지는 알 수 없지만, 특별히 "남쪽 오랑캐"라고 앞에 붙인 것을 보면 육지에서 떨어진 섬인 듯하다. 또 정복 후 백제에게 주었으므로 백제의 일본에 대한 조공로에 해당할 것으로 여겨진다. 어쩌면 지금의 해남도(海南島)일지도 모르겠다. 고해진은 그 섬의 상륙 지점이었을 것이다. 비리 등 4읍은 육지로 생각되는데, 섬진강 동쪽 연안의 다사에 이어진 지방일 것이다. 의류촌(意流村)도 역시 같은 방면이겠지만 분명하지 않다. 앞의 인용에 일본군은 의류촌에서 회견한 후 바로 개선한 것으로 되어 있는데, 별도로 "다만 치쿠마나가히코와 백제왕은 백제국에 이르렀다(只[唯]千熊長彦與百濟王[王至]于百濟國)"는 기록이 있으므로, 의류촌은 백제의 땅이 아니다. 그리고 이들 땅이 임나일본부의 직할지로서 통치된 것은 상다리(上哆唎) 하다리(下哆唎)와 마찬가지였을 것이다. 뒤에 상술하기로 한다.

9) 현남, 지침, 곡나, 동한

다음은 「오진 천황기」 8년 조항에 인용된 『백제기』 기록이다.

아화왕이 왕위에 있으면서 귀국에 예의를 갖추지 않았으므로 우리의 침미
다례 및 현남, 지침, 곡나, 동한의 땅들을 빼앗았다.
　(阿花王立無禮於貴國, 故奪我忱彌多禮及峴南, 支侵, 谷那, 東韓之地)

또 16년 조항에는 다음과 같은 기록이 보인다.

백제의 아화왕이 죽었다. 천황은 직지왕을 불러, 그대는 본국으로 돌아가서
왕위를 잇도록 하라고 말했다. 그리고 동한의 땅을 주어 보냈다(동한은 감라성,
고난성, 이림성이다).
　(百濟阿花工薨. 天皇召直文土, 謂之曰. 汝返於國, 以嗣位, 仍, 且賜東韓之地而
遣之(東韓者, 甘羅城, 高難城, 爾林城是也))

현남(峴南) 이하의 땅이 백제의 영토였던 것은 분명하지만, 섬진강 동쪽
에는 특별히 일본에서 준 다사를 제외하면 백제의 속령이 없었다고 생각되
므로, 이들 지명은 필시 강의 서쪽 지역일 것이다.

곡나의 위치
곡나(谷那)에 관해서는 「진구 황후기」 52년 조항에 다음과 같이 보인다.

구저 등이 (중략) 아뢰기를, 신의 나라 서쪽에 강이 있는데 그 근원은 곡나철

산입니다. 7일 동안 가도 이르지 못할 정도로 멉니다. 이 물을 마시다가 문득
이 산의 철을 얻으니 성조에 길이 바치겠습니다.

(久氏等 (中略) 啓日臣國以西有水源, 出自谷那鐵山, 其邀七日行之不及. 當飮是
水. 便取是山鐵. 以永奉聖朝)

『삼국사기』「지리지」를 살펴보면, 섬진강의 상류인 곡성(谷城)의 옛 이름
을 욕내군(欲乃郡)이라고 했다. '곡(谷)'과 '욕(欲)'이 통음(通音)이라는 것을 생
각하면 곡나(谷那)는 바로 욕내(欲乃), 즉 곡성(谷城)으로 볼 수 있을 듯하다.
섬진강은 일본인이 익히 알고 있는 강이므로 따로 이름을 들지 않고 단지
강의 근원이라고 했을 것이다. 다만 이 땅은 지금은 철이 나지 않는데, 당
시에는 생산되었는지도 모른다. "7일 동안 가도 이르지 못할 정도로 멀다"
는 것은 과장으로 보아야 할 것이다. 현남(峴南)과 지침(支侵)은 알기 어렵지
만, 곡나가 곡성이라면 이들은 섬진강 연안인 구례(求禮) 부근이 아닐까.

동한

동한(東韓)이라는 말은 마한 혹은 백제의 동쪽 경계라는 뜻인 듯하다. 주
석에 기록된 세 성에 대해서는 「겐조(顯宗) 천황기」 3년 조항을 참조할 수
있다.

기노이쿠와노 스쿠네가 임나를 점거하고 (중략) 백제의 적막이해를 이림에
서 죽였다. 대산성을 쌓아 동쪽 길을 막고, 군량을 운반하는 나루를 끊어 군대
를 굶주리고 곤핍하게 했다. 백제왕이 왕이 크게 노하여 영군 고이해 (중략) 등
을 보내 무리를 거느리고 대산성에 나아가 공격하게 했다.

(紀生磐宿彌跨據任那 (中略) 殺百濟適莫爾解於爾林, 築帶山城距守東道, 斷運

粮津令軍飢困, 百濟王大怒, 遣領軍古爾解 (中略) 等, 率衆趣干帶山城攻)

이외에 다른 기록은 없지만, 이 내용으로 볼 때 이림(爾林)은 백제와 임나의 경계 부근이었던 것 같다. 동쪽 길이라고 한 것은 백제 동쪽의 임나로 가는 교통로를 가리키는 듯하다. 또 "군량을 운반하는 나루를 끊었다"고 했으므로 이 길에는 강이 있었다고 추측할 수 있다. 그렇다면 대산성(帶山城)은 섬진강의 서쪽 연안일 것이고, 이림도 그 부근이었을 것이다. 위 문장에는 이림에 대해 "고구려 땅이다(爾林高麗地也)"라는 주석이 삽입되어 있지만 이는 오류일 것이다. 한편 이들 지역이 어디까지 포함되는지는 분명하지 않지만, 대략 섬진강의 서쪽 연안 일대를 벗어나지는 않았을 것이다. 이와 같이 일본은 백제의 동남쪽 경계의 일부를 빼앗아 섬진강의 동쪽 영토에 추가했고 침미다례도 몰수했으므로, 다사도 마찬가지로 일본의 직할지가 되었다고 미루어 짐작할 수 있다. 그리고 수년 후 일본이 동한 땅을 돌려주었을 때에는 천나, 지침, 곡나도 함께 돌려주었을 것이다. 이렇게 일본의 직할지는 섬진강 동쪽 지점으로 국한되었던 것이다. 앞에서 인용한 「겐조 천황기」에 보이는 경계가 바로 이것이다.

10) 상다리, 하다리, 사타, 모루, 반파국

「게이타이 천황기」에 다음과 같은 기록이 있다.

백제가 (중략) 임나국의 상다리, 하다리, 사타, 모루의 4현을 청했다. 다리국수 호즈미노오미 오시야마가 아뢰기를, 이 4현은 백제와 인접해 있고 일본과는 멀리 떨어져 있습니다. 아침저녁으로 통하기 쉽고 닭과 개의 소속을 구별하기 어렵습니다. 지금 백제에게 주어 합쳐서 같은 나라로 합치면 굳게 지키는 계책이 이보다 나은 것이 없을 것입니다. (중략) 표문에 따라 임나의 4현을 주었다.(게이타이 천황 6년)

(百濟 (中略) 請任那國上哆唎, 下哆唎, 娑陀, 牟婁四縣, 哆唎國守穗積臣押山奏曰, 此四縣近連百濟, 遠隔日本, 且暮易通, 鷄犬難別, 今賜百濟, 合爲同國, 固存之策, 無以過此 (中略) 依表賜任那四縣)

백제가 (중략) 아뢰기를, 반파국이 신의 나라 기문의 땅을 빼앗았습니다. 엎드려 청하건대 천은으로 판단하여 본래의 속했던 곳으로 되돌려 주게 해주십시오, 라고 했다. (중략) 기문과 대사를 백제국에 주었다.(게이타이 천황 7년)

(百濟 (中略) 奏云, 伴跛國略奪臣國已汶之地, 伏請[願]天恩判還本屬 (中略) 以已汶帶沙, 賜百濟國)

상다리, 하다리 및 사타, 모루의 4현이 임나의 속현으로 백제에 접해있었다면, 그 위치는 섬진강 동쪽임을 미루어 알 수 있다.

다사와 다리의 관계

특히 백제가 다사를 줄 것을 청하는 데 하다리국의 수장인 호즈미노오미 오시야마(穗積臣押山)가 상주한 것을 보면, 다사는 하다리현 관할이었다고 여겨진다. 상(上)과 하(下)의 구별은 일본부의 소재지를 기준으로 한 것으로, 하다리는 하동 부근이고 상다리는 그 동쪽에 있지 않았을까. 뒤에 살펴볼 하한(下韓)도 임나의 서쪽이라는 뜻일 것이다. 그렇다면 다른 2현도 역시 이것에 연접한 지역일 것이다. 게이타이 천황 7년에 기문(已汶)과 대사(滯沙)를 준 것은 전년도에 4현을 달라고 한 것과 관련이 있을 것이다. 따라서 대사는 다사진(多沙津)과 함께 섬진강 연안의 한 지점일 것이다. 이를 통해 보아도 4현은 섬진강의 동쪽 지역임을 미루어 알 수 있다. 게이타이 천황 23년에 다사진을 주었다고 한 것은 6년 혹은 그 이전에 있었던 일이 아닐까. 다리가 백제의 영유가 된 후에 호즈미노오미 오시야마가 그 나라의 수장이 될 리가 없기 때문이다.

4현의 강역

4현의 범위는 분명하지 않지만, 동쪽에서 임나부의 속령이 함안, 의령 지방인 안라를 포함한다는 점으로 보아 이들 지역과 서쪽의 하동 방면 직할지 사이에 임나부에 속하지 않는 지역이 있었다고는 생각할 수 없다. 따라서 4현은 곤양(昆陽)과 진주(晉州) 방면을 포함하고, 그 동쪽 경계는 바로 안라에 접했을 것이다. 안라와 진주 방면은 진강(晉江, 남강南江) 유역으로 이어지는 땅이므로, 안라를 포함한 일본부의 세력은 분명 진주 방면까지 미쳤을 것이고, 또 하동에서 곤양을 거쳐 진주에 연락하는 것도 용이했기 때문이다.

다리 방면과 안라, 탁순과의 관계

백제가 이후에 안라와 탁순 지방에 군사를 보낼 수 있었던 것은 백제가 진주 방면을 영유했기 때문으로, 이는 이때 일본에서 4현을 나누어 받았기 때문에 가능했던 것이다. 『고려사』 「지리지」 및 『여지승람』 진주 조항에 특별히 "백제의 거열군(百濟居列郡)"으로 기록된 근거도 여기에 있다고 할 것이다. 또 「긴메이 천황기」 23년 조항에는 임나의 멸망 이후 이어서 다음과 같은 내용이 보인다.

대장군 기노오마로노 스쿠네를 보내어 군사를 거느리고 다리에서 출동하고, 부장군 가와베노 오미니에는 거증산에서 출동하도록 하여, 신라가 임나를 공격한 상황에 대하여 문책하고자 했다.

(遣大將軍紀男麿[麻呂]宿禰, 將兵出哆唎, 副將河邊臣瓊缶出居曾山, 而欲問新羅攻任那之狀)

이에 의하면 임나부가 멸망하고 일본은 완전히 한반도의 영토를 잃었으므로, 기노오마로노 스쿠네(紀男麿[麻呂]宿禰)의 군사는 일찍이 백제에게 주었던 다사에 상륙하여 다리 지방을 근거지로 삼아서 신라로 군사를 보낸 것 같다. 신라의 어느 방면으로 향했는지는 분명하지 않지만 아마도 안라의 옛 영토였을 것이다. 그렇다면 이 또한 다리와 안라 지방의 지리적 관계가 밀접했음을 알 수 있는 하나의 증거가 될 것이다.

하한 및 남한

백제는 이렇게 일본의 관리를 농락하여 이들 지역을 얻었으므로 바로 지방관을 파견하여 직접 다스렸던 것 같다. 「긴메이 천황기」 3년 조항에 "백제가 (중략) 하한과 임나의 정사를 아뢰었다(百濟 (中略) 奏下韓任那之政)"고 한 것과, 다음 해 4년 조항에 "백제에 명령하기를, 임나의 하한에 있는 백제의 군령과 성주는 일본부에 귀속시켜야 한다고 했다(詔百濟曰在任那之下韓 百濟郡令城主宜附日本府)"고 한 하한(下韓)은 바로 이 4현의 땅일 것이다. 「긴메이 천황기」 5년 조항의 다음과 같은 백제왕의 상주문에 나오는 남한(南韓)도 바로 이 하한이다. 전년의 칙서에 대한 상주문이기 때문이다.

남한에 군령과 성주를 두는 것이 어찌 천황을 거슬려 조공의 길을 차단하고자 하는 것이겠는가.

(於南韓置郡令城主者, 豈欲違背天皇, 遮斷貢調之路)

다리가 일본에 귀속된 시기

다리(哆唎) 등의 여러 현이 어느 시기에 일본의 영유가 되었는지는 분명하지 않다. 임나부의 위력이 강성했을 때일 것이므로, 한편으로는 7국을 평정하고 다른 한편으로는 하동 방면을 정복한 후 얼마가지 않아 그 중간 지역을 경략하여 양자를 연결했을 것이다. 이 지방이 토착민 군주가 없는 임나부의 직할지였다는 것은 국수(國守)가 직접 다스렸다는 점으로 보아 알 수 있다. 또 이 4현 및 다사(多沙, 대사帶沙)가 백제에 주어진 연대는 「게이타이 천황기」 6, 7년 조항과 23년 조항이 중복되는 점이 있어 명확하다고 할 수는 없지만, 양자를 비교하면 전자에 중점을 두어야 할 듯하다. 그렇다면 백제 무령왕 시대일 것이다.

반파국

반파(伴跛)와 백제가 서로 싸운 지역이었던 기문(己汶)과 대사(帶沙)도 역시 섬진강 부근이었을 것이다. 「게이타이 천황기」 8년 조항을 보자.

반파가 자탄과 대사에 성을 쌓고, 만해와 연합하여 봉수와 저각을 설치하여 일본에 대비했다. 또 이열비와 마수비에 성을 쌓고, 마차해, 추봉과 연합하여 사졸과 병기를 모아 신라를 핍박했다.

(伴跛策城於子呑, 帶沙, 而連滿奚, 置烽候邸閣, 以備日本, 復築城於爾列比麻須比而絚麻且奚推封, 聚士卒兵器, 以逼新羅)

이듬해 9년에는 또 다음과 같은 기록이 보인다.

2월 정축, 백제의 사신 문귀 장군 등이 물러가기를 청했다. 이에 명을 내려 모노노베노 무라지를 딸려 보내어 돌아가게 했다. 이 달 <u>사도도</u>에 이르러, 반파 사람이 원한을 품고 독을 머금었으며 강성함을 믿고 사납기 이를 데 없음을 전해 들었다. 모노노베노 무라지는 <u>수군 5백 명을 이끌고</u> 곧바로 <u>대사강</u>으로 나아갔으며 문귀 장군은 신라로부터 갔다. 여름 4월 모노노베노 무라지가 대사강에서 6일 동안 머물렀는데, 반파가 군사를 일으켜 가서 정벌했다. (중략) 모노노베노 무라지 등이 두려워 도망해 숨어서 겨우 목숨을 보존하여 <u>문모라</u>에 머물렀다(문모라는 섬 이름이다).

(二月丁丑 百濟使者文貴將軍等請罷, 仍勅副物部連, 遣罷歸之, 是月到[到于]沙都島, 傳聞, 伴跛人懷恨銜毒, 恃强縱虐, 故物部連率舟師五百, 直詣帶沙江, 文貴將軍自新羅去, 夏四月, 物部連於帶沙江停住六日, 伴跛興師往伐 (中略) 物部連等怖畏逃遁, 僅存身命, 泊汶慕羅 (汶慕羅島名也))

기문과 대사

자탄(子呑)은 "기문과 대사를 백제국에 주었다"고 한 전년도 기사를 참조할 때 기문(己汶)의 오류로 여겨진다. 그렇지 않다 해도 동일 지역에 있었다는 것은 미루어 짐작할 수 있다. 아마 백제가 일본의 후원을 받아 이곳을 빼앗으려고 했기 때문에, 성을 쌓아 백제 및 일본군을 막으려 했을 것이다. 대사(帶沙)는 대사강(帶沙江)이라는 이름이 있으므로 강 연안 지역으로 추정할 수 있다.

대사강

대사강은 모노노베노 무라지(物部連)가 백제 사신을 귀국시키려고 바다를 건넜을 때 수군을 이끌고 바로 도착한 곳이므로 섬진강이 틀림없다. 대사는 아마 다사(多沙)와 같은 단어일 것이다. 단 반파(伴跛)의 영유였던 대사는 다사진보다는 상류였을 것이다. 모노노베노 무라지가 반파의 반항을 전해 들었던 사도도(沙都島)의 소재는 알기 어렵지만, 백제로 가는 항로에 해당한다는 것은 명기되어 있다. 백제로 가기 위해서는 새로 하사된 다사가 도착 지점이 되었을 것이므로, 사도도는 진해만(鎭海灣) 방면에서 다사에 이르는 중간에 있었을 것이다.

사도도

지금의 거제도(巨濟島) 북쪽 기슭에 사등(沙等)이 있는데, 발음은 비슷하지만 옛날의 사도(沙都)에 비정할 수 있을지는 모르겠다.

문모라

모노노베노 무라지가 귀로에 정박한 문모라(汶慕羅)는 섬이라고 했으므로 거제도와 남해도 부근이거나 고성(固城) 방면의 바다에 있을 것이다. 어쩌면 『삼국사기』「지리지」에 고성군의 속현으로 기재된 문문량(蚊文良)일지도 모르겠지만, 그 위치는 「지리지」에도 "지금은 미상(今未詳)"이라고 했으므로 확언하기 어렵다. 그렇지만 고성군의 속현 중 사수현(泗水縣)은 지금의 사천(泗川)이고, 상선현(尙善縣)은 『여지승람』 진주 조항에 "주에서 동[남]쪽 48리에 있다(在州東蠻[南]四十八里)"고 하여 사천의 동쪽이므로, 문문량현(蚊文良縣)은 바다 가운데 있는 섬일지도 모르겠다. 「대동여지도」에는 고성과 사천 중간에 문문량(蚊文良)이 있는데, 『삼국사기』 편찬 때 알려지지 않았던 것이 후세의 지도에 명기된 것은 기이하다. 아마 후세 사람들의 허구일 것이다. 아무튼 임나의 영토에 근접한 지방에서 강이라고 할 만한 물길은 낙동강과 섬진강 두 개뿐인데, 낙동강 어귀 부근에는 반파와 같은 독립국이 존재할 여지가 없다. 또 백제가 강토에서 멀리 떨어진 이 지방의 토지를 점유할 수는 없으니 「게이타이 천황기」에 보이는 것과 같은 사건이 생길 리도 없다. 따라서 대사강이 섬진강이라는 것은 의심할 바가 못 된다.

반파국은 대략 지리산의 동남쪽 자락인 단성(丹城) 부근을 중심으로 한 나라로서, 백제가 강의 동쪽 4현을 얻게 되자 남쪽에서 양국이 충돌했을 것이다. 그리고 기문과 대사는 반파의 서남쪽 경계로서 다사의 북쪽에 있으며, 섬진강 하류 방면에서 침입할 일본 및 백제에 대한 방어 지점이었을 것이다.

반파와 신라와의 관계

이상에서 반파국의 위치는 대략 알 수 있을 것이다. 이 나라는 한편으로는 백제에 접해있고 동시에 다른 한편으로는 신라에 이웃했다. 이열비(爾列比), 마수비(麻須比), 마차해(麻且奚), 추봉(推封)의 소재지는 명확하지 않지만, 반파의 동북면으로 협천, 삼가(三嘉) 방면과 마주하는 지역일 것이다. 신라의 영토가 이미 이 지방에 미쳤다는 것은 앞에서 인용한 「게이타이 천황기」 8년 조항으로 보아 분명하다. 반파와 신라와의 접촉 지점은 진주 북쪽에서 단성(丹城), 청산(淸山)의 동쪽을 거쳐 안의(安義)로 이어지는 산맥 지대였을 것이다.

반파와 변진의 반로

반파는 『위지』에 변진(弁辰)의 한 나라로 기록된 반로(半路)이며 '로(路)'

는 '파(跛)'의 오자일 것이라는 설이 있지만, 아무런 근거가 없으므로 억측에 지나지 않을 것이다. 또 반파를 『삼국사기』「지리지」에 보이는 본피현(本彼縣)으로 비정하여 성산(星山) 부근으로 보는 설도 있지만, 이 또한 결단코 망언이다. 신라 6부 중 하나에도 본피부(本彼部)가 있으므로 단지 명칭이 유사하다는 점으로 지역이 같다는 것을 증명할 수는 없다.

반파와 임나와의 관계

반파는 임나부의 속령이 아니다. 게이타이 천황 8년에 반파의 사자가 내조한 것은 기문을 둘러싼 백제와의 다툼 때문에 특별히 파견되었을 것이다. 추측건대 임나부의 속령이 된 지방의 서북쪽, 즉 협천, 삼가, 거창, 안의 지방에는 신라에 복속되기 전에 몇 개의 작은 나라가 있었을 것이다. 반파도 그 중 하나이지만 일본 영토에 근접해 있었으므로 유독 그 이름이 알려졌을 것이다.

11) 사이기, 졸마, 고차, 자타, 산반하, 걸찬, 임례

「긴메이 천황기」 23년 조항 임나 멸망 기사의 주석에는 어떤 책을 인용하여 임나에 10국이 있었다고 했다. 이 중, 가라, 안라, 다라는 앞에서 설명했고, 이제 나머지 7국의 위치에 대해서 차례로 고찰해 보자.

일본사에 보이는 7국의 행동

7국에 대해서는, 「긴메이 천황기」 2년 조항에 졸마(卒麻), 반해(半奚, 23년 조항에는 산반하散半下), 사이기(斯二岐), 자타(子他)의 한기(旱岐)들이, 안라, 가라, 다라의 한기들과 함께 백제로 가서 임나 부흥 계획에 관한 일본 천황의 조칙을 들었다고 기록되어 있다. 5년 조항에도 졸마, 사이기, 산반해, 자타, 구차(久嵯, 23년 조항에는 고차古嵯)의 군주들이 전년과 같은 목적으로 백제로 간 일이 나온다. 이 외에는 사료상 어떤 기록도 보이지 않는다. 걸찬(乞飡)과 임례(稔禮) 두 나라는 임나 멸망 기사의 주석에 나열된 10국 중 이름만 등장할 뿐, 위치를 추정할 자료는 전혀 없다.

일본사에 명기되지 않은 임나의 영토

임나일본부는 동쪽의 김해부터 서쪽으로는 하동에 이르는 지역을 영유했는데, 그 중간에 해당하는 함안 및 진주의 남쪽에 위치한 반성(班城)과 고성(固城), 사천(沙川) 방면 및 거제도에 관해서는 역사상 아무런 기록도 남아 있지 않다. 일본 본국과 임나 영토의 중간에 위치한 이들 지방은 당연히 일본의 세력 범위였을 것인데, 어떤 상황에 놓여 있었는지조차 문헌에 기재되지 않았다는 것은 정말 기이한 일이다. 이 결함을 보완하기 위해, 앞에서 언급한 7국과 다라를 이 지방에 존재했던 작은 나라로서 생각해보고자 한다. 이렇게 생각하면 이 지역에 관한 기록이 남아 있지 않은 이유를 알 수 있다. 이들 여러 나라는 임나부에 복종한 속령이었기 때문에 별도로 전할 만한 사적이 없었던 것이다. 훼, 기탄[탁기탄], 남가라, 탁순 등 여러 나라가 임나부의 문제가 된 것은, 이들 나라가 신라에 인접하여 그 압박을 받았기 때문이다. 다리 방면에 관한 역사적 사실이 전해진 것도 백제와 인접하여 교섭이 있었기 때문이다. 그렇다면 임나의 역사는 한마디로 말하면 신라에 대한 투쟁사 및 백제에 대한 교섭사라고 할 수 있을 것이다. 그런데 고성 방면은 신라와 멀리 떨어져 있으므로 계림이 외치는 소리가 아무런 반향을 미치지 않았고, 또 백제와도 직접적인 관계가 없었다. 역사에 기록이 전해지지 않은 것은 이런 이유 때문이다. 하지만 신라의 압박이 점점 급박해져서 가라가 속국이 되고 안라도 심한 동요를 느끼기에 이르자, 다도해 연안에 조용히 잠들어 있던 이들 여러 나라 또한 다소의 충동을 받지 않을 수가 없었다. 긴메이 천황 시대에 이들 나라의 군주가 서로 제휴하여 백제로 간 것은 바로 이 때문이다. 이때에 이르러 그들의 이름이 비로소 역사에 등장한 것 또한 자연스러운 추세라고 하겠다. 그리고 이들이 임나 멸망 때 하나같이 모두 신라에 몰락당한 것도 남쪽 해변에 몰려있었다는 점을 나타내는 것이 아닐까.

7국의 위치

유감스럽게도 7국 각각의 위치는 도저히 알 수가 없다. 다만 고차(古嵯)는 발음이 고자(古自, 고성)와 비슷하고, 걸찬(乞飡) 및 임례(稔禮)는 임나 부흥 회의에 참여한 다른 5국과 함께 행동하지 않았고 위치도 5국과는 조금 다르다는 점으로 보아 기제모에 있었던 것은 아닐까 추측해볼 뿐이다.

12) 결론

임나의 가장 넓은 범위

이상의 고찰에 따르면, 임나부가 차지한 영토의 최대한은 낙동강 어귀의 동쪽 연안에서 강을 따라 거슬러 올라가서, 삼랑진(三浪津) 부근에서 강의 북쪽 산지를 따라 서북쪽으로 나아가다가 화왕산(火旺山)에서 서쪽으로 꺾어 다시 강에 도달하여 조금 남하한 후, 남강(진강晉江)과 만나는 지점 부근에서 강을 벗어나 자굴산(闍堀山)에서 서남쪽으로 달리는 산맥을 따라 거의 일직선으로 서남한 후, 진강 상류의 굴절 지점을 건너 지리산 산맥의 동남단에서 섬진강 하류에 달하는 하나의 선으로 구획할 수 있다. 다시 말하면 오늘날의 구포, 김해, 창원, 칠원, 의령, 진주, 하동의 관할 구역을 연결하는 지역의 남쪽으로, 이 외에 영산, 창녕을 포함한다. 섬진강의 서쪽 지역을 영유한 적도 있지만, 수년간에 지나지 않으므로 제외한다.

임나 영토의 축소

위의 지역 가운데 낙동강의 동북쪽 연안은 가장 일찍 신라에 멸망당했고, 하동과 진주 방면은 그 후 백제에 빼앗겼으며, 임나의 근거지였던 김해 역시 신라의 세력권 안으로 들어갔으므로, 마지막까지 일본의 영토였던 것은 그 중간에 있는 함안, 의령의 이남과 바다에 닿은 작은 구역에 지나지 않는다.

「유랴쿠 천황기」 21년 조항에 백제국의 수도인 구마나리(久麻那利, 웅진熊津)를 "임나 하다호리현의 별읍이다(任那下哆呼利縣之別邑)"라고 한 것은 일본사가 꾸며낸 것에 지나지 않는다.

13) 보론 – 한국 역사에 나타난 광의의 가야 및 「가락국기」의 6가야에 대해

「신라본기」에 보이는 광의의 가야

가야는 곧 가라이며 김해 지방의 국명이라는 것이 분명하지만, 이와는 별개로 한국 문헌에는 가야라는 명칭을 광의로 사용한 예가 산견되므로 조금 언급해 두기로 한다. 우선 「신라본기」에서 신라와 가야의 공방 지역을 찾아보면 다음과 같다.

> 가야 군사와 황산진 강[어귀]에서 싸웠다.(탈해이사금 21년)
>
> (與加耶兵戰於黃山津江[口])

> 명하여 이르기를, 짐이 부덕함에도 나라를 다스리는데, 서쪽으로는 백제와 이웃하고 남쪽으로는 가야와 접했다. (중략) 마땅히 성루를 수리하여 침입에 대비하라, 라고 했다. 가소성과 마두성의 두 성을 쌓았다.(파사이사금 8년)
>
> (下令曰, 朕以不德, 在[有]此國家, 西鄰百濟南接加耶 (中略) 宜繕葺城壘 以待侵軼. 築加召, 馬頭二城)

> 가야 적이 마두성을 포위했다.(파사이사금 15년)
>
> (加耶賊圍馬頭城)

> 마두성주에게 명하여 가야를 치게 했다.(파사이사금 23년)
>
> (命馬頭城主伐加耶)

> 직접 가야를 정벌하니, 보병과 기병이 황산하를 건넜다.(지마이사금 4년)
>
> (親征加耶, 步騎度黃山河)

마두성

가소성(加召城)은 백제에 대한 방어지이고, 황산강(黃山江)과 마두성(馬頭城)은 가야와 접한 국경 혹은 그 부근일 것이다. 마두성의 위치는 증명할 만한 역사상 자료가 없지만, 현재 의령(宜寧)의 북쪽에 있는 마두(馬頭)라는 지명이 아닐까. 그 서남쪽에는 해발 956미터인 자굴산(闍崛山)이 있는데, 이로부터 일대의 산맥이 서남쪽으로 이어져 진주의 북쪽에 미치고 지리산 산맥에 연결되어 진강(남강) 유역을 동남으로 나눈다. 자연히 정치적 세력의 한계선이 될 수 있을 듯하다.

가소성

파사이사금 17년 조항에도 "가야 사람들이 남쪽 변경을 습격하니, 가성주 장세를 보내 막게 했다(加耶人襲南鄙, 遣加城主長世拒之)"는 기사가 보이는데, 이 가성(加城)은 가소성(加召城)에서 '소(召)'를 빠트린 표기로 여겨진다. 「지리지」에 의하면 함음현(咸陰縣)의 옛 이름이 가소현(加召縣)이고 거창군의 속현이다. 이 지역이 가소성으로 여겨지는데, 뒷날 신라가 백제를 공격하기 위해 진군한 지역이다.(제9장 「신라와 백제 경계고」 참조) 따라서 「신라본기」에서 이곳을 백제에 대한 방어지로 삼았다고 한 것은 뒷날의 사적을 고대에 가탁한 기록일 것이다. 그리고 가소성을 마두성과 함께 기록하고 그 성주가 가야와 교전을 벌였다고 한 것을 보면 가소성은 마두성과 서로 호응하는 위치에 있었던 것 같다. 마두성을 의령의 북쪽이라고 한다면 이 형세에 잘 부합한다. 황산강이 낙동강의 하류라는 것은 말할 필요도 없다.

그렇다면 「신라본기」는 동북쪽은 낙동강에 이르고 서쪽은 진강 서북쪽의 산맥에 이르는 지역에 가야라는 이름을 부여한 것임을 알 수 있다. 물론 이들 「신라본기」의 기사를 곧바로 역사적 사실로 간주할 수는 없지만, 전설의 작자는 이와 같은 지역이 가야라고 불린 것을 알고 기록했을 것이므로 근거 없는 공상으로 치부할 수는 없을 듯하다.

「지리지」에 보이는 넓은 의미의 가야

앞에서도 서술한 바와 같이, 「지리지」에서 함안군의 옛 이름을 아나가야(阿那加耶)라고 했고, 하동군의 옛 이름을 한다사군(韓多沙郡)이라고 했는데 이는 『일본서기』의 가라다사진(加羅多沙津)과 같은 것이다. 따라서 함안 및 하동을 가야(가라)라는 이름으로 불렀음을 알 수 있다. 이렇게 가야(가라)라는 이름이 붙여진 하동과 함안 및 가야(가라) 본국을 연결하면, 그 구역은 대략 앞에서 서술한 가야의 범위와 같다. 그렇다면 「신라본기」에는 김해부의 가야가 아닌 넓은 의미로 쓰인 가야가 있다는 것을 인정하지 않을 수 없다. 진주 방면이 백제에 귀속되었을 때, 백제는 그곳을 하한(下韓) 혹은 남한(南韓)이라고 했는데, 『일본서기』에서는 이를 '아루시카라' 또는 '아리히시카라'라고 읽었다는 점 또한 참고해야 할 것이다. 『위지』에 의하면 가야(구야)는 변진 12국의 하나에 지나지 않고, 이 이름이 이렇게 넓은 지방의 총칭이 될 만한 이유는 어디에도 보이지 않는다. 『삼국사기』「지리지」에 아나가아라고 한 힘인이 정말로 안야(安邪)라면, 『위지』에 안야구야(安邪狗邪)라고 하지 않고, 단지 안야라고 기록된 점에 주목해야 한다. 아나에 가야라는 말이 첨가된 것이 위나라 시대 이후인 것이다. 이렇게 본래 가야가 아닌 지방에 가야라는 명칭이 부여된 것은, 그곳이 한 번 가야의 세력권 안에 귀속된 일이 있었다고 보는 것 외에는 달리 해석할 길이 없다. 그리고 그와 같은 상태는 가야에 설치된 임나일본부의 세력이 발전한 시기가 아니면 생각할 수 없다. 그렇다면 「신라본기」에 보이는 넓은 의미의 가야는 결국 임나부의 전 영토, 즉 넓은 의미의 임나를 가리킬 것이다. 이를 가야라고 한 것은 임나부가 가야(가라)에 있었기 때문이다. 뒷날 임나부를 안라로 옮기게 되자 그 나라를 특별히 아나가야(안라가야)라고 칭한 것을 보아도 알 수 있다.

임나부의 별칭으로서의 가야

「신라본기」 진흥왕 15년 조항에 "백제 왕 명례[농]가 가량과 함께 관산성을 공격했다(百濟明禮[穠]與加良來攻管山城)"는 기록이 있다. 그렇지만 이때 김해의 가야는 이미 신라에 복속되었고, 백제를 도운 것은 안라의 임나일본부인데, 이를 가량(加良)이라고 한 것은 가량이 임나부의 대명사로서 사용되었음을 잘 보여준다. 진흥왕 23년에 "가야가 반란을 일으키니 왕이 이사부에게 명하여 토벌케 했다(加耶叛, 王命異斯夫討之)"고 한 가야도 또한 앞에서 언급한 바와 같이 안라의 임나부를 지칭하는 것으로 해석할 수 있다. 그러므로 임나부의 직할지인 다사(多沙)를 가라다사(한다사)로 부른 것도 이유가 있다고 하겠다.

「가락국기」의 6가야

「신라본기」에 보이는 넓은 의미의 가야가 임나부의 전 영역과 같다는 것은 앞에서 설명한 바와 같다. 그런데 『삼국유사』에 실려 있는 「가락국기(駕洛國記)」는 가야(김해)의 기원을 서술한 후, 다음과 같이 기록했다.

나라 이름을 대가락이라 하고 또한 가야국이라고도 하니, 곧 6가야 중의 하나이다.

(國稱大駕洛, 又稱伽耶國, 卽六伽耶之一也)

그리고 이른바 6가야 지역을 설명한 대목이 있다.

동쪽은 황산강, 서남쪽은 창해, 서북쪽은 지리산, 동북쪽은 가야산이며 남쪽은 나라의 끝이었다.

(東以黃山江, 西南以滄海, 西北以地理山, 東北以伽耶山南而爲國尾)

이 가야의 사방은 변진의 사방 경계와 거의 같고 임나의 강역보다는 훨씬 넓다. 이 6가야는 후세의 한국 역사에 항상 기록된 바와 같이 소가야(小加耶, 고성固城), 대가야(大加耶, 고령高靈), 성산가야(星山加耶, 또는 벽진가야碧珍加耶, 성주星州), 고령가야(高寧加耶, 함창咸昌), 가야(加耶, 김해), 아나가야(阿羅加耶, 함안)를 지칭할 것이다. 그런데 이 6가야에는 북쪽에 떨어져 있는 함창(咸昌)이 포함되어 가야 지역을 가야산(伽耶山) 남쪽으로 하기에는 모순된다. 이 점을 잠시 접어두더라도 이 6가야 지역은 모두 믿을 수가 없다. 『삼국사기』 본기 및 열전에는 김해의 가야(가라)와 앞에서 서술한 넓은 의미의 가야가 있을 뿐 5가야의 이름은 보이지 않는다. 다만 「지리지」에는 대가야, 고령가야, 아나가야의 이름이 나오지만 소가야 및 성산(벽지)가야는 보이지 않는다.

대가야

대가야국에는 "진흥대왕이 공격하여 멸망시키고 그 땅을 대가야군으로 했다(眞興大王侵滅, 以其地爲大加耶郡)"는 설명이 있고, 국왕 및 그 시조의 이름까지도 기록되어 있다. 그렇지만 앞에서 서술한 바와 같이 협천(陜川) 지방이 법흥왕 이전에 이미 신라의 영유로 귀속되었다는 점으로 볼 때, 그 동북쪽인 고령(高靈) 지역이 진흥왕 시대까지 존재했다는 것은 있을 수 없는 일이다. 그렇다면 이 대가야 멸망 기사는 "가야가 반란을 일으켰다. 왕이 이사부에게 명하여 토벌케 했다"고 한 「신라본기」 진흥왕 23년 조항에 더 잘 부합하는 것이다. 또 한국 문헌에는 김해 가야 외에는 각 지역 여러 나라의 국왕 이름이 하나도 전해지지 않는데, 이렇게 작은 지방의 군주만 알

려질 이유가 없으므로 후세 사람들의 날조가 분명하다.

『남제서』의 가라

『남제서』「동남이전」에 다음과 같이 왕명이 등장하는데, 이 가라왕 하지 (荷知)라는 이름은 「가락국기」의 역대 가라 왕 중에는 존재하지 않는다.

가라국은 삼한의 종족이다. 건원 원년에 국왕 하지가 사신을 보내어 공물을 바쳤다.

(加羅國三韓種也, 建元元年國王荷知使來獻)

또 『삼국사기』「악지(樂志)」에 보이는 가실왕(嘉實王), 즉 「신라본기」 진흥왕 12년 조항에 나오는 가실왕(嘉悉王)은 「가락국기」에도 등장하지 않고, 『남제서』의 하지와는 시대를 조금 달리하는 듯하다. 따라서 이들 왕명이 고령 대가야의 왕일 수도 있다고 주장하는 사람도 있다. 하지만 「가락국기」는 본래 전설적인 요소가 풍부하고, 그 국왕의 세계(世系) 및 연기(年紀)도 대부분 신뢰할 수 없으므로 「가락국기」를 유일한 근거로 삼아 입론하는 것은 오류이다. 『남제서』에 가라가 사신을 보내고 조공했다고 한 것은 임나부가 남조(南朝)와 교통하며 시작된 것임을 미루어 짐작할 수 있으므로 그것이 김해 가라라는 것은 말할 필요도 없고, 당시 하지라는 국왕이 있었던 것은 사실일 것이다. 그가 「가락국기」에 나오는 질지(銍知)나 겸지(鉗知), 질가(叱嘉) 중 그 누구인지, 아니면 탈루된 누군가인지는 논할 필요도 없을 것이다.

국왕의 명칭 및 연대

「신라본기」및 「악지」에는 가실왕(嘉實王, 嘉悉王)의 연대가 명시되지 않았다. 그 명을 받아 악곡을 만든 우륵(于勒)이 진흥왕 시대에 생존했다고 보면 하지왕 보다는 조금 뒤라고 생각되지만, 하지왕의 말년을 상세히 알지 못하므로 확언하기 어렵다. 다만 「신라본기」에 가야왕으로 기록된 것은 김해의 가라왕 외에는 없으므로, 가실왕도 역시 그 중 하나라는 것은 분명하다. 그리고 법흥왕 때 신라에 종속된 가라왕이 구해(仇亥)라는 것은 「신라본기」및 「김유신전」에서 확인되므로, 가실왕의 시대가 그 이전임을 미루어 짐작할 수 있다. 그렇다면 『남제서』의 하지도 역시 같은 사람일 것이다. 하지왕이 제(齊)에 조공한 것은 진흥왕 즉위로부터 60년 전의 일이므로, 그 치세가 이때부터 2, 30년 후까지 미쳤다면 당시의 악인(樂人)인 우륵이 진흥왕 시대에 생존했다는 것은 의심할 것이 못된다. 결국 이들 기재를 통해서는 김해 가야 외에 별도로 고령의 대가야가 있었다는 것을 증명할 수 없다. 이미 가야국(김해부)이 있고, 그곳에 설치된 임나일본부의 세력이 부근을 압박하기에 이르렀는데 별도로 '대(大)' 자를 앞에 붙인 가야가 있었을 것 같지도 않다.

임나부의 소재를 대가야라고 하는 오류

『동국통감』에서 진흥왕 23년에 토멸시킨 것을 대가야라고 한 것은 말할 것도 없이 오류이다. 특히 그것이 「긴메이 천황기」의 임나 멸망 기사와 너무나도 맞아떨어지고 년도가 같다는 점에서 대가야를 『일본서기』에 나오는 의부가라국으로 비정하고, 그곳을 임나부의 소재지로 주장하는 것은 심한 망상이라고 할 것이다. 바다에서 멀리 떨어진 내륙 지방인 고령 부근에 일본부가 설치되었을 리가 없고, 설령 설치되었다고 하더라도 일본에 대한 교통편도 없는 지역에서 세력을 유지했을 리도 없다. 의부가라국이 김해 가라라는 것은 앞글에서 이미 충분히 논했다.

고령가야

고령가야(古寧加耶)는 고령군 즉 지금의 함창(咸昌)으로 여겨지고 있지만, 가야(김해)와 이 지역은 각각 경상도의 남쪽과 북쪽 끝으로 위치가 아주 많이 떨어져 있으므로, 가야의 세력이 고령까지 미쳤다고는 생각할 수 없다. 따라서 가야라는 호칭이 여기에 존재했다고 보기도 어렵다. 또 「지리지」에는 별도로 고령군의 옛 이름이 고동람군(古冬攬郡) 일명 고릉현(古陵縣)이라고 되어 있으므로, 이로 미루어 볼 때 고령가야를 추가한 것은 후세 사람들의 가필로 여겨진다. 다만 아나가야만은 앞에서 서술한 바와 같이 역사적 사실일 것이다.

소가야, 성산가야

이상 세 가야는 「지리지」에 보이지만, 소가야(小加耶), 성산가야(星山加耶, 벽진가야碧珍加耶)는 언급되지 않았다. 옛 지역으로 여겨지는 지방을 찾아보면 고성군(固城郡)의 옛 이름을 고자군(古自郡), 성산군(星山郡)의 옛 이름을 일리군(一利郡)이라고 했을 뿐이다. 소가야는 아마 대가야에서 생각해 낸 명칭일 것이다.

또 성산(星山)이라는 이름은 「지리지」에 의하면 경덕왕 때에 고쳐진 것이다. 벽진(碧珍)은 그보다도 나중의 호칭일 뿐만 아니라, 『고려사』 「지리지」 및 『여지승람』에 의하면 벽진군은 나중의 경산부(京山府, 지금의 성주星州), 즉 신라 시대의 본피현(本彼縣)이며, 성산군의 치소는 후세의 가주현(加州縣)이므로 그 위치도 같지 않다. 그러므로 여기에 가야라는 호칭이 붙은 것은 벽진이 군치(郡治)가 된 후의 일이므로, 빨라도 신라 말기일 것이다.

6가야 호칭의 유래

이상의 서술을 정리하면, 김해 이외에 부여된 5가야의 명칭은 아나가야 하나를 제외하면 역사적 사실로 인정할 수 없다. 가야라는 이름이 불타가야(佛陀伽耶)와 발음이 동일하기 때문에 승려들이 각지에 이 명칭을 붙였을 것이다. 가야산(伽耶山)의 명명과 마찬가지로 불교와 관계가 있는 것이다. 가야산이 김해의 가야국과는 아무런 관계도 없고, 승려들이 경전에서 문자를 빌려와서 명명한 것이라는 점은 말할 필요도 없다. 그렇다면 가야산 이남의 전 지역을 통틀어서 가야라고 부른 것도 역시 산 이름을 따서 붙인 이름일지도 모른다. 혹은 그 남부인 임나의 영역을 가야라고 불렀던 일이 있으므로, 더욱더 북쪽으로 확대하여 가야산 기슭까지 그 명칭이 사용된 것일 수도 있다. 이처럼 6가야의 호칭은 어쩌면 역사적 유래와는 상관이 없을지도 모르겠다.

❖『일본서기』는 임나의 여러 나라 중 '탁'을 대부분 '喙'으로 표기했는데, '㖨(훼)' 자도 사용했다. '㖨(록)'의 음가가 '탁'으로 전이되었다고 할 수도 있겠지만, '탁'에 '㖨' 자를 갖다 썼다고 보는 것도 가능할 듯하다. 그렇지만 일단은 용례가 많은 쪽에 따라 '喙'으로 보는 것이 타당할 것이다. 본문에 '喙'으로 표기한 곳이 많으므로 한마디 언급해둔다. 부도에는 '㖨'으로 했다.

8. 신라 정토 지리고

일본사의 불비

진구 황후의 신라 정벌은 고대의 유명한 사실이다. 일본의 한반도에 대한 정책은 이때부터 점차 활동의 계기를 만들게 되었고, 임나일본부의 기초 역시 이에 의해 견고해졌다. 하지만 신라의 복종이 한결같지 않았으므로 일본은 여러 차례 신라에 원정군을 보낸 일이 일본사에 명기되어 있다. 그렇지만 당시의 교전 지점은 사관의 기록이 자세하지 않아 지금은 확인하기가 어렵다. 다만『삼국사기』「신라본기」에는 고대에 왜인이 공격해 왔다는 기사가 거듭 나오고 교전지도 명기되어 있으므로 일본사의 불비한 점을 보완하기에 충분해 보인다. 학자들이 종종 양쪽의 기록을 참조하여 그 형세를 이해해야한다고 하는 이유이다. 그렇지만 「신라본기」의 기록이 정말로 그러한 가치가 있는지에 대해서는 신중한 검토가 필요하다.

「신라본기」의 왜인 내침 기사

『삼국사기』의 고대 기록을 역사적 사실로 신뢰하기 어렵다는 것은 말할 필요가 없으며, 특히 「신라본기」에 비교적 후대까지 허구의 기사가 많다는 점에도 이의가 없을 것이다.(제9장 「신라와 백제 경계고」 참조) 그렇다면 그 중에서 유독 왜인이 공격해온 기사만 사실로 받아들일 수는 없다. 혹은 그 기사 하나하나가 후세 사람의 가탁이라 하더라도 고대에 왜인이 공격해 왔다는 전설은 사실로서 존재했고, 후세의 역사가가 좀 더 윤색한 것이라고 하는 사람도 있을 것이다. 이러한 추측의 옳고 그름은 공론(空論)으로 판단할 일이 아니므로, 「신라본기」의 기재를 비교 조사하여 자세히 연구해야 할 것이다.

아진포, 목출도, 사도성

먼저 신라와 왜의 교섭 지점이 나타난 기사를 보면 다음과 같다.

왜인이 병선 1백여 척을 보내 해변의 민호를 약탈했다.(남해차차웅 11년)

(倭人遣兵船百餘艘, 掠海邊民戶)

탈해는 본래 다파나국에서 태어났다. 그 나라는 왜국의 동북쪽 1천 리 되는 곳에 있다. (중략) 진한의 아진포 어귀에 이르렀다. (중략) 양산 아래에 있는 호공의 집을 바라보고 그곳이 좋은 집터라고 여겨 속임수를 내어 차지하고 그곳에 살았다. 그곳은 뒤에 월성이 되었다.(탈해이사금 1년)

(脫解本多婆那國所生也, 其國在倭國東北一千里 (中略) 至辰韓阿珍浦口 (中略) 望楊山下瓠公宅, 以爲吉地, 設詭計以取[取而居]之, 其地後爲月城)

아진포(阿珍浦)는 분명하지 않지만, 그곳에서 월성(月城)으로 들어갔다고 한다면 경주에서 멀지 않은 해안임을 알 수 있다.

왜인이 목출도를 침범했다.(탈해이사금 17년)

(倭人侵木出島)

여름 4월, 왜인이 동쪽 변경을 침범했다.(지마이사금 10년)

(夏四月, 倭人侵東邊)

여름 4월, 왜인이 갑자기 금성을 포위했다.(조상이사금 3년)

(夏四月, 倭人猝至圍金城)

왜병이 동쪽 변경을 약탈했다.(조상이사금 4년)

(五月, 倭兵寇東邊)

7월, 이찬 우로가 왜인과 더불어 사도에서 싸웠는데, 바람을 이용해 불을 놓아 배를 불태워서 적이 물에 뛰어들어 모두 죽었다.(조상이사금 4년)

(七月, 伊湌于老與倭人戰沙道, 乘風縱火焚舟, 賊赴水死盡)

목출도(木出島)에 대해서는 알기 어렵다. 사도성(沙道城)의 소재도 알기 어렵지만, 해변이라는 것만은 분명하다.

유촌, 일례부

유촌(柚村)일례부(一禮部)의 소재도 알 수 없다.

왜국의 사신 갈나고가 객관에 있었는데 우로가 그를 대접했다. 손님과 희롱하여 말하기를, 언젠가는 너희 왕을 소금 만드는 노예로 만들고 왕비를 밥

짓는 여자로 삼겠다고 했다. 왜왕이 이 말을 듣고 노하여 장군 우도주군을 보내 우리를 쳤다. 대왕이 <u>유촌</u>에 나가 있게 되었다.(『석우로전昔于老傳』, 첨해이사금 7년)

(倭國使臣葛那古在館, 于老主之, 與客戲言, 早晚以汝王爲鹽奴, 王妃爲爨婦, 倭王聞之怒, 遣將軍于道朱君討我, 大王出居于柚村)

왜인이 (중략) <u>금성</u>을 공격해 왔으나, 이기지 못하고 돌아갔다.(『석우로전』, 미추이사금)

(倭人 (中略) 來攻金城, 不克引歸)

여름 4월, 왜인이 일례부를 습격하여 불을 질렀다.(유례이사금 4년)

(夏四月, 倭人襲一禮部, 縱火焚[燒])

장봉성

장봉성(長峰城)은 소지마립간 15년 조항에 보이는 장봉진(長峰鎭)과 같은 것이다. 현재 부(府)의 동쪽 25리 지역에 장령원(長嶺院)이 있는데, 그 부근일지도 모르겠다. 명칭으로 보아 장령(長嶺)은 경주 계곡의 동쪽에 이어진 산맥일 것이다.

여름 6월에 왜의 병사가 <u>사도성</u>을 공격하여 함락시켰다.(유례이사금 9년)

(夏六月, 倭兵攻陷沙道城)

여름에 왜의 병사가 장봉성을 공격했으나 이기지 못했다.(유례이사금 11년)

(夏, 倭兵來攻長峰城, 不克)

풍도

풍도(風島)도 분명하지 않지만, 금성을 포위했다고 했으므로, 금성으로 진군할 수 있는 위치가 아니면 안 된다.

왜병이 갑자기 풍도에 이르러 변방의 민가를 노략질했다. 또 진군하여 금성을 포위했다.(흘해이사금 37년)

(倭兵猝至風島, 抄掠邊戶, 又進圍金城)

토함산

토함산(吐含山)은 『여지승람』에 "부에서 동쪽으로 30리에 있다(在府東三十里)"는 기록이 보인다. 경주 부성(府城)의 동남쪽으로 남천(南川) 계곡의 동쪽 기슭이다. 부현(斧峴)은 분명하지 않다.

여름 4월에 왜병이 대거 이르렀다. 왕이 이를 듣고 대적할 수 없을까 두려워하여 풀로 허수아비 수천 개를 만들어 옷을 입히고 무기를 들려서 토함산 아래에 나란히 세워 두었다. 그리고 용맹한 병사 1천 명을 부현의 동쪽 들판에 숨겨놓았다.(나물이사금 9년)

(夏四月, 倭兵大至, 王聞之, 恐不可敵, 造草偶人數千, 衣衣持兵, 列立吐含山下, 伏勇士一千於斧峴東原)

독산, 명활성

독산(獨山)도 분명하지는 않지만, 명활성(明活城) 부근인 것 같다. 경주의 동쪽일 것이다.

여름 5월에 왜인이 와서 금성을 포위했다. (중략) 용맹한 기병 2백 명을 보내어 그 돌아가는 길을 막고, 또 보병 1천 명을 보냈다. 독산까지 추격하여 합동으로 공격하여 그들을 크게 물리쳤다.(나물이사금 38년)

(夏五月, 倭人來圍金城 (中略) 遣勇騎二百, 遮其歸路, 又遣步卒一千, 追[迨於]獨山, 夾擊大敗之)

여름 4월에 왜병이 와서 명활성을 공격했으나 이기지 못하고 돌아갔다. 왕이 기병을 이끌고 독산의 남쪽에 잠복하였다.(실성이사금 4년)

(夏四月, 倭兵來攻明活城, 不克而歸, 王率騎兵要之獨山之南)

명활성은 『여지승람』에 "월성의 동쪽에 있다(在月城東)"고 되어 있다. "명활산은 부에서 동쪽으로 11리에 있다(明活山在府東十一里)"고 한 명활산 부근일 것이다.

3월에 왜인이 동쪽 변경에 침입했다. 6월에 왜인이 또 남쪽 변경에 침입했다.(실성이사금 6년)

(三月, 倭人侵東邊, 六月, 又侵南邊)

2월에 왜인이 대마도에 군영을 두고, 무기와 군량을 쌓아 두어 우리를 습격하기를 꾀했다.(실성이사금 7년)

(二月, 倭人於對馬島置營, 貯以兵革資粮, 以謀襲我)

8월에 왜인과 풍도에서 싸워 이겼다.(실성이사금 14년)

(八月, 與倭人戰於風島克之)

여름 4월에 왜병이 동쪽 변경을 침략하여 명활성을 포위했으나 아무 성과 없이 물러갔다.(눌지마립간 15년)

(夏四月, 倭兵來侵東邊, 圍明活城無功而退)

왜인이 남쪽 변경을 침범했다. 여름 6월에 동쪽 변경을 다시 침범했다.(눌지마립간 24년)

(倭人侵南邊, 夏六月, 又侵東邊)

여름 4월에 왜병이 금성을 포위했다. 10월에 식량이 떨어지자 돌아갔다 (중략) 독산 동쪽까지 추격해 싸웠다.(눌지마립간 28년)

(夏四月, 倭兵圍金城. 十月, 糧盡乃歸 (中略) 追及於獨山之東合戰)

속포

「지리지」에 의하면 동진현(東津縣)의 옛 이름이 율포현(栗浦縣)이다. '율 (栗)'과 '속(粟)' 어느 한 쪽이 잘못 베낀 듯하다. 율포군(栗浦郡)은 울산(蔚山) 부근일 것이다.

박제상이 (중략) 속포로 가서 배를 타고 왜로 향했다.(「박제상전朴堤上傳」, 눌지왕)

(朴堤上 (中略) 抵粟浦汎舟向倭)

활개성

활개성(活開城)도 알 수 없다.

여름 4월에 왜인이 병선 100여 척을 동원하여 동쪽 변경을 침범하고, 이어

서 월성을 포위했다.(자비마립간 2년)

(夏四月, 倭人以兵船百餘艘襲東邊, 進圍月城)

여름 5월, 왜인이 활개성을 습격하여 깨뜨렸다.(자비마립간 5년)

(夏五月, 倭人襲破活開城)

삽량성

삽량성(歃良城)은 『일본서기』의 초라성(草羅城)으로 지금의 양산(梁山)이다.

봄 2월에 왜인이 삽량성을 침범했다.(자비마립간 6년)

(春二月, 倭人侵歃良城)

여름 6월, 왜인이 동쪽 변경을 침범했다.(자비마립간 19년)

(夏六月, 倭人侵東邊)

여름 5월, 왜인이 군사를 동원하여 다섯 길로 침범해 왔다.(자비마립간 20년)

(夏五月, 倭人擧兵五道來侵)

임해진, 장령진

임해진(臨海鎭)의 소재는 알기 어렵지만, 해변이라는 것은 분명하다. 장
령진(長嶺鎭)은 앞에서 언급했다.

가을 7월에 임해, 장령에 두 영[진]을 설치하여 왜적을 방비했다.(소지마립간
15년)

(秋七月, 置臨海長嶺二嶺[鎭]以備倭賊)

봄 3월에 왜인이 <u>장봉진</u>을 공격하여 함락시켰다.(소지마립간 22년)

(春三月, 倭人攻陷長峰鎭)

왜인이 침공해온 방면

왜인이 침공해 왔다는 기사는 이때에 이르러 자취를 감춘다. 이상의 기사를 통람해보면, 자비마립간 6년의 삽량성(歃良城) 공격을 제외하고 왜인은 항상 해변에서 공격해 와서 바로 도성을 친 것처럼 보인다. 지리상 일본군이 해로로 바로 닿을 수 있는 경주 부근의 포구는 남쪽으로 울산만(蔚山灣)이 있고 북쪽으로는 영일만(迎日灣)이 있다. 전자는 관문성(關門城)을 넘어 남천 계곡으로 들어가고, 후자는 형강(兄江)을 거슬러 올라가 경주에 닿을 수 있을 것이다. 그렇지만 위의 인용들을 꼼꼼히 살펴보면, 교전지는 경주의 동쪽인 명활산(明活山), 독산(獨山) 및 토함산이라고 되어 있다. 그리고 일본군은 항상 어떤 저항도 받지 않고 바로 이들 지점에 도달한 것처럼 기록되어 있다. 또한 여러 차례 동쪽 변경을 침범했다는 기록이 있고, 경주 동쪽의 산맥으로 여겨지는 장령(長嶺)에 진을 설치했다고 되어 있다.

경주의 동쪽 해안

이상의 기록은 신라사(新羅史)의 편자가 일본군이 양포(梁浦), 모포(牟浦) 방면으로 상륙하여 산을 넘어 동쪽에서 바로 경주 계곡으로 들어온 것으로 추측했기 때문은 아닐까. 남쪽 변경을 침범했다는 것은 울산 방면을 가리키는 것으로 해석되지만, 이를 제외하면 일본군이 울산만, 혹은 영일만에 상륙했다고 인정할만한 증거가 하나도 없다. 토함산 전쟁은 일본군이 울산 방면에서 침입한 것으로 볼 수 없는 것도 아니지만 일단 제외한다. 이러한 사실은 이미 「신라본기」의 기재가 사실이 아니라는 것을 보여주는 것이 아닐까. 울산과 같은 항만으로 들어오지 않고, 풍파를 무릅쓰고 동해안에서 상륙하여 바로 장령을 넘어 경주로 들어온다는 것이 있을 법하지 않기 때문이다.

「신라본기」의 왜인 관련 기사의 성질

「신라본기」의 고대 기록에 나타난 왜인과의 교섭 내용이 대부분 믿기 어렵다는 것은, 다파나국(多婆那國)이나 히미코(卑彌呼) 관련 기사가 명백히 후세 사람의 날조나 부회라는 점으로 보아도 미루어 알 수 있다. 게이타이 천황과 긴메이 천황 시대에 가라 지방에 동요가 있었을 때 일본군이 연달아 신라와 교전한 것은 의심할 수 없는 사실인데 「신라본기」는 관련 기록을 전혀 전하지 않는다. 지증마립간(부레쯔武烈 천황, 게이타이 천황 시대) 즉위 이후에 왜인에 관한 기사가 완전히 끊어진 것도, 이들 기사가 애초에 신뢰할 만한 것이 아니라는 증거이다. "왜인이 침공해 왔다"는 기재가 이처럼 사실이 아니라면 위의 인용에 언급된 교전 지점도 처음부터 논할 가치가 없을 것이다.

삽량성 방면

「신라본기」의 기재가 만약 사실적 근거가 있는 옛 전설에서 나온 것이라면, 삽량성 방면의 충돌에 대한 기록이 자비마립간 6년 조항 하나 외에는 전혀 없고, 또 일본군과 가라의 공동 작전에 관해서도 아무런 기사가 없다는 점이 정말 이상하다. 일본의 신라에 관한 교섭은 주로 가라인 임나일본부가 관할한 것이므로, 일본군이 신라를 공격할 때는, 설령 전략상의 필요에 의해 가끔 해상을 우회하여 울산 방면으로 군사를 보낸 일이 있을 수는 있어도, 주력 부대는 가라에 있었을 것이다. 따라서 충돌 지역도 역시 같은 방면이리라는 것은 짐작되고도 남는다.

광개토왕비에 보이는 임나와 신라의 충돌 지점

광개토왕비에 다음과 같은 기록이 있다.

신라왕이 사신을 보내어 아뢰기를, 왜인이 국경에 가득 차서 성지를 부수고 노객을 백성으로 삼으려 합니다.

(新羅遣使白王云, 倭人滿其國境, 潰破城池, 以奴客爲民)

가서 신라를 구원하게 했다. 남거성을 거쳐 신라성에 이르니, 그곳에 왜군이 가득했다. 관군이 막 도착하니 왜적이 퇴각했다. (중략) 추격하여 임나가라의 종발성에 이르니 성이 곧 항복했다. 안라인 □병이 신라성, □성을 격파했다.

(往救新羅. 從男居城, 至新羅城, 倭滿其中. 官兵方至, 倭賊退 (中略) 追至任那加羅, 從拔城, 城卽歸服, 安羅人□兵拔新羅城, □城)

"왜인이 국경에 가득 차"있다는 것은 신라성 지방이 일본군에게 점령되었다는 의미일 것이다. 신라성의 위치는 명확하지 않지만, 고구려군이 이 지방에서 일본군을 구축하고 나아가 임나가라에 이르렀다는 것을 보면 신라에서 가라로 향하는 방면에 있었다고 추측할 수 있다. 또 고구려군이 가라 방면을 공격한 후 안라인이 이곳을 공략했다는 것으로 보아 신라성은 신라의 왕도를 말하는 것은 아니다. 이 비문은 백제의 왕도를 국성(國城)이라는 단어를 사용하여 기록했으므로, 신라의 왕도에도 마땅히 같은 단어를 사용했을 것이다. 이 한 가지 예를 통해서도 일본군이 신라를 침공한 지점이 가라 방면이었음을 알 수 있다. 『일본서기』에 산견되는 짤막한 기사들과 맞추어 보아도 역시 마찬가지로 이해된다. 진구 황후기의 다음과 같은 기록은 수군이 바로 그 나라의 국도 부근까지 쳐들어갔음을 의미한다고 여겨진다.

큰 바람이 순조롭게 불고 배는 물결을 따라 갔으므로 노젓는 수고 없이 바로 신라에 도착했다. 이 때 배를 실은 물결이 멀리 나라 가운데까지 미쳤다.

(大風順吹, 帆舶隨波, 不勞櫨楫, 便到新羅, 時隨船潮浪遠逮國中)

그렇지만 전설적인 색채가 풍부한 이 기사를 문자 그대로 해석할 수는 없으므로 일단 제쳐두기로 한다.

일본사에 보이는 신라와 일본의 교전지

이후에 일어난 몇 번의 교전 기사에서 지리상으로 참고할 만한 것들을 뽑아보기로 한다.

신라에 나아가 도비진에 이르러 초라성을 정벌하고 돌아왔다.(진구 황후기 5년)

(詣新羅, 次于蹈鞴津, 拔草羅城還)

탁순국에 모여 신라를 격파했다. 그리고 비자목[발], 남가라, 훼[탁]국, 안라, 다라, 탁순, 가라의 7국을 평정했다. 또 군대를 옮겨 서쪽으로 돌아 고해진에 이르러 남쪽의 오랑캐 침미다례를 무찔렀다.(진구 황후기 49년)

(集于卓淳, 擊新羅而破之, 因以平定, 比自㶱, 南加羅, 喙[㖨]國, 安羅, 多羅, 卓淳, 加羅七國, 仍移兵西廻至古奚津, 屠南蠻忱彌多禮)

도비진 및 초라성

도비진(踏鞴津)은 김해의 동북쪽, 낙동강 연안일 것이고, 초라성(草羅城)은 삽량성이다.(제7장 「임나 강역고」 참조) 교전 지점이 어디였는지는 분명하지 않지만, 가라에 맞닿은 방면이라는 것은 분명하다. 탁순(卓淳)은 칠원(漆原) 지방이다.(제7장 「임나 강역고」 참조)

『백제기』에 말하기를, 임오년에 신라가 귀국에 조공하지 않았다. 귀국이 사치히코를 보내 토벌하게 했다. 신라인이 치장한 미녀 2명을 보내 나루에서 맞이하여 유혹하자, 사치히코는 그 미녀를 받아들이고 도리어 가라국을 토벌했다.(진구 황후기 62년)

(百濟紀云, 壬午年新羅不奉貴國, 貴國遣沙至比跪, 令討之, 新羅人, 莊餝美女二人, 迎誘於津, 沙至比跪受其美女, 反伐加羅國)

이른바 나루는 신라와 가라의 중간인 듯하다. 대략 낙동강의 한 지점일 것이다.

기노오유미노 스쿠네 등이 바로 신라에 들어가 근처의 고을을 다니면서 공격했다. 신라왕은 밤에 관군이 사방에서 북을 울리는 소리를 듣고 훼의 땅[탁지]가 모두 점령되었음을 알고 수백 명의 기병과 함께 어지러이 도망갔다. 이에 크게 패배했다. 기노오유미노 스쿠네는 쫓아가 진중에서 적장을 베었다. 훼의 땅[탁지]가 모두 평정되었으나 남은 무리들이 항복하지 않았다. 기노오유미노 스쿠네는 또한 군사를 거두어 오토모노 가타리노무라지 등과 만났다. 군사가 다시 크게 떨쳐 일어나 남은 무리와 싸웠다.(유랴쿠 천황 9년)

(紀小弓宿禰等卽入新羅行屠傍郡, 新羅王夜聞官軍四面鼓聲, 知盡得喙[喙]地, 與數百騎馬軍[數百騎]亂走, 是以大敗, 小弓宿禰追斬敵將陣中, 喙[喙]地悉定, 遺衆不下, 紀小弓宿禰亦收兵, 與大伴談連等會, 兵復大振, 與遺衆戰)

훼[탁]는 가라의 북쪽, 낙동강 좌측 연안이다. 전투 지역은 이 부근이었을 것이다.(제7장 「임나 강역고」 참조)

신라는 (중략) 도가, 고파, 포나우[모]라 3성을 쳐부수고, 또 북쪽 경계의 5성을 쳐부수었다.(게이타이 천황 23년)

(新羅 (中略) 拔刀伽古跛布那宇[牟]羅三城, 亦拔北境五城)

여기서 신라군은 가라의 북쪽 경계를 침략한 것이다. 3성의 위치는 분명하지 않다.

다다라원

다음 글에 보이는 지명은 가라의 동북쪽 경계이다.(제7장 「임나 강역고」 참조) 앞의 두 조항은 신라인이 가라를 침략한 것으로, 일본인이 신라를 공격한 것은 아니지만, 교전 지점이 가라 방면이었음을 볼 수 있는 자료로서 함께 뽑았다. 신라인의 침략 방향이 이와 같았다면, 임나일본부의 신라에 대한 방어선도 이곳이고, 두 나라의 충돌 지점이 주로 이 방면이었다고 추측할 수 있다.

이질부례지간기가 다다라원에 머물며 (중략) 4개 마을을 노략질하여 빼앗고 (금관, 배벌, 안다, 위타 4개 마을이다. 어떤 책에는 다다라, 수나라, 지[화]다, 비지를 4개 마을이라고 했다), 사람과 물건을 다 가지고 그 본국에 들어갔다.(게이타이 천황 23년)

(伊叱夫禮智干岐次于多多羅原 (中略) 抄掠四村(金官, 背伐, 安多, 委陀, 是爲四村, 一本云, 多多羅, 須那羅, 知[和]多, 費智, 爲四村也) 盡將人物, 入其本國)

게이타이 천황 시대에는 또 신라군이 칠원(漆原) 방면을 침략하여 일본과 충돌한 일이 있었는데, 제7장 「임나 강역고」의 탁순 조항에서 언급한 바와 같다.

아라의 파사산, 거증산

아라(阿羅)의 파사산(波斯山) 위치는 알기 어렵다.

신라는 아라의 파사산에 성을 쌓고서 일본에 대비했다.(긴메이 천황 22년)

(新羅築城於阿羅波斯山, 以備日本)

대장군 기오마로노 스쿠네를 보내어 군사를 거느리고 다리에서 출동하고, 부장군 가와베노 오미니에는 거증산에서 출동하도록 하여, 신라가 임나를 공격한 상황에 대하여 문책하고자 했다.(긴메이 천황 23년)

(遣大將軍紀男麿[麻呂]宿禰, 將兵出哆唎, 副將河邊臣瓊缶出居曾山, 而欲問新羅攻任那之狀)

이 사건은 임나부의 영토가 전멸한 후의 일이다. 다리(哆唎)는 진주 방면인 듯하고, 거증산(居曾山)은 알 수 없다.(제7장 「임나 강역고」 참조)

다다라 등 6성

다음 기록에서 공격하여 함락한 5성은 신라왕이 넘겨준 6성과 거의 같을 것인데, 열거한 6성은 가라의 동북쪽 경계이므로 당시의 교전 지점은 낙동강 연안이었을 것이다.(제7장 「임나 강역고」 참조)

사카이베노오미를 대장군으로 삼고 호즈미노오미를 부장군으로 삼아, 1만여 명의 군사를 거느리고 임나를 위하여 신라를 치도록 명했다. 이에 곧바로 신라를 향하여 바다를 건너갔다. 신라에 이르러 5성을 공격하여 빼앗았다. 이에 신라왕이 두려워하여 흰 기를 들고 장군의 휘하에 이르러 서서, 다다라, 소나라, 불지귀, 위타, 남가라, 아라라 6성을 떼어 주며 항복을 청했다.(스이코 천황 8년)

(命境部臣爲大將軍, 以穗積臣爲副將軍, 則將萬餘衆, 爲任那擊新羅, 於是直指新羅, 以泛海往之, 乃到于新羅, 攻五城而拔, 於是新羅王惶之, 擧白旗, 到于將軍之麾下而立, 割多多羅, 素奈羅, 弗知鬼, 委陀, 南迦羅, 阿羅羅六城以請服)

기시노이와카네를 신라에 보내고 기시노쿠라지를 임나에 보내어 임나의 일을 묻게 했다. (중략) 이와카네 등이 아직 귀국하기 전인 같은 해에 대덕 사카이베노오미 오마로와 소덕 나카토미노 무라지쿠니를 대장군으로 삼고, (중략) 신라를 정벌하게 했다. 그 때 이와카네 등은 모두 항구에 모여서 배를 띄우려고 기후와 풍파를 살피고 있었는데, 바로 이때에 군대를 실은 많은 배가 바다를 가득 채우며 수없이 이르렀다. (중략) 장군들은 처음에 임나에 도착해 의논하여 신라를 습격하고자 했다. (중략) 처음에 이와카네 등이 신라로 건너가던 날, 항구에 도착할 즈음에 장식한 배 한척이 바닷가에서 맞이했다. 이와카네가 [배에게] 어느 나라의 영접선인지 물으니, 신라의 배라고 대답했다. 이와카네가 또,

어찌하여 임나의 영접선은 없는지 물으니, 곧바로 임나를 위하여 배 한 척을 더했다. 신라가 영접선을 2척으로 하는 것은 이때부터 시작된 일인 듯하다.(스이코 천황 31년)

(遣吉士磐金於新羅, 遣吉士倉下於任那, 令問任那之事 (中略) 磐金等未及于還, 卽年以大德境部臣雄摩侶, 小德中臣連國爲大將軍 (中略) 以征討新羅, 時磐金等共會於津, 將發船, 以候風波, 於是, 船師滿海多至 (中略) 將軍等始到任那而議之欲襲新羅 (中略) 初磐金等渡新羅之日, 比及津, 莊船一艘迎於海浦, 磐金問之日[日是船者]何國迎船, 對曰新羅船也, 磐金亦曰曷無任那之迎船, 卽時更爲任那加一船, 其新羅以迎船二艘, 始于是時歟)

두번째 인용문에서 사카이베노오미(境部臣) 등의 도착 지점은 이와카네(磐金)가 도착하고 출발했던 나루인데, 이 나루에는 임나에 보내는 사신과 동행하여 당도했다. 또 임나의 이름으로 그곳에 영접선을 내보내게 했다는 기록이 있으므로, 임나에 근접한 곳임을 분명하다. 대략 낙동강 하구일 것이다. 당시 임나는 완전히 신라의 영유로 귀속되었다고는 하지만, 여전히 일본군은 이 지역을 향해 갔다. 임나일본부가 존재했을 때 신라 정벌군이 가라 방면에서 전진해갔음을 알 수 있을 것이다. 이와 같이 『일본서기』에는 일본 군사가 신라를 토벌할 때 항상 가라 방면에서 군사를 전진시켰다고 기록하고 있으며, 해상에서 국도 부근으로 압박해간 일은 기록되어 있지 않다.

삽량성

가라 방면에서 신라로 가는 직통로는 삽량성(歃良城)을 통과했을 것이므로, 일본군이 신라를 칠 때 우선 그곳을 공격한 것은 자연스러운 형세일 것이다. 유랴쿠 천황 9년 조항에 수록된 칙어에도 "신라는 (중략) 몸을 쓰시마 밖에 두고 자취를 잡라 밖에 감춘 채(新羅 (中略) 投身對馬之外, 竄跡匝羅之表)"라고 하여 잡라(匝羅, 삽량)을 가지고 신라의 방향을 기록하고 있다. 이는 양국의 교통로가 항상 이 방향에 있었음을 증명하는 것이며, 또한 유사시의 교전지가 주로 이 지방이었음을 나타내는 것이라고 하겠다. 그러므로 「신라본기」 자비마립간 6년에 "왜인이 삽량성을 침범했다"고 한 기록만은 사실을 전한 것이다. 유랴쿠 천황기에 이름만 보이고 행적이 전해지지 않는 다사(田狹)의 행동이든지, 그렇지 않으면 앞에서 인용했던 기노오유미노 스쿠네(紀小弓宿禰) 휘하의 한 부대가 관여한 사건일 것이다.

「신라본기」에 전해져 온 전설

「박제상전(朴堤上傳)」에 박제상이 일본을 속이고 인질이었던 미사흔(未斯欣)을 데리고 돌아가려 하다가 바다 한가운데 섬에서 죽었다는 기사가 있는데, 이것은 진구 황후기 5년 조항에 보이는 미질허지벌한(微叱許智伐旱) 전설과 아주 유사하다. 또한 「석우로전(昔于老傳)」에 보이는 왜장 우도주군(于道朱君, 우도스쿠네)이라는 이름도 유래가 있는 듯하다. 이들은 신라에 전해져 온 전설인데, 왜인에 관한 기사 중에 옛 전설을 바탕으로 했다고 할 수 있는 것은 이 한두 가지가 있을 뿐이다.

일본군과 신라의 국도

이상의 고증을 통해 일본군이 신라를 공격할 때는 가라에서 바로 신라 국경을 쳤다는 것을 거의 밝힐 수 있다. 하지만 적진으로 깊숙이 들어가 국도까지 쳐들어간 일이 있었는지는 알기 어렵다. 『일본서기』에는 그러한 기사가 전혀 보이지 않는다. 진구 황후기에도 일본군이 국도를 공격하여 함락시켰다고 해석할 만한 문장은 없다. 『고사기(古事記)』에는 "그 지팡이를 신라 국왕의 문에 꽂아 세웠다(以其御杖, 衝立新羅國主之門)"는 기록이 있지만, 이 또한 문자 그대로 해석할 수는 없다. 만약 이같은 일이 있었다면 『일본서기』에도 무언가 기록이 남았을 텐데 전혀 흔적이 없는 것을 보면, 일본군은 삽량성 방면을 공격한 적은 있어도 적지에 깊숙이 침입하지는 못했을 것이다. 신라의 세력이 날로 강대해져서 종종 임나부를 압박하는 상황이었다는 것으로 보아도 알 수 있다. 따라서 「신라본기」에 왜인이 여러 차례 도성으로 들이닥쳤다고 기록한 것 역시 근거 없는 날조에 지나지 않는 것이다.

「신라본기」에 감춰진 사실의 흔적

그렇다면 「신라본기」의 기록은 아무런 근거도 없는 공상의 소산인 것일까. 앞에서 인용한 기사들을 보면 왜인의 공격에는 일정한 시기가 있는 듯하다. 4월이 가장 많고 그 다음이 5·6월이며, 2·3·7·8월은 가장 적다. 그 외의 시기에는 한 번도 공격이 없었다. 동해는 겨울에 풍랑이 세고 여름에는 평온하므로, 일본군이 신라를 토벌하려면 4~6월 무렵 바람과 파도가 심하지 않은 시기에 바다를 건너는 것이 유리하다. 이렇게 볼 때 「신라본기」의 기사는 어떤 근거가 있는 것처럼 보인다. 또 울산만은 낙동강 어귀에서 해안을 따라 동북쪽으로 돌면 바로 닿을 수 있는 지역이고 일본인도 그 항로를 숙지하고 있었을 것이므로, 일본군이 어느 시기엔가 이 방면에 나타난 일이 있었던 것은 아닐까. 동쪽 변경에 상륙하여 도성을 침공했다는 사실은 물론 근거 없는 낭설이지만, 그 속에는 사실에 기초한 요소가 한두 가지 포함될 수도 있을 것이다. 다른 방면의 고대 기사가 대부분 후세의 사실을 근거로 구성된 것이라는 점으로 유추해도, "왜인이 공격해 왔다"는 기사에 어느 시대인가 일어난 사실이 잠재해 있다고 추정하는 것이 이치에 어긋나는 일은 아닐 것이다.

모벌군성

「신라본기」 성덕왕 21년(겐쇼元正 천황 요로養老 6년) 조항에 "모벌군성을 쌓아 일본의 침입로를 막았다(築毛伐郡城, 以遮日本賊路)"는 기록이 있고, 또 성덕왕 30년(쇼무聖武 천황 덴표天平 3년)에는 "일본국의 병선 300척이 바다를 건너 우리 동쪽 해변을 습격했다. 왕이 장군에게 출병을 명하여 크게 격파했다(日本國兵船三百艘, 越海襲我東邊, 王命將出兵大破之)"고 했다. 이 두 조항은 어떤 관련이 있는 듯한데, 모벌군(毛伐郡)의 축성은 이미 일본군이 침공해 온 것을 경험한 후의 일일 것이다. 따라서 변방의 침입은 단순히 여기에 기록된 것만이 아니라 그 전에도 있었다고 추측할 수 있다. "우리 동쪽 해변"이라고 했는데, 모벌군은 「지리지」에 옛 이름이 모화군(毛火郡)이라고 한 임관군(臨關郡)일 것이다. 군성은 『여지승람』에 의하면 울산과 경주의 중간 분수령에 있는 관문성(關門城)이므로, 축성 목적이 울산 방면으로 공격해 오는 적군을 막기 위한 것임은 분명하다. 이 기사가 사실이라면 당시 일본인이 신라를 공격하여 울산 방면을 노린 일이 있었다고 하지 않을 수 없다.

일본인의 신라 침략

그렇지만 일본 정부가 신라 정벌군을 보낸 일이 역사에 보이지 않으므로, 이 사건은 국가의 기획에서 나온 것이 아니라 서해에 횡행했던 해적의 짓은 아니었을까. 『속일본기(續日本紀)』 덴표(天平) 2년의 조칙에 "경도와 여러 나라에 많은 도적이 있어, 인가에 들이닥쳐서 약탈하거나 바다에 있으면서 침탈하기도 한다(京及諸國多有盜賊, 或捉人家劫掠, 或在海中侵奪)"등의 문장이 있으므로, 해적이 내해에 출몰했던 상황을 알 수 있다. 따라서 그들이 쓰시마(對馬) 해협을 횡단하여 신라의 남쪽 변경에 나타난 일이 없다고는 할 수 없다. 해적의 약탈은 한 번으로 그칠 것이 아니므로, 역사에 전해지지 않았어도 성덕왕 시대에 신라가 자주 피해를 입은 일이 있었고, 모벌군의 축성은 해적에 대한 경비로서 계획된 것이라고 상상해볼 수 있을 것이다. 신라사의 편자는 이 시대의 사실을 자료로 삼아, 앞에서 인용한 고대의 기사를 구성한 것은 아닐까. 편자의 뇌리에 "왜인이 공격해 왔다"는 한 구절이 깊이 새겨진 것이 아니라면, 도성으로 진격해 왔다는 사실이 아닌 기사가 생겨날 수는 없을 것이다.

「신라본기」의 고대사가 만들어진 시기

지금 전해지는 신라의 고대사가 어느 시대에 만들어졌는지는 명확하지 않다. 그렇지만 신라 통일 후일 것이라는 점은 다음과 같은 기록으로 알 수 있다.

고소부리군에 순행했다.(파사이사금 14년)
(巡幸古所夫里郡)

고타군에서 상서로운 벼이삭을 바쳤다.(조상이사금 13년)
(古陁郡進嘉禾)

다사군에서 상서로운 벼이삭을 바쳤다.(유례이사금 11년)
(多沙郡進嘉禾)

우두주에 이르러 태백산에 망제를 지냈다. 낙랑과 대방 두 나라가 항복해 왔다.(기림이사금 3년)

(至牛頭州, 望祭太白山, 樂浪帶方兩國歸服)

문무왕 때 비로소 신라의 영토에 들어간 주군(州郡)의 이름을 들고 있다. 고소부리(古所夫里)는 전라도 고부(古阜), 고타군(古陁郡)은 경상도 진주, 다사군(多沙郡)은 경상도 하동으로, 모두 백제 멸망 후 신라의 영유로 귀속된 곳이다. 우두주(牛頭州)도 문무왕 때 신라의 영토로 들어갔다.(제9장 「신라와 백제 경계고」 및 제13장 「신라 북경고」 참조) 따라서 이 고대사는 한반도의 남쪽을 통일하고, 대대적으로 당대(唐代)의 문물을 배워 전장(典章)의 완비를 강구했던 시대의 편찬이다. 경덕왕(쇼무聖武 천황, 쇼토쿠稱德 천황, 고켄孝謙 천황 시대)이 주군(州郡)을 획정하여 9주로 삼은 때와 멀지 않은 시기일 것이다. 그렇다면 고대사 구성의 재료가 성덕왕 전후의 사실에서 나왔다고 보아도 틀리지 않을 듯하다.

나라(奈良) 시대의 신라에 대한 관계

그렇지만 다시 생각해보면, 이상의 고찰은 다소 지나친 천착으로 오히려 사실에서 멀어진 것 같다. 『일본서기』 및 『속일본기』에 의하면, 신라통일 후에도 신라와 일본의 사절은 항상 왕래했고, 신라에서 모벌군에 축성했다고 하는 요로(養老) 6년에도 견신라사가 갔다. 그 전년도 말에는 신라 사절이 내조했지만 때마침 겐메이(元明) 천황의 상중이었으므로, 다자이후(太宰府)에서 돌려보냈다. 병선 300척이 신라를 공격했다고 하는 덴표 3년 다음 해에도 역시 사절의 왕래가 있었고, 그 사이에는 어떠한 특이한 상황도 없었다. 이들 교통의 목적은 주로 무역에 있었던 것 같은데, 만약 당시에 「신라본기」에 기록된 것 같은 일이 있었다면 외교상 어떤 반영이 나타났겠지만 그러한 흔적은 전혀 없다. 그런데 덴표 7년(성덕왕 34년)에 이르러 일본은 신라가 예를 갖추지 않은 것에 노하여 사절을 받아들이지 않았고, 이듬해에는 일본에서 파견한 사절이 신라에서 거부당해 본분을 다하지 못하고 허무하게 돌아갔다. 이후 양국의 사절이 자주 파견되었지만 서로 거부하고 받아들이지 않았다. 덴표 10년, 14년, 15년에는 일본 쪽에서 신라 사절을 받아들이지 않았고, 12년에는 일본 사절을 신라가 거절했다는 기록이 「신라본기」 경덕왕 원년(덴표 14년) 조항에 보인다. 다만 이 일은 『속일본기』에는 기록이 없다. 덴표쇼호(天平勝寶) 4년에는 신라 사절이 사죄의 뜻을 표하러 왔다는 기록이 있지만, 「신라본기」에는 이듬해(경덕왕 12년)에 역시 일본 사절을 받아들이지 않았다고 되어 있다. 이 사절도 『속일본기』에는 보이지 않지만, 어느 해인가 오노노타모리(小野田守)가 파견되었다가 사절의 임무를 행하지 못하고 돌아왔다는 기록이 덴표쇼호 4년 조항에 있으므로 참고로 해야 할 것이다.

신라 경비의 진상

덴표호지(天平寶字) 4년에도 일본은 신라의 사절을 거부했다. 이때 일본은 신라의 무례를 응징하기 위하여 전년도(경덕왕 18년)부터 신라 정벌을 계획했고, 이후 2~3년간 준비에 온 힘을 기울였다. 그런데 덴표호지 8년(경덕왕 23년)에 신라 사절이 하카타(博多)에 왔을 때, 일본 관리가 이들에게 다음과 같이 물었다.

근래에 너희 나라에서 투화해온 백성들이 말하기를, 본국에서는 군대를 내어 경비를 하고 있는데 이는 혹 일본국이 쳐들어와 죄를 물을까 의심해서라고 하는데 그 일은 사실인가, 아닌가?

(比來, 彼(新羅)國投化百姓言, 本國發兵警備, 是疑日本國之來問罪也, 其事虛實如何)

신라 사절은 다음과 같이 대답했다고 한다.

당이 난리로 어지러워 해적이 참으로 빈번하니, 이 때문에 군대를 징발하여 변방을 지키고 있다. 이는 국가의 대비책으로 거짓이 아니다.

(唐國擾亂, 海賊寔繁, 是以徵發甲兵, 防守緣邊, 乃是國家之設, 事旣不虛)

당의 해적이 신라의 남쪽 변경을 침범했다는 것은 믿기 어려우므로 이 대답은 신라 사절의 거짓 핑계에 지나지 않을 것이다. "군대를 내어 경비를 하고 있다"는 것은 일본의 출병 준비를 전해 듣고 이에 대한 방비를 한 것이 아닐까. 이 사절은 평소에 오는 조공사가 아니라, 당의 사신의 요구에 의해 당에서 귀환한 일본 승려의 도착 여부를 묻기 위해 왔다고 했다. 그 일을 좋은 기회로 삼아 일본의 동정을 살피기 위하여 파견된 것은 아니었을까. 이렇게 생각해 보면 모벌군의 축성도 이때의 일이며, 「신라본기」가 이 일을 성덕왕 21년으로 기록한 것은 오류일지도 모르겠다. 일본의 신라 정벌은 결국 실행에 이르지 못했지만, 신라가 이것을 듣고 급히 경비를 정돈했다는 것은 있을 법한 일이다.

일본인의 침략은 허구

이렇게 볼 때 병선 300여 척 운운한 기사도 역시 의심스럽고, 이것을 해적의 행동이라고 해석하는 것 역시 타당하지 않다고 하겠다. 아마 신라인들이 느낀 환영일 것이다. 그렇다면 모벌군의 축성과 왜선이 공격해 왔다는 기사는 당시 변경의 일본인이 바다를 건너 신라의 영토를 공격했다는 증거가 되기에 부족하다. 따라서 신라 고대사에 보이는 "왜인이 공격해 왔다"는 기사가 이 무렵의 사실을 바탕으로 구성되었다고 해석할 수는 없을 것이다. 뒷날 일본의 헤이안(平安) 시대 이후에는 서해의 해적도 횡포가 심해졌으므로, 그들이 멀리 바다를 건너 신라의 연안에 나타났을 수도 있다. 하지만 신라사의 편찬은 국운이 대단히 번영했던 시대에 이루어진 것이지 그러한 후대는 아니라고 여겨지므로, 그 영향이 신라의 고대사에 반영되었다고는 보기 어렵다.

「신라본기」 기사의 허구

신라의 고대사에 보이는 "왜인이 공격해 왔다"는 기사는 일본군의 신라 정벌에 관한 막연한 전설에 기인하여, 역사가가 마음대로 구성한 것으로 볼 수밖에 없다. 다만 삽량성에 관한 조항만은 우연히 사실이 전설로 남아 있었던 것이며, 「박제상전」 등에 보이는 한두 가지 설화도 역시 이런 종류일 듯하다. 이를 제외하고는 사실로 인정할 수 있는 것이 하나도 없다. 일본군이 동해안에서 경주로 침입한 것처럼 말하는 것도 역시 사실적 근거가 없기 때문이다. "왜인이 공격해 왔다"는 것이 여름에 한정되어 있는 것은 해상 교통에 관한 다소의 지식을 바탕으로 한 것에 불과할 것이다. 모벌군의 축성 기사로 볼 때 울산 방면이 당시 일본에 대한 교통로의 하나였음은 분명하지만, 고대에 일본군이 이 지역으로 상륙했다는 전설이 있었는지는 의심스럽다.

부도 5. 신라와 백제의 경계 변천도 참조

신라와 백제 두 나라의 경계를 생각해 볼 수 있는 사료는 『삼국사기』가 유일하다. 그런데 『삼국사기』는 특히 고대의 기록에 믿을 수 없는 부분이 많기 때문에 정확한 지식을 얻기는 무척 어렵다. 역사적 사실로서 인정할 수 있는 시대에 이르러도, 문헌에 기록된 지명의 대부분이 오늘날 존재하지 않기 때문에 그 소재를 알기가 쉽지 않다. 한반도의 남부를 이등분하여 각각 한 쪽씩을 영유했던 백제와 신라의 강역을 고찰하는 것이 실로 뜬구름 잡기가 될 우려가 있는 것도 어쩔 수 없다.

「신라본기」를 신용할 수 있는 범위

「백제본기」는 근초고왕 만년 이후의 기재는 대부분 역사적 사실로 볼 수 있지만, 같은 시대의 「신라본기」에는 여전히 믿을 수 없는 기사가 많은 것 같다. 중국 문화가 신라에 들어온 것이 백제보다 늦었으므로, 백제에 이미 기록이 존재했을 때 신라에서는 여전히 사적(史籍)을 갖지 못한 상태였다. 때문에 당시의 전설에 후세 사람의 윤색이나 허구가 용납될 여지가 많았던 것 같다. 『삼국사기』는 주로 신라의 사적에서 자료를 채택했다고 생각되므로, 「신라본기」에 비교적 후세까지 근거 없는 기사가 실려 있는 것도 이유가 없는 것은 아니다. 「신라본기」의 영토에 관한 기재에 과장이 적지 않은 것도 『삼국사기』의 편자가 신라의 사적을 맹종했기 때문일 것이다.

신라와 백제 두 나라의 교섭에 관해서 「신라본기」와 「백제본기」에 동일한 문장의 기사가 있는 예도 있지만, 그것은 두 나라의 사료에 동일한 사건이 기재되어 있었던 것이 아니라 어느 한쪽에 존재했던 사료를 따랐을 것이다. 그리고 그 사료는 신라의 것으로 추측된다. 백제의 기록은 나라의 멸망과 함께 대부분 흩어지고 없어졌고, 신라의 사적은 그대로 고려에 전해져 보존되었다고 상상할 수 있기 때문이다. 그런데 신라의 사적은 앞에서 이미 서술한 바와 같이 가장 허구적인 기사가 많은 것이다. 따라서 신라와 백제의 강역을 고찰하는 것은 고구려와 신라 혹은 고구려와 백제의 경계를 아는 것보다도 훨씬 어렵다고 할 것이다.

그렇지만 후세 사람들의 윤색이나 허구도 완전히 허무맹랑한 것이 아니라 그 중에는 다소 근거를 지닌 것들도 있고, 어렴풋하게나마 사실을 반영하고 있는 경우도 없지 않다. 역사적 사실의 기록으로 인정할 수 있는 시대에는 허위나 착오가 끼어들어간 경우에도 전후의 기사를 비교 대조하여 대략 진위를 판정할 수 있다. 앞으로 고찰하고자 하는 내용은 본디 정밀함을 기약하기 어려운 부분이지만, 개요에 있어서는 큰 잘못이 없을 것이다.

1) 백제 근초고왕과 신라 나물이사금 이전의 『삼국사기』 기록

『삼국사기』 고대 기사에 보이는 백제와 신라의 충돌 지역

먼저 『삼국사기』의 고대 기록을 통해 신라와 백제 사이에 일어났던 전투 지점을 검토하고자 한다. 「신라본기」와 「백제본기」에 동일한 기사가 있는 경우에는 편의상 「신라본기」를 인용한다.

백제왕이 땅을 개척하여 낭자곡성에 이르렀다. (탈해이사금 7년)

(百濟王拓地, 至娘子谷城)

낭자곡성

「지리지」 백제 조항에 의하면 상당현(上黨縣)의 옛 이름을 "비성(자곡이라고도 한다)(臂城(一云子谷))"라고 했는데, 이 문장을 가져왔다고 여겨지는 『여지승람』 청주(淸州) 주항에는 "본래 백제의 상당현(낭비성이라고도 하고, 낭자곡이라고도 한다)(本百濟上黨縣(一云娘臂城 一云娘子谷))"이라고 기록되어 있다. 그러므로 현재의 「지리지」 통행본은 '비(臂)'와 '자곡(子谷)' 앞에 '낭(娘)' 자가 탈락된 것일지도 모르겠다. 그렇다면 낭자곡(娘子谷)은 지금의 청주 지역이다. 「신라본기」 진평왕 51년 조항에 "고구려의 낭비성을 침공했다(侵高句麗娘臂城)"는 기록이 있고, 「고구려본기」는 이를 "동쪽 변두리 낭비성(東鄙娘臂城)"이라고 적고 있다. 이때는 한강 유역이 이미 신라에 귀속된 후이므로 낭비성은 임진강 북쪽이든지 아니면 강원도 방면이었을 것이므로 여기서 말하는 것과는 다른 곳이다.

와산성 및 구양성

다음 두 성의 이름은 휴벌왕 6년 및 7년 조항에도 보인다. 아래에 언급할 것이다.

백제가 군사를 보내 와산성을 공격했다. 다시 구양성을 공격했다.(탈해이사금 8년)

(百濟遣兵 蛙山城, 又攻狗壤城)

백제가 나라 서쪽의 두 성을 습격해 함락시키고 백성 1천 명을 사로잡아 돌아갔다 (중략) 일길찬 흥선에게 명하여 군사 2만을 거느리고 그들을 치게 했다. 왕이 또한 기병 8천을 거느리고 한수로부터 그곳에 다다랐다. 백제가 크게 두려워하여 잡아갔던 남녀들을 돌려보내고 화친을 청했다.(아달라이사금 14년)

(百濟襲破國西二城, 虜獲民口一千而去 (中略) 命一吉飡興宣領兵二萬伐之, 王又率騎八千, 自漢水臨之, 百濟大懼, 還其所掠, 男女乞和)

나라 서쪽의 두 성은 어느 지방에 있었는지 알 수 없지만, 신라가 한수(漢水)에서 적군을 공격했다고 한다면 같은 방면일 것이다.

모산성, 원산향, 부곡성

원산향(圓山鄕)과 부곡성(缶谷城), 와산성(蛙山城)은 모두 같은 방면일 것이고, 모산성(母山城)과 구양성(狗壤城)도 같은 장군이 담당한 것을 보면 역시 그 부근이었을 것이다.

백제가 모산성을 공격해 와서 파진찬 구도에게 명하여 병사를 내어 막게 했

다.(휴벌이사금 5년)

　(百濟來攻母山城, 命波珍湌仇道, 出兵拒之)

　구도가 백제와 구양에서 싸워 이겼다.(휴벌이사금 6년)

　(仇道, 與百濟戰於狗壤勝之)

　백제가 서쪽 변경의 원산향을 습격했고, 또 진격해서 부곡성을 포위했다. 구도가 굳센 기병 5백 명을 거느리고 그들을 공격하니 백제 군사가 거짓으로 달아났다. 구도가 쫓아가 와산에 이르렀다가 백제에 패했다. 왕이 구도의 실책으로 보고 부곡성주로 좌천시켰다.(휴벌이사금 7년)

　(百濟襲西境圓山鄕, 又進圍缶谷城, 仇道率輕[勁]騎五百擊之, 百濟兵佯走, 仇道追及蛙山, 爲百濟所敗, 王以仇道失策, 貶爲缶谷城主)

　모산은 「지리지」에 강주(康州) 천령군(天嶺郡) 운봉현(雲峰縣, 전라북도 운봉)의 옛 이름을 모산현(母山縣)이라고 했으므로 이 부근일지도 모르겠지만, 소지마립간 6년 조항에는 또 다음과 같은 기록이 있다. 전후의 사정으로 볼 때 충주와 보은 방면인 듯하다.(제5장 「장수왕 정복지역고」 참조)

　고구려가 북쪽 변경에 침입했으므로, 우리 군사가 백제와 함께 모산성 아래에서 공격하여 크게 깨뜨렸다.

　(高句麗侵北邊, 我軍與百濟合, 擊[擊]於母山城下, 大破之)

　원산(圓山)은 「백제본기」 무령왕 12년 조항에 나온다.

고구려가 가불성을 습격하여 빼앗고, 군사를 옮겨 원산성을 격파하니 죽이거나 약탈하여 간 것이 매우 많았다. 왕이 용감한 기병 3천 명을 거느리고 위천 북쪽에 나가 싸웠다.

(高勾麗襲取加弗城, 移兵破圓山城, 殺掠甚多, 王帥勇騎三千, 戰於葦川之北)

이 원산과 같은 곳이라면 백제의 북쪽 경계 지역일 것이고, 백제의 북쪽 경계가 신라와 접촉한 지역은 충주와 보은 방면이었을 것이다. 와산(蛙山)은 지금의 충청도 보은현(報恩縣)에 그 이름이 있다. 현재 지명을 가지고 고대의 지리를 추정하는 것은 매우 경솔한 일이므로 이 지역이 과연 옛날의 와산성인지는 분명하지 않다. 그렇지만 이 곳은 모산과 원산 등의 소재일 것이라고 추정한 지역에서 멀지 않다. 구양은 분명하지 않고, 부곡은 어쩌면 옹산(瓮山) 혹은 옹산(甕山)과 같은 지역일지도 모르겠다. 그렇다면 이 또한 지금의 보은 방면일 것이다.(다음 조항 참조)

요거성, 사현성

백제가 나라 서쪽의 요거성에 쳐들어와 성주 설사[부]를 죽였다. 왕이 이벌찬 이음에게 명하여 정예병 6천을 거느리고 백제를 치게 하여 사현성을 함락시켰다.(나해이사금 19년)

(百濟來攻國西腰車城, 殺城主薛史[夫], 王命伊伐飡利音, 率精兵六千, 伐百濟, 破沙峴城)

요거성(腰車城)에 대해서는 진덕왕 2년 조항에 "백제의 장군 의직이 서쪽의 변경을 침공하여 요거 등 10여 성을 함락했다(百濟將軍義直侵西邊, 陷腰車等一十餘城)"는 기록이 있다. 「백제본기」에는 같은 사건이 다음과 같이 기록되어 있다.

봄 3월에 의직이 신라 서부 변경의 요거 등 10여 성을 습격하여 빼앗았다.
여름 4월에 옥문곡으로 진군했다.(의자왕 8년)

(春三月, 義直襲取新羅西鄙腰車等一十餘城, 夏四月, 進軍於玉門谷)

이를 통해 요거성이 옥문곡(玉門谷)과 가깝다는 것을 알 수 있다.

옥문곡

옥문곡은 「백제본기」무왕 37년 조항에 다음과 같은 기록이 있으므로
독산성(獨山城) 방면으로 보인다.

왕이 장군 우소에게 명하여 [갑병 5백 명을 거느리고] 신라의 독산성을 공격하게
했다. 우소가 옥문곡에 이르자 해가 저물었다.

(王命將軍于召, [帥甲士五百,] 往襲新羅獨山城, 于召至玉門谷日暮)

독산성은 충주와 보은 방면에 있었다고 생각되므로 요거성의 위치 역시
이 부근일지도 모르겠다.(제5장 「장수왕 정복지역고」 참조) 옥문곡과 관련된 기
사로는 무왕 37년과 선덕왕 5년 조항에 같은 사건이 실려있다. 다음은 「신
라본기」를 인용한 것이다.

두꺼비가 궁궐 서쪽의 옥문지에 많이 모였다. 왕이 이를 듣고 좌우에게 말
하기를 (중략) 서남쪽 변경에 이름이 옥문곡이라는 땅이 있다고 하니 혹시 이웃
나라의 군사가 그 안에 숨어 들어온 것은 아니냐고 했다.

(蝦蟆大集宮西玉門池, 玉聞之, 謂左右曰 (中略) 西南邊, 亦有地, 名玉門谷者,
意有隣兵, 潛入其中乎)

옥문곡이 신라의 서남쪽인 것처럼 기록되어 있다. 하지만 바로 다음의
내용을 보면 "과연 백제의 장군 우소가 독산성을 습격하려 했다(果百濟將
軍于召欲襲獨山城)"고 이어지므로 옥문곡이 독산성 부근이라는 것은 분명하
다. 그리고 독산성이 충주와 보은 방면이라는 것은 의심할 여지가 없으므
로, 서남쪽이라 한 것은 서북쪽의 오류이다. 뒤에 서술하겠지만 서남쪽인
협천(陝川) 부근에도 같은 이름을 가진 지역이 있으므로 역사가가 이를 혼
동했을 것이다.

사현성(沙峴城)에 대해서는 다른 기록이 없다. 현재 충청도 문의현(文義縣)
에 사현리(沙峴里)가 있는데, 본문의 어조로 보아 적당하게 들어맞는 것 같다.

장산성

백제가 장산성을 포위했으므로, 왕이 직접 군사를 이끌고 가서 이를 격퇴했
다.(나해이사금 23년)

(百濟人來圍獐山城, 王親率兵, 出擊走之)

「지리지」에 장산군(獐山郡)이 있다. 옛날의 압독주(押督州)로 지금의 경산
(慶山)이다. 그렇지만 신라의 역사가가 이러한 내지(內地)에 적군이 침입했
다는 것을 상상이나 했을지 의심스럽다. 지금의 문경현(聞慶縣)에 장산(獐
山)이 있으므로 참고로 해야 할 것이다.

우두주, 웅곡

우두주(牛頭州)는 신라 통일 후의 행정 구역으로 「지리지」에 의하면 지금의 춘천에 설치된 것이다. 웅곡(熊谷)은 그 서남쪽 변경일 것이다.(제6장 「진흥왕 정복지역고」 참조)

백제 군사가 우두주에 들어오자, 이벌찬 충훤이 군사를 이끌고 그들을 막았다. 웅곡에 이르러 적에게 패하게 되어 혼자 말을 타고 돌아왔으므로, 진주로 좌천시키고 연진을 이벌찬으로 삼아 군사에 관한 일을 맡도록 했다.(나해이사금 27년)

(百濟兵入牛頭州, 伊伐湌忠萱將兵拒之, 至熊谷, 爲賊所破[敗], 單騎而返, 貶爲鎭主, 以連珍爲伊伐湌, 兼知兵馬事)

봉산성, 괴곡

우두주의 지사(知事)가 전쟁에 참여했다고 한다면, 봉산성도 같은 방면일 것이다.

이벌찬 연진이 백제와 봉산 아래에서 싸워 그들을 깨뜨렸다. (중략) 봉산성을 쌓았다.(나해이사금 29년)

(伊伐湌連珍與百濟戰烽山下破之 (中略) 築烽山城)

가을 9월에 백제가 침입해 왔다. 일벌찬 익종이 괴곡의 서쪽에서 맞아 싸우다 적에게 죽임을 당했다. (중략) 겨울 10월에 백제가 봉산성을 공격했으나 함락시키지 못했다.(첨해이사금 9년)

(秋九月百濟來侵, 一伐湌, 翊宗逆戰於槐谷西, 爲賊所殺 (中略) 冬十月, 百濟攻

烽山城, 不下)

백제가 봉산성을 공격해 왔다.(미추이사금 5년)

(百濟來攻烽山城)

백제 군사가 와서 괴곡성을 포위했다.(미추이사금 17년)

(百濟兵來圍槐谷城)

가을 9월에 백제가 변경을 침략했다. 겨울 10월에 괴곡성을 포위했다.(미추
이사금 22년)

(秋九月, 百濟侵邊, 冬十月, 圍槐谷城)

이들 기사에 의하면 괴곡(槐谷)은 봉산(烽山)과 같은 지방인 것 같다. 괴곡
은 다른 기록에는 보이지 않지만, 지금의 단양현(丹陽縣) 및 청풍현(淸風縣)
에 괴곡리(槐谷里)가 있다.

독산성

백제의 독산성주가 3백 명을 거느리고 투항해 왔다. 왕이 그들을 받아들였
다.(나물이사금 18년)

(百濟禿山城主率人三百來投王納之)

독산성(禿山城)에 대해서는 「백제본기」 온조왕 11년 조항에 "독산과 구
천 두 곳에 목책을 설치하여 낙랑으로 가는 도로를 차단했다(設禿山狗川兩
柵, 以塞樂浪之路)"는 기록이 있고, 13년 조항에는 "동쪽에는 낙랑이 있다(國

家東有樂浪)"고 했으며, 18년에는 "낙랑의 우두산성(樂浪牛頭山城)"이라는 기록도 보이므로, 백제의 동북쪽 변경일 것이다.

『삼국사기』 기사의 성질

이상에서 『삼국사기』를 통해 백제 근초고왕 및 신라 나물왕 이전 두 나라의 충돌 지점을 통람해 보았다. 그 결과 두 나라는 항상 충주 평원 및 그 부근을 교전 지점으로 삼았다는 것을 알 수 있었다. 그렇지만 이 시대의 『삼국사기』 기록을 역사적 사실로 인정할 수 없다는 것은 말할 필요도 없으므로, 위에서 살펴본 두 나라의 관계도 역시 사실은 아니다. 특히 충주 평원 서쪽인 한강 유역은 진흥왕 때 비로소 신라의 영유로 되었고, 춘천 지방은 신라 통일 후에 이르러 귀속된 것이므로, 고대에 신라가 이 지방을 영유했던 것처럼 말하는 기사는 허위임이 분명하다. 이 또한 다른 방면과 마찬가지로 후대의 상황을 가지고 고대의 사적으로 삼았을 것이다. 그것이 어느 시대의 상황인지 이제부터 설명하고자 한다.

2) 고구려의 한강 유역 점령 이전 신라와 백제의 경계

한반도의 형세

한반도 남부의 사적을 대략 알 수 있는 것은 백제 근초고왕 때부터이다. 왕이 죽은 해는 『삼국사기』에 의하면 동진(東晉) 효무제(孝武帝)의 영강(寧康) 2년이다. 낙랑과 대방을 점거했던 중국인이 그 세력을 잃고 난 후 50여 년, 한반도의 동요는 이 반세기 사이에 대략 진정되었다. 고구려가 한반도의 북쪽을 영유함과 동시에 백제와 신라는 남쪽을 이분했고, 그 남쪽 끝자

락에 별도로 일본의 임나가 뿌리를 내렸다. 4개의 세력이 대치하며 각각 그 세력을 확장하고자 한 형세는 이 시기에 이루어졌다.

북쪽에서의 두 나라 경계

신라와 백제의 접촉도 역시 이 무렵부터 시작되었을 것이다. 그 경계는 북쪽에서는 죽령(竹嶺) 및 계립령(鷄立嶺)을 연계하는 일대의 산맥으로, 충주 평원은 백제의 영유였던 것 같다.(제4장 「광개토왕 정복지역고」 및 제5장 「장수왕 정복지역고」 참조) 한성(漢城, 남한산)을 수도로 삼은 백제가 한강 상류 유역인 충주 부근을 영유한 것은 자연스러운 사태이며, 신라의 영토가 한강과 낙동강 상류를 나누는 분수산맥에 한정되었던 것도 지리상으로 보면 당연한 상황인 것이다. 이것을 「신라본기」에서 확인하면, 나물왕 중기부터 자비왕에 이르는 동안(백제 근초고왕 말년에서 개로왕 때까지) 백제와의 교섭 기록이 없고, 나물왕 이전에 그토록 빈번했던 충주와 보은 방면의 충돌은 홀연히 자취를 감춘다. 만약 나물왕 이전의 기사가 사실이라면 이 사태는 정말 이해할 수 없는 일이다. 그렇지만 앞에서 언급한 것처럼 이들 기재가 사실이 아니라고 한다면 나물왕 이후에 백제와 충돌 기록이 없는 것이 자연스럽다. 아마 당시 신라의 영토는 가까스로 죽령 및 계립령에 달했지만, 이 자연적인 경계선을 넘어 서쪽으로 더 나아가지는 못했을 것이다. 백제 역시 항상 고구려의 압박을 당하여 동쪽의 신라를 공격할 여유가 없었으므로, 두 나라는 자연스러운 장벽을 사이에 두고 각각 자기 나라를 지켰으며, 그 사이에 충돌이 생길 기회가 없었던 것이다.

신라의 서남쪽 경계

남쪽을 보면 지리산 부근 이남은 두 나라의 중간에 임나가 있어서 경계 지점이 멀리 떨어져 있었고, 그 사이에 어떤 교섭도 없었다. 비자목[발](比自㐌[林], 창녕), 훼(喙)와 기탄(己呑, 영산 방면)[탁기탄(喙己呑)]이 임나부의 영토였던 시기에는, 신라의 서남쪽 경계는 현풍(玄風), 청도(淸道), 밀양(密陽) 부근으로 한정되었을 것이다. 그러므로 반파(伴跛)의 예를 통해 추측하자면, 낙동강의 오른쪽과 가야산의 남쪽으로 임나의 세력권 안에 들어가지 않은 협천(陜川), 거창(居昌), 삼가(三嘉), 단성(丹城) 지방에는 여러 개의 작은 나라가 존립했을 것이다. 자비왕 말년(유랴쿠 천황 무렵)에는 비자목[발]이 이미 신라에 귀속되고 훼와 기탄[탁기탄] 역시 동요했지만, 후자가 다시 임나부로 회복되었던 것을 보면 신라의 세력은 아직 이 방면에서 크게 작용하지 못한 듯하다. 그렇지만 낙동강 서쪽의 경략은 이 무렵부터 개시되었을 것이다.(제7장 「임나 강역고」 참조)

중부 지방에서 두 나라의 경계

다음으로 생각해 볼 것은 중부 지방, 즉 시리산 이북과 계립령 이남에서 두 나라의 접촉 지점에 대한 것이다. 우선 『삼국사기』를 검토하면 「신라본기」에 다음과 같은 기록이 있다.

삼년산성을 쌓았다.(자비왕 3년, 백제 개로왕 16년)
(築三年山城)

모로성을 쌓았다.(자비왕 14년)
(築芼老城)

일모, 사시, 광석, 답달, 구례, 좌라 등의 성을 쌓았다.(자비왕 17년)

(築一牟, 沙尸, 廣石, 沓達, 仇禮, 坐羅等城)

답달성과 모로성

답달성(沓達城)은 「지리지」에 의하면 화령군(化寧郡)의 옛 이름이고, 『여지승람』에는 상주주(尙州州)에서 서쪽으로 51리에 있다고 했다.

「지리지」에 효로현(孝露縣)의 옛 이름인 모혜현(芼兮縣)이 있는데, 모로(芼老)가 바로 이것이고, 어느 쪽인가가 잘못 표기한 것일지도 모르겠다. 그렇다면 이 역시 지금의 상주에 속한다. 사시(沙尸), 광석(廣石), 구례(仇禮), 좌라(坐羅)는 다른 기록을 찾을 수 없지만, 답달과 동시에 축조된 것을 보면 그 위치가 멀지는 않을 것이다. 문무왕 원년 조항에 사시산군(沙尸山郡)이 나오기는 하지만 소재는 분명하지 않다.

보은과 문의 지방의 소속

삼년산성(三年山城)은 충청도 보은현이고, 일모성(一牟城)은 「지리지」의 일모산(一牟山)과 같은 것으로 본다면 충청도 문의(文義)이다. 그렇지만 충주 방면이 여전히 백제의 영유였던 시기에 신라가 일찍이 보은과 문의 지방을 점령했다는 것은 의심스럽다. 특히 문의는 신라의 영유였다는 증거가 하나도 없고 신라 통일 후에도 웅주(熊州)에 속했으므로, 보은, 청산(青山), 옥천(沃川) 등이 상주에 속한 것과도 다르다. 이 기사는 아마 오류일 것이다. 「신라본기」는 이 시대에 이르러도 여전히 믿을 수 없는 기사가 많은데, 실성왕 12년(백제 전지왕 9년, 고구려 장수왕 원년)에 "평양주에 큰 다리를 새로 만들었다(新成平壤州大橋)"고 했고, 눌지왕 22년(백제 비유왕 12년, 고구려 장수왕 26년)에 "우두군에 산골물이 갑자기 들이닥쳐 50여 가의 집이 떠내려갔다(牛頭郡山水暴至, 漂流五十餘家)"고 했으며, 또 눌지왕 36년에는 "대산군에서 상서로운 벼이삭을 바쳤다(大山郡進嘉禾)"고 하는 등, 모두 믿을 수가 없다. 우두(牛頭) 및 평양은 말할 것도 없고, 대산군(大山郡)은「지리지」에 의하면 전라도 태인(泰仁) 혹은 충청남도 홍산(鴻山)이지만, 어느 쪽이든 이 시기에는 백제의 영유였다. 일모성을 쌓았다고 한 것도 이와 비슷한 종류의 기사일 것이다. 그렇다면, 삼년산성을 쌓았다는 것도 역시 의심스럽다. 상주 부근에 있는 답달(沓達)과 모혜(芼兮)의 축성은 백제에 대한 방어 때문으로 여겨지지만, 이 방면의 국경은 조령(鳥嶺)에서 남쪽으로 이어진 중앙 산맥에 있었을 것이므로 신라가 보은에 축성했다는 것은 믿기 어렵다.

요컨대 신라와 백제의 최초의 접촉 지점은 거의 지금의 경상도와 충청도를 구획하는 분수산맥에 있었다고 여겨진다. 그렇지만 고구려의 한성 함락으로 한반도 남부의 형세에 일대 변화가 일어났고, 신라와 백제의 경계에도 동요가 생긴 듯하다.

3) 고구려의 한강 유역 점령 시대 신라와 백제의 경계

장수왕의 한성 함락의 영향

장수왕이 한성을 함락하고 한강 유역이 고구려의 영유로 귀속되자, 백제는 남쪽으로 물러나서 웅진으로 수도를 옮겼는데, 백제의 쇠약은 저절로 신라가 서쪽으로 한 걸음 더 나아가는 기회가 된 것 같다. 또 새롭게 충주 평원을 점령한 고구려는 종래 그 지역을 점유했던 백제와는 달리 남하하는 형세가 직접적으로 신라를 압박했으므로, 신라는 힘을 이 방면에 집중하여 고구려를 방어하지 않을 수 없었다. 그렇지만 군기(軍機)와 전략은 때에 따라 변화하므로, 수세가 일변하여 공세가 되어 신라의 서쪽 침입의 기운을 촉진하는 결과를 낳았다. 신라가 지금의 경상도 서쪽 변경을 넘어 충청도 방면으로 영토를 넓히게 되는 원인이 된 것이다. 우선 선례에 따라 『삼국사기』 기록을 훑어보기로 한다.

고구려가 북쪽 변경에 침입했으므로, 우리 군사가 백제와 함께 모산성 아래에서 공격하여 크게 깨뜨렸다.(소지마립간 6년, 백제 동성왕 6년)

(高句麗侵北邊, 我軍與百濟合, 擊於母山城下, 大破之)

모산성이 충주와 보은 방면이라는 것은 앞에서 언급했다. 신라와 백제의 연합군이 이 방면에서 활동한 것을 보면, 신라가 군사를 영서(嶺西)로 움직였다는 것을 알 수 있다.

일선계의 장정 3천 명을 징발해서 삼년성과 굴산성을 고쳐 쌓았다.(소지마립간 8년, 백제 동성왕 8년)

(徵一善界丁夫三千, 改築三年, 屈山二城)

삼년산성과 굴산성

삼년성(三年城)은 삼년산성으로 보은일 것이다. 굴산(屈山)은 「지리지」의 굴산현(屈山縣)인 듯하다. 그렇다면 보은의 남쪽에 인접한 청산(靑山)이다. 일선(一善)은 「지리지」에 의하면 지금의 선산(善山)으로, 당시의 치소는 『여지승람』 선산 조항에 "옛날의 일선은 냉산의 서쪽, 여차니 나루 동쪽 1리에 있다(古一善, 在冷山西, 余次尼津東一里)"고 한 기록을 참조할 수 있겠다.

장군 실죽 등이 고구려와 살수의 들판에서 싸우다가 이기지 못하고 물러나 견아성을 지켰는데, 고구려 군사가 그곳을 포위했다. 백제 왕 모대가 군사 3천 명을 보내 구원하니 포위를 풀었다.(소지마립간 16년, 동성왕 16년)

(將軍實竹等與高句麗戰薩水之原, 不克, 退保, 犬牙城, 高句麗兵圍之, 百濟王 牟大遣兵三千救解圍)

살수(薩水)는 달천(達川)의 상류인 청천(靑川)이고, 견아성(犬牙城)은 그 상 류 지방이다.(제5장 「장수왕 정복지역고」 참조)

고구려가 백제 치양성을 포위하자 백제가 구원을 요청했다. 왕이 장군 덕지 에게 명하여 군사를 이끌고 구원하게 했다.(소지마립간 17년, 동성왕 17년)

(高句麗圍百濟雉壤城百濟請救, 王命將軍德智, 率兵以救之)

치양성(雉壤城)이 「백제본기」 근초고왕 24년 조항에 보이는 것과 동일하 다면 이 전쟁은 사실인지 의심스럽다.(제5장 「장수왕 정복지역고」 참조) 그렇지 않다면 그 위치는 알기 어렵다.

탄현
탄현(炭峴)의 위치는 명확하지 않지만, 옥천(沃川)의 서남쪽 이산현(利山 縣) 부근일 것이다.(제10장 「백제 전역 지리고」 참조)

탄현에 목책을 세워 신라의 침입에 대비했다.(「백제본기」 동성왕 23년, 신라 지증왕 2년)

(設柵於炭峴以備新羅)

고구려가 예인과 함께 백제의 독산성을 공격했으므로 백제가 구원을 요청했다. 왕은 장군 주진[령]을 보내서 굳센 군사 3천 명을 거느리고 공격했다.(진흥왕 9년)

(高句麗與穢人攻百濟獨山城, 百濟請救. 王遣將軍朱珍[玲], 領勁卒三千擊之)

정월에 백제가 고구려의 도살성을 빼앗았다. (중략) 3월에 고구려가 백제의 금현성을 함락시켰다. 왕은 두 나라의 군사가 피로한 틈을 타서 이찬 이사부에게 명하여 군사를 내어 공격하여 두 성을 빼앗아 증축하고 군사 1천 명을 두어 지키게 했다.(진흥왕 11년)

(正月, 百濟拔高句麗道薩城 (中略) 三月, 高句麗陷百濟金峴城, 王乘兩國兵疲, 命伊湌異斯夫, 出兵擊之取二城, 增築, 留甲士一千戌之)

독산성(獨山城), 도살성(道薩城), 금현성(金峴城) 등은 충주의 서남쪽일 것이다.(제5장 「장수왕 정복지역고」 참조)

추풍령 서쪽 신라의 새 영토

이상 열거한 곳을 개관해 보면, 신라는 우선 보은과 청산(靑山) 지방을 점령하고, 이곳을 근거지로 삼아 충주 방면에서 고구려의 세력에 대항한 것 같다. 소지마립간 8년 조항에 "삼년산성과 굴산성을 고쳐 쌓았다"고 했지만, 앞에서 서술한 추론이 오류가 아니라면 두 성은 이때 비로소 축성되었을 것이다. 당시 신라군이 항상 백제군과 함께 행동했다는 것도 이러한 상황 때문이다. 보은과 청산이 이미 신라의 영토에 들어갔다면 황간(黃澗)과 영동(永同) 역시 백제의 영유가 아니었을 것이다. 역사상 분명한 증거는 없지만 지형적으로 이와 같이 추정할 수 있을 듯하고, 또 보은과 청산만으로는 이 방면에서 신라가 세력을 유지하기 어려웠을 것으로 여겨지기 때문이다.

옥천 지방의 소속

또 선산 지방에서 추풍령을 넘어 황간으로 나가는 것은 중앙산맥을 횡단하는 도로 중 가장 순탄하여 옛날부터 중요한 도로였으므로, 경주에 중앙정부를 둔 신라가 청산과 보은 지방을 영유하려면 반드시 이 도로를 점거하지 않으면 안 된다. 옥천 지방이 어느 쪽에 속했는지는 의문이지만, 다음에 서술하는 바와 같이 관산성(管山城)이 옥천이라고 한다면 그 지역은 신라의 영유였을 것이다. 또 탄현이 이산 부근이고 그것이 백제의 동쪽 경계였다면, 역시 옥천은 신라에 귀속된 것이 될 것이다. 그렇지만 현재 옥천의 관할 구역에 속하는 양산 부근은 여전히 백제가 계속 영유했다. 이에 대해서는「김흠운전(金歆運傳)」에 다음과 같은 기록이 있다.

영휘 6년 태종대왕이 백제가 고구려와 함께 변방을 막은 것을 분하게 여겨 이를 치고자 도모했다. 군사를 출동할 때에 흠탄[운]을 낭당대감으로 삼았다. 이에 그는 집안에서 자지 않고, (중략) 백제 땅에 이르러 양산 아래에 군영을 설치하고, 조천으로 진군하여 공격하려고 했다.

(永徽六年太宗大王慎百濟與高句麗梗邊, 謀伐之, 及出師, 以歆殫[運]爲郎幢大監, 於是不宿於家 (中略) 抵百濟之地, 營陽山下, 欲進攻助川)

조천

「김유신전」에도 "영휘 6년 (중략) 유신이 백제에 들어가 도비천성을 공격했다(永徽六年 (中略) 庾信入百濟攻刀比川城)"고 되어 있다. 양산(陽山)은 지금도 같은 이름인데, 「지리지」에 의하면 옛 이름이 조비천현(助比川縣)이다. 그러므로 조천(助川), 도비천(刀比川), 조비천(助比川)은 모두 같은 곳일 것이다. 백제가 바야흐로 망하게 되는 영휘(永徽) 6년 무렵에 이 지역이 여전히 백제의 영유였다면, 진흥왕 당시에도 역시 그랬을 것이다. 「취도전(驟徒傳)」에 태종(무열)대왕 때에 "백제가 조천성으로 쳐들어왔다(百濟來伐助川城)"는 기록이 있지만, 「김흠운전」 및 「김유신전」의 상세한 기사에 모순되는 것을 보면 오류일 것이다. 따라서 두 나라의 경계는 보은, 청산, 옥천, 영동의 서쪽에 있었음을 알 수 있다.

지리산 동쪽 두 나라의 영토

남쪽을 살펴보면, 게이타이 천황 시대(신라 지증왕 말년~법흥왕, 백제 무령왕~성왕 초기)에 임나의 국정이 쇠퇴하여, 그 동쪽인 탁순, 훼와 기탄[탁기탄] 등이 차례로 신라에 함락되자, 임나부 역시 가라에서 안라로 옮기게 되었다. 서쪽 부분인 섬진강의 동쪽은 백제의 영유로 귀속되었다. 그런데 지리산의 동남쪽, 하동의 동북쪽인 반파(伴跛)가 한편으로는 일본에 대항하면서 동시에 다른 한편으로는 신라에 대한 경계를 추가한 것을 보면 협천(陜川), 삼가(三嘉) 방면은 이때 이미 신라의 영유였을 것이다.(제7장 「임나 강역고」 참조) 그렇다면 신라와 백제 두 나라는 자연히 지리산 북쪽에서 접촉하게 된다. 그 지점은 명확하지 않지만, 대략 지금의 경상도와 전라도를 나누는 분수산맥이 자연적인 경계가 되었을 것이다.

4) 신라의 한강 유역 점유 이후 신라와 백제의 경계

신라의 한강 유역 점유 이후의 남쪽 경계는 제6장 「진흥왕 정복 지역고」에서 서술한 바와 같지만, 그 동쪽 지역에 관해서는 여전히 연구를 요하는 부분이 있다. 우선 선례에 따라 이 지방에서 신라와 백제가 충돌한 지점을 추출하여 양국의 경계선을 고찰하는 자료로 삼고자 한다.

백제왕 명례[농]이 가량과 함께 와서 관산성을 공격했다. 군주인 각간 우덕과 이찬 탐지 등이 맞서 싸웠으나 전세가 불리했다. 신주의 군주인 김무력이 주의 군사를 이끌고 나아가 교전했는데, 비장인 삼년산군의 고간 도력[도]가 급히 백제 왕을 공격했다[쳐서 죽였다].(진흥왕 15년, 백제 성왕 32년)

(百濟王明禮[禮]與加良來攻管山城, 軍主角干于德, 伊湌耽知等逆戰失利, 新州軍主金武力, 以州兵赴之, 及交戰, 裨將三年山郡高于都力[刀]急擊[擊殺]百濟王)

왕이 신라를 습격하고자 직접 보병과 기병 50명을 거느리고 밤에 구천에 이르렀는데, 신라의 복병이 나타나 그들과 싸우다가 왕이 난병들에게 살해되었다.(『백제본기』, 성왕 32년, 진흥왕 15년)

(王欲襲新羅, 親帥步騎五十, 夜到[至]狗川, 新羅伏兵發, 與戰, 爲亂兵所害薨)

이 두 조항은 동일한 사실을 말하는 것이지만, 문장이 같지 않은 것은 「신라본기」와 「백제본기」가 각각 근거 사료를 달리했기 때문일 것이다.

관산성

관산성(管山城)은 『일본서기』 「긴메이 천황기」 15년 12월 조항에 수록된 백제왕의 상표(上表)에 함산성(函山城)으로 기록되어 있다.

신이 먼저 동방령인 모노노베노 마카무노무라지를 보내 그 방의 군사를 거느리고 함산성을 공격하도록 했습니다.

(遣東方領物部莫哥武連, 領其方軍士, 攻函山城)

함산성은 일본에서 파견된 내신(內臣)의 군사에 의해 함락된 것 같다. 이 전쟁이 『삼국사기』에는 7월로 되어있지만, 『일본서기』에는 12월 9일로 되어 있다. 그렇지만 12월에 도착한 백제왕의 상표에 12월 9일의 전쟁에 대한 보고가 있었다고 보기는 어려우므로, 이 날짜는 보고가 도착한 시점일 것이다. 일본의 내신이 이끄는 원군이 6월에 백제에 도착했다고 하면, 그들이 참가했던 전쟁은 7월로 보는 것이 전후의 사정에도 들어맞는다. 「지리지」에 의하면 지금의 옥천은 옛 이름이 고시산성(古尸山城)이고, 경덕왕이 개정한 명칭은 관성군(管城郡)이다. 아시량(阿尸良)이 안라(安羅)라고도 불렸던 것처럼 고시산(古尸山)은 예로부터 관산(管山)으로도 불렸던 것 같다. 그렇다면 관산은 지금의 옥천이 아닐까. 그 위치는 『여지승람』 옥천 조항에 "관성향은 군에서 서쪽으로 15리에 있다. 본래 군의 옛 터이다(管城鄉, 在郡西十五里, 本郡古基)"라고 한 지역일 것이다.

구천, 구타모라

「백제본기」에 나오는 구천(狗川)도 이 부근이겠지만 마찬가지로 분명하지 않다. 온조왕 11년 조항에 보이는 구천(狗川)과는 다른 지역인 듯하다. 『일본서기』에 의하면, 이 전쟁 때 백제 왕자 여창(餘昌)이 신라에 침입해서 구타모라(久陀牟羅)에 성을 쌓았는데 성왕이 이를 돕기 위해 가는 도중 신라의 공격을 당하여 전사했다고 한다. 구타모라라는 지명은 영동군의 옛 이름인 구동(求同, 또는 길동吉同)과 비슷하므로 아마 이곳일 것이다.

이산

「김유신전」에도 이 전쟁에 대한 기록이 있다.

옛날 백제의 명농왕이 고리산에 있으면서 우리나라를 침략하고자 꾀했을 때, 유신의 조부인 무력각간이 우두머리가 되어 [그들을] 맞받아 공격하여, 승세를 타고 그 왕을 사로잡았다.

(昔者百濟明禮王在古利山謀侵我國, 庚信之祖武力角干爲將逆擊[擊之], 乘勝俘其王)

고리산(古利山)의 소재가 분명하지는 않지만, 만약 그것이 옥천과 영동 부근이라면 탄현(炭峴)이 있는 이산(利山)일 것이다. 고(古) 자는 성보(城堡)의 위치가 이동한 적이 있어서 그 후의 옛 땅을 가리켜 부른 지명이 아닐까.

내리서성, 알야산성

다음의 일선(一善)은 지금의 선산(善山)이겠지만, 백제군이 과연 이 지역에 자주 침입했는지는 조금 의심스럽다. 내리서성(內利西城)의 축조가 이 전쟁과 관계가 있는지도 분명하지 않다.

백제가 서쪽 변경의 주와 군에 침입했다. 이찬 세종에게 명하여, 군사를 내어 일선의 북쪽에서 쳐부수고 3천 7백 명의 목을 베었다. 내리서성을 쌓았다.(진흥왕 2년, 백제 위덕왕 24년)

(百濟侵西邊州郡, 命伊湌世宗出師擊破之於一善北, 斬獲三千七百級, 築內利西城)

백제에게 알야산성을 주었다.(진흥왕 3년, 백제 위덕왕 25년)

(與百濟闕也山城)

「지리지」에 의하면 전라도 여산(礪山)의 옛 이름이 알야산현(闕也山縣)이지만, 백제에게 주었다고 하는 기재가 과연 사실이라면 이 알야산(闕也山)은 결코 여산은 아니다.

웅현성 및 송술성

백제가 웅현성과 송술성을 쌓아 산산성, 마지현성, 내리서성의 길을 막았다.(진흥왕 4년, 백제 위덕왕 26년)

(百濟築熊峴城, 松述城, 以梗㪍山城, 麻知峴城, 內利西城之路)

"길을 막았다"는 것은 세 성의 연락을 끊었다는 뜻인지, 혹은 세 성으로부터 백제로 침입하는 것을 막았다는 뜻인지 분명하지 않다. 웅현(熊峴)은 『여지승람』에 의하면 보은현치(報恩縣治)에서 북쪽으로 27리에 있는 지역의 이름이다. 그렇지만 「대동여지도」에는 그 동쪽, 즉 속리산 남쪽에도 같은 지명이 있으므로 인용문에서 말한 웅현이 어느 쪽인지 알 수 있는 방법이 없다. 문무왕 원년 조항에 웅현정(熊峴停)이 나오는 것으로 보아 보은 방면인 듯하다.(제10장 「백제 전역 지리고」 참조) 다른 네 성의 위치는 전혀 알 수가 없다.

아막산성

왕이 군사를 출동시켜 신라의 아막산성(모산성이라고도 한다)을 포위했다 (중략) 우리 군사가 불리하여 돌아왔다. 신라가 소타, 외석, 천산, 옹잠 등 4성을 쌓고 우리 영토의 경계에 침범했다. 왕이 노하여 좌평 해수에게 명령하여 [보병과] 기병 4만 명을 거느리고, 4성을 공격케 하였다. (중략) 불리해지자 군사를 이끌고 천산 서쪽의 대택지로 퇴각했다.(「백제본기」무왕 3년)

(王出兵圍新羅阿莫山城(一名母山城) (中略) 我兵失利而還, 新羅築小陁, 畏石, 泉山, 甕岑, 四, 城 侵逼我疆境, 王怒令佐平解讎, 帥騎[步騎]四萬, 進攻其四城 (中略) 不利, 引軍退於泉山西大澤中)

아막성(阿莫城)은 「지리지」에 "운봉현은 원래 모산현이다(아영성 혹은 아막성이라고도 한다)(雲峰縣, 本母山縣(或云阿英城 或云阿莫城))"고 했으므로 운봉(雲峰)인 것 같은데, 이 또한 북쪽의 모산성(母山城)이 아닐까. 아막산(阿莫山)과 모산(母山)은 같은 발음을 다르게 표기한 것일 것이다. 4성의 위치 또한 명확하지 않지만, 옹잠(甕岑)이 만약 옹산(甕山)과 같은 것이라면 이 역시 백제의 동북 방면에 해당할 것이다.(제10장「백제 전역 지리고」참조)

각산성

다음 두 기록에 있는 각산(角山)은 같은 것으로, 두 나라의 국경일 것이다. 지금의 영동현(永同縣) 안에 남각산(南角山)이 있는데, 어떤 관계가 있는지는 모르겠다.

각산성을 쌓았다.(「백제본기」무왕 6년)

(築角山城)

여름 4월 19일에 군사를 돌이켰는데 (중략) 빈골양에 이르러 백제의 군사를 만났다. (중략) 상주와 야[낭]당은 각산에서 적을 만났으나 진격하여 이기고, 드디어 백제의 진지에 들어갔다.(『신라본기』무열왕 8년, 백제 멸망 때)

(夏四月十九日班師 (中略) 至賓骨壤, 遇百濟軍 (中略) 上州耶[郎]幢遇賊於角山, 而進擊克之, 遂入百濟屯堡)

적암성

적암성(赤巖城)은 지금의 보은현 안에 적암(赤巖)이라는 지역이 있다.

적암성을 쌓았다.(『백제본기』무왕 12년, 진평왕 33년)

(築赤巖城)

가잠성

가잠성(椵岑城)은 북한산주(北漢山州)와 금산(金山)의 중간일 것이다. 이 또한 어쩌면 보은 방면일지도 모르겠다.

백제의 군사가 가잠성을 포위하여 백일현령[포위한지 100일, 현령] 찬덕이 굳게 지켰으나 힘이 다하여 죽고 성은 함락되었다.(진평왕 33년, 무왕 12년)

(百濟兵來圍椵岑城, 百日[椵岑城百日,]縣令讚德固守, 力竭死之, 城沒)

북한산주의 군주인 변품이 가잠성을 되찾으려고 군사를 일으켜서 백제와 싸웠다.(진평왕 40년, 무왕 19년)

(北漢山州軍主邊品謀復椵岑城, 發兵與百濟戰)

건복 35년 무인년에 왕이 해론을 금산 당주에 임명하여 한산주 도독 변품과 함께 군사를 일으켜 가잠성을 습격하여 빼앗았다.(『해론전(奚論傳)』)

(建福三十九年戊寅, 王命奚論爲金山幢主, 與漢山州都督邉品, 興師襲椵岑城 取之)

백일현(百日縣)은 다른 기록에 보이지 않는다.

늑노현

백제가 모산성을 공격했다.(진평왕 38년, 무왕 17년)

(百濟來攻母山城)

백제가 늑노현을 습격했다.(진평왕 45년, 무왕 24년)

(百濟襲勒弩縣)

모산성(母山城)은 앞에서 언급했고, 이 늑노현(勒弩縣)의 위치는 알 수가 없다.

속함 등 6성

다음 6성의 소재 역시 알 수가 없다.

백제의 군사가 와서 우리의 속함, 앵잠, 기잠, 봉잠, 기현, 혈책 등 여섯 성을 포위했다. 이에 세 성은 함락되거나 혹은 항복했다. 급찬 눌최가 봉잠, 앵잠, 기현 세 성의 군사와 합하여 굳게 지켰으나 이기지 못하고 전사했다.(진평왕 46년, 무왕 25년)

(百濟兵來圍我速含, 櫻岑, 歧岑, 烽岑, 旗懸, 穴柵等六城, 於是, 三城或沒, 或降, 級湌訥催合烽岑, 櫻岑, 旗懸, 三城兵堅守, 不克死之)

노진성

「눌최전(訥催傳)」에 다음과 같은 기록이 있지만, 노진성(奴珍城)도 분명하지 않다.

이보다 앞서, 국가에서 <u>노진</u> 등 여섯 성을 쌓으려고 했으나 겨를이 없었는데, 마침내 그 땅에 성을 쌓는 것을 마치고 돌아왔다. 이에 백제의 침공이 더욱 급박해져 속함, 기잠, 혈책 세 성이 혹은 함락되거나 혹은 항복했다. 눌최는 세 성으로 굳게 지켰다.

(先是, 國家欲築奴珍等六城, 而未遑, 遂於其地築畢而歸, 於是, 百濟侵攻愈急, 速含, 歧岑, 穴柵三城, 或滅或降, 訥催以三城固守)

주재성

주재성(主在城) 역시 분명하지 않다.

백제가 <u>주재성</u>을 공격했다.(진평왕 48년, 무왕 27년)

(百濟攻主在城)

백제의 장군 사걸이 서쪽 변경의 두 성을 함락시켰다.(진평왕 49년, 무왕 28년)

(百濟將軍沙乞拔西鄙二城)

왕이 신라에 빼앗긴 땅을 회복하고자 대대적으로 군사를 일으켜 웅진에 주둔했다. 신라왕 진평이 이를 듣고 당에 사신을 보내 위급함을 고했다. 왕이 이를 알고 중지했다.(「백제본기」무왕 28년)

(王欲復新羅侵地分, 大擧兵, 出屯於熊津, 羅王眞平聞之, 遣使告急於唐, 王聞之, 乃止)

　신라에 빼앗긴 땅은 대략 한강 유역을 가리키는 것일 것이다. 「신라본기」에는 이 해에 당에 대한 조공 기사는 있지만, 특별히 "위급함을 고했다"고 할 만한 내용은 보이지 않는다. 그렇지만 「백제본기」에는 위에 인용한 문장 뒤에 당 태종이 백제의 조공 사절에게 칙서를 내려 신라와 화친할 것을 명한 기사가 있다. 따라서 신라는 백제와의 관계에 대해 당에 특별한 진정을 넣었을 것이다. 그 내용은 알 수 없지만, 2년 전에 당에게 "고구려가 길을 막고 조공을 하지 못하게 했다(高句麗塞路, 使不得朝)"고 호소한 바 있으므로, 백제에 관해서도 역시 같은 호소를 했을 것이다. 이는 조공하지 못한 핑계이기도 하지만, 사실상 백제가 항상 신라의 조공로에 해당하는 한강 유역을 위협했던 것이다. 당시 백제의 침략적인 태도는 신라로 하여금 공포를 느끼게 했을 것이다. 한강 유역 새 영토의 안전을 보장할 수 없었을 뿐만 아니라 백제와 고구려의 연합이 촉진되는 상황이었고, 또한 당과의 교통로가 끊길 우려가 있었기 때문이다. 따라서 백제의 공격 지점이 항상 북쪽에 있었다는 것을 저절로 알 수 있게 된다.

　백제가 가잠성을 포위했는데, 왕이 군사를 내어 쳐서 깨뜨렸다.(진평왕 50년, 무왕 29년)

(百濟圍椵岑城, 王出師擊破之)

가잠성(椵岑城)에 관해서는 앞에서 언급했다.

서곡성

다음 두 조항은 동일한 사건으로 보인다. 서곡성(西谷城)의 소재는 분명하지 않다.

백제가 서쪽 변경을 침략했다.(선덕왕 2년, 무왕 34년)

(百濟侵西邊)

장수를 보내 신라의 서곡성을 공격했다.(「백제본기」 무왕 34년)

(遣將攻新羅西谷城)

독산성

독산성(獨山城)이 충주 보은 지방 부근이라는 것은 이미 언급했다.

백제의 장군 우소가 독산성을 습격하려고 무장한 군사 5백 명을 이끌고 와서 그곳에 숨어 있었다. 알천이 갑자기 쳐서 그들을 모두 죽였다.(선덕왕 5년, 무왕 37년)

(百濟將軍于召, 欲襲獨山城, 率甲士五百人, 來伏其處, 閼川掩擊盡殺之)

이 성은 「백제본기」 성왕 26년 조항에 고구려에게 공격당한 기사가 있으므로 원래 백제의 영유였다. 신라에 귀속된 것은 대략 진흥왕 15년에 충주 방면을 점령했을 때일 것이다.

당항성

7월에 백제왕 의자가 군사를 크게 일으켜 나라 서쪽의 40여 성을 쳐서 빼앗았다.(선덕왕 11년, 의자왕 2년)

(七月百濟王義慈大擧兵攻取國西四十餘城)

8월에 (백제가) 또 고구려와 함께 모의하여 당항성을 빼앗아 당과 통하는 길을 끊으려고 했으므로, 왕이 사신을 보내어 태종에게 위급함을 알렸다.(선덕왕 11년, 의자왕 2년)

(八月, 又與高句麗謀欲取党項城, 以絶歸唐之路, 王遣使告急於太宗)

7월의 기사는 「백제본기」에는 "하미후 등 40여 성을 함락시켰다(下獼猴等四十餘城)"고 기록되어 있는데, 하미후(下獼猴) 등의 소재는 분명하지 않다. 당항성(党項城)은 지금의 안산(安山) 부근일 것이다.(제6장 「진흥왕 정복 지역 고」참주) 고구려와 백제는 해상으로 연락하면서 신라와 당의 교통로를 차단하려고 했을 것이다.

대야성

이 달(8월)에 백제 장군 윤충이 군사를 이끌고 대야성을 공격하여 함락시켰는데, 도독인 이찬 품석과 사지인 죽죽, 용석 등이 죽었다. 겨울에 왕이 장차 백제를 쳐서 대야에서의 싸움을 보복하고자 했다.(선덕왕 11년)

(此[是]月, 百濟將軍允忠領兵攻拔大耶城, 都督伊湌品釋, 舍知竹竹龍石等死之, 冬, 王將伐百濟以報大耶之役)

왕이 유신을 대장군으로 삼아 군사를 거느리고 백제를 칠 것을 명했다. 크

게 이겨서 일곱 성을 빼앗았다.(선덕왕 13년, 의자왕 4년)

(王命庾信爲大將軍, 領兵伐百濟, 大克之, 取城七)

대야성(大耶城) 전투에 대해서는 「김유신전」에 "선덕대왕 11년 임인년에 백제가 대량주를 함락시켰다(善德大王十一年壬寅, 百濟敗大梁州)"는 기록이 있다.

가혜성, 성열성, 동대성, 매리포성

「김유신전」은 또 선덕왕 13년의 전투에 대해서 다음과 같이 전한다.

유신이 압량주 군주가 되었다. 13년에 (중략) 왕이 명하여 상장군으로 삼고 군사를 거느리고 백제 가혜성, 성숙[열]성, 동대성 등 7성을 치게 하여 크게 이겼다. 그로 인하여 가혜 창고[나루]를 열었다. 을축년 정월에 돌아와서 왕을 뵙기도 전에, 변경을 지키는 관리가 백제의 대군이 몰려와 우리의 매리포성을 공격한다는 급보를 보냈다. 왕이 다시 유신을 발탁하여 상주장군으로 삼아 그들을 막도록 명령했다.

(庾信爲押梁州軍主, 十三年 (中略) 王命爲上將軍, 使領兵伐百濟加兮城, 省熱[熱]城, 同大城等七城, 大克之, 因開加兮之庫[津], 乙丑正月, 歸未見王, 封人急報百濟大軍來攻我買利浦城, 王又拜庾信, 爲上州將軍令拒之)

대야성(大耶城), 대량주(大梁州)는 「지리지」에 나오는 대량주(大良州)로, 지금의 협천(陜川)일 듯하다. 가혜성(加兮城)은 「지리지」에 고령군(高靈郡)의 속현인 신복현(新復縣)의 옛 이름이 가시혜성(加尸兮城)이라고 했는데 아마 그곳일 것이다. 그 지역이 지금은 분명하지 않지만, 고령(高靈) 부근이라는 것은 확실하다. 『여지승람』 고령 조항에는 다음과 같은 기록이 있지만 가부에 대해서는 알 수 없다.

살피건대, 현의 서쪽 10리 되는 곳에 있는 가서곡이라는 지명은, 시혜가 변하여 서가 된 것으로 추측한다.

(按, 縣西十里, 地名有加西谷者, 疑尸兮轉爲西)

일본사를 살펴보면, 긴메이 천황 시대에 임나부가 멸망하고 그 영토는 신라의 영유가 되었지만, 백제가 점령했던 진주 지방은 여전히 백제 손에 있었을 것이다. 그리고 반파국 및 그 부근 지역도 그 무렵 신라의 영토로 들어갔을 것이므로, 두 나라는 이때부터 진주의 동쪽과 북쪽에서 서로 접촉하게 되었을 것이다.(제7장 「임나 강역고」 참조) 그렇다면 백제는 한편으로는 진주에서, 또 한편으로 거창 방면에서 진격하여 협천을 공격하는 것이 반드시 불가능하지는 않았을 것이다. 그리고 가시혜가 백제에 귀속된 것을 보면, 백제는 협천을 공격하여 한라시킴과 동시에 일단 그 일대를 점령했을 것이다. 성숙[열]성(省熟[熱]城), 동대성(同大城), 매리포성(買利浦城)은 분명하지 않지만, 가혜성과 마찬가지로 협천 부근일 것이다.

태종이 몸소 고구려를 정벌했으므로 왕이 군사 3만 명을 내어 도왔다. 백제가 그 빈틈을 타서 나라 서쪽의 일곱 성을 쳐서 빼앗았다.(선덕왕 14년, 의자왕 5년)

(太宗親征高麗[句麗], 王發兵三萬, 以助之, 百濟乘虛, 襲取國西七城)

일곱 성은 이름이 나와 있지 않으므로 소재를 알 수가 없다. 다만 나라에 서쪽에 있다는 것에 유의해야 할 것이다.

무산성, 감물성, 동잠성

신라의 무산성 아래에 주둔하여, 군사를 나누어 감물과 동잠 두 성을 공격했다.(「백제본기」 의자왕 7년, 진덕왕 원년)

(進屯新羅茂山城下, 分兵攻甘勿, 桐岑二城)

「지리지」에 의하면 지금 무주현(茂朱縣)의 옛 이름이 무산(茂山)이다. 그렇지만 무주 지방이 신라의 영유였는지는 의심스럽다. 동잠(桐岑)은 「백제본기」 의자왕 19년 조항에 "장수를 보내 신라의 독산과 동잠 두 성을 침공했다(遣將侵攻新羅獨山, 桐岑二城)"는 기록이 있으므로 독산성 부근인데, 그렇다면 무산도 역시 같은 지방일 것이다. 감물(甘勿)은 지금의 충주에 감물내미면(甘勿內彌面)이 있는데 그곳일지도 모르겠다. 그렇다면 무산은 모산(母山)의 또 다른 표기가 된다.

3월에 백제의 장군 의직이 서쪽의 변경을 침공하여 요거 등 10여 성을 함락했다. 왕이 이를 근심하여 압독주의 도독인 유신에게 명하여 그들을 도모하게 했다 (중략) 의직이 대항하자 유신은 군사를 세 길로 나누어 협공했다. 백제의 군사가 패하여 달아났는데, 유신이 추격하여 거의 다 죽였다.(진덕왕 2년, 의자왕 8년)

(三月百濟將軍義直侵西邊, 陷腰車等一十餘城, 王患之, 命押督州都督庾信, 以謀之 (中略) 義直拒之, 庾信分軍爲三道, 夾擊之. 百濟兵敗走, 庾信追北殺之, 幾盡)

이에 대한 「백제본기」의 기록은 다음과 같다.

3월, 의직이 신라 서부 변경의 요거 등 10여 성을 습격하여 빼앗았다. 여름

4월에 옥문곡으로 진군하니, 신라 장군 유신이 이들과 두 번 전투하여 크게 이 겼다.

(三月, 義直襲取新羅西鄙腰車等一十餘城, 夏四月, 進軍於玉門谷, 新羅將軍庾信逆之再戰大敗之)

요거성(腰車城)이 충주 평원 방면이라는 것은 앞에서 이미 언급했다.

옥문곡, 악성, 진례성

「김유신전」에는 또 다음과 같은 기록이 있다.

이때 유신은 압량주 군주가 되었다. (중략) 대왕에게 고하여 말하기를, 지금 민심을 살펴보니 일을 벌릴 만하옵니다. 청컨대 백제를 쳐 대량주 전투를 보복하고자 합니다, 라고 했다. (중략) 드디어 주의 군사들을 선발하여 단련시켜 저에게 나아가서 대량성 밖에 이르렀는데, 백제가 오히려 맞서서 막았다. 이기지 못하여 도망치는 체하면서 옥문곡까지 이르니 백제가 그들을 가볍게 여겨 많은 병사들을 거느리고 왔다. 복병이 그 앞뒤에서 일어나 공격하여 그들을 크게 물리쳤는데, 백제 장군 8명을 사로잡고, 죽이거나 사로잡은 이가 1천 명에 달했다. (중략) 승세를 타고 마침내 백제의 영역으로 들어가 악성 등 12성을 공격하여 빼앗고, 2만 명을 참수했으며 9천 명을 사로잡았다. 공을 논하여 이찬으로 승진시키고 상주행군대총관으로 삼았다. 또 적의 경내로 들어가 진례성 등 9성을 무찔러 9천여 명을 참수하고 포로로 6백 명을 획득했다.

(時庾信爲押梁州軍主 告大王曰, 今觀民心, 可以有事. 請伐百濟, 以報大梁州之役 (中略) 遂簡練州兵, 赴敵, 至大梁城外, 百濟逆拒之, 佯北不勝, 至玉門谷, 百濟輕之, 大率衆來, 伏發擊其前後, 大敗之, 獲百濟將軍八人, 斬獲一千級 (中略) 遂乘

勝入百濟之境, 攻拔嶽城等十二城, 斬首二萬餘級, 生獲九千人, 論功增秩伊湌爲
上州行軍大摠管, 又入賊境, 屠進禮等九城, 斬首九千餘級, 虜得六百人)

「김유신전」에는 날짜가 빠져 있지만, 이 전쟁은 진덕왕 원년 10월 전투
뒤, 진덕왕 2년 8월 이전으로 기록되어 있으므로 요거성(腰車城) 전투가 있
었던 진덕왕 2년 3~4월의 사건으로 볼 수 있다. 또 「백제본기」에 "옥문곡
으로 진군하니, 신라 장군 유신이 이들과 두 번 전투하여 크게 이겼다"고
한 것과도 부합한다. 그런데 「김유신전」의 옥문곡(玉門谷)은 대야성(大耶城)
부근인데, 「백제본기」의 옥문곡은 앞에서 충주 방면으로 고증했다. 「백제
본기」와 「김유신전」의 기록이 모두 사실이라면, 같은 시기에 같은 이름을
가진 두 지역에서 김유신이 백제군을 쳐부순 것이 된다. 「백제본기」의 4월
조항을 3월의 전투와 분리해서 볼 수 없는 이유는 「신라본기」의 본문을 참
조하면 바로 알 수 있다. 그렇지만 대야성을 충주 방면으로 보기는 어렵고,
옥문곡에 가깝다고 한 독산성을 대야성 방면으로 보는 것도 역시 어려우므
로, 이 두 전쟁은 동일한 사실로 볼 수는 없을 것이다. 그러므로 이 모순은
옥문곡이라는 같은 이름에서 비롯된 사필의 혼동이고, 대야성 부근의 전
투는 시기가 다른 전투일 것이다. 그런데 무열왕 8년(백제 멸망 무렵) 조항에
"압독주를 대야로 옮겼다(移押督州於大耶)"는 기록이 있으므로, 당시 그것은
신라의 영유였다는 것을 알 수 있다. 따라서 김유신의 이 전투는 그 이전에
있었던 일이며, 대야는 그때 신라가 되찾게 되었을 것이다. 또 협천을 신라
가 되찾았다고 한다면, 같은 지방에서 백제가 점령했던 지역도 신라가 차
지했을 것이다. 악성(嶽城)은 분명하지 않지만 특별히 "백제의 경내로 들어
갔다"는 기록이 있으므로, 백제의 본토인 전라도 동쪽 경계일 듯하다. 또
한 진례성(進禮城)은 「지리지」 전주(全州) 조항에 나오는 진례군(進禮郡)으로

여겨진다. 진례군은 지금의 금산(錦山)이다.

석토성 및 도살성

석토성(石土城) 등은 도살성(道薩城)에 가깝다. 도살성이 충주 평원의 서남쪽이라는 것은 이미 언급했다.

백제의 장군 은상이 무리를 거느리고 와서 <u>석토</u> 등 일곱 성을 공격하여 함락시켰다. 왕이 대장군 유신 등에게 (중략) 나가서 막게 했다. 이곳저곳으로 이동하며 10여 일 동안 싸웠으나 해결이 나지 않았으므로 <u>도살성</u> 아래에 나아가 주둔했다. (중략) 유신 등이 진격하여 크게 이겼다.(진덕왕 3년, 의자왕 9년)

(百濟將軍殷相率衆來攻陷石吐等七城, 王命大將軍庾信 (中略) 出拒之. 轉鬪經旬不解, 進屯於道薩城下 (中略) 庾信等進擊大敗之)

도비천성

도비천성 및 조천성에 대해서는 앞에서 이미 설명했다.

영휘 6년(무열왕 2년, 의자왕 15년), 유신이 백제에 들어가 <u>도비천성</u>을 공격하여 이겼다.(『김유신전』)

(永徽六年乙卯秋九月, 庾信入百濟攻刀比川城)

백제 땅에 이르러 양산 아래에 군영을 설치하고, 나가 <u>조천성</u>을 공격하려 했다.(『김흠운전(金歆運傳)』)

(抵百濟之地, 營陽山下, 欲進攻助川)

태종대왕 때에 백제가 조천성을 공격해 왔다.(「취도전(驟徒傳)」)

(太宗大王時, 百濟來伐助川城)

다음의 33성은 명칭도 위치도 알 수 없지만, 전후의 교전 지역 대부분이 충주와 보은 방면이므로 이들도 마찬가지일 것이다. 아마 고구려는 원주 방면에서 출동했을 것이고, 말갈은 강원도 주민일 것이다.

고구려가 백제, 말갈과 더불어 군사를 연합하여 우리의 북쪽 변경을 침략하여 33성을 탈취했다.(무열왕 2년, 의자왕 15년)

(高句麗與百濟靺鞨連兵侵我北境, 取三十三城)

장수를 보내 신라의 독산과 동잠 두 성을 침공했다.(「백제본기」의자왕 19년, 무열왕 6년)

(遣將侵攻新羅獨山, 桐岑二城)

위의 독산성과 동잠성도 이미 앞에서 언급했다.

왕이 유신, 진주, 천존 등과 함께 군사를 거느리고 서울을 출발했다. 6월 18일에 남천정에 다다랐다. 정방은 내주에서 출발하니 많은 배가 1천 리에 이어져서 흐름을 따라 동쪽으로 내려왔다. 21일에 왕이 태자 법민을 보내 병선 1백 척을 거느리고 덕물도에서 소정방을 맞이했다.(무열왕 7년, 의지왕 27년)

(王與庚信眞珠天存等, 領兵出京, 六月十八日次南川停, 定方發自萊州, 舳艫千里, 隨流東下, 二十一日, 王遣太子法敏, 領兵船一百艘, 迎定方於德物島)

당의 군사와 연합하여 백제를 토벌하기 위해 신라왕이 친히 출전한 기사이다. 남천(南川)은 「지리지」에 의하면 지금의 이천(利川)이고, 덕물도(德物島)는 남양만 혹은 인천만의 한 섬일 것이다.(제6장 「진흥왕 정복 지리고」 참조)

왕은 군대가 패배했음을 듣고 크게 놀라서 장군 금순정[금순]을 보내어 (중략) 군사를 증원하여 구원케 했으나, 가시혜진에 이르러서 군대가 물러나 가소천에 이르렀다는 것을 듣고 이에 돌아왔다.(무열왕 8년)

(王聞軍敗大驚, 遣將軍金純貞[金純] (中略) 濟師救援, 至加尸兮津, 聞軍退至加召川, 乃還)

사비(泗沘) 함락 후, 백제인의 반항에 부딪혀서 신라군이 패배했을 때, 신라에서 원군을 보낸 기사이다. 가시혜(加尸兮)는 앞에서 언급했고, 가소천(加召川)은 「지리지」에 거창군의 속현으로 기록된 가소현(加召縣)에 있는 하천일 것이다. 『여지승람』에 의하면 가소현은 지금의 가조(加祚)로서, 거창군치의 동쪽 15리에 있다. 그렇다면 가소천은 가조천일 것이다. 이를 통해 고령과 거창 지방이 신라의 영토였음을 알 수 있다.

거열성에 관한 「지리지」의 오류

다음의 거열성(居列城)에 대해서는 의문점이 있다.

백제의 거열성을 쳐서 빼앗고 (중략) 또 거물성과 사평성을 공격하여 항복을 받았고, 또 덕안성을 공격했다.(문무왕 3년)

(攻取百濟居列城 (中略) 又攻居勿城, 沙平城降之, 又攻德安城)

신문왕 5년 조항에 "거열주를 빼고 청주를 설치함으로써 비로소 9주가 구비되었다(挺居列州以置菁州始備九州)"는 기사가 있다. 그런데 「지리지」진주(晋州) 조항에는 "신문왕 5년에 (중략) 거타주를 나누어 청주를 설치했다(神文王五年 (中略) 分居陁州置菁州)"고 했으며, 또 거창군 조항에는 "본래 거열군이다(거타라고도 한다)(本居烈郡(惑云居陀))"라고 되어 있다. 「지리지」의 설명에 의하면 거열주의 치소는 거창으로, 거열성이 바로 그것일 것이다. 신라 통일 후에 이르러 주(州)의 일부를 나누어 지금의 진주에 치소를 두고, 그것을 청주(菁州)라고 명명한 듯하다. 그렇지만 거창과 진주는 거리가 멀지 않은데 9주 중에 두 곳을 여기에 두었다는 것은 조금 사리에 맞지 않는 듯하다. 또 신문왕 5년 조항의 '정(挺)' 자를 '분(分)' 자로 해석한 것도 조금 억지인 듯하다. 어쩌면 거타주(居陁州)의 치소를 거창에서 진주로 옮겼다는 뜻으로 해석될 수 있겠다. 그렇지만 거창은 산간벽지이므로 한 주의 치소로 삼기에 적당한 지역은 아닌 듯하다. 또 본문에 "백제의 거열성"이라고 했는데, 거창은 대야성(협천)과 함께 한때 백제에 점령당한 일이 있기는 하지만 대야 방면을 신라가 되찾고 압독주(押督州)가 그곳에 옮겨진 후에도 백제가 계속 영유했다고는 볼 수 없다. 신라군이 아무렇지도 않게 가소천(加召川) 부근에 왔다는 것을 보아도 당시 거창이 신라에 귀속되었다고 추측할 수 있을 듯하다. 『고려사』 「지리지」 및 『여지승람』 진주 조항에 특별히 "백제의 거열성"이라고 한 것도 이유가 있을 것인데, 옛날부터 전해오는 어떤 기사가 존재했던 것은 아닐까. 이상을 정리하면, 거열군(居列郡)은 처음부터 지금의 진주 지역에 있었던 것으로, 「지리지」가 거열군을 거창으로 생각한 것은 명칭이 비슷한 데서 온 오류인 것 같다. "거열주를 빼고 청주를 설치했다"는 기록은, 거열이 군 혹은 현의 위치에 있었던 것을 빼내어 주치로 삼고 청주라는 이름을 붙였다는 뜻이 아닐까. 그렇다면 본문의 거열성도 역시 진주일 것이다. 문무왕 3년은 백제가 이미 한번 멸망하여 잔당들이 남은 힘을 부리고 있던 시기이지만, 진주처럼 오랫동안 백제의 영유였던 곳이 여전히 그 손 안에 있다는 것은 이상한 일이 아니다.

거물성, 사평성, 덕안

거물성(居勿城), 사평성(沙平城)은 알 수가 없다. 덕안(德安)은 전라도 방면 인 듯하다.(제10장 「백제 전역 지리고」 참조)

두 나라의 충돌 지점

이상 열거한 것과 같이 대단히 번잡하기는 하지만 두 나라의 충돌 지역 으로 대략 그 방위를 알 수 있는 것은 충주, 보은 방면과 대야성 방면 두 지 방에 지나지 않는다. 소재지를 알기 어려운 지역도 백제의 동북쪽 경계, 즉 충주와 보은에 인접한 지방으로 짐작되는 곳이 많았다. 이에는 이유가 있 을 것이다

두 나라 경쟁의 대세

대략 한강의 남쪽 일대가 신라의 영유로 귀속된 후에는 백제는 동쪽과 북쪽 두 방면에서 신라의 압박을 받았을 것이다. 한강 유역이 여전히 고구 려의 영토였을 때 백제는 북쪽에서는 고구려에게 압박을 당했지만, 동쪽에 있는 신라와 연합하여 고구려에 대항할 방법이 있었으며, 고구려도 역시 신라의 견제가 있었으므로 한결같이 백제로 돌진할 수는 없었다. 때문에 고구려의 압박은 현저하게 완화되었지만, 신라가 고구려를 대신하기에 이 르자 백제는 생사기로에 서는 어려운 상황에 빠진 것이다. 백제로서는 백 방으로 힘을 다해 자구책을 모색하지 않을 수 없었다.

백제의 신라에 대한 정책

백제는 우선 북쪽에서 신라를 배제시킬 필요가 있었는데, 한산(漢山) 방면을 향해 정면으로 공격하는 것은 너무 많은 힘이 필요하므로, 차라리 보은과 충주 방면을 위협하여 신라 본국과 한산 지방의 연결을 끊는 것이 유리했을 것이다. 따라서 백제는 이때부터 군비를 정비하여 이 지방에 대한 침략적인 태도를 취하기에 이른 것이다. 이것이 보은과 충주 방면에서 두 나라의 충돌이 극심해진 이유이다. 이 지방에 대한 백제의 침략적 태도는 세력이 훨씬 뛰어난 신라로서도 항상 방어에 곤란을 겪게 한 것이었다. 신라는 국력은 백제보다 훨씬 컸지만, 한강 유역의 영토는 멀리 서북쪽으로 돌출되어 고구려와 백제 두 나라 사이에 끼어서 남북으로 적을 마주하는 곳이었으므로 유지에 대단한 노력이 필요했을 것이다.

신라의 백제에 대한 정책

신라가 백제에 대해 항상 방어적 태도를 취한 이유 역시 여기에 있을 것이다. 그리고 압박이 더욱 심해지자 멀리 당에 의뢰하여 조력을 구할 수밖에 없었던 것이다. 그러므로 100여 년에 걸친 이 지방의 전투는 신라인들의 뇌리에 깊게 박혀서 잊을 수 없는 기억으로 남았을 것이다. 후세 사람이 두 나라의 충돌을 생각할 때마다 반드시 이 지방을 먼저 상기하는 것도 자연스럽다. 나물왕 이전 전설 시대의 양국 충돌 무대가 역시 이 지방인 것은 바로 이 때문일 것이다. 제2절 마지막 부분에서 암시했던 것이 이 점에 대한 것이다.

북쪽의 경계선

충돌 지점이 이 지방에 많았던 이유가 이상과 같다면, 이 방면에서 두 나라의 경계가 진천, 괴산, 보은, 옥천, 영동의 서남쪽을 잇는 선에 가까웠다는 것이 증명될 듯하다.(제6장「진흥왕 정복 지역고」참조) 이 대략적인 경계는 대개 진흥왕 11년 이전 고구려와 백제 및 신라와 백제가 경계를 접했던 곳이다. 다만 금현성과 독산성은 당시에 백제의 영유였다가 이 시기 이후 신라의 영유가 된 것으로, 앞에서 인용한 진흥왕 11년 및 선덕왕 5년 기사를 통해 살펴본 바와 같다. 그 외에 한두개 성지(城池)의 소속에 이동이 없지는 않지만, 영토에 커다란 증감은 없었을 것이다.

남쪽의 경계선

남쪽에서는 신라가 진흥왕 이전에 이미 협천과 삼가(三嘉) 방면을 영유했는데, 임나부의 멸망과 동시에 동쪽에서 진격하여 임나의 옛 땅을 대부분 점유했다. 일본사에는 반파의 멸망에 대해 분명하게 나오지 않지만, 대세로 볼 때 임나부가 멸망한 무렵에 이미 신라에 병합되었을 것이다. 그렇다면 기비산을 중심으로 한 분수산맥의 동쪽, 즉 함양, 운봉 지방은 반파와 함께 신라의 영유로 귀속되었을 것이다. 따라서 하동과 진주에 있는 백제의 영토는 동쪽과 북쪽 두 방면에서 신라에 압박을 당하기에 이르렀다. 백제는 한때 협천 지방을 점령한 일이 있었지만 얼마 안가 신라가 되찾았으므로, 남쪽 경계는 백제의 멸망 때까지 커다란 변화가 없었을 것이다.

5) 결론

이상의 고증을 개괄하면 다음과 같다.

제1기, 고구려의 한강 유역 점령 이전에는 대략 지금의 경상도와 충청도 사이에 길게 뻗쳐 있는 분수산맥이 신라와 백제의 경계가 되었다. 남쪽에는 접촉 지점이 없다.

제2기, 신라의 한강 유역 점유 이전에는 보은, 청산, 옥천, 황간, 영동의 서쪽을 잇는 선이, 그 남쪽은 제1기의 경계인 분수산맥을 따라 지리산 북쪽에 이르는 선이 경계가 되었다.

제3기, 신라의 한강 유역 점유 이후에는 남양만 남쪽에서 직산(稷山), 진천(鎭川), 청안(淸安)의 남쪽을 연결하고, 남쪽으로 꺾어서 보은에 이르며, 제2기의 경계선에 따라 지리산 산맥의 서남쪽 기슭에서 진주의 동북쪽을 둘러싸는 선이 경계이다.

10. 백제 전역 지리고

부도 5. 신라와 백제의 경계 변천도 참조

고대 일본의 한반도 정책에 있어서 최후의 실패를 보여주는 것이자 신라 통일의 발단이 된 백제의 멸망은 동아시아 역사상 흥미로운 사건이다. 본 장에서는 이 전쟁의 지리적 관계에 대해 상세히 고찰하고자 한다.

나당 연합군의 작전 계획

현경(顯慶) 5년(백제 의자왕 20년, 신라 무열왕 7년, 일본 사이메이齊明 천황 6년), 당은 소정방(蘇定方)을 보내어 신라와 연합해서 백제를 치게 했다. 이 해 5월 26일 신라 무열왕은 병사를 거느리고 수도를 출발하여 6월 18일에 남천정 (南川停)에 이르렀는데, 소정방의 군사가 해로로 덕물도(德勿島)에 왔다는 소식을 듣고, 태자 법민(法敏) 등으로 하여금 병선을 거느리고 가서 만나게 했다. 그리고 소정방의 당군은 수로로, 신라군은 육로로 진격해서 7월 10일에 사비성 부근에서 만나 바로 도성 공격을 개시할 것을 약속했다. 소정방은 법민으로 하여금 왕에게 결과를 보고하고 병마를 징발하게 했다. 무열왕은 이를 수락하여 법민에게 김유신과 함께 군사를 거느리고 당군의 행동에 응하도록 하고, 친히 금돌성(今突城)으로 갔다. 이상은 「신라본기」 기록이다. 「김유신전」에 의하면 법민은 사라지정(沙羅之停)에 있었다고 한다.

남천(南川)은 지금의 이천(利川)이고, 덕물도는 인천만 혹은 남양만에 있다.(제6장 「진흥왕 정복 지역고」 참조) 신라왕이 직접 군사를 이끌고 남천으로 가고 태자로 하여금 병선을 거느리고 당군과 만나게 한 것을 보면, 신라는 당군과 함께 북쪽에서 바로 남하하여 백제를 치려고 했던 것 같다. 그렇지만 소정방과 태자 법민의 회견 결과 이 계획은 변경되었다. 당군은 해로로 내려오고, 신라군은 동쪽을 우회하여 진강(鎭江) 어귀에서 양 군사가 만나서 북상하여 사비(泗沘)를 공격하기로 한 것이다.

연합군의 행적

신라군은 7월 9일에 황산(黃山) 벌판에서 백제군과 충돌했고, 힘을 다해 싸워 격파했다. 당군은 기벌포(伎伐浦)로 들어와서 백강(白江)을 거슬러 올라가 예정대로 신라군과 만났다. 이상은 「신라본기」의 내용이고, 「백제본기」에 의하면 신라군은 탄현(炭峴)을 거쳐 백제로 침입한 것 같다. 이 전쟁에 관한 「백제본기」의 기사는 거의 모두 『자치통감(資治通鑑)』과 『당서(唐書)』에서 가져온 것이다. 그런데 유독 방어 계획에 관한 논의만은 중국사에 기록이 없으므로 그 출처가 모호하다. 후세 역사가의 상상에서 나온 것이 아닐까 의심된다. 하지만 후대의 상상이라도 실제 지리적 관계를 근거로 했을 것이므로, 신라군이 탄현에서 들어왔다는 것은 당군이 기벌포로 왔다는 것과 마찬가지로 사실일 것이다.

탄현

탄현의 소재는 분명하지 않지만, 「백제본기」에서 당시 방어 방법과 전략을 강구한 내용을 통해 추정해볼 수 있다.

　백강(혹은 기벌포라고도 한다)과 탄현(혹은 침현이라고도 한다)은 우리나라의 요충지
이다.(의자왕 20년)
　(白江(或云伎伐浦) 炭峴(或云沉峴) 我國之要路之)

　만일 다른 나라 군사가 오거든 육로로는 침현을 통과하지 못하게 하고, 수
군은 기벌포의 연안으로 들어오지 못하게 하십시오.(의자왕 16년)
　(若異國兵來, 陸路不使過沉峴, 水軍不使入伎伐浦之岸)

　당나라 군사가 백강으로 들어오지 못하게 하고, 신라 군사가 탄현을 통과하
지 못하게 했다.(의자왕 20년)
　(使唐兵不得入白江, 羅人未得過炭峴)

　전투의 경과에 대해서는 다음과 같은 기록도 볼 수 있다.

　당과 신라 군사들이 이미 백강과 탄현을 지나니, 장군 계백을 시켜 결사대 5
천 명을 거느리고 황산으로 가서 신라 군사와 싸우게 했다.(의자왕 20년)
　(唐羅之兵[唐羅兵]已過白江炭峴, 遣將軍堦伯, 帥死士五千, 出黃山, 與羅兵戰)

　또 「신라본기」 문무왕 11년 조항에 왕이 백제 주재 당나라 장군에게 준
답서가 수록되어 있는데, 이 전쟁이 다음과 같이 기록되어 있다.

　동서가 서로 화합하고 수군과 육군이 모두 나아갔습니다. 수군이 겨우 백강

어귀에 들어섰을 때 육군은 이미 큰 적을 깨뜨렸습니다.

(東西唱和, 水陸俱進, 船兵僅[纔]入江口, 陸軍已破大賊)

이에 의하면 탄현이 남천에서 우회하여 사비로 나아가는 요충지에 해당함을 알 수 있다. 그런데 「부여읍지(扶餘邑誌)」에는 다음과 같이 기록되어 있다.

탄현은 현의 동쪽 10리에 있다. 신라 김유신이 백제를 치고 진군한 곳으로, 긴 골짜기가 수십리이다.

(炭峴在縣東十里, 新羅金庾信伐百濟進兵處, 長谷幾十里)

이 기록은 믿기 어려운데, 이렇게 도성에 근접한 지역이라고는 할 수 없을 것이다. 신라와 백제 두 나라 군사가 황산벌에서 충돌한 것은 앞의 인용을 통해 볼 때 명백히 신라군이 탄현을 지난 후의 일이다. 그런데 탄현이 현의 동쪽 10리에 있다면, 도성과 탄현의 사이에는 황산벌이라 불리는 대규모 전투를 벌일 벌판이 존재할 여지가 없다. "육로로는 침현(탄현)을 통과하지 못하게 했다"는 방비책을 보아도 탄현을 이와 같이 도성 부근에 있는 지역으로 해석할 수 없다.

신라군의 진행로

그러므로 탄현은 동성왕 23년 조항에 "탄현에 목책을 세워 신라의 침입에 대비했다(築炭峴柵備新羅)"고 한 곳으로, 백제의 동쪽 경계에 가까운 지방일 것이다.(제9장 「신라 백제 경계고」 참조) 남천에서 사비의 남쪽으로 나오려면 지금의 음죽(陰竹), 음성(陰城), 청안(淸安, 혹은 괴산槐山), 보은을 거쳐 옥천

(沃川)에서 연산(連山)에 이르거나, 아니면 죽산(竹山), 진천(鎭川), 청주, 문의(文義)를 거쳐 회덕(懷德)에서 연산(連山)으로 나오는 두 가지 길이 있다. 후자는 일찌감치 적의 경내로 들어가는 불리함이 있지만, 전자는 종래 백제에 대한 신라의 전략적 근거지였던 보은 방면을 통과하는 이로움이 있다. 따라서 당시 신라군의 진행로는 전자였을 것이고, 탄현의 위치는 보은과 옥천 방면일 것이다.

노수리산

『일본서기』를 참고하면, 이 전쟁을 기록한 문장 중에 다음과 같은 것이 있다.

대당의 소정방이 수군을 거느리고 미자진에 주둔했다. 신라왕 춘추지가 병마를 거느리고 노수리산에 주둔하여 백제를 협공했다. (중략) 노수리산은 백제의 동쪽 경계이다.(사이메이齊明 천황 6년)

(大唐蘇定方率船師, 軍[軍于]尾資之津, 新羅王春秋智率兵馬, 軍于怒受利之山, 夾擊百濟 (中略) 怒受利山, 百濟之東境[堺]也)

이에 따르면 노수리(怒受利)가 곧 탄현인 듯하다. 「신라본기」에 수록된 문무왕의 답서에는 취리산(就利山)이 나오는데, 노수리산과 발음이 비슷하다.

인덕 원년에 (중략) 웅령에 사람을 보내 제단을 쌓고 함께 서로 맹세하였으며, 이어 맹세를 맺은 곳을 마침내 두 나라의 경계로 삼았습니다. (중략) 또한 취리산에 제단을 쌓고 (중략) 경계를 긋고 푯말을 세워 영원히 국경으로 삼았습니다.

(麟德元年 (中略) 遣人於熊嶺築壇, 共相盟會, 仍於盟處遂爲兩界 (中略) 又於就利山築壇 (中略) 畫界立封, 永爲疆界)

양국의 경계를 취리산으로 정했다고 한 것은 『일본서기』에 노수리산을 백제의 동쪽 경계라고 한 것과도 부합한다. 그렇다면 「지리지」에 고시산군(古尸山郡, 옥천)의 속현으로 기록된 소리산현(所利山縣)이 취리산과 관계가 있는 것이고, 이 지역이 바로 탄현이 아닐까. 다만 「신라본기」 문무왕 5년 조항에 "왕이 칙사 유인원, 웅진 도독 부여융과 함께 웅진의 취리산에서 맹세를 맺었다(王與勅使仁願熊津都督扶餘隆, 盟于熊津就利山)"고 한 것을 보면 웅진 부근으로도 보인다. 하지만 문무왕의 답서에서 말한 장소와 모순되므로 웅진(熊津)이라는 두 글자에는 오류가 있을 것이다. 어쩌면 웅령(熊嶺)을 잘못 베낀 것일지도 모르겠다.

황산벌

신라와 백제 양군이 충돌한 황산 벌판은 「지리지」에 "황산군은 지금의 연산현이다(黃山郡今連山縣)"라고 한 지역일 것이다. 연산(連山)은 사비의 동쪽에 있으며, 옥천 방면에서 사비의 남쪽에 이르는 중간에 위치한다. 신라군의 진로가 앞에서 살펴본 바와 같다면 백제군과 첫 번째 충돌이 이 지역에서 일어난 것은 지리상 자연스럽게 설명된다. 문무왕의 답서에 "육군은 이미 큰 적을 깨뜨렸다"고 한 것이 황산 전투를 가리킨다는 것은 의심할 여지가 없다. 또 기벌포에 들어온 당나라 군사와의 관계를 "동서가 서로 화합한다"고 표현한 것을 보면 그 전쟁터는 분명 기벌포의 동쪽에 해당하는데, 연산은 이 방향과도 잘 들어맞는다.

기벌포(백강)

당의 군사가 들어온 기벌포는 진강(鎭江) 어귀로, 아마 해로로 온 배가 바로 강을 거슬러 올라갈 수 있는 하류일 것이다. 「신라본기」 문무왕 16년 조항에 "소부리주 기벌포(所夫里州伎伐浦)"라는 기록이 있는데, 소부리(所夫里)가 사비의 다른 표기이고 지금의 부여라는 데는 이견이 없다. 따라서 기벌포가 사비 부근이라는 것을 알 수 있다. 「백제본기」에 "백강(혹은 기벌포라고도 한다)"라고 했으므로 백강 연안이라는 것이 분명하고, 사비 부근의 하천은 진강 외에는 없으므로 백강은 바로 진강이다. 또 「김유신전」에 "소정방과 김인문 등은 바다를 따라 기벌포에 들어왔다(蘇定方, 金仁問等沿海入伎伐浦)"고 했으므로 바다에서 가까운 곳이 분명하다.

신라군이 주둔했다고 하는 금돌성(今突城) 및 태자 법민이 간 사라지정(沙羅之停)의 위치는 불명이다.

사비와 웅진의 함락

「신라본기」 무열왕 7년 조항에 의하면, 당과 신라의 군사가 만나서 북진하여 7월 12일 소부리 벌판으로 나아가 도성을 포위하자, 다음 날 13일에 국왕이 은밀히 성을 빠져나가 북쪽의 웅진성으로 도망쳤다. 왕자 등이 한때 남아서 성을 지키려고 했으나 지탱할 수 없다는 것을 알고 성문을 열고 항복했고, 웅진에 있던 왕도 역시 18일에 이르러 항복했다. 소부리가 사비라는 것은 앞에서 이미 언급했고, 웅진이 지금의 공주이며 백제의 옛 수도라는 것은 분명하다. 이렇게 국왕이 북쪽으로 도망쳤다는 점으로 보아도 연합군이 남쪽에서 공격해간 형세를 알 수 있다.

백제인의 반항

이후의 전개를 「신라본기」를 통해 요약하자면 다음과 같다.

8월, 백제인이 남잠성(南岑城)과 정현성(貞峴城) 등에 웅거했고, 또 두시원악(豆尸原嶽)에 주둔했는데, 모두 당나라에 반항했다. 임존성(任存城)도 역시 항복하지 않았다.

9월, 소정방은 개선하고, 유인원은 사비성에 남아서 신라군과 함께 백제의 옛 땅을 지키게 되었다. 반항군이 사비를 회복하기 위해 공격해 왔지만, 뜻을 이루지 못하고 사비 남쪽의 산마루(泗沘南嶺)에 목책을 쌓고 20여 성을 규합했다.

10월, 당시 삼년산성(三年山城)에 있었던 신라왕이 이들을 평정하기 위해 군사를 내보내어, 9일에 이례성(爾禮城) 공격을 개시했다. 18일에 이르러 이를 함락시키니 20여 성이 그 위세에 눌려 항복했다. 30일에 신라군이 사비 남쪽의 산마루에 있던 목책을 공격하여 이겼다.

정현

정현(貞峴)에 대해서는, 「지리지」에 진령현(鎭嶺縣)의 옛 이름을 "진현현(진眞은 정貞이라고도 한다)(眞峴縣(眞一作貞))"라는 기록이 있다. 또 『자치통감』 용삭(龍朔) 2년 조항에도 나온다.

유인원과 유인궤 등이 웅진 동쪽에서 백제를 크게 깨뜨리고, 진현성을 공격하여 빼앗았다.

(劉仁願, 劉仁軌大破百濟於熊津之東, 拔眞峴城)

이 진현성(眞峴城) 역시 같은 것인데, '진(眞)'과 '정(貞)' 어느 한쪽이 오류일 것이다. 『자치통감』의 진현성에 대해서는 뒤에서 다시 언급하기로 한다. 남잠(南岑)은 분명하지 않고, 두시원악(頭尸原嶽)은 「지리지」에 진례군(進禮郡)의 속현으로 나오는 두시이현(頭尸伊縣)인 듯하다. 그렇다면 지금의 금산(錦山) 부근일 것이다.

임존성

임존성(任存城)은 「지리지」에 "임성군은 백제 임존성이다. 지금의 대흥이다(任城郡, 百濟任存城, 今大興)"라고 했으므로 이에 따르고자 한다. 문무왕의 답서에 의하면 이후 백촌강(白村江) 연안의 주류성(周留城)을 함락하고 사비와 웅진이 확실하게 당의 영유로 귀속되었을 때, 임존성만은 여전히 반항했다. 당시에 "남쪽이 이미 평정되자 군사를 돌려 북쪽에서 임존성을 쳤다(南方已定, 迴軍, 北, 伐任存一城)"고 했으므로 임존성이 북쪽에 있었음을 알 수 있다. 『일본서기』에 "복신이 매우 화가 나서 임사기산에 웅거했다(어떤 책에는 북임검리산이라 했다)(福信赫然發憤, 據任射岐山(或本云, 北任劍利山也))"고 한 임사기(任射岐)도 역시 임존(任存)의 다른 표기일 것이다.

당시의 형세

임존성은 사비 및 웅진의 북쪽에 있어 연합군이 아직 족적을 남기지 않은 땅이었으므로 반항군이 여기에 웅거한 것은 자연스러운 형세라고 하겠다. 다만 정현성과 두시원악은 황산의 남북에 있어서 신라군의 침입로와 아주 가까웠는데, 그곳을 여전히 반항군이 점거하고 있었다는 것이 조금 의심스럽기는 하다. 그렇지만 이튿날 반항군이 사비 회복을 도모하여 그 부근에 목책을 설치했다고 했으므로, 연합군은 한번은 일단 사비의 동남쪽을 통과했지만 확실히 점령한 것은 아니었던 듯하다. 따라서 사비 남쪽의 산마루에 목책을 설치한 반항군이 규합한 20여 성은 사비의 동남쪽 방면에 걸친 지역일 것이다. 9월 28일에 신라왕이 삼년산성(보은)에 있었고, 10월 9일에 이례성(爾禮城)을 공격하여 18일에 함락했는데, 이때 20여 성이 그 위세에 눌려 항복했다. 그리고 30일에 군사를 진격시켜 사비 남쪽의 산마루를 공격했다고 한 전개를 보면, 이례성이 보은에서 사비 방면으로 향하는 길목에 있으며 20여 성 중 보은에 가까운 지점임을 추측할 수 있기 때문이다. 따라서 연합군은 한때 사비를 함락했지만 그 세력은 간신히 옛 수도를 지키는 데 불과하여, 반항군이 갑자기 사방에서 봉기했던 것이다.

복신이 강의 서쪽에서 일어나 남은 무리들을 모아서 부성을 에워싸고 압박했는데, 먼저 바깥 성책을 깨뜨려서 군량을 모두 빼앗아가고, 다시 부성을 공격하니 얼마 안 되어 함락되게 되었습니다. 또 부성 가까운 네 곳에 성을 쌓고 둘러싸고 지켰으므로, 이에 부성은 출입할 수도 없었습니다. 군사를 이끌고 나아가 포위를 풀고 사방에 있는 적의 성들을 모두 깨뜨렸습니다.

(福信起於江西, 取集餘燼, 圍逼府城, 先破外柵, 摠奪軍資, 復攻府城, 幾將陷沒[沒], 又於府城側近四處, 作城圍守, 於此, 府城不得出入, 某領兵徃赴解圍, 四面賊城並皆打破)

이 인용은 문무왕의 답서로서, 이상의 형세 속에서 신라군이 이례성 이하를 함락시켰다는 것을 서술하고 있다.

백제군의 기세

그렇지만 반항군의 기세가 신라의 일격에 의해 소진된 것은 결코 아니었다. 「신라본기」에 의해 당시의 상황을 요약하면, 용삭(龍朔) 원년(신라 무열왕 8년, 문무왕 원년, 사이메이 천황 7년) 봄에 복신(福信) 등은 주류성(周留城)에 있었고, 부근에 있는 모두가 이를 따랐다. 유인원(劉仁願)은 사비를 외롭게 지키고 있었지만 세력이 많이 쇠퇴했다. 당에서 유인궤(劉仁軌)가 와서 유인원을 구원했지만 반항군을 상대하기에 부족했으며, 신라의 구원군 역시 실패했다. 당시 신라군의 선봉은 두량윤성(豆良尹城, 주류성)을 공격하여 이기지 못했다. 주력부대가 고사비성(古沙比城) 밖으로 오는 것을 기다렸다가 다시 공격했지만 패했고, 수개월을 체류하다가 군사를 돌이켰다. 돌아오는 길에 빈골(賓骨), 양각산(壤角山)[빈골양, 각산] 등에서 백제군과 충돌했는데, 서로 이기기도 하고 지기도 했다고 한다.

『자치통감』에는 신라군이 고사(古泗)에서 복신에게 패했고, 갈령도(葛嶺道)에서 도망하여 돌아갔다는 기록도 있다.

주류성

주류성의 위치는 분명하지 않지만 금강 하류의 서쪽 연안인 것 같다. 『구당서』에는 뒷날 주류성을 공격하여 함락시킨 상황을 다음과 같이 기록했다.

인사, 인원 및 신라왕 김법민은 육군을 이끌고 진군하고, 유인궤 및 별수 사상, 부여융은 수군 및 군량선을 이끌고 웅진강에서 백강으로 가서 육군과 회합하여 함께 주류성으로 진군했다. 인궤가 백강 어귀에서 부여풍의 무리를 만나 네 번 싸워 모두 이기고 그들의 배 4백 척을 불사르니, 적들은 크게 붕괴되고, 부여풍은 몸만 빠져 달아났다.

(仁師, 仁願及新羅王金法敏帥陸軍進, 劉仁軌及別帥杜爽, 扶餘隆率水軍及糧船, 自熊津江往白江, 以會陸軍, 同趨周留城, 仁軌遇扶餘豐之衆於白江之口, 四戰

皆捷, 焚其舟四百艘, 賊衆大隕, 扶餘豐脫身而走)

『자치통감』에는 같은 사건을 다음과 같이 기록했다.

　손인사에게 조서를 내려, 바다에 떠 있는 장수와 병사를 구하게 했고, 백제
왕 풍은 왜병을 남쪽에서 끌어들여 당군에 대적했는데, 인사는 인원, 인궤의
병사와 함께 군사를 합하여 형세가 크게 떨쳤다. 여러 장수들이 가림성은 수
륙의 요충지였으므로 서로 선공하려 하자 인궤가 말하기를, 가림성은 험하고
견고하니 급히 공격하면 병사들만 상하게 된다. 이를 늦추면 날짜를 공허하게
보내어 오래갈 것이다. 주류성은 오랑캐의 소굴로서 흉악한 무리가 모여 있는
곳이므로 악을 제거하는 본무로서 마땅히 먼저 공격해야한다. 만약 주류성을
부수면 여러 성들이 스스로 항복할 것이다, 라고 하였다. 이에 인사, 인원, 신
라왕 법민이 육군을 이끌고 진격하고, 인궤와 별장 두상, 부여융은 수군과 군
량선을 이끌고 웅진으로부터 백강으로 들어가서 육군과 만나 함께 주류성으
로 향하였다. 백강 어귀에서 왜병을 맞닥뜨려 4번 싸워 모두 이겼다. 그들의
배 400척을 불태우자, 연기와 불길은 하늘에 닿았고 바닷물 역시 붉게 물들었
다. 백제왕 풍은 몸만 빠져나가 고구려로 도망쳤다.

　(詔孫仁師, 將兵浮海助之, 百濟王豐, 南引倭人以拒唐兵, 仁師與仁願仁軌合,
軍[兵]勢大振, 諸將以加林城水陸之衝, 欲先攻之, 仁軌曰, 加林險固, 急攻則傷士
卒, 緩之則曠日持久, 周留城 , 虜之巢穴, 群凶所聚, 除惡務本, 宜先攻之, 若克周
留, 諸城自下, 於是, 仁師仁願與新羅王法敏, 將陸軍以進, 仁軌與別將杜爽, 扶餘
隆, 將水軍及糧船, 自熊津入白江, 以會陸軍, 同趨周留城, 遇倭兵於白江口, 四戰
皆捷, 焚其舟四百艘, 煙炎灼天, 海水皆赤, 百濟王豐脫身奔高麗)

문무왕의 답서에는 또 다음과 같이 기록되어 있다.

주류성 아래에 이르렀는데, 이때 왜의 수군이 백제를 도우러 와서 왜선 1천
척이 백사에 정박해 있고 백제의 정예기병이 강변에서 배를 지키고 있었습니
다. 신라의 용맹한 기병이 중국 군사의 선봉이 되어 먼저 강변의 군영을 깨뜨
리자 주류성에서는 간담이 서늘해져 곧바로 항복했습니다.

(行至周留城下, 此時倭國船兵來助百濟, 倭舶千艘停在白沙, 百濟精騎岸上守
船, 新羅驍騎爲漢前鋒, 先破岸陣, 周留失膽, 遂即降下)

이들 기록을 살펴보면, 주류성 함락의 원인은 백강의 패전에 있다고 할
수 있으며, 따라서 주류성의 위치가 백강 연안임을 알 수 있다.

백강

백강은 「백제본기」에서 기벌포의 별칭이라 했으므로, 금강(錦江) 어구에
서 멀지 않은 하류일 것이다. "바닷물 모두 붉게 물들었다"고 한 『자치통
감』의 문장도 허황된 말은 아닌 듯하다. 그리고 백제왕 풍장(豊璋)이 배를
타고 고구려로 도망쳐 갔다고 전해지는 것도 해로가 편리했다는 뜻이므로
주류성이 바다에서 멀지 않다는 것을 나타낸다. 백강은 문무왕의 답서에서
는 백사(白沙)라고 했는데, 아마 양쪽 기슭의 백사장에서 나온 이름일 것이
다. 이 또한 강어귀에 가까운 하류임을 알려준다.

『자치통감』 및 『구당서』에서 당의 군사가 웅진강에서 백강으로 갔다고
한 것은 상류에서 배를 타고 내려갔다는 뜻인데, 웅진 부근을 웅진강이라
고 하고, 강어귀 부근을 백강으로 칭한 것으로 보인다. 『자치통감』에 "웅진
으로부터 백강으로 들어갔다"라고 한 문장은 웅진 다음에 '강' 자를 빠뜨

린 것이다.

주유성 및 백촌강

『일본서기』에는 다음과 같이 기록되어 있다.

갑오, 신라는 (중략) 곧장 백제에 들어와 먼저 주유를 빼앗을 것을 계획했다.
이에 백제는 적이 계획한 바를 알고 여러 장수들에게 이르기를, 지금 듣건대
일본국에서 구원하러 온 장수인 이오하라노 키미오미(廬原君臣)가 씩씩한 군사
1만여 명을 거느리고 바로 바다를 건너오니, 여러 장군들은 미리 도모하기를
바란다. 나는 직접 가서 백촌에서 기다렸다가 접대하고자 한다, 라고 했다. 무
술, 적의 장수가 주유에 이르러 그 왕성을 에워쌌다. 대당의 장군이 전선 170
척을 거느리고 백촌강에 늘어섰다. 무신, 일본의 수군 중 처음 도착한 자들이
대당의 수군과 만나 싸웠는데, 일본이 불리하여 물러났다. 기유, 일본의 여러
장수들이 (중략) 대오가 흩어진 일본 중군의 군졸들을 다시 이끌고 나아가 [굳게
진치고 있는] 대당의 군대를 쳤다. 대당의 선박들이 곧바로 좌우에서 배를 협공
하여 에워싸고 싸우니 잠깐 사이에 관군이 계속 패하여, 물에 빠져 죽는 사람
이 많았다. (중략) 백제왕 풍장이 몇 사람과 배를 타고 고구려로 도망했다. (중략)
백제의 주유성이 비로소 당나라에 항복했다.

(甲午, 新羅 (中略) 謀直入國先取州柔, 於是百濟知賊所計, 謂諸將曰, 今聞大日
本國之救將廬原君臣率健兒萬餘, 正皆[正]當越海而至, 願諸將軍等應預圖[圖之],
我欲自往, 待饗白村, 戊戌, 賊將至於州柔, 繞其王城, 大唐軍將率戰船一百七十艘,
陣烈於白村江, 戊申, 日本船師至初[師初至]者與大唐船師合戰, 日本不利而退, 己
酉, 日本諸將 (中略) 更率日本亂伍中軍之卒, 進打大唐軍[堅陣之軍], 大唐便自左右
夾船繞戰, 須臾之際, 官軍敗績, 赴水溺死者衆 (中略) 百濟王豐璋與數人乘船逃去

(中略) 百濟州柔城始降於唐)

　여기에 보이는 주유(州柔)는 곧 주류(周留)의 다른 표기이다. 『일본서기』
에 복신이 풍장을 옹립하여 웅거한 백제군의 근거지로 묘사되어 있기 때문
이다. 주유성(州柔城) 항복 상황이 『당서』 및 『자치통감』에 보이는 주류성
(周留城) 함락과 부합한다는 점에서도 분명하다. 그러므로 『일본서기』의 백
촌강(白村江)은 바로 『자치통감』 등에서 말하는 백강(白江)이다. 또한 일본
군이 해로로 바로 닿을 수 있는 지점이므로 그곳은 금강 어귀 부근일 것이
다. 백촌강의 패배로 인해 바로 함락되어 버린 주유, 즉 주류성의 위치가
금강 하류였다는 것을 『일본서기』 역시 증명하고 있는 것이다.

　나아가 동쪽 연안에서 신라군이 침공해왔고 강물이 성의 전면에 있었다
는 점으로 볼 째 주류성은 백강의 서쪽 연안에 있었다고 여겨진다. 문무왕
의 답서에 "복신이 강의 서쪽에서 일어나(福信起於江西)"라는 기록이 있으므
로, 강 서쪽의 근거지가 주류성인 것이다. 그렇다면 주류성은 어떤 지역으
로 추정할 수 있을까.

주류성의 위치

『일본서기』는 주유의 지세와 지형에 대해 다음과 설명하고 있다.

　주유는 농토와 멀리 떨어져 있고 토지가 척박하여 농사짓고 누에칠 땅이 아
니라 방어하고 싸울 장소다.

　(州柔者遠隔田畝, 土地磽确, 非農桑之地, 是拒戰之場)

　주유가 산이 험한 곳에 있어 모두 방어물이 되며, 산이 높고 계곡이 좁아 지

키기 쉽고 공격하기 어렵기 때문입니다.

(州柔設置山險, 盡爲防禦, 山峻高而谿隘, 守易而攻難)

이들 기록을 보면 주류성은 산이 많은 지대에 있었다고 추측할 수 있다. 백강의 연안이며 산악이 험준한 곳은 「지리지」에 "산이 기이하고 물이 수려하다(山奇水秀)"고 한 한산(韓山) 부근일지도 모르겠다. 『일본서기』 「덴지(天智) 천황기」 2년 조항에 다음과 같은 기록이 있다.

이누카미노키미가 달려가 출병에 관한 일을 고구려에 알리고 돌아왔다. 석성에서 규해를 보았는데 규해가 복신의 죄를 말했다.

(犬上君馳告兵事於高麗而還, 見糺解於石城糺解仍語福信之罪)

규해(糺解)는 일본에서 돌아간 백제의 왕족으로, 그가 거처한 성은 왕성인 주류성에서 멀지 않은 지역일 것이다. 그러므로 이른바 석성(石城)이 지금의 석성(石城)이라면 주류성을 한산 부근으로 볼 수 있을 듯하다.

두량이성

그런데 또 하나의 의문이 있다. 문무왕의 답서를 다시 살펴보자.

6년(현경 6년, 용삭 원년)에 이르러서는 복신의 무리들이 점점 많아지고 강의 동쪽 땅을 침범하여 빼앗았으므로, 웅진의 중국 군사 1천 명이 적의 무리들을 치러 갔다가 패배를 당하여 한 사람도 돌아오지 못했습니다. 싸움에 패한 뒤부터 웅진에서 군사를 요청함이 밤낮동안 계속되었는데, (중략) 드디어 군사를 일으켜 주류성을 포위하러 갔습니다. 적이 군사가 적음을 알고 곧 와서 공격하여, 군사와 말을 크게 잃고서 이득 없이 돌아오게 되자 남쪽의 여러 성들이 한꺼번에 모두 배반하여 복신에게 속했습니다.

(至六年福信徒黨漸多, 侵取江東之地, 熊津漢兵一千徃打賊徒, 被賊摧破, 一人不歸. 自敗已來, 熊津請兵, 日夕相繼 (中略) 遂發兵衆, 徃圍周留城, 賊知兵小, 遂即來打, 大損兵馬, 失利而歸, 南方諸城一時總[捴]叛, 並屬福信)

이 기록은 「신라본기」의 다음 기사에 해당하는 것 같다.

8년(현경 6년, 용삭 원년) 2월에 백제의 남은 적병들이 사비성을 공격해 왔다. 왕이 이찬 품목[일]을 대당장군으로 삼아 (중략) 구원하게 했다. 3월 5일에 도중에 품목[일]이 휘하의 군사를 나누어 먼저 가서 두량윤(두량이로도 쓴다) 성 남쪽에서 군영을 만들 땅을 살펴보게 했다. 백제 사람들이 진영이 정돈되지 않았음을 보고 갑자기 나와서 불시에 공격하니 우리 군사는 놀라서 흩어져 달아났다. 12일에 대군이 고[고]사비성 밖에 와서 주둔하면서 두량윤성으로 나아가 공격했으나 한 달 엿새가 되도록 이기지 못했다.

(八年二月, 百濟殘賊來攻泗沘城, 王命伊湌品目[日]爲大幢將軍 (中略) 往救之, 三月五日, 至中路, 品目[日]分麾下軍, 先行往豆良尹(一作伊), 城南, 相營地, 百濟人望陣不整, 猝出急擊不意, 我軍驚駭潰北, 十二日, 大軍來屯克[古]沙比城外, 進攻豆良尹城, 一朔有六日, 不克)

『자치통감』의 다음 기록도 역시 이때의 일을 가리킬 것이다.

용삭 원년 삼월 (중략) 복신이 무리를 모아 주류성을 근거지로 삼았다. (중략) 군사를 이끌고 유인원을 부성(사비)에서 포위했다. 조서를 내려 유인궤를 검교 대방주자사로 임명하여, 왕문도의 군사를 거느리고 지름길로 신라 군사를 보내 유인원을 구원하게 했다. (중략) 백제가 웅진강 어귀에 두 개의 목책을 세웠는데, 인궤가 신라 군사들과 합세하여 공격하니 물에 빠지고 전사한 자가 1만여 명이었다.

(龍朔元年三月 (中略) 福信聚衆據周留城 (中略) 引兵圍仁願於府城詔起劉仁軌, 檢校帶方州刺史, 將王文度之衆, 便道發新羅兵, 以救仁願 (中略) 百濟立兩柵於熊津江口, 仁軌與新羅兵合擊破之, 殺溺死者萬餘人)

다만 백제군을 격파했다고 한 것은 거짓으로 꾸민 말이다. 신라군은 「신라본기」 및 문무왕 답서에 보이는 것처럼 주류성을 공격하여 이득을 얻지는 못했을 것이다. 사실을 추적해보면, 유인궤는 해로로 웅진강 어귀까지 왔으므로 사비로 가려면 주류성 아래를 통과하지 않으면 안 되는데, 뒤에 "유인궤는 군사가 적었으므로, 인원의 군사와 합쳐서 군사들을 쉬게 했다 (仁軌衆小, 與仁願合軍, 休息士卒)"는 내용이 이어지므로 그의 군사가 많았다고는 생각할 수 없다. 그러므로 신라군의 원조가 없다면 그와 같은 진군은 감히 할 수 없었을 것이다. 그러므로 신라군은 유인궤를 엄호하기 위하여 스스로 주류성을 공격하고 백제군을 견제했을 것이다. 유인궤는 이로 인해 겨우 사비로 가서 유인원의 군사와 합칠 수 있었지만, 신라군의 주류성 공격이 실패로 끝났으므로 백제군의 기세는 크게 오르게 되었다. 그러므로 유인궤 등도 역시 고립되어 성을 수비하며 숨을 죽이고 있을 수밖에 없는 상황에 이르게 된 것이다. 이렇게 생각해 보면 「신라본기」의 두량윤성(豆良尹城)도 주류성인 듯하다. 발음상으로도 유사성이 있다.

「지리지」의 두릉윤성

한편 「지리지」에는 열성현(悅城縣)의 옛 이름이 **두릉윤성**(豆陵尹城)이고, 그 지역은 지금의 정산(定山)이라고 했다. 정산은 사비와 웅진의 중간에 있으므로 앞에서 주류성의 소재지로 가정했던 한산(韓山) 지방과는 상당히 멀리 떨어져 있다. 또 그 사이에는 유인원이 진을 치고 지키고 있는 사비가 있다. 만약 「지리지」의 두릉윤성이 「신라본기」의 두량윤성이고, 또한 주류성이라고 한다면, 앞에서 고찰한 내용은 완전히 오류가 된다. 주류성의 위치에 대해서는 더욱더 자세한 연구가 필요할 듯하다.

극[고]사비성

앞에서 인용한 「신라본기」의 문장을 다시 살펴보자. 신라군의 선봉이 두량윤성 남쪽에 주둔했는데 반란군이 성에서 출격하여 1차로 패했고, 본군이 극[고]사비성(克[古]沙比城) 밖으로 오는 것을 기다렸다가 다시 두량윤성을 공격했다고 한다면, 두량윤성은 극[고]사비성과 멀지 않은 지점에 있었던 것 같다. 같은 시기에 일어난 일로 생각되는 『자치통감』의 기록을 보자.

황상이 조서를 내려 신라에 출병했다. 신라왕 춘추가 당의 조서를 받고 장수 김흠에게 병사를 주어 인궤 등을 구원하게 했다. 김흠이 고사에 이르자 복신이 요격을 해서 패배했다. 김흠이 갈령도에서 도망하여 돌아왔다.

(上詔新羅出兵, 新羅王春秋奉詔, 遣其將金欽將兵救仁軌等, 至古泗, 福信邀擊敗之, 欽自葛嶺道遁還)

「신라본기」에는 극[고]사비성 방면으로 파견된 장군 중에 김흠(金欽)의 이름이 보이지 않는다. 남쪽에서 백제로 향하다가 도중에 거창(居昌) 부근에서 돌아간 장군 중에, 김둔(金鈍), 진근(眞釿), 천존(天存), 죽지(竹旨) 등의 이름이 있는데, 글자가 약간 비슷하다. 여기서 고사(古泗)는 즉 극[고]사비(古[克]沙比)인 것 같다. 「지리지」에 고사주(古泗州)를 설명하여 고사부리(古沙夫里)라고 주기(註記)한 곳이 있는데, 고사부리는 지금의 고부군(古阜郡)이라고 되어 있다. 그렇다면 고사는 바로 고부일 것이다. 고사부리를 고사, 또는 극[고]사비(克[古]沙比)로 기록한 것은 소부리(所夫里)를 사비(泗沘)로 쓴 예와 마찬가지로 같은 발음의 다른 표기일 것이다. 고부는 금강의 남쪽에 있으며, 현재의 전라도에 속한다. 그런데 극[고]사비성을 고부(古阜)로 보고 두량윤성을 정산(定山)으로 본다면 두 성의 위치는 너무 떨어져 있어 그 사이에 「신라본기」에서 말한 바와 같은 관계가 있다는 것은 의심스럽다.

피성

『일본서기』에 의하면 복신 등은 한때 주류성을 버리고 피성(避城)에 웅거했다고 한다. 피성은 「지리지」에 피골(避骨) 또는 벽골(碧骨)이라고도 쓴다고 되어 있고, 그 지역은 지금의 전라도 김제군(金堤郡)이다. 『일본서기』는 그 지형을 다음과 같이 설명했다.

서북쪽으로는 띠를 두르듯 고련단경의 물이 흐르고, 동남쪽으로는 심니거언이 자리하고 있어 방어하기에 좋다. 사방에 논이 있어 도랑이 파여 있고, 비가 잘 내린다. 꽃이 피고 열매가 맺는 것이 삼한 중에 기름진 곳이고, 의식의 근원이 천지에 감춰져 있는 땅이다. 비록 땅이 낮은 곳에 있지만, 어찌 옮기지 않겠는가.

(西北帶以古連旦徑[涇之]水, 東南據深堤[泥]巨渥[堰]之防, 繚以周田, 決渠降雨, 華實之毛, 則三韓之上腴焉, 衣食之源, 則二儀之隩區矣, 雖曰地卑, 豈不遷歟)

고련단경(古連旦徑[涇])의 위치는 알 수 없지만 강물이 감아돌아 흐르는 평야라는 것은 분명하고, 지세가 김제군과 잘 들어맞는다고 할 수 있다. 이와 같은 평야는 지금의 충청도 방면에서는 찾기 어렵다. 그런데 피성을 김제군 지방으로 보면 정산 방면에서 당군의 근거지인 사비를 넘어 이 지방으로 근거 성을 옮기려고 했다는 것이 당시의 형세에 적합하지 않은 것 같다. 반면 한산에서 김제로 옮기는 것은 아주 쉽다.

백제군의 세력 범위

극[고]사비를 고부에 비정하고, 피성을 김제군에 비정하는 것은 「지리지」 외에는 확증이 없다. 그렇지만 백제군의 세력이 전라도의 서북부에 미친 것은 앞에서 인용한 문무왕의 답서에 "복신의 무리들이 점점 많아지고 강의 동쪽 땅을 침범하여 빼앗았다"고 한 점으로도 추측할 수 있다. 또 일본의 원군이 종래 백제에 대한 교통로였던 다사진(多沙津)으로 상륙하지 않고, 해안을 우회하여 백촌강으로 들어온 것도 이 방면이 민병군의 중심이었기 때문일 것이다. 따라서 백촌강의 남쪽 기슭은 복신 등의 세력 범위에 속했음을 알 수 있다. 일본군이 백촌강으로 주력 부대를 집중시킨 후에는 그 세력이 점점 견고해졌을 것이다. 그렇다면 복신이 고부군에서 신라군을 물리쳤다는 것과 그가 한때 근거지를 김제군에 두었다는 것 두 가지 모두 당시의 형세상 불가능한 일이 아니다. 특히 피성은 나중에 머물 수 없게 되어 주류성으로 다시 돌아게 된다.

신라가 백제의 남쪽 경계에 있는 4주를 불태우고, 아울러 안덕 등의 중요 지역을 빼앗았다. 이에 피성이 적과 거리가 가까웠으므로 형세가 머물 수 없었다.

(新羅[新羅人]燒燔百濟南畔四州, 幷取安德等要地, 於是避城去賊近, 故勢不

能居)

이 『일본서기』 기록을 보아도 피성의 위치가 남쪽에 있다는 것이 분명하고, 그것이 전라도 방면이라는 것에 의심은 없다.

주류성 문제의 해결

이상의 고증을 통해, 「신라본기」의 두량윤성을 정산에 비정하기는 어렵고 주류성도 이 지역으로 볼 수 없다는 것을 알았다. 주류성에 대해 좀 더 살펴보면, 주류성과 두량윤성은 같은 것이지만 「지리지」에 나온 두릉윤성은 별개의 것이거나 오류일 것이다. 「신라본기」 문무왕 2년 조항에 "두릉(량)윤성과 주류성 등 여러 성을 쳐서 모두 항복시켰다(攻豆陵(一云良)尹城, 周留城等諸城, 皆下之)"고 한 것에 따르면 두 성은 다른 곳으로 보이지만, 이 기사는 용삭(龍朔) 원년의 두량윤성 공격과 용삭 3년의 주류성 함락을 동시에 병기한 것이다. 즉 유인궤의 행동에 관한 『자치통감』의 기록을 손인사가 구원하러 온 기사에 붙인 것인데, 간격을 두고 일어난 두 차례의 전쟁을 섞어서 기록했다. 이 두 성이 글자가 다르므로 별개의 성으로 열거했을 것이다. 따라서 이것만으로는 두 성이 다른 곳이라는 증거가 되지 못한다. 주류성이 한산 부근이고, 또 두량윤성으로도 표기된 것이라는 본고의 고증이 옳을 것이다.

신라군의 행동

두량윤성 공격에서 패한 신라군의 퇴각로인 빈골양(賓骨壤) 및 각산(角山)의 위치는 분명하지 않지만, 각산은 영동 방면으로 추측할 수 있다.(제9장 「신라 백제 경계고」 참조) 『자치통감』에 나오는 갈령도(葛嶺道)도 역시 같은 지방일 것이다. 신라군의 행동을 좀더 추적해보면, 「신라본기」에 의하면 당시 신라는 별도로 본국에서 구원군을 파견했지만 본군이 군사를 돌이켰다는 소식을 듣고 중간 지점인 가시혜(加尸兮), 가소천(加召川) 지방에서 되돌아 왔다. 이 구원군은 거창 방면에서 백제의 동남쪽으로 나가려고 했을 것이다.(제9장 「신라 백제 경계고」 참조) 이후의 진행 과정을 요약하면 다음과 같다.

8월 신라왕이 고구려 정벌 전쟁에 참가하고자 시이곡정(始飴谷停)에 도착했을 때 백제인이 옹산성(甕山城)에 웅거하며 앞길을 막고 있다는 것을 들었다.

9월 19일 웅현(熊峴)으로 가서, 25일 옹산성으로 나아가 포위하여 결국은 함락시켰다. 이어서 신라군은 다시 백제인이 웅거하고 있는 우술성(雨述城)을 공격하여 함락시켰다.

신라군이 공격한 여러 성의 위치

시이곡정(始飴谷停), 웅현(熊峴), 옹산성(甕山城)의 위치는 모두 분명하지 않다. 「김유신전」에는 옹산성 사건이 국왕이 남천주(南川州)에 이른 후의 일로 기록되어 있다.

일을 맡은 관리가 보고하기를, 앞길에 백제의 남은 적들이 옹산성에 주둔하며 길을 막고 있으니 곧바로 앞으로 나아갈 수 없다고 하였다. 이에 유신이 군사들을 거느리고 나아가 성을 에워쌌다.

(有司報前路有百濟殘賊, 屯衆[聚]甕山城遮路, 不可直前, 於是, 庾信以兵進而圍城)

그런데 남천의 북쪽에 백제의 근거 성이 있을 리가 없으므로, 남천은 시이곡 또는 웅현의 오류일 것이다. 이때 왕은 경주를 출발하여 남천으로 향했는데, 그 길에 백제인이 웅거한 성지가 있었다면 분명 보은 방면을 통과하는 길일 것이다. 따라서 웅현과 옹산도 그 부근으로 볼 수 있을 듯하다. 「백제본기」 무왕 3년 조항에 보이는 옹잠(甕岑)이 이 옹산(甕山)인 듯한데, 이 해에는 신라의 영유였다. 이 또한 이곳이 두 나라의 경계에서 멀지 않은 지역임을 암시하는 것으로, 옹산을 보은 방면으로 보아도 큰 오류는 없을 것 같다.(제9장「신라 백제 경계고」 참조)

우술성

우술성(雨述城)은 「지리지」에 나오는 우술군(雨述郡)일 것이다. 지금의 회덕(懷德)이라고 되어 있다. 문무왕의 답서에 다음과 같은 기록이 있다.

먼저 옹산성을 치고, 녹[웅]산을 빼앗고, 웅진에 성을 쌓아 웅진으로 가는 길을 통하게 했습니다.

(先打甕山城, 旣拔麓[甕]山, 仍於熊津造城, 開通熊津道路)

이때 신라군은 옹산성을 함락시킨 후 웅진 방면과 연락을 취한 것처럼 보이므로, 보은 지방과 공주(公州)의 중간에 위치한 회덕을 우술성에 비정하는 것이 맞을 것이다. 녹산(麓[甕]山)에 대해서는 알 수 없다.

당군의 행동

이 시기 당군의 행동을 정리하면 다음과 같다.

용삭(龍朔) 2년(문무왕 2년, 일본 덴지智 천황 섭정 원년) 7월, 유인궤 및 유인원의 군사가 복신의 무리를 웅진 동쪽에서 대파하고, 지라성(支羅城) 및 윤성(尹城), 대산(大山), 사정(沙井) 등의 목책(柵)을 빼앗고, 진현성(眞峴城)을 쳐서 빼앗았다.(『자치통감』)

8월, 내사지성(內斯只城)에 웅거하던 백제 군사도 신라군에게 패하고 말았다.(『신라본기』)

당군이 함락시킨 여러 성의 위치

지라성(支羅城) 등의 위치에 관해서는 『구당서』와 『자치통감』의 기사가 약간 어긋나는 부분이 있어서 그 방향을 명확하게 알기는 어렵다. 『구당서』에는 다음과 같이 기록되어 있다.

인원, 인궤 등이 거느리고 있던 군사를 이끌고, 웅진 동쪽에서 복신의 무리들을 크게 무찔러 그들의 지라성 및 윤성, 대산, 사정 등의 목책을 빼앗고, 많은 무리를 죽이거나 사로잡았다. 이어서 군사를 나누어 지키게 했다. 복신 등은, 진현성이 강가에 있고 높고 험하며 또 요충의 위치라 하여 군사를 증원시켜 지켰다. 인궤는 신라의 군사를 이끌고 야음을 틈타 성 밑에 바짝 다가가서 사면에서 성첩을 부여잡고 올라갔다. 날이 밝을 무렵 그 성에 들어가 점거했다. (중략) 마침내 신라의 군량로를 텄다.

(仁願, 仁軌等率留鎭之兵, 大破福信餘衆於熊津之東, 拔其支羅城及尹城, 大山, 沙井等柵, 殺獲甚衆, 仍令分兵以鎭守之, 福信等以眞峴城臨江高險, 又當衝要, 加兵守之, 仁軌引新羅之兵, 乘夜薄城, 四面攀堞而上, 比明而入據其城 (中略) 遂通新羅運糧道)

이에 의하면 앞에서 기록했던 여러 성이 모두 웅진의 동쪽에 있게 된다. 같은 사건을 『자치통감』에서 살펴보자.

웅진 동쪽에서 백제를 대파하고, 진현성을 빼앗았다 (중략) 마침내 신라의 군량로를 텄다.

(大破百濟於熊津之東, 拔眞峴城 (中略) 遂通新羅運糧之路)

이때 백제왕 풍과 복신 등은, 인원 등이 성에 고립되어 구원을 받지 못하고 있었으므로 사람을 보내 말하기를, 대사 등은 언제 서쪽으로 돌아가는가? 그때 우리가 사람을 보내 전송하여 주겠다, 고 하였다. 인원과 인궤가 그들이 대비가 없음을 알고 돌연 출격하여 그들의 지라성 및 윤성, 대산과 사정 등의 목책을 빼앗고, 군사를 죽이고 사로잡은 것이 매우 많았으며, 군사들을 나누어 수비하게 했다.

(時百濟王豊與福信等, 以仁願等孤城無援, 遣使謂之曰, 大使等何時西還, 當遣相送, 仁願仁軌知其無備, 忽出擊之, 拔其支羅城及尹城, 大山, 沙井等柵, 殺獲甚衆, 分兵守之)

진현(眞峴)을 웅진의 동쪽이라고 한 것은 『구당서』와 같지만, 두 번째 인용과 더불어 백제왕 및 복신이 근거했던 성이 주류성이었다는 것을 생각하면, 지라성(支羅城) 이하의 성책(城柵)은 웅진의 서남쪽으로 보아야할 듯하다.

진현

진현이 웅진의 동쪽에 있고, 신라와의 교통로에 해당한다고 하면, 지금의 진령(鎭嶺)일 것이다. 『구당서』에는 진현성이 "강가에 있다"고 했는데, 진령은 금강의 지류에 가까우므로 큰 강인 듯 묘사한 것은 약간 과장된 느낌이지만 거짓은 아니다. 「신라본기」에 8월에 내사지성(內斯只城)을 쳐부수었다고 한 내사지(內斯只)를 「지리지」에서 찾아보면, 우술군(雨述郡)의 속현으로 내사지군(內斯只郡)이 있고 회덕 부근이며 진령과도 가깝다. 백제군이 점령한 이 지방 일대를 당군과 신라군이 좌우에서 공격하여 빼앗았고, 이로써 두 나라 군사의 연락을 통하게 했던 것이다.

지라성 등

다음은 지라성(支羅城) 외 여러 성들의 소재를 살펴보자. 「지리지」에 결성군(潔城郡)의 속현인 신량현(新良縣)의 옛 이름을 사시량현(沙尸良縣)이라고 했는데, 지라성과 발음이 비슷하다. 신량현은 나중의 여양현(黎陽縣)으로, 이 지역은 『여지승람』에 의하면 홍주(洪州)에서 남쪽으로 30리에 있는 여양(驪陽)이다. 윤성(尹城)은 인문이 '급윤성(及尹城)'을 그대로 '급윤(及尹)'이라는 지명으로 해석해야 할지도 모르겠다. 윤성으로 보는 것이 맞다면, 「지리지」에 정산(定山)의 옛 이름인 두릉윤성(豆陵尹城)을 약칭하여 윤성으로 기록한 예가 보인다. 대산(大山)은 지금의 홍산(鴻山)의 옛 이름이다. 이상의 세 성을 이들 지역에 비정할 수 있다면, 모두 정산, 홍산, 보령(保寧) 부근에 인접한 지역이다. 또 『자치통감』에서 말한 방위와도 부합한다. 『구당서』의 방위와는 반대이지만, 웅진의 동쪽에서는 적합한 곳을 발견할 수 없으므로 이와 같이 비정해 두기로 한다. 『구당서』와 『자치통감』은 같은 자료에 의한 편찬으로 여겨지며 문자까지 동일한 경우가 많지만, 나중에 나온 『자치통감』의 해석을 신뢰해야 하지 않을까. 『자치통감』이 『구당서』를 채용한 것이 아니라는 점은 분명하다. 다만 이 지방이 당군의 수중에 들어갔다면 북쪽의 임존성(任存城, 대흥大興)은 주류성(한산韓山 부근)과 연락을 할 수 없게 되었을 것이고, 역사에 기록된 바와 같이 마지막까지 완강하게 저항할 수는 없었을 것이라는 반론이 가능하다. 그렇지만 당나라 군사는 세력이 미약하여 이들 지방을 공격했어도 유지하기는 어려웠을 것이고, 중국사의 기재에 다소 윤색이 있다는 점을 지적할 수 있다. 따라서 임존성과 주류성의 연락은 여전히 가능하지 않았을까.

일본군의 행동

관련 기록을 『일본서기』에서 찾아보면, 덴지 천황 섭정 원년에 일본이 풍장을 돌려보내 백제의 왕위를 잇게 했고, 군사를 보내어 나라의 구원을 도모했다고 했다. 이후 일본군이 백강에 들어오고, 풍장이 주류성에 있었다는 것은 앞에서 언급했다. 당시 상황은 다음과 같이 기록되어 있다.

당과 신라인이 고구려를 정벌했다. 고구려가 조정에 구원을 청했으므로 장군을 보내 소류성에 웅거하게 하였다. 이 때문에 당인이 그 남쪽 경계를 침략할 수가 없었고, 신라는 그 서쪽의 보루를 함락할 수 없었다.

(唐人新羅人伐高麗, 高麗乞救國家, 仍遣軍將, 據疏留城, 由是唐人不得略其南堺, 新羅不獲輸其西壘)

이 기록에 있는 소류(疏留)는 바로 주류(周留)이며, 고구려는 백제의 오류일 것이다. 전년도 조항의 다음과 같은 기록도 마찬가지이다.

고구려를 구하러 간 일본 장군들이 백제 가파리 해안에 배를 대고 불을 피웠다.

(日本救高麗軍將等泊于百濟加巴利濱而然[燃]火)

기록상으로는 일본군이 고구려를 구원한 일이 있는 것 같지만, 중국과 한국의 역사서에는 전혀 언급되지 않았다. 당시 백제의 구원에 전력을 다한 일본이 군사를 나누어 고구려를 구원할 여지도 없었을 것이므로 아마 오류일 것이다. 가파리(加巴利) 해안에 대해서는 알 수가 없다.

남쪽에서의 신라군의 행동

「신라본기」에서 남쪽 지방의 교전지 지명을 살펴보면, 용삭 3년(문무왕 3년, 덴지 천황 섭정 2년) 봄에 신라는 거열성(居列城), 거물성(居勿城), 사평성(沙平城), 덕안성(德安城) 등을 공격하여 함락한 것으로 나온다.

덕안

거열성은 진주(晋州)이지만 그 외는 분명하지 않다.(제9장「신라 백제 경계고」참조) 다만 덕안(德安)과 관련해서는 『일본서기』를 참조할 수 있다.

신라인이 백제의 남쪽 경계에 있는 4주를 불태우고, 아울러 안덕 등의 요지를 빼앗았다. 이에 피성이 적과 거리가 가까웠으므로 형세가 머물 수 없었다.

(新羅人燒燔百濟南畔四州, 幷取安德等要地, 於是避城去賊近, 故勢不能居)

「신라본기」 기록과 동일한 사건으로 보이므로, 안덕(安德)은 덕안(德安)의 오류인 듯하다. 그 위치는 피성(避城, 김제군)보다 동남쪽에 있다는 것만 추정할 수 있을 뿐이다. 대략 전라도의 동남부가 아닐까. 당이 백제의 옛 땅에 설치한 5도독부 중에 덕안이라는 이름이 있는데 그 지역일 것이다. 「지리지」에는 도독부 13현 중에 득안(得安)이 있고, "본래 덕근지이다(本德近 支)"라는 주석이 달려있다. 득안이라는 지명은 덕안에 가깝지만, 여기서 말 하는 도독부는 웅진도독부를 가리키는 것 같다. 덕근지(德近支)는 「지리지」 에 전주 덕전군(德殿郡)의 옛 이름이라고 했고, 덕전군은 나중의 덕은군(德 恩郡)이며, 그 옛 땅은 『여지승람』에 의하면 지금의 충청도에 속한 은진(恩 津)에서 동남쪽으로 12리에 있다. 따라서 이 득안은 덕안과는 다른 곳이다. 득안 즉 덕근지는 지리상 웅진도독부에 예속된 것이 자연스럽지만, 덕안은 그 동남쪽에 있으며 웅진과 마찬가지로 도독부의 치소였던 곳이다. 또한 『북사(北史)』「백제전」에 오방성(五方城)의 이름을 들고 "동방은 득안성이다 (東方曰得安城)"라고 한 것도 덕전군을 가리킨 것으로, 여기서 말하는 덕안 은 아닐 것이다.

백제의 멸망

백제의 마지막 교전지역을 살펴보면, 「신라본기」와 『자치통감』의 기록 에 의하면 손인사가 구원군을 이끌고 해로로 덕물도에 왔고, 신라군과 합 하여 백강에서 백제군을 무찌르고 주류성을 함락시켰다. 풍장은 도망가고 왕족과 여러 장수도 당에 항복한 자가 많았다. 임존성만은 여전히 저항을 계속했지만, 결국 항복했다. 또 『일본서기』에는 주류성 함락 후 호례성(弖 禮城)에 있던 일본군이 백제인을 이끌고 해로로 동쪽으로 향했다고 했다.

연합군의 행동

「신라본기」에 당 황제가 손인사의 군사를 보내어 "덕물도에 이르렀다가 웅진부성으로 나아가도록 했다(至德物島, 就熊津府城)"는 기록이 있다. 대략 인천만이나 남양만에서 상륙하여, 육로로 동쪽을 우회하여 전의(全義)와 연기(燕岐) 방면을 거쳐 웅진에 이르렀을 것이다. 만약 기벌포 쪽으로 왔다면 우선 백강에서 일본군 및 주류성의 군사와 충돌했을 텐데, 반대로 웅진으로 들어와서 유인원과 유인궤 및 신라의 원군과 만난 후 강을 내려가 백강에서 적병을 공격한 것을 보면 그가 온 길이 북쪽이라는 것을 알 수 있다. 임존성(대흥)이 여전히 백제군에 속해 있었으므로 남양만 방면에서 바로 공주로 올 수는 없었을 것이다.

주류성 함락 작전은 앞에서 『자치통감』 등의 기사를 인용했는데, 그 속에 등장한 가림성(加林城)은 「지리지」에 의하면 지금의 임천(林川)이다. 웅진에서 강을 내려가 한산 방면으로 나가려면 임천 앞을 통과할 수밖에 없는데, 백제의 주력군은 주류성에 있고 일본 수군은 백촌강 어귀에 있었으므로 임천의 병력은 적군을 맞아 싸우기에 충분한 수준은 아니었을 것이다. 『일본서기』에 보이는 호례성도 역시 백촌강 연안에 있었겠지만, 지금으로서는 알 수 없다.

개괄

이상 『구당서』와 『자치통감』, 「신라본기」 및 『일본서기』에 의해 백제 멸망 전쟁의 경과를 개설하고, 그 지리적 관계에 대해 고찰했다. 전쟁 초에 신라군은 보은과 옥천 방면에서 서남쪽을 향해 침입했고, 연산(連山) 부근에서 백제군과 싸워서 승리했다. 이어서 진강(鎭江) 어귀로 들어온 당군과 연합하여 북진해서 한때 도성이었던 부여를 함락시켰지만, 소정방이 개선하고 신라군이 귀환한 후에는 부여에 남아있던 유인원의 병사가 간신히 옛 도읍을 지키는데 지나지 않았으며, 백제인이 사방에서 일어나 반항했다. 반항군의 주력은 진강의 서북쪽에 있었는데, 반항군의 장수 복신은 처음에 대흥(大興)에서 일어나서 이후 한산(韓山) 부근의 주류성을 근거지로 삼앗다. 이에 강 동쪽의 여러 지역도 응하여 일어섰으므로, 부여의 사방이 모두 적군에게 점령당했다. 한때 신라군이 와서 강 동쪽의 반항군을 공격하고, 당에서 유인궤가 와서 신라군의 엄호 아래 진강 하류에서 사비로 들어가 유인원을 구원했지만, 반항군의 기세가 점점 더 오르게 되자 신라군은 돌아갔고 유인궤는 그의 근거 성인 공주에서 겁을 먹은 체 숨을 죽이고 있을 뿐이었다. 이 사이에 일본군이 와서 금강 하류에 정박했고, 주류성과 호응하여 반항군은 기세를 더욱 올리면서 그 양쪽 연안을 제압했다. 유인궤는 사방에서 적을 맞아 적은 군사로는 방법이 없었으므로, 한편으로는 신라와 교섭하여 신라군을 징집하고, 또 한편으로는 당에 원군 파견을 요구했다. 이에 신라는 북쪽에서 회덕(懷德) 방면으로 출동하여 그 지역에 있던 적군을 물리침으로써 공주와 연락을 취했고, 동시에 남쪽에서는 별도로 백제의 동남쪽 경계를 침략했다. 그 결과 반항군의 기세가 점차 꺾이게 되었는데, 손인사가 당에서 원군을 이끌고 남양만 방면에서 상륙하여 동북쪽을 우회하여 공주로 들어와 유인궤, 유인원 및 신라의 원군을 만났다. 연합군은 이때 비로소 단숨에 적의 본거지를 칠 방책을 정했다. 공주에서 진강을 따라 내려가, 그 하류에 정박한 일본군을 공격하여 물리치고, 이로써 한산 부근에 있던 반항군의 주력을 쳐서 멸한 것이다.

부도 3. 신라 북진 형세도 참조

　　고구려의 전쟁에 신라군이 참가한 것은 총장(總章) 원년(문무왕 8년)의 평양 함락 때뿐이지만, 용삭(龍朔) 2년(문무왕 2년)의 평양 공격에는 김유신 일행이 당군의 식량을 수송하기 위해 갔고, 건봉(乾封) 2년(문무왕 7년)에도 중두까지 군사를 보냈다. 『삼국사기』를 통해 그 진군로를 확인하기에는 기사가 너무 간략하여 요지를 이해하기 어렵다. 그렇지만 용삭 2년 김유신의 행로는 대부분 추적할 수 있으므로, 우선 이를 상세히 고찰하고자 한다. 이로써 건봉과 총장 연간에 일어난 전쟁에서 신라군의 진군로를 추정할 재료로 삼을 수 있을 것이다.

김유신의 행정

「신라본기」는 김유신의 행정을 다음과 같이 기록했다.

　　정월 18일, 풍수촌에서 묵었다. 물이 얼어 미끄럽고 길이 험하여 수레가 나아갈 수 없었다. (중략) 23일에 칠중하를 건너 산양에 이르렀다. (중략) 이현에서 적의 군사를 만나 공격하여 죽였다. 2월 1일에 (중략) 장새에 이르렀는데, 평양에서 3만 6천보되는 곳이다. 먼저 보기감 열기 등 15인을 당나라 군영으로 보냈다. 이날에 눈보라가 치고 춥고 얼어서 사람과 말이 많이 얼어 죽었다. 6일에 양오에 이르렀다. 김유신이 아찬 양도와 대감 인선 등을 보내 군량을 가져다주었고 (중략) 소정방은 군량을 얻자 곧 전투를 그치고 돌아갔다. 김유신 등이 당의 군사들이 돌아갔다는 말을 듣고 역시 군사를 돌려 과천을 건넜다. 고구려 군사가 추격하여 오자 군사를 돌려 맞싸웠는데, 1만여 명의 목을 베었다.

(正月十八日宿風樹村, 冰滑道險, 車不得行, (中略) 二十三日, 渡七重河, 至蒜壤 (中略) 遇賊兵於梨峴, 擊殺之, 二月一日 (中略) 至獐塞, 距平壤三萬六千步, 先遣步騎監裂起等十五人, 赴唐營, 是日, 風雪寒沍, 人馬多凍死, 六日至楊澳[隩], 庚信遣阿湌良圖, 大監仁仙等致軍粮 (中略) 定方得軍粮, 便罷還, 庚信等聞唐兵歸, 亦還, 渡瓢川, 高句麗兵追之, 迴軍對戰, 斬首一萬餘級)

이 일행의 출발점이 어디인지는 「신라본기」에도 「김유신전」에도 명기되어 있지 않다. 하지만 건봉 2년 및 총장 원년의 전쟁에 신라군이 참가했을 때 한성(漢城)을 전략적 근거지로 삼았고, 또 이 지역이 북쪽의 중요한 요충지였다는 점에 비추어 보면, 김유신도 역시 한성에서 북진했다고 추측할 수 있다. 일단 이렇게 가정하고, 이하 모든 고찰의 범위를 한성 이북으로 제한하기로 한다.

한성

한성은 남한산 즉 지금의 광주(廣州)일 것이다. 그렇지만 당시에 한강 유역의 중심이 남한산이었는지 북한산이었는지에 대해서는 다소 불분명하므로 먼저 이를 밝혀야 한다. 진흥왕 14년에 신라가 처음 이 지방을 정복했을 때, 신주(新州)를 설치하여 통치했다고 하는데, 그 주치의 소재지는 역사에 명확한 증거가 없다. 그러므로 단지 전후의 사정과 지리적 위치를 통해 남한산으로 추측할 뿐이다.(제6장 「진흥왕 정복 지역고」 참조)

주치로서의 북한산

그렇지만 진흥왕 18년에 "신주를 폐하고 북한산주를 두었다(廢新州, 置北漢山州)"는 기록이 있으므로 이때부터 북한산이 치소가 된 것은 분명하다. 이후 29년에 한때 치소를 남천(南川, 이천利川)으로 옮겼지만, 진평왕 25년에 북한산이 고구려에 공격을 당했으므로 다음 해인 26년에 다시 옛 땅으로 돌아가 북한산을 치소로 삼았다. 이상은 행정적으로 중요한 지역의 변천을 「신라본기」에서 요점만 뽑아본 것이고, 「직관지(職官志)」를 보면 다음과 같은 기록이 있다.

한산정은 본래는 신주정이다. 진흥왕 29년에 신주정을 폐지하고 남천정을 두었다. 진평왕 26년에 남천정을 폐지하고 한산정을 두었다.

(漢山停, 本新州停, 眞興王二十九年罷新州停, 置南川停, 眞平王二十六年罷南川停, 置漢山停)

진흥황 29년의 신주는 한산의 오류일지도 모르겠다. 아무튼 이 내용으로 보아 병영도 역시 주치와 함께 이전하고 있으므로 군사와 행정 두 권한은 항상 한 곳에 집중된 듯하다. 병영을 한산정(漢山停)이라 하고 북한산정(北漢山停)이라고 하지 않았지만 편의상 '북' 자를 생략했을 뿐 그 소재지는 북한산일 것이다. 만약 그렇지 않다면 이렇게 항상 주치와 함께 이전된 이유를 설명할 수 없기 때문이다. 이 약칭은 행정 구획에도 적용된 일이 있었다. 무열왕 6년에 "한산주에 장의사를 세웠다(創漢山州莊義寺)"고 했는데, 이 장의사(莊義寺)는 헌덕왕 17년 조항의 주석에 등장한다.

범문이 (중략) 평양에 수도를 세우고자 북한산주를 공격했다.(평양은 지금의 양주이다. 태조가 지은 장의사 제문에, 고구려의 옛 땅이요 평양의 명산이라는 구절이 있다.)

(梵文 (中略) 欲立都於平壤, 攻北漢山州(平壤今楊州也, 太祖製莊義寺齋文, 有高麗舊壤平壤名山之句))

두 기록의 장의사는 동일한 것이므로 한산주는 곧 북한산주라는 것이 분명하다. 그렇다면 문무왕 4년 조항에 "아찬 군관을 힌산주 도독으로 삼았다(以阿飡軍官爲漢山州都督)"고 한 것, 경덕왕 17년에 행정구역을 정하고 명칭을 고칠 때 "한산주를 한주로 삼았다(漢山州爲漢州)"고 한 한산주도 역시 북한산주라는 것은 의심할 여지가 없다. 이는 단지 명칭으로 추측하는 것이 아니라, 진흥왕 26년에 주치가 북한산에 다시 설치된 후에는 이전된 기록이 역사상 보이지 않는다는 점으로도 알 수 있는 것이다. 그런데 「지리지」에 의하면 한주(漢州)의 주치는 남한산에 있고, 북한산은 한양군(漢陽郡) 군치의 소재지로 그 아래 속한 것처럼 보인다. 그렇다면 "한산주를 한주로 삼았다"고 한 것은 단순히 명칭만 고친 것이 아니라, 주치가 북한산에서 남한산으로 옮겨졌음을 나타내는 것이다. 이렇게 진평왕 이후부터 경덕왕 이전까지 이 지방의 중심은 정치적으로도 군사적으로도 북한산에 있었다고 여겨진다.

남한산의 정치적 위치

그렇지만 남한산 역시 결코 등한시 되지 않았다. 문무왕 7년과 8년에 고구려와 전쟁이 있게 되자 왕은 친히 군사를 이끌고 한성에 이르러 이 지역을 근거지로 삼았고, 고구려의 왕족인 안승(安勝)이 투항해 오자 그를 한성에 두었다. 또 고구려 정벌군이 편제되었을 때에는 한성주 행군총관(漢城州行軍總管)이라는 직명이 있었다. 여기에서 한성이라고 하고 한산 혹은 북한산이라고 하지 않은 것을 보면, 그것이 남한산을 가리킨다는 것을 추측할 수 있다. 한국과 중국의 사료에서 한성이 북한산을 지칭한다고 볼 수 있는 사례는 『수서』가 유일하다. 『삼국사기』나 『일본서기』에서 한성은 모두 남한산을 말한다.(제5장 「장수왕 정복 지역고」 참조) 당시 이 지방의 주치는 북한산에 있었지만 그 지역이 고구려에 가까웠으므로 정벌군의 근거지로 삼기에 약간 불안했을 것이므로, 특별히 남한산을 선택하여 국왕이 거처하는 행궁지로 삼고 또 군대를 주둔시켰을 것이다.

고구려 전쟁에 있어서 신라의 태도

고구려 정벌 전쟁에서 신라는 표면적으로 항상 당과 함께 전투에 참가하려는 모습을 보였지만, 속으로는 은밀히 회피하려는 생각이 있었던 것 같다. 국왕이 병사를 이끌고 수도를 출발했지만 중간에서 방향을 바꾸거나(문무왕 2년), 한성에 머물며 고의로 시기를 늦추거나(문무왕 7, 8년) 하면서 한 번도 평양에서 회합한 적이 없는 것을 보면, 왕은 처음부터 전쟁에 참가할 뜻이 없었던 것 같다. 그렇다면 항상 남한산에 주둔한 것도 역시 직접 전투를 할 걱정이 없는 국경에서 먼 위치를 일부러 선택했던 것은 아닐까. 아무튼 남한산은 이때부터 북한산보다 더 중요시되었다. 강의 남쪽에 있어서 방어에도 편리했으므로 경덕왕의 지방구획 개정에 이르러서는 마침내 주치의 소재지가 된 것이다.

국운의 성쇠와 주치의 이동

진취적 기상이 드높았던 진흥왕 시대에는 강의 북쪽으로 나와서 북한산에 치소를 두었지만, 적국이 멸망한 후 영토를 획정할 필요가 생기자 강의 남쪽으로 물러났다. 이는 안정적으로 지키기에 좋은 쪽을 우선한 것으로, 자연스러운 형세이다. 설명이 약간 주제에서 벗어났지만, 이를 통해 당시의 한성, 즉 남한산의 정치적 위치는 분명해졌다고 할 수 있을 것이다.

칠중하(호로하)

한성 이북의 진군로를 연구하려면, 우선 칠중하(七重河) 및 그 강을 건넌 지점을 고증할 필요가 있다. 「지리지」에 칠중현(七重縣)이라는 지명이 나오는데 지금의 적성(積城)이라고 한다. 적성은 임진강 남쪽 기슭에 있으므로 칠중하는 임진강이다. 임진강은 적성 부근 아래를 S자형으로 굽어져 흐르는데, 이 때문에 칠중(七重, 일곱 겹)이라고 불린 것이 아닐까. 일본어에서도 구불구불하다는 의미를 칠곡(七曲)이라고 한다. 그렇다면 그 명칭의 어원은 강의 흐름을 본뜬 것이며, 그 연안의 칠중현 혹은 칠중성도 칠중하에서 파생되었을 것이다. 당에서는 이를 호로하(瓠蘆河)라고 부른 것 같은데, 『당서』「유인궤전」에 다음과 같은 기록이 있다.

함형 5년(문무왕 14년) 인궤가 병사를 거느리고 호로하를 끊고, 대진인 칠중성을 공격하여 이를 격파했다.

(咸亨五年仁軌率兵絶瓠蘆河, 攻大鎭七重城破之)

이 전쟁은 실은 함형(咸亨) 5년이 아니라 그 다음 해이다.(제12장 「나당 교전 지리고」 참조) 칠중성은 칠중하 연안이므로 호로하가 임진강임을 미루어 알 수 있다. 「신라본기」 문무왕 11년 조항의 왕의 답서에 보이는 호로하도 마찬가지이다.

용삭 2년 정월, 유총관은 신라의 양하도 총관 김유신 등과 함께 평양으로 군량을 운송했습니다. (중략) 또 돌아가고자 하여 (중략) 행렬이 호로하에 이르렀습니다.

(龍朔二年正月, 劉摠管共新羅兩河道摠管金庾信等同送平壤軍粮, (中略) 又欲歸還 (中略) 行至瓠瀘河)

따라서 이와 동일한 사실을 기록한 문무왕 2년 조항(앞에 인용함)에 나왔던 과천(瓠川), 「김유신전」에 나오는 표하(瓢河)도 모두 임진강일 것이다. 이렇게 같은 강을 발음이 전혀 다른 문자로 표기한 것은, 토착어 발음을 옮겨 쓴 것이 아니라 문자에 의미를 부여하여 명명한 것이다. 당나라 사람들은 강의 하류가 굽이져 흐르는 모습을 보고 아마 표주박 모양을 연상했을 것이다. 그렇다면 칠중하, 호로하, 표하, 과천은 모두 강줄기의 형상에서 따온 이름이며, 임진강의 실상과 부합됨을 알 수 있다.

칠중하의 나루

한편 당시 임진강의 나루는 어디였을까. 칠중현의 소재지 즉 지금의 적성(積城)일 것이다. 「신라본기」 선덕왕 7년에 다음과 같은 기록이 있는 것을 보면, 칠중성은 신라 북쪽 경계의 중요한 방어 지점이었던 것 같다.

겨울 10월에 고구려가 북쪽 변경의 칠중성을 침공했으므로, 백성들이 놀라고 동요하여 산골짜기로 들어갔다. (중략) 11월에 알천이 고구려 군사와 칠중성

밖에서 싸워서 이겼다.

(冬十月, 高句麗侵北邊七重城百姓驚擾入山谷 (中略) 十一月閼川與高句麗兵, 戰[戰於]七重城外克之)

또 앞에서 인용한 「유인궤전」에 북쪽에서 공격해 온 당군이 "호로하를 끊고 대진인 칠중성을 공격했다"고 한 것을 보면, 이 칠중성은 호로하 즉 임진강의 남쪽 기슭에 있다는 것을 알 수 있다. 칠중성은 바로 칠중현의 치소이므로 지금의 적성으로 보기에 위치상 잘 들어맞는다. 당시 이 지역에 대진(大鎭)이라고 불릴 정도의 성과 요새를 쌓았다는 것은 고구려가 공격해 온 요충지이기 때문일 것이다. 따라서 고구려와 신라 두 나라 사이에 중요한 교통로가 이 지역을 경유했다는 것 또한 알 수 있다. 그렇다면 김유신 일행도 적성에서 임진강을 건넌 것이다.

다음으로 고찰할 할 것은 장새(獐塞)의 위치이다. 「지리지」에는 장새현(獐塞縣)이 지금의 수안(遂安)에 비정되어 있는데, 「신라본기」의 기재와는 조금 다르다. 문무왕 7년 조항을 보자.

8월에 왕이 (중략) 도성을 출발했다. (중략) 9월에 한성정에 도착하여 (중략) 11월 11일에 장새에 이르렀는데, 영공이 돌아갔다는 말을 듣고 왕의 군사도 또한 돌아왔다.

(八月, 王 (中略) 出京, 九月至漢城停 (中略) 十一月十一日至獐塞, 聞英公歸, 王兵亦退)

11년 조항에 수록된 문무왕의 답서에도 동일한 사실이 나온다.

한성주에 가서 군사를 보내 국경에 모이게 했습니다 (중략) 행렬이 수곡성에 이르렀을 때 대군이 이미 돌아갔다는 말을 듣고 신라 병사와 말도 역시 곧 빠져나왔습니다.

(某徃漢城州, 遣兵集於界首 (中略) 行至水谷城, 聞大軍已廻, 新羅兵馬, 遂即抽來)

이에 의하면 장새는 수곡성(水谷城)을 지칭하는 것 같다. 수곡성은 지금의 신계(新溪) 남쪽에 있다고 하므로 수안보다도 남쪽이다. 그런데 「김유신전」에 다음과 같은 기록이 있으므로 장새가 산악지대라는 것은 분명하다.

장새의 험한 곳에 이르러 매서운 추위를 만났고, 사람과 말은 몹시 피곤하여 더러 넘어지기도 했다. 김유신이 어깨를 드러낸 채 채찍을 잡고 말을 채찍질하면서 앞에서 인도하니 사람들이 이를 보고 힘을 다하여 달려갔고 땀을 흘리며 감히 춥다는 말을 하지 않았다. 드디어 험난한 곳을 지나 평양에서 멀지 않은 곳에 이르렀다.

(至獐塞之險, 會天寒烈, 人馬疲憊, 徃徃僵仆. 庾信露肩執鞭策馬以前驅, 衆人見之, 努力奔走出汗, 不敢言寒, 遂過險, 距平壤不遠)

칠중하와 평양 사이의 행정

김유신의 행적에 대한 「신라본기」의 기록은 다음과 같다.

(정월) 23일에 칠중하를 건너 (중략) 2월 1일에 (중략) 장새에 이르렀다. (중략) 6일에 양오에 이르렀다. (중략) 군량을 가져다주었다.

(二十三日渡七重河 (中略) 二月一日 (中略) 至獐塞 (中略) 六日至楊澳[隩] (中略)

致軍糧)

양오(楊澳[隩])는 평양에 근접한 지점으로 보이고, 장새는 칠중하와 평양 사이, 거의 중간 정도에 있는 것 같다. 다만 장새를 통과한 후 사람과 말이 모두 지쳐서 행군이 늦어졌고, 평양에 가까워짐에 따라 당나라 군사와 교섭하며 다소 시일을 허비했으리라고 추측할 수 있으므로, 장새와 양오 사이의 6일간의 행로는 칠중하와 장새 사이의 7일간의 행로에 비해 다소 짧다고 보아야 할 것이다. 「지리지」에 따라 장새를 수안 부근으로 보면 이 행로에도 부합하고, 「김유신전」에 보이는 지형과도 다르지 않다. 또 수곡성은 한성에서 수안에 이르는 도중에 있으며 수안에서 멀지 않다. 따라서 문무왕 7년의 진군이 수곡성 또는 수안에 미쳤다고 전해지는 것은, 주력부대는 수곡성에서 귀환했지만 선발대는 수안까지 갔다는 것이 아닐까. 문무왕 2년 조항에 "평양에서 3만 6천보 되는 곳"이라고 했는데, 설령 이것이 수·당의 리(里)에 따른 것이라 하더라도 오타니 가쓰마(大谷勝眞)의 방법으로 추산해 보면 대략 100리, 한국 리로는 약 130~140리에 해당한다. 수안과 평양 간의 거리는 한국 리로 대략 160리이므로 큰 차이는 없다. 따라서 장새를 수안 부근으로 보아도 큰 오류가 없을 것이다. 장새가 수안 부근이라면, 한성에서 이 방면으로 나가려면 적성을 경유하지 않을 수 없다. 칠중하의 나루가 적성 즉 칠중성이라는 것은 이를 통해서도 증명된다.

한성과 장새 사이의 도로

이상의 고찰에 오류가 없다면, 김유신 일행은 광주(廣州)에서 한강을 건너 북진하고, 적성에서 임진강을 건너 백치진(白峙鎭)을 거쳐 신계(新溪)에서 수안으로 나갔을 것이다. 이 길이 문무왕이 7년에 한성에서 북진한 길과 동일하다는 것은 앞에서 인용한 바와 같고, 왕이 장새 혹은 수곡성에 이르러 귀환했다는 점으로 보아도 분명하다. 8년에 한성에서 북진한 경로도 대략 이와 같지만, 「신라본기」에는 단지 다음과 같은 기록만 있다.

왕은 한성을 출발하여 평양에 이르러 힐차양에 도착했는데, 당의 여러 장수가 이미 돌아갔다는 말을 듣고 돌아와 한성에 이르렀다.

(王發漢城指平壤, 次肹次壤, 聞唐諸將已歸, 還至漢城)

힐차양(肹次壤)의 위치는 명확하지 않다. 김유신이 통과한 산양(蒜壤)과 이현(梨峴)도 역시 적성과 수안 사이에 있었다고 추측할 수 있을 뿐이다.

장새 이북의 통로

수안 이북의 교통로는 단지 양오라는 지명만 확인될 뿐이므로 자세한 내용은 알 수 없지만, 「신라본기」에서 다음 내용을 참조할 수 있다.

6일에 양오에 이르렀다. 유신이 아찬 양도와 대감 인선 [등]을 보내 군량을 가져다주었고, 소정방에게는 은 5천 7백 푼, 세포 30필, 두발 30량, 우황 19량을 주었다. 정방은 군량을 얻자 곧 전투를 그치고 돌아갔다.

(六日至楊隩, 庚信遣阿湌良圖大監仁仙[仙等], 致軍粮, 贈定方, 以銀五千七百分, 細布三十匹, 頭髮三十兩, 牛黃十九兩, 定方得軍粮, 便罷還)

이 기록에 의하면 김유신이 소정방의 군진에 군량미를 수송한 것처럼 보이므로, 그 진지의 위치를 통해 신라군의 행로를 추측할 수 있을 듯하다. 『자치통감』에서 당군의 부서를 살펴보자.

임아상을 패강도 행군총관으로, 계필하력을 요동도 행군총관으로, 소정방을 평양도 행군총관으로 삼고, 소사업 및 여러 호병과 함께 모두 35군이 <u>바다와 육지</u>로 길을 나누어 나란히 전진하게 했다.

(以任雅相爲浿江道行軍總管, 契苾何力爲遼東道行軍摠管, 蘇定方爲平壤道行軍摠管, 與蕭嗣業及諸胡兵凡三十五軍, 水陸分道並進)

평양 공격군의 부서 및 위치

이에 의하면 해로를 통해 평양 방면으로 진군한 부대가 있었다는 것이 분명하다. 『자치통감』에 의하면 소정방은 용삭 2년 7월(『책부원귀』 및 『당서』에는 8월)에 고구려 군사를 패강(浿江)에서 물리치고 마읍산(馬邑山)을 빼앗아 군영으로 삼았고, 계필하력(契苾何力)은 9월에 압록강에서 고구려군을 물리치고 강을 건너 남하했다. 따라서 수로를 선택한 것은 소정방으로, 대동강 하류에서 고구려군을 격퇴시키고 상륙하여 서남 방면에서 평양으로 진격한 것 같다. 만약 그가 요동 방면에서 왔다면, 패강의 승전 이후에 고구려군이 여전히 압록강을 지키고 있었을 리가 없기 때문이다. 『명일통지(明一統志)』에는 소정방이 본영을 설치한 마읍산을 평양의 서남쪽에 있다고 했는데 이 또한 이상의 추정을 뒷받침한다. 따라서 김유신은 평양의 서남쪽으로 군량미를 운반할 수밖에 없었을 것이다. 그렇지만 여전히 별도로 고찰해야 할 것이 남아있다.

사수

『자치통감』에 다음과 같은 기록이 있다.

용삭 2년 2월 무인, (중략) 옥저도총관 방효태가 고구려와 <u>사수</u>에서 싸워 전군이 죽었다.

(龍朔二年月戊寅 (中略) 沃沮道摠管龐孝泰與高麗戰於蛇水之上, 軍破)

사수(蛇水)라는 지명은 지금은 존재하지 않는다. 「고구려본기」에도 장수왕 2년 조항에 "사천 벌판에서 사냥했다(畋于蛇川之原)"는 것 외에는 달리 보이지 않는다. 뒷날 총장 원년에 고구려를 토멸할 때 신라군이 이 지역에서 고구려군과 싸운 적이 있었는데, 전후의 논공행상을 기록한 「신라본기」에서 이 사수가 작은 강이라는 것을 알 수 있다.

사찬 구율은 사천 전투에서 다리 아래로 물을 건너 나아가 적과 싸워 크게 이겼는데, 군령을 받지 않고 스스로 위험한 길로 들어갔기 때문에 공은 비록 제일이었으나 포상되지 않았다.

(沙湌求律, 蛇川之戰, 就橋下涉水, 出與賊鬪, 大勝, 以無軍令, 自入危道, 功雖弟一而不錄)

이 전투에서 공격군의 주력 부대는 평양의 북쪽에 있었으므로 사수 역시 같은 방면으로 추정할 수 있다. 대략 지금의 합정강(合井江)이 아닐까. 그 옆에는 현재 사산(蛇山)이라는 명칭이 있다. 그렇다면 이때 당군의 진지는 평양의 서북면 일대까지 미친 것 같다. 아마 요동에서 남하해 온 부대가 북쪽을 점유했을 것이다. 그런데 이에 앞서 계필하력은 압록강을 건넜을 뿐 평양에 도착하기 전에 중간에서 돌아갔고, 패강도총관 임아상(任雅相)은 병사했다. 방효태(龐孝泰)도 이 전쟁에서 전사했으므로, 이후 전군의 지휘권은 사실상 소정방의 수중에 들어갔으며 요동군 역시 그 휘하에 예속되었을 것이다.

소정방의 지위

『자치통감』을 좀 더 살펴보자.

소정방이 평양을 포위했으나 오랫동안 항복하지 않았다. 큰 눈이 내려 포위
를 풀고 돌아왔다.

(蘇定方圍平壤, 久不下, 會大雪, 解圍而還)

이를 통해서도 소정방이 총지휘관의 위치에 있었음을 알 수 있다. 그렇
다면 김유신이 소정방에게 군량미를 보낸 것은 곧 당의 전군에 물자를 공
급했다는 것과 같고, 이를 통해 군량미 수송의 목적지가 평양의 서남쪽에
있었다고 추측할 수는 없다. 따라서 그 행로를 추정하려면 또 다른 방면에
서 관찰하지 않을 수 없다. 김유신이 적성, 신계, 수안 방면을 거쳐 간 것은
고대에 그 길이 한성 방면과 평양 사이의 주된 교통로였기 때문이지만(제4
장「광개토왕 정복지역고」 및 제6장「진흥왕 정복지역고」 참조), 평양의 동북면으로 나
가서 당나라 군사와 만나려고 했기 때문일 것이다. 만약 평양의 서남쪽 방
향으로 향하려고 했다면, 해로를 통해 대동강 어귀로 가는 방법도 있고 육
로 또한 다른 빠른 길이 있었을 것이다. 근거가 미진한 점이 없지는 않지만
이렇게 생각하는 수밖에 없다. 한편 수안에서 평양의 동북면으로 향하려
면 능성강(能成江)의 지류를 따라 북진하여 강을 건너 삼등(三登)으로 나가
서, 서쪽으로 돌아 대동강 기슭에 이르는 것이 편리하다. 김유신 일행의 교
통로는 대략 이것이었을 것이다. 그렇다면 양오(楊隩[隩])는 대동강 기슭의
지명이 아닐까. 그 명칭으로 추측할 때 물가에 있는 지역이고, 또 이곳에서
바로 군량을 수송했다고 하므로 당군의 진영과 가까웠다고 추측되기 때문
이다. 수안 이북의 교통로가 과연 이와 같다면 "장새의 험한 곳에 이르렀

다"고 한 곳은 바로 수안의 북쪽이고, 능성강 유역과 예성강 유역의 분수 산맥을 넘는 산길이었을 것이다. 이 험난한 지역을 지나면 길은 바로 능성강 지류 연안으로 들어가고, 점차 내려가서 삼등 부근에서 능성강을 따라 쉽게 평양 방면으로 향할 수 있는 것이다. "험난한 곳을 지나자 평양에서 멀지 않은 곳에 이르렀다"는 것도 대략 이해할 수 있다.

평양 공격에 참가했던 신라의 진군로

앞에서 가정한 바와 같이, 문무왕 8년의 전쟁에서 신라의 진군로가 장새를 경유했다면, 북쪽으로 전진할 때 김유신이 지나간 이 길을 따라갔을 것이다. 『자치통감』과 『당서』 등 중국 사료는 이 전쟁에 대한 기재가 아주 조잡하여 평양 공격의 형세를 거의 알 수 없지만, 「신라본기」를 통해 진로를 조금은 추측할 수 있다.

인문 등은 영공을 만나서 영류산(지금의 서경 북쪽 20리 되는 곳에 있다) 아래로 진군했다. (중략) 문영 등이 사천 들판에서 고구려 군사를 만나 맞서 싸워 크게 무찔렀다. (중략) 당나라 군사와 합하여 평양을 포위했다.

(仁問等遇英公, 進軍於嬰留山下(嬰留山在今西京北二十里) (中略) 文穎等遇高句麗 兵於蛇川之原, 對戰大敗之 (中略) 與大軍合圍平壤)

김인문이 이적(李勣)을 만나서 평양의 북쪽 20리에 있는 영류산(嬰留山) 아래로 진군했다면, 당군의 주력부대 역시 북쪽에 있었다는 것이 된다. 이 형세는 압록강 방면에서 남하해 온 당군의 자연스러운 위치이기도 하다. 영류산은 지금은 이름이 남아 있지 않은데, 『여지승람』에 "구룡산은 부의 북쪽 20리에 있다(九龍山在府北二十里)"고 한 산일지도 모르겠다.

연합군의 위치

사천(蛇川) 전투에 대해서는 문무왕의 답서에 다음과 같이 기록되어 있다.

이때 번방과 중국의 여러 군대가 모두 사수에 모여 있었는데, 남건이 군사를 내어 한 차례 결전을 하고자 했습니다. 신라 군사가 홀로 선봉이 되어 먼저 큰 진영을 깨뜨리니 평양성 안은 강한 기세가 꺾이고 사기가 위축되었습니다. 이후 다시 영공이 (중략) 먼저 성문으로 들어가 마침내 평양을 깨뜨렸습니다.

(此時, 蕃漢諸軍摠集蛇水, 男建出兵欲決一戰, 新羅兵馬獨爲前鋒, 先破大陣, 平壤城中挫鋒縮氣, 於後英公 (中略) 先入城門, 遂破平壤)

이 기록은 연합군 총공격의 첫 번째 전투라고 할 수 있다. 따라서 이 지역은 앞에서 서술한 바와 같이 평양의 북쪽에 있는 합정강(合井江) 강가라는 것을 추측할 수 있다. 이렇게 당군이 북쪽에서 평양을 공격한 것이라면, 신라군은 평양의 동북면에서 대동강을 건너야 이들과 합류할 수 있으므로 신라군은 삼등 방면에서 서진한 것으로 볼 수 있다. 「신라본기」는 이 전쟁의 기록에서 패수를 전혀 언급하지 않았고, 강에서 전투를 한 흔적도 없다. 이 또한 신라군이 남쪽에서 평양을 향해 간 것이 아니라는 점을 뒷받침한다.

다른 방면의 교통로

이상에서 고증한 것 외에, 당시의 신라가 북방과 통한 경로를 알 수 있는 기록들을 덧붙이면 다음과 같은 것들이 있다.

영공(이적)이 평양성의 북쪽으로 200리 되는 곳에 도착했다. 이동혜 촌주 대

나마 강심을 뽑아 보내니, 거란 기병 80여 명을 이끌고 아진함성을 거쳐 한성에 이르렀다.(문무왕 7년)

(英公到平壤城北二百里, 差遣爾同兮村主, 大奈麻江深, 率契丹騎兵八十餘人, 歷阿珍含城, 至漢城)

유인궤가 황제의 칙명을 받들어 숙위인 사찬 김삼광과 함께 당항진에 도착했다. 왕이 각간 김인문에게 성대한 예로써 인도하여 맞이하게 했다. 이에 우상(인궤)은 약속을 마치고는 천강으로 향했다.(문무왕 8년)

(劉仁軌奉皇帝勅旨, 與宿衛沙湌金三光到党項津, 王使角干金仁問往迎之以大禮, 於是右相約束訖, 向泉岡)

아진함(阿珍含)은 비슷한 발음의 지명인 아진압(阿珍押)이 「지리지」에 보인다. 지금의 안협(安峽), 즉 적성(積城)의 북쪽이고 신계의 동남쪽에 있다. 평양과 한성 간의 교통로는 수안과 신계에서 백치진(白峙鎭)을 거쳐 적성에 이르는 것이 보통이지만, 삭령(朔寧) 방면을 통과하는 길도 있었을 것이므로, 이 사절이 안협을 거쳐 왔다고 해도 이상한 것은 없다.(제6장 「진흥왕 정복 지역」 참조) 그렇지만 특별히 "아진함성을 거쳐"왔다고 한 것을 보면 무언가 사정이 있어서 우회로를 택한 것으로도 해석할 수 있다. 이때 이적(李勣)이 주둔한 군영지에 대해서는 『자치통감』 및 『당서』에도 아무 기록이 없으며, 이적이 평양 부근으로 진군한 것조차 명기되어 있지 않다. 다만 『구당서』 「고려전」에 의해 추측할 뿐이다. 따라서 「신라본기」의 옳고 그름을 검증할 방법은 없지만, 그것이 평양성에서 북쪽으로 200리에 있다고 한 기록에 따른다면 청천강 연안인 박천(博川) 혹은 가산(嘉山) 부근이 될 듯하다. 그렇다면 이 지방에서 파견된 사절은 평양에 있는 적군의 감시를 피하기 위해 처음부터 동쪽을 우회해서 내려왔으며, 임진강의 상류인 이천(伊川) 방면으로 나온 것은 아닐까. 강을 내려와 안협을 경유한 것은 순로를 따른 것이다.

해로

다음 해에 유인궤가 온 길은 그의 출발 지점을 알 수 없으므로 밝힐 방법이 없다. 유인궤는 요동도 부대총관의 임무를 맡았으므로 요동 방면에서 진군했을 것인데, 그 행동은 역사에 기록이 보이지 않는다. 유인궤가 당항진(党項津)에 온 것은 「신라본기」에 6월 12일로 기록되어 있는데, 이적(李勣) 등이 평양을 함락한 것이 9월이고, 『자치통감』에 "평양을 포위하기를 한 달이 넘었다(圍平壤月餘)"는 기록이 있으므로, 8월에는 당나라 군사가 이미 그 부근으로 진군했을 것이다. 하지만 6월의 행로에 대해서는 전혀 알 수가 없으므로 유인궤가 어느 지역에서 당항진으로 왔는지는 불분명하다. 다만 그가 전년도에 백제 방면의 경략을 맡아 해로를 통해 한반도 남쪽에 온 일이 있었으므로, 이때도 역시 그 전철을 따랐을 것이라고 추측할 수 있다. 당항진이 지금의 안산(安山)이므로 타당한 해석이 될 것이다.(제6장 「진흥왕 정복지역고」 참조) 천강(泉岡)은 분명하지 않다. 문무왕 15년 조항에 천성(泉城)이라는 지명이 나오는데 한강 어귀 부근인 듯하다.(제12장 「나당 교전 지리고」 참조) 이곳이 천강이라면 이 또한 유인궤가 해로를 통해 왕복했다는 증거가 될 수 있다.

중국사와 한국사에 보이는 신라군의 편제

『당서』「고려전」에 건봉 원년(문무왕 6년)의 고구려 정벌 계획을 기록하여 "유인원을 비열도 행군총관으로, 김대문을 해곡도 행군총관으로 삼았다(劉

仁願卑列道, 金待問海谷道)"고 했고, 「신라본기」에는 다음 해인 문무왕 7년 조항에 다음과 같이 기록했다.

고종이 유인원과 김인태에게 비열도를 따르도록 하고, 또한 우리 군사를 징발하여 다곡과 해곡 두 길을 따라서 평양에서 모이도록 명령했다.
(髙宗命劉仁願, 金仁泰, 從卑列道, 又徵我兵, 從多谷海谷二道, 以會平壤)

하지만 이 해에는 신라왕이 한성에서 장새까지 갔다가 도중에 귀환했으므로 이 출사 계획은 실행되지 않았을 것이다. 인용 속에 나오는 지명 중 비열도(卑列道)에 대해서는 이미 고증했지만(제6장「진흥왕 정복지역고」참조), 다곡(多谷)과 해곡(海谷)은 추적할 수 있는 자료가 전혀 없다. 총장 원년의 부대 편성은 「신라본기」 문무왕 8년 조항에 다음과 같이 기록되어 있다.

6월 (중략) 21일에 대각간 김유신을 대당 대총관으로 삼았고, 각간 김인문과 흠순, 천존, 문충, 잡찬, 진복, 파진찬 지경, 대아찬 양도, 개원, 흠돌을 대당 총관으로 삼았으며, 이찬 진순(혹은 春)과 죽지를 경정 총관으로, 이찬 품일, 잡찬 문훈, 대아찬 천품을 귀당 총관으로 삼았다. 이찬 인태를 비열도 총관으로, 잡찬 군관 대아찬 도유, 아찬 용장을 한성주 행군총관으로 삼았고, 잡찬 숭신, 대아찬 문영, 아찬 복세를 비열성주 행군총관으로 삼았으며, 파진찬 선광, 아찬 장순[, 순장]을 하서주 행군총관으로, 파진찬 의복과 아찬 천광을 서당 총관으로, 아찬 일원과 흥원을 계금당 총관으로 삼았다.
(六月 (中略) 二十一日, 以大角干金庾信爲大幢大摠管, 角干金仁問, 欽純, 天存, 文忠, 迎湌眞福, 波珍湌智鏡, 大阿湌良圖, 愷元, 欽 穴+友[突]爲大幢摠管, 伊湌陳純(一作春) 竹旨, 爲京停摠管, 伊湌品日, 迎湌文訓, 大阿湌天品, 爲貴幢摠管, 伊湌

仁泰爲卑列道摠管, 迎湌軍官, 大阿湌都儒, 阿湌龍長, 爲漢城州行軍摠管, 迎湌崇信, 大阿湌文穎, 阿湌福世, 爲卑列城州行軍摠管, 波珍湌宣光, 阿湌長順, [長順純長]爲河西州行軍摠管, 波珍湌宜[宜]福, 阿湌天光, 爲誓幢摠管, 阿湌日原, 興元, 爲罽衿幢摠管)

유인원은 따로 황해도 방면으로 향했다. 그런데 신라군의 이 편성도 과연 사실인지 의심스러운데, 위 문장의 뒷부분에는 사뭇 다른 체제가 보인다.

인문, 천존, 도유 등은 일선주 등 7군과 한성주의 병마를 이끌고 당나라 군영으로 나아갔다.

(仁問, 天存, 都儒等領一善州等七郡及漢城州兵馬, 赴唐軍營)

이것이야말로 실제 북진한 원정군을 나타내는 것이며, 앞의 방대한 규모의 편성은 허구로 부풀린 것이 아닐까. 평양 원정에 참여한 장군으로는 김인문 외에 비열성 총관의 한 사람으로 기록된 문영(文穎)이 있다. 논공행상을 기록한 「신라본기」 조항에는 "군사 부양의 구기 (중략) 가군사 비열홀의 세활(軍師斧壤仇杞, (中略) 假軍師比列忽世活)" 등의 이름도 보인다. 부양(斧壤)과 비열홀(比列忽)도 "일선주 등 7군"에 포함되는 것처럼 생각된다. 그리고 다음 기록은 약간 과장일 것이다.

29일에 여러 도의 총관들이 행군을 시작했다. (중략) 7월 16일에 왕이 한성주에 이르러서 여러 총관들에게 가서 당의 대군과 회합하라고 명했다.

(二十九日諸道摠管發行 (中略) 七月十六日, 王行次漢城州, 教諸摠管徃會大軍)

설령 이상의 부대 편제에 다소 사실이 있다고 하더라도 그 진군로가 이렇게 여러 방면에 있었다고 보기는 어렵다. 신라의 진군로는 본고에서 고증한 것 외에는 역사상 근거가 하나도 없으므로, 그 외는 모두 논외로 한다.

황해도 방면의 당나라 군사

끝으로 유인원의 행동에 대해서 살펴보자면, 「신라본기」 문무왕 8년 조항에 다음과 같은 기록이 있을 뿐 중국사에는 아무 기록이 없다.

부성의 유인원이 귀간 미힐을 보내 고구려의 대곡성과 한성 등 2군 12성이 항복하여 귀속되었음을 알렸다.

(府城劉仁願遣貴干未肹, 告高句麗大谷漢城等二郡十二城歸服)

이것만으로는 그가 평양 원정에 참가했는지 여부조차 알 수가 없다. 「지리지」에 의하면 대곡(大谷)은 지금의 평산(平山)이고, 한성(漢城)은 재령(載寧)이므로, 그는 황해도 4부를 경략한 것이다.(제5장 「장수왕 정복지역고」 참조) 중국과 한국의 사적에서 평양 전투 관련 기록에는 그의 이름이 한 번도 등장하지 않는데, 『자치통감』의 같은 해 8월 조항에는 다음과 같은 기록이 있다.

비열도 행군총관 우위군 장군 유인원이 고구려 정벌에 뒤늦게 도착했다. 요주로 귀양을 보냈다.

(比列道行軍摠管右威軍將軍劉仁願坐征高麗逗留, 流姚州)

이에 따르면 그는 단순히 황해도 지방만 경략하고 평양 정벌에 합류하지 않았기 때문에 죄를 받은 것일지도 모르겠다. 또 신라군과 교섭 없이 독립적인 행동을 취한 것으로 보이는데, "왕이 일길찬 진공을 보내 축하했다(王遣一吉湌眞功, 稱賀)"는 기록에서도 알 수 있다. 따라서 비열도 행군총관이라는 이름은 『자치통감』의 편자가 전년도의 계획에 따라 그 호칭을 붙인 것이든지, 아니면 만들어낸 것에 지나지 않을 것이다. 이 또한 본고의 고찰 범위 밖이라고 하겠다.

12. 나당 교전 지리고

부도 3. 신라 북진 형세도 참조

나당 충돌의 형세

당은 신라의 원군과 함께 백제 및 고구려를 멸망시키자마자 도독부(都督府)를 두고 주현(州縣)을 정하여 그 옛 땅을 통치하려고 했다. 그러나 멀리 치우쳐 교통이 편리하지 않은 지역이었으므로 강력한 힘을 수립하는 것이 어려웠고, 유민들 역시 새 정부에 복종하지 않았다. 그리하여 신라는 그 빈틈을 노려 점차 병탄할 뜻을 품었다. 당과 신라의 충돌이 얼마가지 않아 발생한 것은 자연스러운 추세라고 할 수 있겠다. 본 장에서는 문무왕 11년(당 함형咸亨 2년)과 16년(의봉儀鳳 원년)에 일어난 당과 신라의 교전에 대한 「신라본기」 기사를 검토하고, 그 충돌지에 대해 고증하고자 한다.

나당 충돌의 시작

문무왕 10년(당 함형 원년) 조항에 다음과 같은 기록이 있다.

3월에 사찬 설오유가 고구려 태□□□□연무[태대형 고연무]와 함께 각각 정예

병사 1만 명을 거느리고 압록강을 건너 옥골에 이르렀는데, □□□ 말갈 군사들이 먼저 개돈양에 이르러서 기다리고 있었다. [중략] 목베어 죽인 숫자를 가히 헤아릴 수가 없었다. 당나라 군사가 계속 이르렀으므로 우리 군사는 물러나 백성을 지켰다.

(三月沙湌薛烏儒與高句麗太□□□□[大兄高]延武, 各率精兵一萬, 度鴨綠[淥]江, 至屋骨□□□, 靺鞨兵先至皆敦壤, 待之, [中略] 斬獲不可勝計, 唐兵繼至, 我兵退保白城)

이 기록은 신라인이 고구려 유민과 연합하여 당군과 교전한 것을 말하는 듯하다. 이어서 살펴보자.

6월에 고구려 수임성 사람인 대형 모봉[잠]이 남은 백성들을 모아서 궁모성으로부터 패강 남쪽에 이르러 당나라 관리와 승려 법안 등을 죽이고 신라로 향했다. 서해 사야도에 이르러 고구려 대신 연정왕[토]의 아들인 안승을 보고 한성 안으로 맞아들여 받들어 임금으로 삼았다. 왕은 그들을 나라 서쪽 금마저에 머물게 했다.

(六月, 高麗[句麗]水臨城人牟峯[岑]大兄, 收合殘民, 自窮牟城至浿江南, 殺唐官人及僧法安等, 向新羅, 行至西海史冶島, 見高句麗大臣淵淨王[土]之子安勝迎, 致漢城中, 奉以爲君 (中略) 王處之國西金馬渚)

이 내용은 『자치통감』 동년(함형 원년) 기사에 다음과 같이 기록되어 있다.

여름 4월 경오, 고구려의 추장 검모잠이 반란을 일으켜 고장의 외손 안순을 세워 임금으로 삼았다. 좌감문대장군 고간을 동주도 행군총관으로 삼아 병사를 내어 토벌케 했다. 안순이 검모잠을 죽이고 신라로 도망갔다.

(夏四月庚午, 高麗酋長劍牟岑反, 立高藏外孫安舜爲主, 以左監門大將軍高侃,
爲東州道行軍總管, 發兵討之, 安舜殺劍牟岑, 奔新羅)

양쪽의 기사가 서로 맞지 않는 부분이 있지만, 신라가 당군에 반항하는
고구려인을 도우려고 한 상황이 있었음을 추측할 수 있다. 그렇다면 일찍
이 문무왕 10년부터 당과 신라의 충돌이 생겼다고 하는 것도 반드시 틀린
것은 아니다. 『자치통감』에는 총장 원년의 고구려 토멸이 다음과 같이 기
록되어 있다.

평양에 안동도호부를 두고, (중략) 우위위대장군 설인귀를 검교 안동도호로
삼아 군사 2만을 통솔하며 백성을 진무하게 했다.

(置安東都護府於平壤 (中略) 以右威衞大將軍薛仁貴, 檢校安東都護, 摠兵二萬
人以鎭撫之)

『당서』「고려전」에는 "인귀를 도호로 삼아 군사를 통솔하고 진압케 했
다(仁貴爲都護, 總兵鎭之)"고 했으므로, 당은 도호부 설치 때 고구려의 옛 땅
을 위압적으로 다스리기에 충분한 무력을 평양에 갖추고 있었을 것이다.

당의 정책 변화

그런데 『자치통감』에 다음 해인 총장 2년 4월 조항은 다음과 같다.

고구려인 3만 8천 2백 호를 강회 이남과 남경 이서의 황무지에 이주시켰다.
남아있는 빈약자들은 안동을 수호하게 했다.

(徒高麗戶三萬八千二百於江淮之南及山南京西諸州空曠之地, 留其貧弱者, 使 守安東)

　당은 무력을 사용하여 토착민들에게 위압을 가하기보다는 백성들의 근 간을 흔들어 반항할 힘을 없애는 것이 상책이라 생각하여 정책을 완전히 바꾸었을 것이다. 이렇게 유력한 민호는 중국 본토로 옮기고, 빈약하고 힘 없는 자들만 그 지역에 두었으므로, 도호부는 막대한 병력을 거느릴 필요 가 없게 되었을 것이다. 이듬해인 함형 원년에는 설인귀가 나파도(邏婆道) 행군대총관에 임명되어 토번(吐蕃) 방면으로 향했다. 이때 그의 휘하에 속 한 평양 수비병도 대부분 이 지역을 떠났을 것이다. 검모잠(劍牟岑)의 반란 은 이러한 빈틈을 노리고 일어났던 것이고, 신라의 병탄 의지 역시 이때 생 겨났을 것이다. 그러므로 당과 신라의 충돌은 함형 원년(문무왕 10년)에 시작 되었다고 보아도 큰 오류는 없을 것이다. 인용한 문무왕 10년 조항은 본문 에 빠진 글자가 많아서 해석이 어려우므로 잠시 논외로 하겠다. 옥골(屋骨), 개돈양(皆敦壤), 백성(白城) 등의 지명도 위치를 비정하기 어렵다. 대동강의 남쪽, 신라의 북쪽 변경에서 멀지 않은 지방일지도 모르겠다.

백제 방면의 충돌

　신라와 당의 충돌은 먼저 백제의 옛 땅에서 일어났다. 「신라본기」 21년 정월 조항을 보자.

　군사를 내어 백제로 쳐들어가서 웅진 남쪽에서 싸웠는데 (중략) 당나라 군사 가 백제를 구원하러 오고자 한다는 말을 듣고, [중략] 병사를 (내어) □웅포를 지 켰다. (중략) 6월에 장군 죽지 등을 보내어 군사를 이끌고서 백제 가림성의 벼를 밟도록 했다. 마침내 당나라 군사와 석성에서 싸웠다. [중략] 소부리주를 두었다.

(發兵侵百濟, 戰於熊津南 (中略) 聞唐兵欲來救百濟, [中略] □兵守甕浦 (中略) 六月遣將軍竹旨等領兵踐百濟加林城禾, 遂與唐兵戰於石城. [中略] 置所夫里州)

"□兵守甕浦"의 □는 '발(發)' 자 일 것이다.

웅진의 당군

백제 멸망 후 고구려 토멸 전에 유인원이 진장(鎭將)으로 웅진에 주둔했던 일은 한국사 및 중국과 일본의 사적에 모두 기록되어 있다. 『일본서기』 「덴지 천황기」 10년(함형 2년, 문무왕 11년) 조항을 보면 다음과 같다.

정월 신해, 백제에 주둔하고 있는 장군 유인원이 이수진 등을 보내 표를 올렸다.

(正月辛亥, 百濟鎭將劉仁願, 遣李守眞等上表)

11월 (중략) 당국의 사신 곽무종 등 6백인과 송[사] 사택손등 등 1천 4백인, 합해서 2천인이 배 47척에 타고 비지도에 머물고 있습니다.

(十一月 (中略) 唐國使人郭務悰等六百人送[送使]沙宅孫登等一千四百人, 總合二千人, 乘船四十[卌]七隻俱泊於比知智嶋)

곽무종(郭務悰)은 덴지 천황 2년에 유인원의 사절로서 일본에 왔으므로 아마도 백제에 주재한 관리이겠지만, 유인원은 『자치통감』에 의하면 고구려 정벌 때 죄를 얻어 벼슬이 강등되고 멀리 유배되었으므로 이때 여전히 백제에 있었다는 것은 의심스럽다.(제11장「고구려 전역의 신라 진군로고」참조) 아마『일본서기』의 오류일 것이다. 다만 이 기사를 통해서 이때 당의 관리가 다소의 병력을 데리고 웅진에 주재했다는 것은 추측할 수 있다. 본문에 백제라고 되어 있는 것은 당의 수비군을 가리킬 것이다.

신라의 작전 계획

당의 관리는 여전히 웅진에 주둔했지만 그 병력이 미약하여 신라를 압박하기에는 부족했다. 북쪽인 평양 방면 사이에 신라의 영토가 있어 육로로 직접 연락하지 못하고 겨우 해상 교통만 가능했으므로, 고립된 군사가 어렵게 성을 지키고 있을 뿐이었다. 신라가 먼저 군사를 백제로 보내어 남쪽에서 당군을 구축해버리려고 한 것은 적절한 계책이었다. 격전지였던 가림성(加林城)은 「지리지」에 의하면 지금의 임천(林川)이고, 석성(石城)은 지금도 그 이름이 존재한다. 두 곳 모두 사비의 남쪽에 있다. 옹포(甕浦)의 소재지는 알 수 없지만, 당군의 구원로를 막기 위한 수비병을 두었던 지역이므로 진강(鎭江) 어귀 부근일 것이다. 신라의 전략은 먼저 웅진과 진강 어귀 사이의 중간 지점을 점령하여, 해로로 오는 당의 증원군이 웅진으로 들어올 수 없도록 하려는 것이었을 것이다. 때문에 웅진의 남쪽으로 군사를 움직여 가림과 석성 방면에서 충돌한 후 소부리주를 설치했으며, 사비를 새 점령지의 근거지로 삼은 것이다. 이때 고간(高侃)은 대군을 이끌고 고구려에 있었으며, 설인귀 역시 계림도(鷄林道) 총관이 되어 한반도로 왔다. 이들은 필시 해로를 통해 백제에 파병할 계획이었을 것이므로, 그 증원군이 웅진으로 와서 합류할 것을 신라가 두려워한 것은 분명하다.

해상의 충돌

「신라본기」에 다음과 같은 기록이 있다.

겨울 10월에 당의 조운선 70여 척을 쳐서 낭장 겸이대후와 병사 1백여 명을 사로잡았으며, 물에 빠져서 죽은 사람은 셀 수가 없었다.

(冬十月, 擊唐漕船七十除[餘]艘, 捉郎將鉗耳大侯士卒百餘人, 其淪沒死者, 不可勝數)

이 해전의 위치를 명확히 알 수는 없지만, 평양 방면에서 백제로 항해해 오는 당군의 운송선을 격파한 사건일 것이다. 이 또한 당시의 형세를 보여주는 것이다. 당은 이 패전으로 해상권이 신라에 장악되었다고 여겨 백제 구원 계획을 포기했는지, 이후로는 칼날을 신라의 북쪽 경계에 집중시킨 듯하다.

당군의 철수

백제 방면에 대해서는 이듬해인 문무왕 12년(함형 3년) 조항에 다음과 같은 기록이 있을 뿐이고, 『일본서기』에는 관련 내용이 기재되어 있지 않다.

정월에 왕이 장수를 보내어 백제의 고성성을 공격하여 이겼다. 2월에 백제의 가림성을 쳤지만 이기지 못했다.

(正月, 王遣將, 攻百濟古省城, 克之, 二月攻百濟加林城, 不克)

추측건대 당은 이 무렵부터 백제 수비병을 철수시켰을 것이다. 그렇지 않다면 이후 2, 3년 동안 북쪽에서 두 나라의 충돌이 아주 심한 상황에서 백제 방면의 당나라 장군이 아무 행동도 취하지 않은 것이 되는데 그 같은 일은 생각할 수 없다. 또 백제 멸망 이후 주둔한 당의 장수가 매년 일본에 보낸 사절도 덴지 천황 11년(함형 2년)에 곽무종(郭務悰) 일행이 왔다가 이듬해 봄에 돌아간 것이 마지막이다. 이후에는 당의 사절이 온 기사는 보이지 않는다.

신라의 백제 점유

이렇게 백제는 완전히 신라의 영유가 되었다. 인용문 속의 고성성(古省城)의 위치는 알 수 없다.

설인귀의 사명

설인귀가 함형 2년에 어느 방면으로 왔는지는 분명하지 않다. 「신라본기」 이해 7월 26일 조항에 그가 신라왕에게 보낸 서한이 수록되어 있는데, 그 내용은 주로 신라의 백제 침략을 책망하는 것이다. 따라서 그는 백제 보호의 임무를 띠고 왔으며, 직접 백제의 국경 지역까지 다다른 것은 아닐까. 여기서 살펴보아야 할 것은 「신라본기」 문무왕 16년(의봉 원년) 조항의 다음과 같은 기사이다.

겨울 11월에 사찬 시득이 수군을 거느리고 설인귀와 소부리주 기벌포에서 싸웠는데 거듭 패배했다. 다시 나아가 크고 작은 22번의 싸움을 벌여 이기고서 4천여 명을 목 베었다.

(冬十一月, 沙湌施得領舡兵, 與薛仁貴, 戰於所夫里州伎伐浦, 敗績, 又進, 大小二十二戰, 克之, 斬首四千餘級)

뒤에 상술하겠지만, 당의 신라 정벌은 이 전년도에 중지되었고, 한반도를 방치하는 정책으로 바뀐 듯하다. 이해 2월 안동군호부가 요동으로 옮겼고, 웅진도독부도는 같은 시기 혹은 그 이전에 건안성(建安城)으로 옮겼다. 그러므로 이해 11월에 설인귀의 군사가 진강 어귀인 기벌포에 나타났다는 것은 아주 의심스럽다. 아마 사관의 오류일 것이다.

기벌포 전투 시기

기벌포 전투는 함형 2년(문무왕 11년) 겨울일 것이다. 설인귀는 이해 7월에 이미 기벌포 방면으로 왔지만 신라군이 상류 지역을 점령하여 쉽게 상륙할 수 없었을 것이다. 우선 서한을 써서 신라왕을 힐문하며 외교적 수단으로 해결을 시도했지만 이루어지지 않자 하는 수 없이 교전을 벌인 듯하다. 혹은 10월에 신라군이 해상에서 당의 수송선을 격파하여 제해권을 획득한 후 나아가 그의 군사를 공격했을 수도 있다. 이상과 같이 기벌포 전투 시기를 함형 2년으로 보면 당시의 형세를 잘 설명할 수 있을 것 같다. 그해 정월에 "당나라 군사가 백제를 구원하러 오고자 한다는 말을 듣고 (중략) 병사로 옹포를 지켰다"고 한 것도, 설인귀의 구원 계획을 전해들은 것으로 생각된다. 이듬해에 당이 백제를 포기한 것도 운송선 격침 사건보다는 설인귀의 기벌포 패전이 직접적인 동기가 된 것이라고 볼 수 있다. 설인귀가 계림 도총관으로 임명된 것은 함형 2년일 것이고, 원년에는 토번(土蕃)에 있었다. 그리고 고간이 동주도(東州道) 행군대총관에 임명된 것은 그 전년으로, 평양에 들어온 것은 이해 9월이다.(「신라본기」) 『자치통감』에 고간은 이해 7월에 요동의 안시성에 있었다고 되어 있으므로 「신라본기」 기사와 부합된다. 따라서 설인귀의 임명은 고간이 고구려 진무(鎭撫)의 명을 받은 후 아직 임지에 도착하기 전에 이루어진 것이다. 이를 통해서도 그의 임무가 고간과는 다른 방면에 있었음을 추측할 수 있다. 그는 신라에 대한 백제 방위의 명령을 받았던 것이다.

고구려 방면의 충돌

백제 방면에서 당의 세력이 구축되기에 이르자, 고간은 고구려 방면에서 신라를 압박하고자 했다. 「신라본기」 문무왕 11년(함형 2년) 조항을 보자.

9월에 당나라 장군 고간 등이 번병 4만 명을 이끌고 평양에 도착했다. 깊이 도랑을 파고 높이 보루를 쌓아 대방을 쳐들어왔다.

(九月, 唐將軍高侃等率蕃兵四萬, 到平壤, 深溝高壘, 侵帶方)

"대방을 쳐들어왔다"는 것은 그가 대동강 남쪽으로 군사를 진군시킨 상황을 의미할 것이다. 이듬해 12년(함형 3년) 조항은 다음과 같다.

7월에 당의 장수 고간이 군사 1만 명을 이끌고, 이근행이 군사 3만 명을 이끌고 한 번에 평양에 이르러 여덟 곳의 군영을 설치하고 머물렀다. 8월에 한시성과 마읍성을 공격하여 이겼다. 백수성에서 5백보 쯤 되는 곳까지 군사를 전진시켜 군영을 설치했다. 우리 군사와 고구려 군사가 맞서 싸워 수천 명의 목을 베었다. 고간 등이 후퇴하자 추격하여 석문에 이르러 싸웠는데 우리 군사가 패배했다.

(七月唐將高侃率兵一萬, 李謹行率兵三萬, 一時至平壤, 作八營留屯, 八月攻韓始城, 馬邑城, 克之, 進兵距白水城五百許步作營, 我兵與高句麗兵逆戰, 斬首數千級, 高侃等退, 追至石門戰之, 我兵敗績)

이는 당군이 남진을 개시했다는 의미일 것이다. 전년도에 이미 고간이 왔다는 기록이 있는데, 이듬해에 다시 "평양에 이르러"라고 한 것은 중복일 것이다. 한시성(韓始城)과 마읍성(馬邑城)의 위치는 알 수가 없다. 마읍성은 소정방이 고구려를 토벌했을 때 본영을 두었던 마읍산(馬邑山)과 같은 이름이지만 다른 지역일 것이다. 마읍산은 평양의 서남쪽, 대동강의 북쪽에 있고, 평양에서 임진강 방면으로 향하는 도상인 듯하다.

백수성, 횡수

백수성(白水城)은 『자치통감』에 백수산(白水山)으로 나온다. 또 『구당서』「고종본기」에 "고간이 신라의 무리에게 횡수에서 대패했다(高侃大敗新羅之衆於橫水)"고 한 것을 참조하면, 백수성은 횡수(橫水) 부근일 것이다. 그리고 이듬해 전투가 임진강에서 일어난 것으로 볼 때 횡수 승전 이후 당군은 임진강 북쪽을 점령한 것 같다. 따라서 횡수는 임진강 북쪽에 있는 하천으로 예성강 혹은 한강 어귀일 것이다. 그런데 「신라본기」 문무왕 15년 조항에 다음과 같은 기록이 있다.

9월에 설인귀가 (중략) 천성을 쳐들어왔다. 우리 장군인 문훈 등이 맞서 싸워 이겼는데, 1천 4백 명의 목을 베고 병선 40척을 빼앗았다. 설인귀가 포위를 풀고 도망갔다.

(九月, 薛仁貴 (中略) 來攻泉城, 我將軍文訓等逆戰[戰勝]之, 斬首一千四百級, 取兵船四十艘, 仁貴解圍退走)

천성

위 내용에서 천성(泉城)이 물가에 있었음을 알 수 있으므로 곧 백수성(白

水城)일 것이다. '白水'는 '泉'을 잘못 베껴 쓴 것으로 여겨진다. 「신라본기」 문무왕 8년 조항에는 유인궤가 천강(泉岡)으로 향했다고 되어 있으므로, 『자치통감』에서 말하는 백수산(白水山)도 천산(泉山) 즉 천강일 것이다.(제11 장 「고구려 전역의 신라 진군로고」 참조) 『삼국사기』 「도미전(都彌傳)」에 도미의 아내가 백제 개로왕에게 벌을 받고 강으로 추방된 남편과 재회한 천성도(泉城島)가 바로 이 천성의 소재지일지도 모르겠다.

강어귀에 이르렀는데 (중략) 홀연히 배 한척이 물결을 따라 이르는 것을 보았다. 배를 타고 천성도에 이르러 그 남편을 만났는데 아직 죽지 않았다. 풀뿌리를 캐서 먹다가 드디어 함께 같은 배를 타고 고구려의 산산 아래에 이르렀다.
(至江口 (中略) 忽見孤舟隨波而至, 乘至泉城島, 遇其夫未死, 掘草根以喫, 遂與同舟, 至高句麗蒜山之下)

여기에 나오는 강(江)은, '하(河)'라고 쓴 기록도 있지만 백제의 왕도 한성에 가까운 한강을 가리킬 것이다. 그러므로 천성도는 한강 어귀에 있을 것이고, 고구려의 산산(蒜山)에 가깝다는 것과도 부합된다. 산산에 대해서는 명확히 알 수 없고 「도미전」이 사실인지도 확인할 수 없지만 그 속에 보이는 지리는 거짓이 아닐 것이다. 신라와 당 두 나라가 전투를 벌인 천성이 한강 어귀 부근이라면 횡수(橫水)는 바로 한강 어귀이며, 병선 40척을 빼앗았다는 사실과도 부합한다. 또 백수성이 천성이라면, 천성도라는 이름으로 유추할 때 그 위치는 예성강 어귀의 동쪽 기슭과 한강이 서로 만나는 지점일 것이다. 천성도의 '도(島)'라는 문자는 반드시 사면이 바다라는 의미는 아니다. 해변 지역을 지칭하는 예도 있다. 백수성은 앞에서 인용한 「신라본기」 기록들로 보아도 바다 가운데 있는 섬은 아니다. 『고려사』 「지리지」

교하군(交河郡) 조항에 나오는 조도(鳥島)도 섬이 아니라는 점을 참고로 해야 할 것이다. 문무왕 12년과 13년의 전황을 통해 살펴보면, 13년의 교전지가 임진강 어귀 및 고양(高陽) 부근이므로 12년에도 당군의 진군로는 해변에 있었던 듯하다. 따라서 천성의 위치를 이상과 같이 비정해도 지장이 없을 것이다. 나아가 우잠성(牛岑城, 신계의 남쪽, 평산의 동쪽)이 13년에도 여전히 신라의 영유였으므로, 12년에 당군이 함락시킨 천성은 우잠성과는 방향이 다른 교통로에 해당한다는 것을 알 수 있다. 15년에는 당군이 적성(積城)에서 양주(陽州) 방면으로 침입해 왔는데, 이때도 천성은 여전히 신라의 영유였으므로 적성 방면과도 아주 멀리 떨어진 지점으로 추측할 수 있다. 이들 또한 천성을 예성강 혹은 한강 어귀에 가까운 지역으로 보는 증거가 될 수 있을 듯하다.

한시성, 마읍성

천성의 위치가 이상에서 유추한 바와 같다면 한시성과 마읍성은 지금의 봉산(鳳山) 부근이 아닐까. 봉산은 평양에서 남하해 오는 당군을 마음 요충지이기 때문이다. 당군은 대략 봉산, 서흥(瑞興), 평산 방면에서 차례로 남하하여 강어귀 부근에서 예성강을 건넜을 것이다. 천성 전투 후 두 나라가 다시 전투를 벌인 석문(石門)은 「김유신전」에 다음과 같은 기록이 있으므로 평야인 듯한데 소재는 알기 어렵다.

당나라 군사가 말갈과 함께 석문의 들판에 진영을 설치했고, 왕은 장군 의복과 춘장 등을 보내 그들을 막게 하니 대방 들판에 진영을 설치했다.

(唐軍與靺鞨營於石門之野, 王遣將軍義福春長等, 禦之, 營於帶方之野)

「김유신전」에는 또 무이령(蕪荑嶺)이라는 지명이 나오는데 이 또한 자세히는 알 수 없다.

호로하와 왕봉하

당군이 이미 예성강 연안을 점령했지만, 이 지역은 원래 고구려의 영토였으므로 그들이 당연히 영유해야 할 곳을 되찾았을 뿐이었다. 신라를 응징하기 위해 군사는 더 나아가 신라의 국경으로 들어가야 했다. 「신라본기」 문무왕 13년(함형 4년) 조항을 보자.

왕이 대아찬 철천 등을 보내어 병선 1백 척을 거느리고 서해를 지키게 했다. 당나라 군사가 말갈과 거란의 군사와 함께 와서 북쪽의 변경을 침범했는데, 무릇 아홉 번 싸워서 우리 군사가 이겨 2천여 명의 목을 베었고, 당나라 군사 중에서 호로와 왕봉 두 강에 빠져 죽은 자는 셀 수가 없었다.

(九月, 王遣大阿湌徹川等領兵船一百艘, 鎭西海, 唐兵與靺鞨契丹兵來侵北邊, 凡九戰, 我兵克之, 斬首二千餘級, 唐兵溺瓠瀘, 王逢二河, 死者不可勝計)

겨울에 당나라 군사가 고구려의 우잠성을 공격하여 항복을 시켰고, 거란과 말갈 군사는 대양성과 동자성을 공격하여 멸하였다.

(冬唐兵攻高句麗牛岑城降之, 契丹靺鞨兵攻大楊城, 童子城滅之)

호로하(瓠瀘河)가 임진강이라는 것은 이미 고증했다.(제11장 「고구려 전역의 신라 진군로고」 참조) 왕봉하(王逢河)에 관해서는, 「지리지」에 의하면 한양군(漢陽郡)의 속현 중 왕봉현(王逢縣)이 한강변에 있는 뒷날의 행주(幸州) 지역이므로, 대략 한강 하류에 해당하는 명칭일 것이다. 임진강이 이곳으로 유입되므로 "호로와 왕봉 두 강"으로 함께 말한 것일 텐데, 동시에 이 전투의 격전지가 두 강의 어귀 부근이었다는 점도 의미하는 것으로 보인다. 전쟁 전에 신라군이 해상에서 경비를 했다는 사실로 보아도 당군의 진군로가 해안을 따라 남하했다고 추측할 수 있다. 당군은 전년도에 이미 예성강 하류를 점령했으므로 전진하여 임진강을 건너 신라의 국경으로 침입했을 것이다. 신라와 고구려의 경계는 임진강 부근이었다.(제6장 「진흥왕 정복지역고」 참조)『자치통감』에 "함형 4년에 이근행이 고구려의 반란자들을 호로하의 서쪽에서 대파했다(咸亨四年, 李謹行大破高麗叛者於瓠蘆河之西)"고 한 것은 이 전쟁을 가리키는 것으로 보이는데, 「신라본기」와는 승패가 반대로 기록되어 있다. 허위 보고 또는 사관의 착오일 것이다. 이후 당군은 다시 임진강 하류에 나타나지 않았고, 문무왕 15년에 천성이 신라의 영유가 된 것을 보면 「신라본기」의 기록이 맞을 것이다.

돈자성

이 전투 후 얼마가지 않아 거란과 말갈 군사가 짐낮왔다고 히는 돈자성(童子城)은 「지리지」에 동자현의 옛 호칭으로 나오는 동자홀(童子忽)에 해당할 것이다. 『여지승람』에 의하면 이 지역은 지금의 통진(通津)에서 동쪽으로 20리에 있으며, 임진강 어귀의 건너편 기슭이다. 동시에 함락된 대양성(大楊城)은 알 수 없지만 동자성과 같은 방면이 아닐까. 「지리지」에 대양군(大楊郡)이라는 지명이 있지만, 삭주(朔州)에 속하고 지금의 강원도 회양(淮陽)의 동쪽에 있다. 이 지방이 당시의 작전 범위 밖이라는 것은 명확하므로 여기서 말하는 대양성은 아닐 것이다. 그렇다면 거란과 말갈 군사는 해상을 통해 한강 어귀의 남쪽을 침공했을 것이다. 『자치통감』 상원(上元) 2년(문무왕 15년) 조항에도 "말갈을 시켜 바다를 건너 신라의 남쪽 경계를 공략

하여 많은 사람을 죽이거나 사로잡았다(使靺鞨浮海略新羅之南境, 斬獲甚衆)"고
했으므로, 말갈 군사는 당군의 별동대로서 이런 행동을 취한 듯하다. 하지
만 신라군이 천성에 웅거했다는 점으로 볼 때 이 방면의 공격은 일시적 현
상일 뿐, 당에 점유된 것은 아니라는 점은 분명하다.

우잠성 방면

예성강 및 임진강 하류에서 남하하려 했던 당군의 계획이 신라군의 역
공을 만나 저지당하자, 당군은 또 다른 방면에서 남진을 기획했던 것 같다.
다시 공략하여 함락시킨 우잠성(牛岑城)은 신계 혹은 평산에서 백치진을 거
쳐 적성으로 향하는 도상에 있었을 것이다. 2년 후에 유인궤가 칠중성(적
성)을 함락시키게 되는 바탕이 이미 이때 이루어진 것이다.

칠중성 방면

신라군의 저항이 완강하여 쉽게 굴복시키기 어렵다고 생각한 당은 상원
원년(문무왕 14년)에 유인궤를 다시 계림도 도총관으로 임명했다. 『자치통
감』 상원 2년(문무왕 15년) 조항의 기록은 다음과 같다.

3월에 유인궤가 칠중성에서 신라의 무리를 크게 깨뜨렸다. 또 말갈을 시켜
바다를 건너 신라의 남쪽 경계를 침략하여 많은 사람을 죽이거나 사로잡았다.
인궤는 병사를 이끌고 돌아가고, 조서로 이근행을 안동진무대사로 삼고 신라
의 매초성에 주둔하여 그곳을 경략하게 했다. 세 번의 전투에서 모두 이겼다.

(三月, 劉仁軌大破新羅之衆於七重城, 又使靺鞨浮海略新羅之南境, 斬獲甚衆,
仁軌引兵還, 詔以李謹行爲安東鎭撫大使, 屯新羅之買肖城, 以經略之, 三戰皆捷)

같은 사건을 「신라본기」는 다음과 같이 전한다.

2월에 유인궤가 칠중성에서 우리 군사를 깨뜨렸다. 인궤는 병사를 이끌고 돌아가고, 조서를 내려 이근행을 안동진무대사로 삼아 다스리게 했다 (중략) 가을 9월에 설인귀가 (중략) 천성에 쳐들어왔다. 우리 장군 문훈 등이 맞서 싸워 이겼는데, 1천 4백 명의 목을 베고 병선 40척을 빼앗았으며, 설인귀가 포위를 풀고 도망가자 전마 1천 필도 얻었다. 29일에 이근행이 군사 20만 명을 이끌고 매초성에 진을 쳤다. 우리 군사가 공격하여 도망가게 하고는 전마 3만 3백 80필을 얻었으며 남겨놓은 병기도 그 정도 되었다.

(二月劉仁軌, 破我兵於七重城, 仁軌引兵還, 詔以李謹行爲安東鎭撫大使以經略 (中略) 秋九月, 薛仁貴 (中略) 來攻泉城, 我將軍文訓等逆戰勝之, 斬首一千四百級, 取兵船四十艘, 仁貴解圍退走, 得戰馬一千匹, 二十九日, 李謹行率兵二十萬, 屯買肖城, 我軍擊走之, 得戰馬三萬三百八十匹, 其餘兵仗稱是)

당군이 대거 진격을 개시했고, 그것이 실패로 끝난 상황을 알 수 있다. 『당서』「유인궤전」에는 이 사건이 전년도인 상원 원년으로 되어 있지만 오류일 것이다. 칠중성이 적성이라는 것은 이미 설명했다. 매초성(買肖城)은 「김유신전」에 "을해년(문무왕 15년)에 당군이 와서 매소천성을 공격했다(乙亥唐兵來攻買蘇川城)"고 한 매소천성(買蘇川城)인 듯하다. 「지리지」에 내소군(來蘇郡)의 옛 이름을 매성현(買省縣)이라 했는데, 발음이 비슷하다. 매성현은 고려 시대의 견주(見州, 지금의 양주楊州)라고 한다. 우잠성에서 적성을 거쳐 양주에 이르는 것은 한성으로 향하는 공도(公道)이므로 매초(買肖)는 아마도 매성(買省)일 것이다. 당군은 전년도의 패전을 거울삼아 평산에서 우잠으로 나와 신계와 한성 사이의 도로를 남진하여 양주에 이르렀을 것이다. 동시에 다른 한 부대가 역시 전년도의 진로를 따라 남하를 시도한 듯하지만 천성에서 설인귀가 패배했으므로 바로 저지당하게 되었다.

당군의 패전

이렇게 양쪽 군사가 양주와 예성강 하류에서 각각 신라군에게 격파당했으므로 당군은 이후 쇠미하여 기세가 꺾이게 되었다. 중국사는 이 패전에 관하여 아무 말도 남기지 않았지만, 당군이 신라 정벌을 중지한 이유가 「신라본기」에 기록된 이 패전 때문임은 미루어 짐작하고도 남는다. 매초성과 천성 전투에서 신라군의 승리는 사실로서 신뢰할 수 있다.

『자치통감』에 "말갈을 시켜 바다를 건너 신라의 남쪽 경계를 침략하여 많은 사람을 죽이거나 사로잡았다"고 한 말갈이 어느 지방으로 향했는지는 알 수 없지만, "신라의 남쪽 경계"가 부산 해협이 아니라는 것은 분명하다. 대략 한강 어귀 부근일 수도 있다. 어쩌면 앞에서 살펴본 동자성 함락 기사가 이 전투에 관한 것이고, 「신라본기」가 잘못 인식하여 2년 전의 사건으로 기록한 것은 아닐까. 명확한 증거는 없지만 이 전투는 전년도의 임진강 패전 후가 아닌 유인궤가 다시 와서 당군이 대거 남진을 시도했을 때의 사건으로 보는 쪽이 상황과 부합된다고 여겨지기 때문이다.

그 후의 작은 충돌

이후의 전투에 대해서는 「신라본기」 문무왕 15년 조항에 다음과 같은 기록이 있다.

안북하를 따라 관성을 설치했고, 또한 철관성을 쌓았다. 말갈이 아달성에 들어와 위협하고 노략질하자 성주 소나가 맞서 싸우다가 죽었다. 당군이 거란과 말갈 군사와 함께 와서 칠중성을 둘러쌌지만 이기지 못했고, 소수 유동이 죽임을 당했다. 말갈이 또한 적목성을 에워싸서 무너뜨렸다. 현령 탈기가 백성을 거느리고 막아 지키다가 힘이 다하여 모두 죽었다. 당군이 또 석현성을 둘러싸고 쳐서 빼앗았는데, 현령 선백과 실모 등이 힘을 다해 싸우다가 죽임을 당했다. 또 우리 군사가 당나라 군사와 크고 작은 열여덟 번의 싸움을 벌여 모두 이겼는데, 6천 47명의 목을 베었고 말 2백 필을 얻었다.

(緣安北河設關城, 又築鐵關城, 靺鞨入阿達城劫掠, 城主素那逆戰死之, 唐兵與契丹靺鞨兵來圍七重城, 不克, 小守儒冬死之, 靺鞨又圍赤木城滅之, 縣令脫起率百姓拒之, 力竭俱死, 唐兵又圍石峴城拔之, 縣令仙伯悉毛等力戰死之, 又我兵與唐兵大小十八, 戰皆勝之, 斬首六千四十七級, 得戰馬二百匹)

중국사에는 관련 내용이 보이지 않는다. 문무왕 16년(의봉 원년)에는 다음과 같은 기록이 있을 뿐이다.

가을 7월에 당나라 군사가 와서 도림성을 공격하여 빼앗았는데, 현령 거시지가 죽임을 당했다.

(秋七月唐兵來攻道臨城拔之, 縣令居尸知死之)

두 나라의 교전 기사는 이것이 마지막이다. 문장 중에 있는 성지(城池)는 분명하지 않은 것이 많다.

안북하

안북하(安北河)는 문무왕 16년 조항에 "혜성이 북하와 적수 사이에서 나타났다(彗星出北河, 積水之間)"고 한 북하(北河)이다. 당시 신라군이 점령했던 지역의 북쪽 경계이므로 예성강 상류일 것이다. 매초성 전투 이후 신라가 북진하여 적어도 임진강 부근까지 회복했다는 것은 다음에 당군이 칠중성을 포위한 기록이 있으므로 확실하다. 따라서 관성(關城)을 쌓아 방어선으로 삼은 것은 더 북쪽일 것이므로 예성강이 될 수밖에 없다. 적수(積水)는 적성(積城)이라는 이름에서 유래했을 것이므로 칠중하 즉 임진강인 듯하다. 그렇다면 북하가 예성강이라는 것도 확실해진다. 철관성(鐵關城)도 그 부근일 것이다.

아달성

아달성(阿達城)은 『삼국사기』「소나전(素那傳)」에 나온다.

백제가 멸망한 후, 한천[주] 도독 도유공이 대왕에게 청하여, 소나를 아달성으로 옮겨서 북쪽 변방을 막도록 했다.

(百濟滅後, 漢川[州]都督都儒公, 請大王, 遷素那於阿達城, 俾禦北鄙)

"아달성이 적국에 가까웠다(阿達城隣敵國)"는 기록도 있으므로 신라의 북변이라는 점은 명백하다. 또 당군이 칠중성으로 공격해 온 것은 아달성 함락 이후 전진해 온 것이므로, 아달성이 임진강 북쪽에 있었음을 알 수 있다. 이 성은 아단성(阿旦城)으로 기록된 경우도 있다.(제4장「광개토왕 정복지역고」참조) 적목성(赤木城)은 알 수가 없다.

석현성

석현성(石峴城)은 광개토왕 시대에 고구려와 백제 두 나라의 분쟁지였던 곳이지만, 앞의 인용문으로 보면 아달성과 칠중성의 남쪽에서 멀지 않은 지점인 듯하다.(제4장 「광개토왕 정복지역고」 참조) 도림성(道臨城)은 분명하지 않다.

이상을 요약하자면 당군이 대패한 후 작은 충돌은 임진강 부근에서 일어난 것 같다. 그리고 이 지방은 고구려와 신라 두 나라의 경계선이었던 곳이므로, 당시 신라의 계획은 우선 그 옛 영역을 방어하여 지키는 것에 있었던 듯하다.

13. 신라 북경고

부도 3. 신라 북진 형세도 참조

통일신라시대의 북쪽 경계에 대해서는 『삼국사기』 「지리지」에 열거된 군현의 이름을 통해 대략 상상할 수 있을 뿐, 다른 문헌에서 근거를 찾을 수 없으므로 상세한 사항은 알지 못한다. 「지리지」의 기재도 의문시 되는 점이 없지 않은 듯하다. 본 장에서는 이에 대해 고찰하여 통일신라시대의 북쪽 경계를 연구하는 자료를 제공하고자 한다.

1) 서북 방면

삼국시대 말기에 신라와 고구려의 경계가 임진강 부근이었고, 고구려 멸망 후 당이 신라를 공격했을 때 양국의 중요한 충돌 지점 역시 임진강 유역이었다는 것은 이미 설명한 바와 같다.(제6장 「진흥왕 정복지역고」 및 제12장 「나당 교전 지리고」 참조)

당의 한반도 포기와 신라의 태도

아마도 신라는 옛 경계를 지키려 했을 것이고, 당도 역시 고구려의 옛 영토에 대한 주권을 유지하려 했을 것이다. 그런데 의봉 원년에 당이 평양에 두었던 안동도호부를 요동으로 옮긴 것은 사실상 한반도 포기 정책을 취한 것으로 볼 수 있다. 한반도에서 고구려의 옛 땅은 주인이 없는 상태가 된 것이고, 신라는 자연히 이 기회를 틈타 그 남쪽 경계를 병유하려 했을 것이다. 그런데 역사상 이와 같은 기록은 전해지지 않는다.

신라 북방 경략의 한계

다만 효소왕 3년 조항에 "송악과 우잠 두 성을 쌓았다(築松岳, 牛岑二城)"는 기록이 있고, 성덕왕 12년에 "개성을 쌓았다(築開城)"고 한 것에서 신라가 임진강 북쪽을 다스렸다는 사실을 볼 수 있을 뿐이다. 이 세 성은 그 위치가 모두 예성강의 동남쪽에 있어 통일 이전의 북쪽 경계에서 멀지 않으므로, 신라가 북진의 기세를 나타낸 것으로 볼 수는 없을 것 같다. 추측하자면, 대동강 방면은 사실상 주인이 없는 땅이었지만 명의상의 주권이 여전히 당에 있었으므로 신라가 이곳을 점령하려면 다시 당과 싸울 결의를 갖지 않으면 안 되었을 것이다. 하지만 당시 신라는 백제의 옛 땅을 병합하여 배가된 영토의 경영에 힘을 기울여야 했으므로 전쟁의 위험을 무릅쓰고 북쪽을 경략할 여력은 없었을 것이다. 영토가 확장되었어도 왕도는 옛날 그대로 였으므로 동남쪽 구석으로 치우친 위치에서 위세를 뻗치기도 어렵고 진취의 기상도 왕성하지 못했다고 여겨진다.

신라의 국력

신라가 백제를 멸망시킬 수 있었던 것은 절반은 당의 힘이었고, 이어서 병합할 수 있었던 것도 당이 이를 포기했기 때문이다. 오랜 시간 고구려와 백제 두 나라의 침략에 견디지 못해 백방으로 호소하여 당의 조력을 구한 신라가 어찌 하루아침에 힘을 길러 강대해졌겠는가. 고구려 멸망 후 당의 공격을 받았을 때 전투에서 반드시 패한 것도 아닌데 갑자기 사신을 보내어 사죄한 것 또한 그 실질적 힘이 당을 물리치고 한반도를 통일하기에 부족했기 때문이다. 따라서 당이 고구려의 옛 땅을 포기한 후 신라가 이곳을 점령하려 하지 않았다는 것은 이상한 일이 아니다. 다만 동북 방면은 당의 위력이 미치지 못했던 지역이므로, 신라는 일찍이 문무왕 때 이미 이곳을 점령했던 것 같다. 지형상 이어져 있는 송악(松岳)과 우잠(牛岑) 두 성의 축조는 이 방면의 경략과 관계가 있을 것이다.

패강 이남의 영유

그런데 우연한 계기로 신라는 고구려의 남쪽 경계를 영토에 추가할 수 있게 되었다. 『삼국사기』를 살펴보자. 처음 인용한 문장은 『자치통감』 및 『당서』에서 가져온 것으로 보인다.

당 현종은 발해와 말갈이 바다를 건너 등주로 쳐들어오자, 태복원외경 김사란을 귀국시켜 왕에게 개부의동삼사 영해군사를 더 제수하고, 군사를 일으켜 말갈의 남쪽 변경을 치도록 했다. 큰 눈이 한 자 넘게 쌓이고 산길이 험하여 절반이 넘는 병사들이 죽고 아무 공 없이 돌아왔다.(성덕왕 32년)

(唐玄宗渤海靺鞨越海入寇登州, 遣大僕員外卿金思蘭, 歸国, 仍加授王爲開府儀同三司, 寧海軍使, 發兵擊靺鞨南鄙, 會大雪丈餘, 山路阻隘, 士卒死者過半, 無功而還)

패강 이남의 땅을 주었다.(성덕왕 34년)

(勅賜浿江以南地)

평양과 우두 2주의 지세를 살펴보게 했다.(성덕왕 35년)

(檢察平壤牛頭二州地勢)

북쪽 변경을 검찰하게 하고, 처음으로 대곡성 등 14개 군현을 두었다.(경덕왕 7년)

(檢察北邊始[始置]大谷城等十四郡縣)

한산주를 한주로 고치고 1주 1소경 27군 46현을 거느리게 했다. 수약주를 삭주로 고치고 1주 1소경 11군 27현을 거느리게 했다. [중략] 하서주를 명주로 고치고 1주 9군 27[5]현을 거느리게 했다.(경덕왕 16년)

(漢山州, 爲漢州, 領州一, 小京一, 郡二十七, 縣四十六. 首若州爲朔州, 領州一, 小京一, 郡十一, 縣二十七. [中略] 河西州爲溟州, 領州一, 郡九, 縣二十七[五])

오곡, 휴암, 한성, 장새, 지성, 덕곡의 여섯 성을 쌓고 각각 태수를 두었다.(경덕왕 21년)

(築五谷, 鵂巖, 漢城, 獐塞, 池城, 德谷六城, 各置太守)

사자를 보내 패강 남쪽의 주와 군을 위로했다.(선덕왕 2년)

(發使, 安憮浿江南州郡)

한산주를 두루 돌며 살펴보고 백성들을 패강진으로 옮겼다.(선덕왕 3년)

(巡幸漢山州, 移民戶於浿江鎭)

두상대감은 1명이다. 선덕왕 3년에 처음으로 대곡성 두상을 두었다. 관등이 급찬에서 사중아찬까지인 사람을 임명한다. 대감은 7명이다. 관등은 태수와 동일하다.(『직관지』하, 패강진전浿江鎭典)

(頭上大監一人, 宣德王三年始置, 大谷城頭上, 位自級湌至四重阿湌爲之, 大監 七人, 位與大守同)

우잠 태수 백영에게 명하여, 한산주 북쪽 여러 주와 군의 인민 1만 명을 징 발하여 패강장성 3백 리를 축성케 했다.(헌덕왕 18년)

(命牛岑太守白永, 徵漢山北諸州郡人一萬, 築浿江長城三百里)

당은 신라를 이용하여 신흥국인 발해를 남쪽에서 견제하게 하기 위해 그 환심을 사려고 패강 이남을 주었던 것이다.

명분의 부여와 실질적 점유

신라는 이때 비로소 북방에 주권을 행사할 수 있게 되었지만, 이는 스스 로 북진하여 얻은 것이 아니라 당에서 준 것을 수령한 것에 지나지 않았다. 물론 당은 사실상 허울뿐인 이름을 준 것인데, 이로 인해 비로소 실질적으 로 점령하게 되었다는 것은 기이한 일인 것 같다. 만약 신라가 그 지방을 스스로 점령할 만한 힘이 있었다면, 필시 당 황제가 주기를 기다릴 필요가 없었을 것이고, 반대로 경략하기에 힘이 부족했다면 황제가 준 허울뿐인 이름은 아무런 효용이 없었을 것이기 때문이다. 그런데 미약하고 당을 두 려워한 신라는 이처럼 허울뿐인 이름으로도 안심하고 그 지역을 점령할 수 있었을 것이다.

14군현의 위치

성덕왕 35년에 평양(북한산)과 우두(牛頭) 두 주의 지형을 살피고, 경덕왕 7년에 대곡성 등 14군현을 두어 새로 추가된 북방 지역을 분할한 것은 모두 패강 이남을 당에게 하사받은 결과이다. 14군현의 이름이 나와 있지는 않았지만, 「지리지」에 한주(漢州) 관하로 대곡성 이하 북쪽의 군현 14개가 나열되어 있는 것과 동일할 것이다. 바로 대곡(大谷, 평산平山), 수곡(水谷, 신계新溪의 남쪽), 십곡(十谷, 곡산谷山), 동삼[음]홀(冬彡[音]忽, 연안延安), 도랍(刀臘, 백천白川), 내미홀(內米忽, 일명 지성池城, 해주海州), 식성(息城, 일명 한성漢城, 재령載寧), 휴암(鵂嵒, 봉산鳳山), 오곡(五谷, 서흥瑞興), 장새(獐塞, 수안遂安), 동홀(冬忽, 황주黃州), 식달(息達, 상원祥原), 가화압(加火押, 중화中和), 부사파의(夫斯波衣, 중화의 속현)일 것이다. 경덕왕 21년에 신축된 오곡, 휴암, 한성, 장새, 지성, 덕곡(德谷)의 6성은 모두 이 14군현 안에 있다. 덕곡은 십곡성(十谷城)을 덕순홀(德順忽)로 기록한 것이 있는 것으로 보아 십곡을 가리킬 것이다. 사료에 다른 8군현에 속한 축성 기록이 없는 것은 옛 성을 그대로 썼거나, 아니면 사관이 빠뜨렸을 것이다. 이들 14군현은 새 영토라고 해도 무방하다. 그리고 이들 새로 설치된 군현은 모두 한산주 관하에 속했을 것이다. 경덕왕 16년 조항은 9주의 군현을 개정한 것인데, 이 조항과 「지리지」에 기록된 한주 관내의 군현 수를 비교하면, "1주 1소경 27군"은 양쪽이 같지만, 현의 숫자는 경덕왕기는 46현이고 「지리지」는 49현으로 되어 있다. '6(六)'이 잘못 베껴 쓴 것인 듯한데, 경덕왕기가 별도의 근거 자료가 있었던 것인지, 혹은 『삼국사기』의 편찬시 「지리지」에 의해 기록한 것인지는 분명하지 않다.

새 영토의 북쪽 경계

새 영토가 위의 14현이 전부라고 하면, 곡산, 상원, 중화의 북쪽을 잇는 선을 북쪽 경계로 삼고, 중화, 황주, 재령, 해주의 서쪽 변경을 꿰뚫는 선을 서쪽 경계로 삼은 것 같다. 곡산, 상원, 중화는 대동강의 지류인 능성강(能成江)의 남쪽에 있다. 그런데 "패강 이남의 땅을 주었다"고 한 패강은 대동강을 가리키는 것이 명백하므로, 새 영토의 북쪽 변경을 이 지역으로 보는 것은 조금 부당하게 여겨질 수도 있다. 그렇지만 패강이라는 호칭이 대동강 전체를 말하는 것이 아니라, 평양 부근의 서쪽 하류에 사용되었다는 것을 보면, 이른바 "패강 이남의 땅"을 중화 및 그와 거의 같은 위도에 있는 상원, 곡산 부근으로 비정하는 것이 불가한 것은 아니다. 신라의 세력이 스스로 나아가 북쪽에 땅을 개척하기에 충분했다면 더욱더 전진하여 강동(江東)과 성천(成川) 방면을 점령하는 것이 반드시 어려운 일은 아니었겠지만, 능성강의 남쪽을 지키는 데 머무른 것은 더 이상 힘이 미치지 못했기 때문일 것이다. 따라서 선덕왕 3년에 설치한 패강진과 헌덕왕 18년에 축조한 패강장성도 중화의 북쪽, 대동강 및 능성강 남쪽에 있었을 것이고, 신라의 최북단 방어선이었을 것이다.

패강진

패강진의 소재는 알기 어렵다. 앞에서 인용한 「직관지」 패강진전(浿江鎭典)에 대곡성(大谷城)이 나오지만 이 부분을 '처음으로 대곡성에 두었다'고 해석할 수는 없다. 또 대곡성(평산)의 위치가 패강에서 너무 멀고 그 사이에 지세가 험한 자비령(慈悲嶺) 산맥이 있으므로, 이 문장에 따라서 패강진이 대곡성에 있었다고 볼 수는 없다. "백성들을 패강진으로 옮겼다"고 했으므로, 그 지역은 새로 만들어진 곳임을 짐작할 수 있다. 또 후년에 패강장성을 쌓을 때 우잠(牛岑) 현령이 이곳의 주재자였다는 점으로 보아도 패강진은 대곡성이 아니다. 「직관지」의 문장은 패강진의 우두머리가 대곡성의 우두머리 보다 상위에 있다는 의미일지도 모르겠다. 아마 신라의 북쪽 경계는 대동강 및 능성강 남쪽 연안의 평지로, 방비에 이용할 천연적 지세가 없기 때문에 장성을 쌓아 대비하고자 했을 것이다. 그리고 패강진은 패강의 중요한 나루 부근이므로 평양의 건너편 기슭에서 멀지 않은 지점에 있었을 것이다.

평양

그런데 한 가지 덧붙여 확인할 것이 있다. 이상의 고증이 틀리지 않다면 신라의 영토는 패강 이북에 미치지 못한 것이 분명하다. 그런데 『고려사』 「지리지」 서경(평양) 조항에 "신라 문무왕이 당과 함께 협공하여 멸망시키니 그 땅은 결국 신라에 편입되었다(新羅文武王與唐夾攻滅之, 地遂入於新羅)"고 했고, 『여지승람』 「평양지(平壤志)」 조항은 모두 평양이 신라의 손에 귀속된 적이 있는 것처럼 기록되어 있다.

하지만 평양이 신라의 영유로 들어갔다는 것은 고사(古史)에 어떤 증거도 없을 뿐만 아니라, 『삼국사기』 「궁예전(弓裔傳)」은 다음과 같이 전한다.

선종은 스스로 왕이라 칭하고 사람들에게 말하기를, 지난날 신라가 당에 군사를 청하여 고구려를 깨뜨렸다. 그런 까닭에 평양 옛 도읍은 무성한 잡초로 가득하다. 내 반드시 그 원수를 갚겠다, 라고 했다.

(善宗自稱王謂人曰, 往昔[者]新羅請兵於唐以破高句麗, 故平壤舊都, 鞠爲茂草, 吾必報其讎)

『고려사』「세가(世家)」태조 원년 조항은 다음과 같다.

평양은 옛 도읍으로 황폐한 지 비록 오래지만 터는 그대로 남아 있다. 그러나 가시덤불이 무성해 번인이 그 사이를 사냥하느라 옮겨 다니고 이로 인하여 변경 고을을 침략하니 그 피해가 매우 크다. 마땅히 백성을 이주시켜 그곳을 실하게 하여 변방을 튼튼하게 함으로써 백세의 이익이 되도록 해야 한다.

(平壤古都荒廢雖久, 基址尙存, 而荊[莉]棘滋茂, 蕃人遊獵於其間, 因而侵掠邊邑, 爲害大矣, 宜徙民以[民]實之, 以固藩屏, 爲百世之利)

평양이 아주 황폐해졌다는 것을 알 수 있는데,「지리지」서경(西京) 조항도 마찬가지 내용이다.

태조 원년에 평양이 황폐하다 하여 염주, 백주, 황주, 해주, 봉주의 백성을 옮겨 그곳을 채웠다.

(太祖元年以平壤荒廢, 量徙鹽, 白, 黃, 海, 鳳諸州民, 以實之)

신라가 만약 이 지방을 영유했다면 이와 같은 요충지를 함부로 승냥이들이 날뛰게 놔두었을 리가 없을 것이다. 따라서 평양은 신라의 영유가 아니었다고 추측할 수 있다. 안동도호부가 물러난 후 그 지방의 상황에 대해서는 역사상 아무런 기재도 보이지 않지만, 기록이 없다는 것은 곧 이 지방이 정치적 세력으로서 주변에 아무런 영향도 미치지 못했다는 것, 다시 말해서 견실한 정치적 세력이 이 지역에 수립되지 않았음을 증명한다고 할 수 있다. 그렇다면 신라의 패강진과 패강장성도 단순히 국경 방비의 형식을 갖추기 위한 것이었거나 아니면 초적(草賊) 경계의 필요성으로 설치된 것에 불과하다. 특별히 방어해야할 정치적인 세력이 패강 건너에 존재했던 것은 아니었다. 뒷날 궁예가 아무런 저항도 받지 않고 이 지방을 점령한 것으로 보아도 그 상태는 추측할 수 있다. 「신라본기」 효공왕 2년 조항에는 "궁예가 패서도와 한산주 관내의 30여 개 성을 취했다(弓裔取浿西道及漢山州管內三十餘城)"는 기록이 있고, 또한 「궁예전」에 "패서를 13진으로 나누어 정했다. 평양성주 장군 검용이 항복했다(定浿西三十鎭, 平壤城主將軍黔用降)"고 했다. 그렇지만 패서도(浿西道)는 고려 시대 초에 정해진 10도 중의 하나이므로, 이 문장은 후세 사람들이 추가해 써 넣은 것이고 신라 시대에 그 명칭이 있었던 것은 아니다. 평양성주라는 것도 이 지역에 웅거했던 토번의 추장일 것이다.

새 영토의 서쪽 경계

이상에서 신라 통일 후 새 영토의 북쪽 경계는 「지리지」의 기재가 당시의 형세에 부합된다는 것을 알 수 있었다. 그렇다면 서쪽 경계도 황주, 재령, 해주의 서쪽 변경을 잇는 선으로 볼 수 있을까. 만약 그렇다면 지금 황해도 서쪽의 반은 신라의 힘이 미치지 못한 지역이 되는데, 그 협소한 지방이 신라에 대해 독립적인 정치적 세력을 유지했다고 보는 것은 의심스럽다. 또 그 사이에는 양쪽을 구획해주는 자연적인 경계도 없으므로, 황주, 재령, 해주를 영유한 신라의 권력이 그 서쪽까지 미치지 못했다는 것 역시 이해하기 어렵다.

『당서』에 보이는 당과 신라의 교통로

『당서』 「지리지」에 등주(登州)에서 신라에 이르는 항로가 기록되어 있다.

등주에서 동북쪽 바다 길로 대사도, 구흠도, 말도를 지나 오호도까지 3백 리이고, 북쪽으로 오호해를 건너 마석산 동쪽 도리진까지 2백 리이다. 동쪽으로 연안을 따라 청니포, 도화포, 행화포, 석인왕, 탁타만을 지나 오골강까지 8백 리이다. 이내 남쪽으로 연안을 따라 오목도, 패강구, 초도를 지나 신라 서북쪽의 장구진에 이른다. 또 진왕석교, 마전도, 고사도, 득물도를 지나 1천 리에 압록강 당은포에 이른다.

(登州東北海行, 過大謝島, 龜歆島, 末島, 烏湖島, 三百里, 北渡烏湖海, 至馬石山東之都里鎭, 二百里, 東傍海壖過靑泥浦, 桃花浦, 杏花浦, 石人汪, 橐駝灣, 烏骨江, 八百里, 乃南傍海壖過烏牧島, 貝江口, 椒島, 得新羅西北之長口鎭, 又過秦王, 石橋, 麻田島, 古寺島, 得物島, 千里, 至鴨綠江唐恩浦)

인용문 속의 패강(貝江)은 곧 패강(浿江)이고, 초도(椒島)는 대동강 어귀 밖에 있으며 지금도 같은 이름이다. 장구진(長口鎭)의 위치는 분명하지 않지만, 본문의 지명들을 따라 추정해 보면 초도에서 멀리 떨어지지 않은 황해도 서쪽 연안일 것이다. 대략 지금의 소강진(所江鎭) 혹은 그 북쪽의 대동만(大東灣) 안에 있는 한 지점일지도 모르겠다. 장구진 이남의 행로를 보면 당은포(唐恩浦)는 지금의 남양(南陽)이고, '압록강(鴨綠江)'은 잘못 끼어들어간 글자이다.(제6장 「진흥왕 정복지역고」 참조) 또 당시의 항로는 계속 "연안을 따라" 간 것이므로, 득물도(得物島), 고사도(古寺島), 마전도(麻田島)는 대부도(大阜島), 용류도(龍流島), 장봉도(長峯島) 혹은 그 부근의 섬일 것이다. 석교(石橋)와 진왕(秦王)은 모두 '도(島)' 자가 들어있지 않으므로, 해안의 정박지로서 황해도 서남쪽 모서리 부근으로 여겨진다. 그렇다면 장구진의 소재지인 황해도 서쪽 해안이 신라의 영유였다고 추정할 수 있다.

『삼국사기』「지리지」에 보이는 고구려 시대의 지명

『삼국사기』「지리지」 고구려부(部)에 기재된 군현명을 살펴보자.

구을현(굴천이라고도 한다)은 지금의 풍주이다. 궐구는 지금의 유주이다. 율구(율천이라고도 한다)는 지금의 은률현이다. 장연은 지금까지 그대로 따른다. 마경이는 지금의 청송현이다. 양악은 지금의 안악군이다. 판마곶은 지금의 가화현이다. 웅한이는 지금의 수녕현이다. 옹천은 지금의 옹진현이다. 부진이는 지금의 영강현이다. 곡도는 지금의 백령진이다. 승산은 지금의 신주이다.

(仇乙峴(一云屈迁), 今豊州. 闕口, 今儒州. 栗口(一云栗川), 今殷栗縣. 長淵, 今因之. 麻耕伊, 今靑松縣. 楊岳, 今安嶽郡. 板麻串, 今嘉禾縣. 熊閑伊, 今水寧縣. 甕迁, 今甕津縣. 付珍伊, 今永康縣. 鵠島, 今白嶺鎮. 升山, 今信州)

이 기록에 있는 12군현을 제외하면 모두 신라부(部)에 고구려 시대의 옛 이류으로 기록된 것과 동일하다. 패강 북쪽의 고구려의 영토에 대해서는 당시의 군현명이 하나도 기재되어 있지 않고 신라의 영토로 들어간 지방의 명칭은 모두 「지리지」에 기재되어 현재까지 알려져 있는 것을 보면, 『삼국사기』의 편자는 필시 신라의 기록을 통해 고구려의 옛 이름을 알게 되었을 것이다. 그렇다면 이 12주현의 옛 이름도 역시 신라의 기록에서 채택했다고 볼 수 있다. 신라의 기록에 명칭이 남았다는 것은 신라의 영토였다는 것을 보여주는 것이 아닐까. 이 12군현은 모두 황해도 서부에 있으므로 그 지방이 신라의 영토에 속했다는 것을 이를 통해 짐작할 수 있을 것이다. 풍주(豊州)는 지금의 풍천(豊川)이고, 유주(儒州)는 문화현(文化縣), 청송(靑松)은 송화현(松禾縣)인데, 「대동여지도」에 의하면 그 옛 터는 현치에서 약간 동쪽에 있다. 가화(嘉禾)는 『여지승람』에 의하면 같은 현의 동쪽 60리에, 영령

(永寧)은 같은 현의 남쪽 30리에 있다. 또한 영강현(永康縣)은 장연현(長淵縣)의 동서쪽 15리에 있는 금동역(金洞驛) 지역이다. 전후에 열거된 다른 여러 군현의 예와 달리 이들 12현만 고구려 시대의 명칭을 주기(注記)한 것도 이들이 신라 한주(漢州) 조항 아래에 기록되지 않았기 때문인 듯하다. 그렇다면 「지리지」의 신라부는 처음부터 이 지방 군현의 이름을 빠뜨린 것이겠지만 그 이유는 알 수 없다. 동홀(冬忽, 황주), 식성(息城, 재령), 지성(池城, 해주)의 여러 군이 이 지역을 주관했다고 하기에는 부근 군현의 소관 지역에 비해 너무 넓고, 또 특수한 행정 기관을 두었다고 하기에는 달리 그런 예가 없기 때문이다.

군현의 폐지 및 명칭 개정

덧붙여 살펴보자면, 흥덕왕 3년 조항에 "한산주 표천현(漢山州瓢川縣)"이라는 지명이 보이는데 「지리지」에는 보이지 않는다. 「지리지」의 탈루이거나, 혹은 군현의 폐치나 분합, 명칭의 변경이나 개정 등으로 인해 「지리지」의 자료가 된 기록에 그 이름이 기재되지 않았기 때문으로 여겨진다. 「지리지」 기재에 오류가 있다는 것은 이미 지적한 바 있지만(제5장 「장수왕 정복지역고」 참조), 군현이 폐지되거나 합해지고, 또한 개명됨으로써 생겨난 기록의 어긋남이 있고, 그 때문에 「지리지」의 편자가 착오를 일으킨 일도 있을 것이다. 「신라본기」에는 다만 이 한 건의 사례가 발견될 뿐이지만, 역사에 남지 않은 부분에 이러한 일이 있었을 지도 모른다. 임진강을 표하(瓢河)로 부른 일이 있으므로 표천현(瓢川縣)은 그 연안에 있었을 것이다.(제11장 「고구려 전역의 신라 진군로고」 참조) 또 한 가지 덧붙일 점은, 「지리지」에는 경덕왕 시대에 개정된 군현의 이름이 열거되어 있지만 「기」와 「전」 및 여러 「지」에서는 대부분의 경덕왕 이후의 일에 개정된 명칭이 아닌 옛 명칭을 사용했다는 것이다. 이 시대에 『삼국사기』 자료로는 공문서 혹은 공문서에 의한 기록이 많았을 것인데, 그 행정 구획을 기록한 모든 자료가 옛 이름에 따랐다고 한다면 개정된 이름은 사실상 사용하지 않았다는 것일까. 이 또한 매우 이상하다고 하겠다.

2) 동북 방면

강원도 방면의 신라 영토

진흥왕 이후 신라의 동북쪽 경계가 춘천, 홍천, 원주의 서남쪽으로 이어진 산맥과 그곳에서 동북쪽으로 뻗쳐서 평창, 정선, 강릉의 북쪽을 나누는 산맥에 있었다는 것은 이미 서술한 바와 같다.(제6장 「진흥왕 정복지역고」 참조) 이후 고구려 멸망에 이르기까지 역사상 신라의 영토가 북쪽으로 확장된 일은 보이지 않는다. 당시 신라는 고구려와 백제 두 나라 사이에 끼어서 한강 유역의 방비와 보전에 전력을 기울여도 부족한 상황이었으므로 고구려의 영토를 동쪽에서 침략할 여지가 없었을 것이고, 이 경계는 고구려 멸망 때까지 큰 변화가 없었을 것이다.

문무왕 이후의 경략

지금의 강원도 서북부가 신라 영토로 들어간 것은 문무왕 이후일 것이다. 그 지역은 대략 고구려의 옛 영토인데, 동쪽으로 치우쳐있고 산악이 중첩되어 사람들의 주의를 끄는 일이 많지 않았다. 고구려 멸망 후 안동도호부도 이 지역의 영유를 유지하기 위해 노력하지 않은 것 같다. 서쪽에서 신라의 침략을 저지하기 위해 대군을 일으킨 당 정부도 이를 등한시했을 것이므로 고구려 멸망 후 얼마가지 않아 신라가 점령할 수 있었을 것이다. 「직관지」에 "문무왕 13년에 (중략) 우수정을 설치했다(文武王十三年 (中略) 置 牛首停)"고 한 것은, 춘천이 이때 신라의 영유로 귀속된 형세 또한 알려주는 것이다.(제6장「진흥왕 정복지역고」참조)

신라의 동북경

이상과 같이 한편으로는 섬강(蟾江)과 북한강 및 임진강 상류 유역, 다른 한편으로는 양양(襄陽) 이북의 해안 지방이 신라의 판도에 추가되기에 이른 것이다. 그 새로운 판도의 최북단 경계를 살펴보자면, 「지리지」 삭주(朔州) 관하에 정천군(井泉郡) 및 삭정군(朔庭郡)이 있는데, 「지리지」 및 『여지승람』 에 의하면 지금의 함경도 덕원(德源) 및 안변(安邊)이라고 한다. 따라서 신라 의 권력은 철령(鐵嶺)을 넘어 안변에서 덕원까지 미쳤던 것 같지만 다소 의 심이 가는 부분이 없지 않다.

정천군

먼저 의심스러운 것은 정천군(井泉郡)의 세 속현인 산산(薪山), 송산(松山), 유거(幽居)의 소재지가 분명하지 않다는 점이다. 이러한 경우는 「지리지」에 서도 유일한 예인데, 만약 정천군이 덕원 지방에 있었다면 무슨 이유로 속 현의 위치가 잊히게 되었는지 매우 기이한 일이다. 「대동여지도」에는 덕 원의 동남쪽에 산산(薪山)이라는 지명이 기재되어 있지만, 『삼국사기』 편찬 때 알려지지 않았던 것이 후세에 발견되었다는 것도 이상하다. 또한 『여 지승람』, 『관북지(關北志)』 등에는 부(府)의 동북쪽 25리에 송산(松山)이라는 지명이 등장하는데, 이 산이 예전의 현 이름과 관계가 있는지도 알 수 없 다. 그 외에 정천군의 옛 이름이 천정군(泉井郡)이라는 기록도 있는데 아주 이례적인 개명 방식이다.

발해와의 경계

또 의문시되는 점은 『당서』「발해전」의 "남쪽은 니하로 신라와 경계를 삼았다(南與新羅以泥河爲境)"는 기록이다. 니하(泥河)의 위치를 알기 위해 발해 방면과 교섭한 「신라본기」의 기사를 살펴보자면, 앞에서 인용한 성덕왕 32년 기사 외에 다음과 같은 기록이 있다.

북진에서 아뢰기를, 적국인이 진에 들어와 판자 조각을 나무에 걸고 돌아갔다고 하였다. 드디어 가져다 바쳤다. 그 나무 조각에는 글이 15자 쓰여 있었는데, 보로국과 흑수국 사람이 함께 신라국과 화친해 소통하고자 한다는 것이었다.(헌강왕 12년)

(北鎮奏, 狄國人入鎮, 以片木掛樹而歸, 遂取以獻, 其木書十五字, 云寶露國與黑水國人共向新羅國和通)

말갈의 별부인 달고 무리가 북쪽 변경에 와서 도적질을 했다. 이때 태조의 장수인 견권이 삭주에 주둔하였는데 기병을 이끌고 공격하여 크게 격파하니, 말 한 필도 돌아가지 못했다.(경명왕 5년)

(靺鞨別部達姑衆來寇北邊, 時太祖將堅權鎮朔州, 率騎擊大破之, 匹馬不還)

성덕왕 32년의 북벌은 명주(溟洲) 방면에서 진격한 것일 텐데, 그 상황에 관해서는 전혀 알 수가 없다.

흑수국

헌강왕 12년 조항에 보이는 흑수국(黑水國)은 고려시대에 함경도 방면의 여진족에게 적용되었던 명칭이지만, 그 범위는 명확하지 않다.(제16장「고려 동북경의 개척」참조) 보로국(寶露國)도 다른 사료에는 보이지 않는다. 경명왕 5년에 말갈이 침구해온 사건은 『고려사』「세가」태조 4년 조항에도 보인다.

달고적 171명이 신라를 공격하러 가는데, 길이 등주를 통과하니 장군 견권이 맞아 싸워 크게 패배시켜 말 한 필도 돌아가지 못했다.

(達姑狄百七十一人侵新羅, 道由登州, 將軍堅權邀擊大敗之, 匹馬無還者)

이에 의하면 등주 즉 안변 지방에서 침략해 온 것이 분명하다. 따라서 삭정군(朔庭郡, 「지리지」에 의하면 안변)이 말갈의 남침로에 해당된다는 것을 알 수 있다. 하지만 당시 발해는 쇠퇴하여 멸망해가는 때였고, 신라 역시 겨우 국도 부근을 보존하고 있었을 뿐 북쪽은 이미 고려의 영유로 귀속되었을 때이다. 따라서 이상의 기사를 통해 신라 전성시대 때의 북쪽 경계를 추측할 수는 없다. 이들 기사 외에는 북쪽 경계의 방어에 관한 기사로 성덕왕 20년 조항이 있다.

하슬라도의 정인 남자 2천 명을 징집하여 북쪽 경계에 장성을 쌓았다.

(徵何瑟羅道丁夫二千, 築長城於北境)

이 기사는 신라의 북쪽 경계에 의지할 만한 천험적 지세가 없었음을 암시해주는 것으로 여겨진다. 하지만 연해 지방이라면 모두 이와 같을 것이므로, 이 또한 국경을 알 수 있는 자료가 되지는 못한다.

니하

「신라본기」는 결국 북쪽 경계인 니하(泥河)에 관한 적확한 정보를 알려주지 않는다. 다만 니하는 두 나라의 경계로 일컬어졌으므로 그리 작은 강은 아닐 것으로 추정할 수 있다. 동해안에서 비교적 길고 큰 하천을 찾아보면, 우선 안변부 아래를 흐르는 남대천(南大川)을 꼽을 수 있다. 북쪽에서는 고원(高原) 및 영흥(永興) 부근을 흐르는 덕지탄(德之灘) 및 용흥강(龍興江), 함흥에 있는 성천강(城川江) 등을 들 수 있을 것이다. 이 가운데 고원 이북은 신라의 북쪽 경계로 보기에는 너무 먼 북쪽이므로 니하로 비정할 수 있는 곳은 남대천 외에는 없을 것 같다. 남대천이 니하라면 신라의 북쪽 경계는 안변이지 덕원은 아닐 것이다.

삭정군의 명칭

지금의 안변인 삭정군은 그 이름이 신라의 북쪽 경계라는 점을 암시해주는 듯하다. 경덕왕이 개정한 군현의 명칭은 대부분 고구려의 지명을 한역(漢譯)한 것이거나 혹은 멋진 글자로 음역(音譯)한 것이다. 그런데 삭정군의 옛 이름이 비열홀(比列忽)이라면 그 어느 쪽에도 해당되지 않는다. 분명 '북방의 행정청'이라는 의미로서 새로 명명했을 것이다. 삭정군의 옛 이름으로 알려진 비열홀이 문무왕 이전에 여러 차례 등장하는 유명한 비열홀과는 다른 것이라는 점은 이미 논증했다.(제6장 「진흥왕 정복지역고」 참조)

신라 동북경의 추정

이상의 고찰을 통해 볼 때 신라의 북쪽 경계는 오히려 삭정군이었던 듯하다. 덕원과 안변 지방은 강원도 동해안과 일대의 경사지를 이루고 그 사이에 아무런 자연적 경계가 없으므로, 신라가 강릉 방면에서 북진하여 이 지방을 점령하는 것은 그리 어려운 일은 아니다. 그렇지만 띠처럼 가늘고 긴 땅은 지키기 어려우므로 다른 방면에서 지지해주지 않으면 더 이상 멀리 앞쪽으로 나아갈 수 없다. 삭주(朔州) 방면과 이 지방의 중간에는 철령산맥이 자연적인 구획을 이루고 있으므로, 그 부근을 근거지로 삼아 경략하는 것도 철령에서 멀지 않은 지역으로 한정될 수밖에 없다. 따라서 삭정군 즉 안변을 북진의 종착점으로 보는 것이 이 형세에 잘 부합될 듯하다.

삭정군의 소속에 관한 의문

이상의 고찰에 따른다면 「지리지」에 삭정군이 삭주의 관내로 되어 있는 것 또한 의심스럽다. 삭주의 중심은 춘천에 있는데, 안변과는 철령산맥으로 막혀있으므로 완전히 다른 지역인 것이다. 이에 반해 명주(溟州)는 해안 일대의 땅이 연결되어 있으므로, 안변 지방이 신라의 영유였다면 마땅히 명주 관하에 속해야 할 듯하다.

삭정군과 명주의 지리적 관계

후대의 행정구획과 비교해 보면, 고려 때는 교주도(交州道)가 교주(交州, 회양淮陽), 춘주(春州), 동주(東州, 철원) 등 철령 이남을 주관했고, 등주(안변)는 명주(지금의 강원도 연해 지방)와 함께 동쪽 경계를 이루는 완전히 다른 소관이었다. 원대(元代)에 등주가 몽고군을 피해 내지로 옮겼을 때는 철령 남쪽이 아닌 양주(襄州, 양양) 및 간성(杆城)에 임시로 물러나 있었다.(제19장 「원대 고려의 동북경」참조) 그리고 조선시대에는 철령을 함경도와 강원도의 경계로 삼았다. 또 고려의 등주 및 지금의 안변부가 신라시대에 명주 관하였던 금양군(金壤郡, 통천通川)의 속현인 파천(派川)과 학포(鶴浦) 등을 그 관내에 추가했다. 이러한 행정구획은 모두 안변 지방이 철령 이남 땅과는 완전히 구분되었고 오히려 동남쪽의 해안 지방과 밀접한 교섭이 있었다는 것을 증명하는 것으로, 자연 지리적 형세와도 부합되는 것이다. 신라시대에만 유독「지리지」에 나오는 것처럼 부자연스러운 구획을 했다는 것은 이해하기 어렵다. 하물며 신라의 수도인 경주와 안변 방면의 교통로는 해안을 경유하는 것이 편하지 않은가.

삭주라는 이름의 뜻

추측건대, 삭주도 북쪽의 주(州)라는 뜻으로 삭정군과 명칭의 의미가 같고 글자 역시 같으므로「지리지」편자가 혼동하여 삭정군을 삭주 소속으로 삼은 것이고, 사실은 삭정군이 명주 관하였던 것은 아닐까. 경덕왕 20년에 축조된 북쪽 경계의 장성은 삭정군 방면일 것인데, 그 부역에 동원된 것이 삭주의 정인이 아니라 하슬라(何瑟羅, 명주) 백성이었다는 것 역시 삭정군의 소속을 추측할 수 있는 하나의 자료가 될 수 있을 듯하다. 다만 경덕왕 조항에 기록된 삭주와 명주의 군현 수는「지리지」에 실려 있는 것과 거의 같은데, 이는「지리지」에서 가져온 숫자로 볼 수도 있으므로 근거로 삼기에는 부족하다.『여지승람』춘천 조항에 의하면 난산현(蘭山縣)은 삭주 소속인데「지리지」에 삭정군 관하로 기록된 것도 삭주와 삭정군을 혼동한 데서 생긴 오류일 것이다. 참고로 해야 할 것이다.

정청군의 연혁

그렇다면 무슨 이유로 정천군(井泉郡)이라는 지명이「지리지」에 존재하고, 또 그것이 용주(湧州, 덕원)로 비정된 것일까.「지리지」편자의 공상에서 나왔다고 볼 수는 없을 것 같고,「지리지」편찬 당시 이와 관련된 어떤 기록이 존재했을 것이다. 「지리지」가 인용한 가탐(賈耽)의 『고금군국지(古今郡國志)』를 참조할 필요가 있다.

발해국 (중략) 신라 천정군에서 책성부에 이르기까지 무릇 39역이다.

(渤海國 (中略) 自新羅泉井郡至柵城府, 凡三十九驛)

발해에 대한 신라의 퇴각

이를 통해 생각해보자면, 덕원 지방은 「지리지」의 기재처럼 문무왕 21년에 한 번 신라의 영유로 귀속되었고, 신라는 여기에 천정군(泉井郡)과 세 개의 속현을 두었는데, 발해가 남진해오자 멀고 지키기가 어려웠으므로 얼마가지 않아 포기하고 삭정군으로 퇴각한 것은 아닐까. 그리고 그 지역이 신라의 손을 떠나 오랜 시간이 흐른 후에는 속현의 위치도 알 수 없게 되어 「지리지」의 자료가 되었던 기록에도 단지 이름만 기재된 것이 아닐까. 그렇다면 안변이 신라의 북쪽 경계이고 남대천이 니하라는 것과, 천정군이 한 때 존재했었고 그것이 덕원이라는 것에 모순은 생기지 않으며, 속현의 위치가 분명하지 않은 이유도 설명할 수 있다. 다만 「지리지」의 편자가 정천군의 위치를 용주(湧州)로 비정한 근거에 대한 의문이 남는데, 삭정군의 북쪽이므로 등주의 북쪽에 있는 용주로 본 것일지도 모르겠다.

퇴각의 시기

또 천정군을 포기한 시기가 경덕왕이 군현의 이름을 개정하기 이전인지에 대해서도 생각해 보아야 할 것이다. 발해의 형세를 통해 살펴보면, 발해의 세력이 크게 신장되었던 시대가 경덕왕 이전이므로 신라의 북쪽 경계를 침략한 것도 같은 시기였다고 추측된다. 삭정군이라는 이름이 북쪽 경계라는 의미라면 이 이름이 붙여진 경덕왕 시대에는 천정군을 이미 포기해 버렸다고 볼 수 있을 것이다.

북쪽 경계 장성의 위치

앞에서 인용한 성덕왕 20년 조항에 "하슬라도의 정인 남자 2천 명을 징집하여 북쪽 경계에 장성을 쌓았다"고 한 것이 어쩌면 이 퇴각의 결과이고, 장성은 안변의 북쪽에 쌓은 것은 아닐까.「지리지」에는 정천군과 그 속현에 대해 경덕왕이 개정한 새 명칭으로 기재되어 있지만, 앞에서 언급했듯이 이 새 명칭은 실제로는 거의 사용된 일이 없었으므로 아마 처음부터 이름만 붙인 것에 불과했을 것이다. 천정(泉井)을 정천(井泉)으로 개명한 특이한 사례도 이 때문은 아닐까. 그렇다면 이러한 공명(空名)의 유무로 군현이 실제 존재했는지 여부를 추측할 수는 없을 것이다. 『고금군국지』에는 천정으로 나오고 정천은 없는데, 천정군에서 퇴각한 것이 경덕왕 이전의 일이라면, 개정과 관계없이 이 기재는 정당하다. 또 천정군을 포기한 것이 정말 경덕왕 이전이라면 신라가 이 지역을 보유한 것은 단시일에 지나지 않고, 반면 삭정군이 북쪽 경계였다는 것은 오랜 세월을 거친 것이므로, 『당서』에 니하가 발해와 신라의 국경이라고 되어 있는 것은 이상할 것이 없다.

3) 결론

이상의 고찰을 요약하면, 신라의 영토가 가장 넓었을 때 그 서북경은 대동강 어귀에서 중화, 상원, 곡산의 북쪽을 잇는 선이었고, 동북경은 철령산맥의 북쪽에 있는 안변의 한 지방을 포함했다. 그리고 그 중간은 험준한 산지로서 명확한 경계는 없었겠지만, 지금의 강원도의 북쪽 경계와 거의 같았을 것이다.

14. 후백제 강역고

부도 6. 후백제 강역도 참조

견훤과 궁예가 점령했던 지역은 『삼국사기』 및 『고려사』를 통해 대략 알 수 있다. 특별히 상세한 고찰을 요하는 부분은 많지 않지만 옛 역사 기록에 한두 가지 의문이 없을 수는 없을 것이다. 사료를 통해 개요를 살펴보고, 아울러 사견을 덧붙이고자 한다.

1) 남북 두 세력의 충돌 이전

궁예와 견훤이 일어난 것은 거의 같은 시기이다. 북쪽과 남쪽을 각각 근거지로 삼았고, 견훤은 그 나라를 후백제라 칭했다. 양자의 세력이 신장되면서 자연히 영토가 접하게 되었고, 서로 공격했다. 본 장에서는 우선 양자의 충돌이 생기기 이전의 상태를 일별하고자 한다.

견훤의 행동

『삼국사기』에서 견훤의 행동에 관한 중요한 기사를 연대순으로 뽑아 보면 다음과 같다.

완산의 도적 견훤이 완산주를 근거로 스스로 후백제라 일컬으니, 무주 동남쪽의 군현들이 항복해 붙었다.(『신라본기』진성왕 6년)

(完山賊甄萱據州自稱後百濟, 武州東南郡縣降屬)

왕경의 서남쪽 주현을 돌아다니며 공격했다. 이르는 곳마다 메아리처럼 호응하여 (중략) 드디어 무진주를 습격하여 스스로 왕이 되었다. (중략) 서쪽으로 순행하여 완산주에 이르니 (중략) 견훤이 인심을 얻은 것을 기뻐하여 좌우에게 말했다. (중략) 지금 내가 감히 완산에 도읍할 수 있지 않겠는가. (중략) 드디어 후백제왕을 자칭했다. (중략) 이때는 당의 광화 3년이며 신라 효공왕 4년이었다.(『견훤전』, 경복景福 원년, 진성왕 6년)

(行擊京西南州縣, 所至響應 (中略) 遂襲武珍州自王 (中略) 西巡至完山州 (中略) 萱喜得人心, 謂左右曰, (中略) 今予敢不立都於完山 (中略) 乎, 遂自稱後百濟王 (中略) 是, 唐光化三年, 新羅孝恭王四年也 (甄萱傳))

견훤의 후백제왕 즉위 이전의 점령지

위의 기록에 의하면 견훤은 처음에 무진주(武珍州, 광주)에서 독립의 기치를 내걸었고, 그 후 완산주(完山州, 전주)에 수도를 두었다. 후백제왕이라 칭했을 때에는 이미 지금의 전라남북도를 점령했던 것 같다. 그 동쪽 경계는 명확하지 않은데, 이듬해에 대야성(大耶城, 협천陜川)을 공격한 것을 보면 진주(晋州) 방면은 아마 그의 영토에 들어갔을 것이다. 거창성(居昌城)이 경애왕 2년에 이르러 비로소 견훤의 영유가 되었으므로 견훤의 협천 공격은 진주 방면에서 진군할 수밖에 없었을 것이기 때문이다(뒤의 인용⑬ 참조). 「견훤전」에 "왕경의 서남쪽 주현을 돌아다니며"라고 한 곳도 이 지방일 것이다. 북쪽 경계에 대해서는 궁예의 점령 구역을 살펴보고 유추하도록 한다.

즉위 후의 행동

견훤이 효공왕 4년에 후백제왕을 칭한 후의 행동에 관해서는 다음과 같이 기록되어 있다.

후백제왕 견훤이 대야성을 공격했으나 함락하지 못하자, 군사를 금성 남쪽으로 이동시켜 그 주변 부락을 약탈하고 돌아갔다.(「신라본기」 효공왕 5년)

(後百濟王甄萱攻大耶城不下, 移軍錦城之南, 奪掠沿邊部落而歸)

대야성을 공격했으나 함락시키지 못했다.(「견훤전」 천복天復 원년, 효공왕 5년)

(攻大耶城不下)

일선군 이남의 10여 성을 모두 견훤이 빼앗았다.(「신라본기」 효공왕 11년)

(一善郡以南十餘城盡爲甄萱所取)

이 시대의 점령지

즉위 후 7년에 이르러 비로소 일선(一善, 선산善山) 부근을 빼앗은 것 외에는 그 영토에 더해진 곳은 달리 없는 것 같다. 다만 일선군 이남 10여 성에는 금산(金山) 지방도 포함되었을 것이다. 그런데 당시 대야성이 여전히 신라에 속했다는 것을 보면, 선산(善山) 방면의 점령은 영동과 황간(黃澗)에서 추풍령을 넘어 진군했을 것이다.

궁예의 행동

궁예의 행동에 관해서는 다음과 같은 기사가 있다.

북원 도적의 장수 양길이 자기 막료 궁예를 보내어 (중략) 북원 동쪽 부락과
명주 관내의 주천 등 10여 군현을 습격했다.(『신라본기』 진성왕 5년)

(北原賊帥梁吉遣其佐弓裔 (中略) 襲北原東部落及溟州管内酒泉等十餘郡縣)

주천, 나성, 울오, 어진 등의 현을 돌아다니면서 습격하여 모두 항복시켰다.
(『궁예전』 진성왕 5년)

(行襲酒泉, 奈城, 欝烏, 御珍等縣, 皆降之)

궁예가 북원에서 하슬라로 들어왔다.(『신라본기』 진성왕 8년)

(弓裔自北原入何瑟羅)

명주로 들어왔다.(『궁예전』 건영乾寧 원년, 진성왕 8년)

(入溟州)

궁예가 저족과 생[성]천 두 군을 습격하여 빼앗고, 또 한주 관내의 부약과 철
원 등 10여 군현을 깨뜨렸다.(『신라본기』 진성왕 9년)

(弓裔擊取猪足, 牲[牲]川二郡. 又破漢州管内夫若, 鐵圓等十餘郡縣)

저족, 생[성]천, 부약, 금성, 철원 등의 성을 격파했다. (중략) 패서의 도적들

중 와서 항복하는 자가 매우 많았다.(『궁예전』, 진성왕 9년)

(擊破猪足, 牲[牲]川, 夫若, 金城, 鐵圓等城 (中略) 浿西賊寇來降者衆多)

승령현과 임강현 두 현을 공격하여 빼앗았다.(『궁예전』 건영乾寧 3년, 진성왕 10년)

(攻取僧嶺, 臨江兩縣)

인물현이 항복했다. (중략) 송악군이 한강 이북의 이름난 군이고 산수가 기
이하고 빼어나므로 드디어 정하여 도읍으로 삼았다. 공암과 검포, 혈구 등의
성을 공격하여 깨뜨렸다.(『궁예전』 건영 4년, 효공왕 원년)

(仁物縣降 (中略) 松岳郡漢北名郡, 山水奇秀, 遂定以為都. 擊破孔巖, 黔浦, 穴
口等城)

양주와 견주를 쳤다.(『궁예전』 광화光化 원년, 효공왕 2년)

(伐楊州, 見州)

궁예가 패서도와 한산주 관내의 30여 개 성을 취하고, 드디어 송악군에 도
읍했다.(『신라본기』 효공왕 2년)

(弓裔取浿西道及漢山州管內三十餘城, 遂都於松岳郡)

국원, 청주, 괴양의 도적 수령이 (중략) 성과 함께 궁예에게 투항했다.(『신라본
기』 효공왕 4년)

(國原, 靑州, 槐壤賊帥 (中略) 擧城, 投於弓裔)

광주, 충주, 당성, 청주(또는 청천), 괴양을 쳐서 모두 평정했다.(『궁예전』 광화 3

년, 효공왕 4년)

(伐廣州, 忠州, 唐城, 靑州(或云靑川), 槐壤等皆平之)

스스로 왕이라 칭했다.(『궁예전』 천복天復 원년, 효공왕 5년)

(自稱王)

패강도의 10여 주현이 궁예에게 항복했다.(『신라본기』 효공왕 8년)

(浿江道十餘州縣, 降於弓裔)

청주의 인가 1천호를 옮겨 철원성에 들이고, 도읍으로 삼았다. 상주 등 30여 주현을 쳐서 빼앗았다. 공주장군 홍기가 와서 항복했다.(『궁예전』 천우天祐 원년, 효공왕 8년)

(移靑州人戶一千, 入鐵圓城, 爲京. 伐取尙州等三十餘州縣, 公州將軍弘奇來降)

새 도읍에 들어갔다 [중략] 패서를 13진으로 나누어 정했다. 평양성주 [장군] 검용이 항복했고, 증성의 적의, 황의의 도적 명귀 등이 귀부했다.(『궁예전』 천우 2년, 효공왕 9년)

(入新京 [中略] 分定浿西十三鎭, 平壤城主[城主將軍]黔用降, 甑城赤衣黃衣賊明貴等歸服)

궁예가 철원으로 도읍을 옮겼다. 궁예가 병사를 보내 우리 변경 읍락을 침략하여 죽령 동북쪽까지 이르렀다.(『신라본기』 효공왕 9년)

(弓裔移都於鐵圓, 弓裔行兵侵奪我邊邑, 以至竹嶺東北)

상주의 사화진을 공격하여, 견훤과 여러 번 싸워 이겼다.(『고려사』 천우 2년)

(攻尙州沙火鎭, 與甄萱累戰, 克之)

「신라본기」와 「궁예전」의 기사는 약간 차이는 있지만 크게 어긋나는 점은 없다. 「신라본기」 효공왕 2년에 "한산주 관내의 30여 개 성을 취했다"고 한 것은, 「궁예전」 같은 해 조항에 있는 양주(楊州), 견주(見州), 전년도 조항에 기록된 공암(孔巖), 검포(黔浦), 혈구(穴口)를 포함하는 것일 것이다. 그리고 「궁예전」 천우(天祐) 원년에 나오는 "상주 등 30여 주현"은 「신라본기」에서 이듬해 조항에 나오는 "죽령 동북쪽까지 이르렀다"는 기록과 동일한 사실일 것이므로, 동북쪽은 동남쪽의 오류로 여겨진다. 따라서 궁예는 처음에 북원(원주)에 있는 도적의 장수 양길(梁吉)의 부하로 활동하며 먼저 동남쪽을 향해 주천(酒泉, 『여지승람』에 의하면 원주에서 동쪽으로 90리)과 나성(奈城, 영월), 울오(鬱烏)와 어진(御珍, 울진일 것이다) 방면을 침략했고, 나아가 하슬라(何瑟羅) 즉 명주(溟洲, 강릉)를 빼앗고 강원도 해안 일대를 점령했다. 이어서 원주의 서북쪽으로 향해 저족(猪足, 인제), 생[성]천(牲[狌]川, 한천狼川)에서 금성(金城), 부약(夫若, 금화金化), 철원(鐵圓, 鐵原) 등을 공략하여 승령(勝嶺, 『여지승람』에 의하면 삭령에서 동쪽으로 30리), 임강(臨江, 『여지승람』에 의하면 장단부長湍府에서 북쪽으로 30리)에 미쳤다고 하므로, 강원도 서북부 및 임진강 유역은 이때 그의 영토에 들어간 것이다. 이때부터 한편으로는 북쪽을 향해 대동강 유역을 빼앗고, 다른 한편으로는 남쪽을 향해 한강 유역을 침범했으며, 그 중간에 있는 송악(개성)에 도읍을 정하고 왕을 자칭한 것이다.

궁예 즉위 이전의 점령지

그가 왕을 칭하기 이전의 점령지를 보면, 서남쪽은 혈구(穴口, 강화), 검포(黔浦, 김포), 공암(孔嵒, 양천陽川), 당성(唐城, 남양南陽), 괴양(槐壤, 괴산), 청주(青州, 清州), 및 국원(國原, 충주)을 포함한다. 뿐만 아니라, 『고려사』태조 원년 조항에 "웅주(공주), 운주(홍주) 등 10여 개의 주현이 모반하여 백제에 붙었다(熊運等十餘州縣叛附百濟)"는 기록이 있으므로, 이 지방도 한 번은 궁예에게 귀속되었던 것이다. 그렇다면 홍주, 공주, 청주, 귀산, 충주의 남쪽을 연결하는 선이 궁예 영토의 남쪽 경계이고, 이로써 부여, 연산(連山), 문의(文義), 보은을 영유하고 있던 백제와 경계를 이루었던 것이다. 「궁예전」 건영(乾寧) 4년 조항에 보이는 인물현(人物縣)은 『고려사』 「지리지」에 "덕수현은 본래 고구려의 덕물현이다(인물현이라고도 한다)(德水縣本高句麗德勿縣(一云仁物縣))"라고 되어 있고, 『여지승람』에 의하면 그 치소는 지금의 풍덕군치(豐德郡治)에서 동쪽으로 30리에 있다. 또 광화(光化) 3년 조항에 나온 청주(青州)는 "청천이라고도 한다"고 주기되어 있으므로 지금의 청천(青川), 즉 『삼국사기』 「지리지」의 청천현(清川縣)인 듯하지만, 청천이 청주로 불렸다는 것은 조금 의심스럽다. 『문헌비고(文獻備考)』 권16에 신라시대의 살매현(薩買縣, 청천현)이 고려시대에 청주현으로 불린 것처럼 기록되어 있지만, 『고려사』 「지리지」를 참조하면 '주(州)'는 '천(川)'을 잘못 베껴 쓴 것 같다. 『고려사』에 태조가 자주 청주로 행차한 기사가 있는 것을 보면 그곳이 중요한 관부였음을 알 수 있는데, 청주(青州)는 아마 청주(清州)의 오류일 것이다. 「신라본기」에 청주(菁州)라고 기록된 것은 더욱더 잘못된 것이고, 그것이 남쪽의 청주(菁州, 진주晋州)가 아니라는 것은 말할 필요도 없다. 청주(清州)는 신라시대에 서원경(西原京)이 되었고, 고려시대에는 청주목(清州牧)으로서 부근을 관할했던 지역이므로, 태조가 자주 이 지역에 머물렀던 것도 이유가 있다. 동남쪽 경계는 분명하지 않지만, 죽령의 동남쪽을 빼앗은 것은 효공왕 9년이므로 궁예가 왕을 칭했을 때의 영토는 조령과 죽령까지이고,

단지 해안에서 울진 지방을 영유했을 뿐일 것이다.

즉위 이후의 점령지

왕위에 오른 후에도 서남쪽 경계는 변하지 않았지만, 동남쪽에서는 새로 상주(尙州) 부근을 빼앗았다고 기록되어 있다. 또 『고려사』 태조 5년 조항에 하지현(下枝縣, 풍산豊山)을 항복시켰다고 한 점으로 볼 때, 상주에서 용궁(龍宮), 예천, 영천(榮川) 방면을 연결하는 하나의 선으로 백제 및 신라와 국경을 접하기에 이르렀을 것이다. 「신라본기」에 죽령의 동남쪽을 빼앗았다고 한 것도 이 형세와 부합한다.

상주 방면의 소속

여기서 한 가지 확인할 것은 앞의 인용 중 "상주의 사화진을 공격하게 하여, 견훤과 여러 번 싸워 이겼다"고 한 『고려사』의 기사이다. 사화(沙火)는 사불(沙弗) 또는 사벌(沙伐)과 같은 말이므로 아마 상주(尙州)를 가리킬 것이다. 따라서 이 문장에 의하면 당시 견훤은 이미 상주 부근에 세력을 미쳤던 것처럼 보인다. 그렇지만 「신라본기」에는 이로부터 2년 후인 효공왕 11년에 선산(善山) 이남의 10여 성이 견훤에게 귀속되었다고 했고, 이 기록을 의심할 만한 근거는 없다. 따라서 이보다 앞서 선산의 북쪽에 있는 상주가 견훤의 세력 범위였다는 것은 이해하기 어려우므로 『고려사』의 오류로 여겨진다. 상주에서 싸웠던 것이 견훤이 아니라 신라의 수장이든지, 아니면 견훤이 선산 지방 점령 후 상주로 전진한 이후의 사건으로 보아야 할 것이다. 이에 대해서는 뒤에 다시 언급할 것이다.

궁예의 나주 공격설

또 『고려사』에는 이보다 앞선 천복(天復) 3년(효공왕 7년)에 태조가 수군을 거느리고 남해 방면을 공격하여 함락했다는 기사가 있다.

수군을 거느리고 서해부터 광주 경계까지 금성[군]을 공격하여 함락시키고 10여 군현을 공격하여 차지했다. 인하여 금성을 고쳐서 나주라 하고 군사를 나누어서 지키게 한 뒤 돌아왔다.

(率舟師自西海, 抵光州界, 攻錦城, 卽[郡]拔之, 擊取十餘郡縣, 仍改錦城爲羅州, 分軍戍之而還)

이 해에 양주수 김인훈이 위급함을 알려오자, 궁예가 태조에게 명하여 가서 구원하게 했다. 돌아오게 되어 궁예가 변경의 일을 물었는데, 태조가 변방을 안정시키고 경계를 불러올[넓힐] 전략을 보고했다. 좌우의 신하가 모두 주목하고, 궁예도 또한 기특하게 여겼다.

(是歲良州帥金忍訓告急, 裔令太祖往救, 及還裔問邊事, 太祖陳安邊招[拓]境之 策, 左右皆屬目, 裔亦奇之)

이에 의하면, 궁예와 견훤의 충돌은 이미 신라 효공왕 7년에 생겼고, 궁예는 나아가 양주(良州, 양산)도 경략한 것 같지만 이 또한 이해하기 어렵다. 그 이유는 다음 절에서 언급하도록 한다.

궁예 점령지의 북쪽 경계

궁예가 점유한 북쪽 영토는 패강도(浿江道) 10여 현이라도 하고 패서(浿 西) 30진이라고 하지만 강역이 분명하지 않다. 패강도라는 이름은 다른 기록에는 보이지 않는다. 고려 초에 전국을 10도로 나누고 평양 방면을 패서도라고 불렀는데, 패강도라는 것은 아마 이것을 가리킬 것이다. 또한 패서 30진은 『고려사』「지리지」의 북쪽 경계 조항에 "궁예가 철원을 근거지로 삼아 후고려왕이라 자칭하며 나누어서 패서 13진을 정했다(弓裔據鐵圓, 自稱 後高麗王, 分定浿西十三鎭)"는 기록이 있으므로, 13진의 오류일 것이다. 어쨌든 궁예는 만년에 이르러 비로소 평양과 증성(甑城)을 영유할 수 있었다고 보이므로 그 점령 구역은 대동강 하류 유역을 벗어나지 못했을 것이다.

2) 궁예와 견훤의 충돌

나주 방면에서의 두 세력의 충돌

궁예의 영토가 지금의 홍주, 공주, 청주(淸州) 및 상주의 남쪽을 잇는 선으로 백제와 국경을 접했다는 것은 앞에서 언급한 바와 같다. 그렇지만 두 나라의 충돌은 이 경계가 아닌 다른 방면에서 일어났다. 『삼국사기』를 살펴보자.

궁예가 장군에게 명하여 병사와 선박을 이끌고 진도군을 함락시키고, 또 고이도성을 깨뜨렸다.(『신라본기』 효공왕 13년)

(弓裔命將領兵舡, 降珍島郡, 又破皐夷島城)

견훤은 금성이 궁예에게 투항한 것에 노하여 보병과 기병 3천 명으로 그곳을 포위 공격하여 10일이 지나도록 풀지 않았다.(『견훤전』 개평開平 4년, 효공왕 14년)

(萱怒錦城投于弓裔, 以步騎三千圍攻之, 經旬不解)

견훤이 몸소 보병과 기병 3천을 이끌고 나주성을 포위하고 열흘이 지나도록 풀지 않았다. 궁예가 수군을 보내어 이를 습격하니, 견훤이 군사를 끌고 후퇴했다.(『신라본기』효공왕 14년)

(甄萱躬率步騎三千, 圍羅州城, 經旬不解, 弓裔發水軍襲擊之, 萱引軍而退)

태조가 군사를 거느리고 금성 등을 치고, 금성을 나주로 했다.(『궁예전』건화乾化 원년, 효공왕 15년)

(太祖率兵伐錦城等, 以錦城爲羅州)

견훤이 궁예와 덕진포에서 싸웠다.(『견훤전』건화 2년, 효공왕 16년)

(萱與弓裔戰于德津浦)

충돌한 시기

『고려사』에는 앞에서 인용한 나주 정벌의 기사에 이어서 개평(開平) 3년 (효공왕 13년) 조항에 다음과 같은 내용이 있다.

궁예가 나주의 상황을 근심하여 [드디어] 태조에게 가서 지키도록 명령했다. (중략) 수군을 거느리고 광주의 염해현에 머물다가 견훤이 오월(吳越)에 보내는 배를 사로잡아 돌아왔다. (중략) 또 (중략) 광주의 진도군을 공격하게 하여 함락했고, 나아가서 고이도에 머물렀는데, 성 안 사람들이 (중략) 싸우지 않고 항복했다. 나주의 포구에 이르니, 견훤이 직접 군사를 거느리고 전함을 늘어놓았는데, 목포부터 덕진포까지 머리와 꼬리가 서로 잇닿았고 수륙 종횡으로 얽혀 있어서 그 군세가 매우 성했다. (중략) 태조가 (중략) 진군하여 급히 공격하자 적함선이 조금 물러났다. 바람을 타고 불을 지르니 불에 타고 물에 빠져 죽은 자가 절반이 넘었으며 500여 명의 머리를 베었고, 견훤은 작은 배를 타고 달아났다. 나주 관내의 여러 고을이 (중략) 모두 안정되었다.

(裔以羅州爲憂, [遂]令太祖往鎭之 (中略) 以舟師次于光州塩海縣, 獲萱遣入吳越船而還, (中略) 又 (中略) 往擊光州珍島郡拔之, 進次皐夷島, 城中人 (中略) 不戰而降, 及至羅州浦口, 萱親率兵列戰艦, 自木浦, 至德眞浦, 首尾相銜, 水陸縱橫, 兵勢甚盛 (中略) 太祖 (中略) 進軍急擊, 敵船稍却. 乘風縱火, 燒溺者大半, 斬獲五百餘級, 萱以小舸遁歸 (中略) 羅州管內諸郡 (中略) 悉定)

이 문장 다음에는 태조가 다시 군사를 내어 압해현(壓海縣)과 갈초도(葛草島) 등의 적을 정벌한 일이 이어진다. 『고려사』는 기사의 첫머리에 개평(開平) 3년이라고만 적었지만, 『삼국사기』를 참조하면 이 전투는 이후 3~4년 간에 걸쳐 일어난 것이었다. 「신라본기」 효공왕 14년 조항에 "궁예가 수군을 보내어 이를 습격하니 견훤이 군사를 끌고 후퇴했다"고 한 것도 15년과 16년의 사건을 한꺼번에 결말까지 기술한 것이다. 한편 궁예는 육상에서 남하하여 바로 견훤의 수도인 전주를 공격하지 않고, 오히려 해로인 남쪽으로 우회하여 나주 방면을 공격했던 것인데, 『고려사』에는 이 작전이 천복(天復) 3년에 일어난 것으로 되어 있다. 그렇지만 당시 견훤이 이에 대해 어떤 방어책을 강구했는지에 대해서는 언급이 없으며, 개평 3년 이후에 이르러 비로소 양자 사이에 전투가 있었던 것처럼 기록한 것은 이해할 수 없는 일이다. 나주가 궁예에게 침략을 당한 적이 있었다면 견훤이 수 년 동안 등한시했을 리가 없기 때문이다. 따라서 『고려사』의 기사에는 오류가 있는 듯하며, 사실은 『삼국사기』에 실려 있는 바와 같이 효공왕 13년에 궁예의 군사가 비로소 진도군 및 그 부근을 정복했고, 금성(나주)도 이와 동시에 점령되었을 것이다. 견훤은 그 다음 해에 이 지역을 회복하고자 군사를 일으켰지만 뜻대로 되지 않았고, 건화(乾化) 2년에 덕진포 전투에서 크게 패한 후 나주 부근은 결국 궁예의 영유로 귀속된 것이다. 이와 같이 궁예는 서남쪽 해상에 근거지를 갖기에 이르렀고, 고려 태조는 궁예를 대신하여 더욱더 동쪽으로 전진하여 진주 방면을 경략할 수 있게 된 것이다. 따라서 천복 3년에 궁예가 양주를 침략했다고 한 『고려사』의 기사를 믿을 수 없다는 점에는 이의가 없을 것이다.

교전지의 위치

앞에서 인용한 기사 중에 나온 고이도성(皐夷島城)은 분명하지 않다. 덕진포는 지금도 같은 이름으로 영암군(靈巖郡)의 북쪽 5리에 있는 지역일 것이다. 압해현(壓海縣)은 『여지승람』에 의하면 나주주(羅州州)에서 남쪽으로 40리에 있는 크고 작은 섬들이고, 갈초도(葛草島)는 분명하지 않다. 비슷한 발음의 지명을 찾아서 추측해 보면 고이도는 하의도(河衣島)이고, 갈초도는 지좌도(只佐島)일지도 모르겠다.

3) 고려와 후백제의 양립 시대

왕건의 즉위

궁예는 신라 경덕왕 2년(정명貞明 4년)에 부하에게 죽임을 당하고, 왕건이 왕이 되어 고려 왕조를 세웠다. 이후 견훤과 궁예의 싸움은 이윽고 견훤과 왕건의 충돌이 되었다. 우선 옛 사료에 기록된 견훤의 영토에 관한 기사를 뽑아서 정리하면 다음과 같다.

① 견훤이 일길찬 민합을 보내어 즉위를 축하하자 광평시랑 한신일 등에게 명하여 감미현에서 영접하도록 했다.(『고려사』 태조 원년, 경명왕 2년)

(甄萱遣一吉粲閔郃來賀卽位, 命廣評侍郎韓申一等迎于甘彌縣)

② 웅주, 운주 등 10여 개의 주[현]이 모반하여 백제에 붙자 전 시중 김행도에게 명하여 동남도초토사 지아주제군사로 임명했다.(『고려사』 태조 원년, 경명왕 2년)

(熊, 運等十餘州[州縣], 叛附百濟, 命前侍中金行濤, 爲東南道招討使, 知牙州諸軍事)

③ 청주가 진심으로 귀부하지 않고 기회만 엿보며 유언비어가 자주 일어나므로, 직접 행차하여 위로하고 달래어 드디어 성을 쌓도록 명령했다.(『고려사』 태조 2년, 경명왕 3년)

(以靑州首鼠順逆訛言屢興, 親幸慰撫, 遂命城之)

④ 정월, 강주 장군 윤웅이 그 아들 일강을 인질로 보내자 (중략) 낭중 춘양을 강주로 파견하여 귀부한 이들을 위로하고 타일렀다.(『고려사』 태조 3년, 경명왕 4년)

(正月, 康州將軍閏雄遣其子一康爲質 (中略) 遣郎中春讓於康州, 慰諭歸附)

⑤ 10월에 후백제왕 견훤이 (중략) 대야성을 공격하여 함락시키고 진례까지 진군하자, 왕이 (중략) 태조에게 구원을 요청했다.(『신라본기』 경명왕 4년)

(十月, 後百濟主甄萱 (中略) 攻陷大耶城, 進軍於進禮, 王 (中略) 求援於太祖)

10월, 견훤이 신라를 쳐서 대량군과 구사군 두 고을을 빼앗고 진례군까지 이르렀다.(『고려사』 태조 3년)

(十月, 甄萱侵新羅, 取大良, 仇史二郡, 至于進禮郡)

⑥ 하지성 장군 원봉이 (중략) 태조에게 항복했다 [중략] 진보성 장군 홍술이 태조에게 항복했다.(『신라본기』 경명왕 6년)

(下枝城將軍元逢 (中略) 降於太祖 [中略] 眞寶城將軍洪述, 降於太祖)

⑦ 명지성 장군 성달과 경산부 장군 양문 등이 태조에게 항복했다.(『신라본기』 경명왕 7년)(『고려사』에는 경산부를 벽진군碧珍郡이라고 했다.)

(命旨城將軍城達, 京山府將軍良文等降於太祖)

⑧ 대야성과 문소성 두 성의 군사를 일으켜 조물성을 공격하도록 했다.(『견훤전』 동광同光 2년, 경애왕 원년)(『고려사』에는 조물성을 조물군이라고 했다.)

(發大耶, 聞韶二城卒, 攻曹物城)

⑨ 견훤이 사신을 보내 절영도의 총마 1필을 바쳤다.(『고려사』 태조 7년, 경애왕 원년)

(甄萱遣使來獻絶影島驄馬一匹)

⑩ 매조성 장군 능현이 사신을 보내 항복을 청했다.(『고려사』 태조 8년, 경애왕 2년)

(買曹城將軍能玄遣使乞降)

⑪ 고울부 장군 능문이 태조에게 투항했으나 위로하고 타일러 돌려보냈으니, 그 성이 신라의 왕도에 가까웠기 때문이다.(『신라본기』 경애왕 2년)

(高鬱府將軍能文投於太祖, 勞諭還之, 以其城迫近新羅王都故也)

⑫ 견훤이 기병 3천 명을 거느리고 조물성에 이르니 태조도 또한 정병을 거

느리고 와서 그와 더불어 겨루었다. 그때 견훤의 군사가 매우 날래서 (중략) 태조는 (중략) 화친을 청했다.(『견훤전』 동광 3년, 경애왕 2년)

(萱率三千騎至曹物城, 太祖亦以精兵來與之确, 時萱兵銳甚 (中略) 太祖 (中略) 乞和)

⑬ 거창 등 20여 성을 공격하여 빼앗았다.(『견훤전』 동광 3년, 경애왕 2년)

(攻取居昌等二十餘城)

⑭ 견훤은 (중략) 웅진까지 진군했다. 태조가 여러 성에 명령하기를 굳건히 막고 나가지 말라고 했다.(『신라본기』 경애왕 3년)

(萱 (中略) 進軍於熊津, 太祖命諸城堅壁不出)

⑮ 태조가 몸소 백제를 정벌하니 (중략) 친히 근암성을 깨뜨렸다.(『신라본기』 경애왕 4년)

(太祖親征百濟 (中略) 親破近嵒城)

직접 백제의 용주를 정벌하여 항복을 받았다. (중략) 신유, 왕이 운주를 공격하여 성 아래에서 성주 긍준을 격파했다. 갑자, 근품성을 공격하여 함락시켰다.(『고려사』 태조 10년, 경애왕 4년)

(親伐百濟龍州, 降之 (中略) 辛酉王入運州, 敗其城主兢俊於城下, 甲子攻下近品城)

⑯ 강주가 관할하던 돌산 등 4개 고을이 태조에게 귀부했다.(『신라본기』 경애왕 4년)

(康州所管突山等四鄕, 歸於太祖)

해군장군을 (중략) 보내어 수군을 거느리고 강주를 치게 하니, 전이산, 노포, 평서산, 돌산 등 4개 고을을 함락시켰다.(『고려사』 태조 10년)

(遣海軍將軍 (中略) 率舟師, 往擊康州, 下轉伊山, 老浦, 平西山, 突山等四鄕)

⑰ 웅주를 공격했으나 이기지 못했다.(『고려사』 태조 10년)

(攻熊州不克)

⑱ 대량성을 공격하여 함락했다.(『고려사』 태조 10년)

(攻破, 大良城)

⑲ 왕이 강주를 순시하자, 고사갈이성 성주 흥달이 귀부했다. 이에 백제의 여러 성주가 모두 항복하고 귀부했다.(『고려사』 태조 10년)

(王徇康州, 高思葛伊城, 城主興達歸順[欵]. 於是百濟諸城守, 皆降附)

⑳ 견훤이 근품성을 공격하여 빼앗아 불태웠다. 진격하여 신라 고울부를 습격했다. 신라 도성 근교에 닥치니 신라왕이 태조에게 구원을 청했다. (중략) 견훤이 갑자기 신라 왕도에 들어갔다. (중략) 태조는 정예의 기병 5천을 거느리고 견훤을 공산 아래에서 기다렸다가 크게 싸웠다. (중략) 태조는 겨우 몸만 빠져 나왔다. 견훤은 승세를 타고 대목군을 빼앗았다.(『견훤전』 천성天成 2년, 경애왕 4년)
(『고려사』에는 공산의 동수桐藪에서 싸웠다고 했다.)

(萱攻取近品城燒之, 進襲新羅高鬱府, 逼新羅郊圻, 新羅王求援[救]於太祖 (中略) 萱猝入新羅王都 (中略) 太祖以精騎五千, 要萱於公山下大戰 (中略) 太祖僅以身免, 萱乘勝取大木郡)

㉑ 견훤이 장수를 보내어 벽진군을 침공하고, 대목군과 소목군 두 곳의 벼를 베어버렸다.(『고려사』 태조 10년)

(甄萱遣將侵碧珍郡, 芟大小木二郡禾稼)

㉒ 고려 장수 김상이 초팔성의 도적 흥종과 싸웠는데, 이기지 못하고 전사했다.(『신라본기』 경순왕 2년)

(高麗將金相與草八城賊興宗戰, 不克, 死之)

김상 (중략) 등이 강주를 구원하러 가면서 초팔성을 지나다가 성주 흥종에게 패하고, 김상은 전사했다.(『고려사』 태조 11년, 경순왕 2년)

(金相 (中略) 等, 將往救康州, 經草八城, 爲城主興宗所敗, 金相死之)

㉓ 탕정군에 행차했다.(『고려사』 태조 11년, 경순왕 2년)

(幸湯井郡)

㉔ 강주 장군 유문이 견훤에게 항복했다.(『신라본기』 경순왕 2년)

(康州將軍有文, 降於甄萱)

강주의 원보 진경 등이 고자군으로 양곡을 운송하는데, 견훤이 몰래 군사를 보내 강주를 습격했다. 진경 등이 돌아와 싸웠으나 패배하여 죽은 자가 3백여 명이었고, 장군 유문이 견훤에게 항복했다.(『고려사』 태조 11년)

(康州元甫珍景等運糧于古子郡, 甄萱潛師襲康州, 珍景等還戰敗, 死者三百餘人, 將軍有文降於[于]萱)

㉕ 7월에 몸소 군대를 거느리고 삼년산성을 공격했으나 이기지 못하고 결국 청주로 행차했다.(『고려사』 태조 11년)

(七月, 自將擊三年山城, 不克, 遂幸靑州)

㉖ 8월에 견훤이 장군 관흔에게 명하여 양산에 성을 쌓게 하자, 태조가 명지성의 장군 왕충에게 명하여 군사를 거느리고 이를 공격하여 쫓게 했다. 견훤이 대야성 아래에 진군하여 주둔하면서, 군사를 풀어 대목군의 벼를 베어 갔다.(『신라본기』 경순왕 2년)

(八月, 甄萱命將軍官昕築城於陽山, 太祖命命旨城將軍王忠, 率兵擊走之, 甄萱進屯[屯於]大耶城下, 分遣軍士, 芟取大木郡禾稼)

(위와 같은 문장에 이어서) 드디어 오어곡에 부대를 나누어 주둔하니 죽령의 길이 막혔다. 왕이 왕충 등에게 명하여, 조물성으로 들어가 염탐하도록 했다.(『고려사』 태조 11년)

(遂分屯烏於谷竹嶺路塞, 命王忠等往諜于曹物城)

㉗ 대상 권신이 죽었는데, 일찍이 황산군을 격파한 공으로 중아찬에 제수했다.(『고려사』 태조 11년)

(大相權信卒, 嘗以破黃山郡功, 授重阿餐)

㉘ 견훤이 부곡성을 공격해 함락시켰다.(『신라본기』 경순왕 2년)

(甄萱攻陷缶谷城)

견훤이 경졸을 뽑아 오어곡성을 공격하여 함락시켰다.(『고려사』 태조 11년)

(甄萱選勁卒, 攻拔烏於谷城)

㉙ 견훤이 의성부성을 공격하여 고려 장수 홍술이 출전했으나, 이기지 못하고 전사했다. 순주 장군 원봉이 견훤에게 항복했다. 태조가 (중략) 순주를 현으

로 고쳤다.(『신라본기』 경순왕 3년)

(甄萱攻義城府城, 高麗將洪述出戰不克, 死之, 順州將軍元逢降於甄萱, 太祖 (中略) 改順州爲縣)

㉚ 견훤이 가은현을 포위했으나, 이기지 못하고 돌아갔다.(『신라본기』 경순왕 3년)

(甄萱圍加恩縣, 不克而歸)

㉛ 견훤이 고창군을 에워싸자, 왕이 직접 군사를 거느리고 이를 구했다.(『고려사』 태조 12년, 경순왕 3년)

(甄萱圍古昌郡, 王自將救之)

㉜ 재암성 장군 선필이 고려에 항복했다.(『신라본기』 경순왕 4년)

(載嵒城將軍善弼降高麗)

㉝ 태조가 견훤과 고창군 병산 아래에서 싸웠는데, 크게 이겨 죽이고 포로로 잡은 자들이 매우 많았다. 영안, 하곡, 직명, 송생 등 30여 군현이 차례차례 태조에게 항복했다 (중략) 나라 동쪽의 바닷가 주와 군, 부락들이 모두 태조에게 항복했다.(『신라본기』 경순왕 4년)

(太祖與甄萱戰古昌郡瓶山之下大捷, 殺虜甚衆, 其永安, 河曲, 直明, 松生等三十餘郡縣, 相次降於太祖 (中略) 國東沿海州郡部落盡降於太祖)

왕이 직접 군사를 거느리고 고창군 병산에 진을 치고, 견훤의 군사들은 석산에 진을 치니 (중략) 견훤은 패배하여 달아났다. (중략) 이 날 고창군에서 아뢰기를, 견훤이 장수를 보내 순주를 쳐서 함락시키고 민가를 약탈하여 갔다고 하니, 왕이 곧 순주로 갔다. (중략) 이에 영안, 하곡, 직명, 송생 등 30여 군현이

차례로 투항하여 왔다.(『고려사』 태조 13년, 경순왕 4년)

(王自將軍古昌郡甁山, 甄萱軍石山 (中略) 萱敗走 (中略) 是日, 古昌郡奏, 萱遣將攻陷順州, 掠人戶而去王卽幸順州 (中略) 於是永安, 河曲, 直明, 松生等三十餘郡縣相次來降)

㉞ 직접 일모산성을 정벌했다. 다시 일모산성을 공격하여 깨뜨렸다.(『고려사』 태조 15년, 경순왕 6년)

(親征一牟山城, 復攻一牟山城破之)

㉟ 수군을 이끌고 고려 예성강에 들어갔다. 3일을 머물면서 염주, 백주, 정주 3주의 배 1백 척을 빼앗아 불태우고, 저산도에서 기르는 말을 빼앗았다.(「견훤전)」 장흥長興 3년, 경순왕 6년)

(以船兵入高麗禮成江 (中略) 取鹽, 白, 貞三州船一百艘, 焚之, 捉猪山島牧馬)

㊱ 운주 경내 30여 군현이 태조에게 항복했다.(「신라본기」 경순왕 8년)

(運州界三十餘郡縣降於大祖)

견훤이 태조가 운주에 머물고 있다는 소식을 들었다. 드디어 군사 5천 명을 선발하여 이르렀다. 장군 검필이 그들이 미처 진을 치기 전에 굳센 기병 수천 명으로 돌격하여 3천 명을 베어 죽였다. 웅진 이북 30여 성이 소문을 듣고 스스로 항복했다.(「견훤전)」 청태淸泰 원년, 경순왕 8년)

(萱聞太祖屯渾州, 遂簡甲士五千至. 將軍黔弼及其未陣, 以勁騎數千突擊之, 斬獲三千餘級, 熊津以北三十餘城, 聞風自降)

㊲ 신검이 견훤을 금산의 불사에 가두었다. (중략) 견훤이 (중략) 금성으로 도

주하여 사람을 보내 태조에게 만나기를 청했다. 태조가 기뻐하여 장군 검필, 만세 등을 보내 수로를 경유하여 가서 그를 위로하여 오게 했다. (견훤이) 도착하자 두터운 예로써 대접했다.(『견훤전』청태 2년, 경순왕 9년)

(神劍幽萱於金山佛宇 (中略) 萱 (中略) 逃奔錦城, 遣人請見於太祖, 太祖喜遣將軍黔弼萬歲等, 由水路勞來之, 及至, 待以厚禮)

태조에게 항복하기를 청했다.(『신라본기』경순왕 9년)

(請降於太祖)

㊳ 태조가 (중략) 먼저 태자 무와 장군 술희를 보내 보병과 기병 1만 명을 거느리고 천안부에 가게 했다. (중략) 태조가 삼군을 이끌고 천안에 이르러 군사를 합쳐 일선으로 나아갔다. 신검이 군사로 그를 막았다. (중략) 일리천을 사이에 두고 맞서 진을 쳤다. (중략) 백제군이 패하여 무너졌다. (중략) 견훤은 (중략) 황산의 절에서 죽었다.(『견훤전』천복 원년, 고려태조 19년)

(太祖 (中略) 先遣太子武將軍述希領步騎一萬, 趣天安府 (中略) 太祖率三軍至天安合兵, 進次一善, 神劍以兵逆之 (中略) 隔一利川相對 (中略) 百濟軍潰北 (中略) 萱 (中略) 卒於黃山佛舍)

(일리천 전쟁기사에 이어서) 아군이 추격하여 황산군에 이르러 탄령을 넘어 마성에 영을 세워 머무르자, 신검이 동생 청주성주 양검과 광주성주 용검과 함께 (중략) 항복했다. 견훤은 황산의 절에서 죽었다 (중략) 왕이 백제의 도성으로 들어갔다.(『고려사』태조 19년)

(我師追至黃山郡, 踰炭嶺駐營馬城, 神劍與其弟菁州城主良劍, 光州城主龍劍 (中略) 來降, 萱卒于黃山佛舍 (中略) 王入百濟都城)

후백제의 서북쪽 경계

이상에서 정리한 사료를 통해 후백제의 영역을 고찰하면, 가장 명백한 것은 서북쪽 경계로서 궁예 시대와 큰 차이가 없는 것 같다. 궁예 시대에는 앞에서 서술한 바와 같이 백제는 부여 방면에서 연산, 회덕, 문의, 보은까지 영유했고, 그 북쪽인 공주, 청주, 충주는 궁예에 속하여 그 중간이 경계였다.

웅주와 운주 방면

고려시대에 들어서 웅주(熊州, 공주)와 운주(運州, 홍주)가 후백제에 복속된 적이 있으므로(② 참조) 서쪽 변경은 조금 북쪽으로 올라갔지만, 새로 추가된 공주가 바로 고려 영토에 가까웠으므로(⑭) 그 범위는 아주 협소했을 것으로 짐작된다. 홍주도 오래가지 않아 잃고 말았던 것 같다(⑮). 천성(天成) 3년 왕건이 견훤에게 보낸 글에 "임존성을 함락시킨 날(拔任存之日)" 등의 말이 있으므로, 임존(任存, 대흥)도 운주와 함께 고려의 영유로 귀속되었을 것이다. 다만 공주는 후년까지 후백제의 보유였고(⑰, ㊱), 동쪽의 문의, 보은 등과 서로 호응하며 백제의 북쪽 경계를 이루었던 것 같다.

근암성과 근품성

인용 ⑮의 「신라본기」 경애왕 4년 조항과 『고려사』 태조 10년 조항에 보이는 근암성(近嵒城, 또는 근품성近品城)의 소재는 알 수 없지만, 신유일에 운주로 들어가고 갑자일에 근품성을 빼앗았다고 했으므로 그 사이가 겨우 이틀거리에 불과한 멀지 않은 지점임을 알 수 있다. 『삼국사기』 「지리지」에 상주(尙州) 예천군(醴泉郡)의 속현인 가유현(嘉猷縣)의 옛 이름이 근품현이라고 했고, 『고려사』 「지리지」에는 "품(品)은 암(嵒)이라고도 한다(品一作嵒)"고

되어 있다. 하지만 『여지승람』에 의하면 이 지방은 상주에서 북쪽으로 63리이고 홍주 방면과는 아주 멀리 떨어져 있다. 뿐만 아니라 이때 상주는 이미 고려에 귀속된 지 오래이므로, 그 북쪽인 근품현이 여전히 후백제의 수중에 있었다고는 볼 수는 없다. 따라서 상주 부근의 근품현과 운주 방면의 근암성은 전혀 다른 지역이고, 『고려사』「지리지」가 모양이 비슷한 '품(品)' 자와 '암(嵓)' 자를 혼동했을 것이다. 『삼국사기』「지리지」에는 근품(近品)만 있고 근암(近嵓)이라는 지명이 없으므로, 『고려사』「지리지」에 이르러 두 지방을 동일시한 것이다. 그렇다면 『고려사』 태조「세가」에 나오는 근품도 근암의 오류이고, 「신라본기」에 있는 근암이 옳다고 보아야 할 것이다. 「견 훤전」 천성 2년 조항(⑳)에도 근품성이 나오지만 이에 대해서는 뒤에서 언급하기로 한다. 용주(龍州)는 『고려사』「지리지」등에는 기록이 보이지 않는다. 경상도 용궁군(龍宮郡)을 용주라고 칭한 일이 있지만 방위가 전혀 다르다. 또 이 지방은 이 시기에 이미 고려의 영유였다고 여겨지므로 여기서 말하는 용주는 아닐 것이다.

문의와 보은 방면

공주에서 동쪽 지방을 보면, 후년에 일모산성(一牟山城, 문의)이 처음으로 고려에 귀속되었고(㉞) 삼년산성(三年山城, 보은)이 고려에 귀속된 일이 없다는 것을 보면(⑳), 이 지방은 백제의 영유였다는 것을 알 수 있다. 그렇다면 청주(菁州, 淸州)는 여전히 고려 남쪽 경계의 중진이었을 것이다(③, ㉕). 그런데 고려 태조 11년에 견훤에게 준 글 중에 "연산군 부근에서 군사들이 보는 앞에서 길환을 베었다(燕山郡畔斬吉奐於軍前)"는 말이 있고, 또한 황산군(黃山郡)에서도 백제군과 교전을 벌인 형적이 있다(㉗). 따라서 고려군은 이때 백제의 국경 지역에 침입해서 문의(연산燕山)와 연산(連山, 황산) 지방을 노략질한 일이 있었을 것이다. 또 「신라본기」 경순왕 2년 조항(㉖)에 나온 양산(陽山)은 옥천의 동남쪽으로 백제의 영유였으므로 고려가 군사를 보은 이남으로 보낸 적이 있음을 추측할 수 있다. 그렇지만 고려는 손쉽게 보은 방면을 공격하여 빼앗을 수 없었는데, 앞에서 인용한 태조의 글 중에 "청주를 깨뜨렸을 때에는 직심 등 4~5명이 목을 내놓았다(破青州之時直心等四五輩授首)"고 한 것을 볼 때 보은의 북쪽에 있는 청주(清州)가 여전히 교전지였다. 또 상주 부근이 이미 고려에 귀속된 후에도 보은이 여전히 오랫동안 백제의 영유였던 것을 보면, 백제가 전력으로 이곳을 지켰고 지형이 뛰어난 곳이었음을 상상할 수 있다.

보은의 정치적 위치

예전에 신라가 고구려 및 백제와 싸울 때 먼저 보은 지방을 빼앗았고, 이곳을 근거지로 삼아 북쪽으로는 충주 평원에 웅거한 고구려 세력에 대항하고 서남쪽으로는 웅진에서 백제를 제압할 수 있었다. 따라서 견훤이 이 지방의 영유에 힘을 쏟은 것은 고려 세력의 남하를 저지하는 데 지형상 유리한 곳임을 알았기 때문일 것이다. 요컨대 후백제는 만년에 이르기까지 공주, 문의, 보은을 연결하는 일대의 지방을 보유하고 있었으며, 그 북쪽에서 고려와 맞닿아 있었던 것이다.

『고려사』 태조 원년 조항(①)에 보이는 감미현(甘彌縣)은 『삼국사기』 「지리지」에 있는 감매현(甘買縣)인 듯하다. 그렇다면 그 지역은 『여지승람』의 천안군 조항에 "군에서 남쪽으로 27리(郡南二十七里)"에 있다고 한 지방으로, 고려의 영토가 분명하다. 태조는 탕정군(湯井郡, 온양)과 청주 등으로 행차를 한 일도 있으므로(㉓, ㉕) 이들 지역은 고려 영유였다.

운주 방면에서 후백제에 귀속된 구역

부도(附圖)에서 궁예 시대의 남쪽 경계를 지금의 공주, 정산(定山), 보령의 남쪽으로 정한 것은 정확하다고는 할 수 없지만 근거를 들자면 다음과 같다. 고려 태조 원년에 "웅주, 운주 등 10여 개의 주현이 모반하여 백제(후백제)에 붙었다"(⑫)는 기록이 있다. 『삼국사기』「지리지」에 있는 웅주(공주) 및 그 속현인 청음(淸音, 고려 신풍현新豊縣, 『여지승람』에 의하면 공주에서 서쪽으로 30리), 임성군(任城郡, 대흥) 및 그 속현인 청정(靑正, 청양靑陽)과 고산(孤山, 예산), 결성군(潔城郡, 결성結城) 및 그 속현 신읍(新邑, 여양黎陽), 그리고 연산군(燕山郡)에 속한 연기현(燕岐縣), 부여군에 속한 열성현(悅城縣, 정산) 등을 합산하면 10이 된다. 여기에 「지리지」에 보이지 않는 운주(고려 시대에 새로 설치되었을 것이다)를 더하면 11이 되므로 10여 주라고 한 것에 부합한다. 만약 경계를 더 남쪽으로 내려 부여, 가림군(嘉林郡, 임천林川)과 서림군(西林郡) 및 그 속현 8개를 더한다면 그 수가 너무 많아진다. 웅주와 운주 등 10여 주가 백제에 귀속된 후의 경계가 천안부(天安府) 탕정군의 남쪽이라는 점은 앞의 인용문 ⑪와 ⑫에 의해서도 분명하다.

차현

따라서 『고려사』「세가」태조 26년 조항에 왕의 유훈(遺訓)으로 기록되어 있는 차현(車峴)이 그 선상에 있을 것이다.

차현 이남과 공주의 강 바깥쪽은 산의 모양과 땅의 기세가 모두 등지고 뻗어 있는데 사람들의 마음도 그러하다.

(車峴以南, 公州江外, 山形地勢並趨背逆, 人心亦然)

차현은 『여지승람』에 의하면 공주에서 서북쪽으로 57리에 있으며, 천안군과 경계를 이룬다.

후백제의 동북쪽 경계

한편 경상도 방면을 보면, 북쪽으로는 상주, 예천, 영천에서 울진 부근에 이르는 선은 고려의 영유였고, 백제는 영동, 황간 지방에 이어진 선산, 금산 부근을 점유하고 남쪽으로 진주 방면까지 포함했다는 것을 앞에서 이미 서술했다. 이들 고려 및 백제의 점유지 이외에는 여전히 신라에 귀속되어 있었을 것이다. 그런데 이후 백제가 대야성(협천)을 빼앗고 구사(仇史)를 침략했으며, 군사를 진례성(進禮城)으로 전진시켰다고 했으므로(⑤), 경상도의 서남부는 이 무렵부터 백제의 세력 범위에 들어갔을 것이다. 따라서 새로 점령한 협천 방면과 이미 웅거하며 영유했던 선산과 금산 방면은 자연히 이어지게 되었을 것이다.

구사는 「지리지」에 장산군(獐山郡)의 속현인 여량(餘粮)이라고 했고, 『여지승람』에 의하면 경주의 서쪽 60리에 있다. 진례성의 소재는 분명하지 않지만, 백제군이 이 지역에 도달한 후부터 신라왕이 크게 낭패를 보고 고려에 구원을 요청한 점과 백제군이 협천과 경산에서 이 지방으로 전진했다는 것을 볼 때 경산과 경주 중간 지점으로 추측할 수 있다. 『여지승람』의 기록대로 구사가 경주의 서쪽으로 60리에 있다면, 진례성은 그보다 동쪽이며 거의 경주에 근접한다. 『삼국사기』「지리지」에 나오는 진례군(進禮郡)은 전주에 속하고 지금의 전라도 금산(錦山)이라고 했으므로 여기서 말하는 진례성은 아니다.

고려의 동남쪽 침략

백제의 세력이 이처럼 뻗어 올라오자 고려는 남쪽과 북쪽 두 방면에서 압박을 가하려고 했다. 북쪽에서는 하지성(下枝城, 안동의 서쪽, 풍산)과 진보성(眞寶城)을 빼앗고(⑥), 남쪽에서는 해상으로 우회하여 먼저 강주(康州, 진주)를 빼앗은(④) 후 부근 해안의 여러 요충지를 점령했다(⑯).

진주 방면의 침략지

나주는 이 당시에도 고려의 영유였을 것이므로 고려군은 이곳을 중계지로 삼아 해상으로 진주 방면에 군사를 보낼 수 있었던 것이다. 전이산(轉伊山)은 『삼국사기』「지리지」에 나오는 전이산과 같은 곳으로 지금의 남해도(南海島)일 것이고, 평서산(平西山, 평산)과 돌산(突山)이 모두 그 부근에 지금도 같은 이름으로 존재한다. 노포(老浦)도 역시 같은 지방일 것이다. 고사갈이성(高思葛伊城)(⑲)도 그 근방으로 추측되지만 분명하지 않다. 『고려사』「지리지」에 의하면 지금의 문경(聞慶)으로, 상주 관내이고 고령군(古寧郡, 함창 咸昌)의 속현이므로 여기에서 말하는 강주(康州)와는 맞지 않는다. 지명은 같지만 서로 다른 지역이거나 오류일지도 모르겠다.

경산부

고성(固城) 지방도 고려에 귀속되었던 것 같다(㉔). 고자군(古子郡)은 고자군(古自郡)으로 고성의 옛 이름일 것이다. 그 중간에 있는 경산부(京山府, 또는 벽진군碧珍郡, 지금의 성주星州)도 고려에 귀속되었지만(⑦), 남북 두 방면에서 고려의 영토에 이어진 것은 아니고 단지 그곳의 장수가 고려에 복종의 뜻을 알렸을 뿐이다. 경산부와 동시에 명지성(命旨城)도 고려에 귀속되었다(⑦). 「지리지」에는 한주(漢州) 관내인 견성군(堅城郡)의 옛 이름이 명지(命旨)

라고 되어 있지만 그 지역은 포천(抱川)이므로 이 시기에 고려에 귀속되었을 리가 없다. 따라서 여기서 말하는 명지성의 소재는 불명이다.

후백제의 동북면 경략

한편 견훤도 고려에 대한 계책을 강구하지 않을 수 없었다. 전진하여 문소(聞韶, 의성부義城府)를 점령하여 그 부근을 경략함으로써 고려와 신라와의 연락을 끊고(⑧), 물러나서는 거창 방면을 빼앗아 협천, 선산 방면의 점령지를 본토와 연결시킨 것(⑬)은 대략 이 때문일 것이다.

견훤이 대야와 문소 두 성의 군사를 이끌고 공격했다는(⑧) 조물성(曹物城)은 소재가 명확하지 않다. 그렇지만 이때 고려의 남쪽 경계가 상주, 안동, 진보를 잇는 선이라는 점, 또 고려 태조가 이 지역에 진을 치고 견훤과 대치한 점(⑧)으로 볼 때, 의성부의 서북쪽인 상주 및 안동과 멀지 않은 지점일 것이다. 『여지승람』의성부 조항에 "소문국의 옛 터는 현에서 남쪽으로 25리에 있다(召文國古基在縣南二十五里)"고 했는데 이곳이 당시의 문소군치(聞韶郡治)일지도 모르겠다. 이렇게 견훤은 마침내 신라의 왕도를 도륙하고, 또 공산(公山)에서 고려군을 물리치고 큰 승리를 거둘 수 있었다(⑳).

공산 전투

이때 견훤은 먼저 근품성을 빼앗고, 나아가 고울부(高鬱府, 영천 永川)에서 왕도(경주)로 들이닥쳤다고 한다(⑳). 근품성이 앞에서 인용한 「지리지」의 근품군(상주의 북쪽)이라면, 견훤은 이때 보은 방면에서 군사를 전진시킨 듯하다. 영천에서 동남쪽을 향해 경주로 들어간 방향과 돌아오는 길에 고려군과 싸웠던 공산이 대구의 북쪽, 영천의 서북쪽에 있고, 또 백제군의 진행로가 (적어도 이 방면에서는) 서북쪽에서 동남쪽으로 향했다고 보이기 때문이다. 그렇지만 견훤이 만약 왕도인 전주에서 군사를 보냈다면 영동, 황간 지방에서 금산을 나와 영천으로 향하는 것이 순로인데, 도중에 상주의 북쪽에 있는 근품성을 공격하여 빼앗았다는 점이 조금 의심스럽다. 사필이 상세하게 전하지 않아 왜곡을 알 수 있는 방법이 없다.

후백제의 성주 지방 점령과 진주 회복

이때 후백제는 성주(星州) 부근에도 세력을 미친 것 같고(⑳, ㉑, ㉒), 이어서 진주 방면의 고려군을 일소하고 남해를 회복했다(㉔). 대목군(大木郡)은 「지리지」에 성산군(星山郡)의 속현이라고 한 곳으로 나중의 약목현(若木縣)이다. 인용문 ⑳, ㉑에 언급된 소목군(小木郡)은 다른 기록에는 보이지 않으므로 의심스러운 일이다. 소목(小木)은 의미상 약목(若木)과 비슷하므로 어쩌면 그것을 말하는 것일지도 모르겠다. 그렇다면 "대목과 소목의 2군"이라고 한 것은 오류이다. 초팔성(草八城)은 초계(草谿)이다(㉒). 성주는 일찍이 고려에 복종의 뜻을 전한 지역이고 고려는 대야성(협천)도 공격했다고 했으므로(⑱), 성주, 협천, 진주는 한 번 고려의 세력 하에 들어갔지만 이때 다시 완전히 백제의 수중으로 회복된 것이다. 인용문의 뒷부분을 보면 견훤의 아들 양검(良劒)은 청주(菁州) 성주라고 했는데, 청주는 강주(康州)로서 지금의 진주이므로, 그 지방이 백제에 귀속된 것을 알 수 있다. 따라서 선산(善山) 이남, 낙동강 우측 기슭은 모두 백제의 영유가 되었는데, 비안(比安)과 대구 지방의 좌측 기슭 일대에도 그 세력은 미쳤을 것이다.

후백제의 상주 지방 경략

견훤은 이렇게 세력을 회복한 후 더욱더 진취적인 태도를 취하여 북쪽 경계를 개척하고자 부곡성(缶谷城), 가은현(加恩縣), 의성부(義城府), 고창군

(古昌郡) 등을 공격했다(㉖, ㉘, ㉙, ㉚, ㉛). 따라서 상주 부근은 한때 견훤의 영유로 귀속되었을 것이다.

부곡성

부곡성(缶谷城, 조어곡鳥於谷)의 소재는 분명하지 않지만, 예전에 신라의 서쪽 경계로서 백제군의 공격을 받은 일이 있으므로 보은 방면일 것이다.(제9장 「신라 백제 경계고」 참조) 고려 시대에 부계현(缶溪縣)이 있었는데, 『여지승람』에 의하면 의흥(義興)에서 남쪽으로 30리라고 하므로 여기서 말하는 부곡성은 아닐 것이다. 『고려사』에 "오어곡에 나누어 진을 치니, 죽령의 길이 막혔다"(㉗)고 했으므로 죽령 부근으로 볼 수도 있겠지만, 백제의 북쪽 경계인 보은에서 가기에는 너무 멀다. 그렇지만 견훤이 다음으로 공격한 가은현(㉚)은 고령군의 속현으로 문경의 남쪽 10리 지역에 있으므로 이 무렵에 백제가 상주 이북을 점령했다는 것을 알 수 있다. 부곡성 또한 보은의 동북쪽이고 문경에서 멀지 않은 지점일지도 모르겠다. 또 견훤이 한때 상주를 점령한 것은 사실일 것이므로, 앞에서 인용한 『고려사』 천우 2년의 기사는 이 무렵의 사적을 잘못 전한 듯하다. 그렇다면 『고려사』의 죽령은 조령의 오류이고 부곡성은 조령의 서쪽 산기슭에 있었다고 볼 수 있다. "오어곡에 나누어 진을 치니, 조령의 길이 막혔다"고 했으니, 백제가 보은 방면에서 일보 전진한 당시의 형세에도 부합하고, 또한 고려 쪽에서 말하자면 조령 쪽의 길이 막힌 결과 그 동쪽 산기슭에 있는 문경 지방이 백제군의 침입을 받게 되었다는 뜻으로 해석된다. "조물성에 가서 정탐하게 했다"고 한 조물성(曹物城)은 앞에서도 서술한 바와 같이 안동 및 상주에서 멀지 않은 지점이므로, 이곳 역시 당시 후백제의 영유로 귀속되었을 것이다. 고려군이 간첩을 보내어 백제군의 동정을 정탐했다는 상황으로도 추측할 수 있다.

이와 같이 상주 방면이 후백제의 영유가 되었으므로, 견훤은 더 동쪽으로 향하여 의성부 및 고창군(안동부)을 공격했던 것이다(㉙). 의성부는 일찍이 견훤에게 귀속되었다가(⑧) 이후 다시 고려에 빼앗겼을 것이다. 반면 진보성(眞寶城)은 이전까지 고려의 영유였는데, "재암성(載嵒城, 진보성) 장군 선필이 고려에 항복했다"(㉜)고 한 것을 보면 이 무렵 견훤에게 속했던 듯하다. 순주(順州, 하지현下枝縣, 풍산)도 역시 견훤에게 공격을 당하여 함락되었지만, 후백제의 영유로 귀속되지는 못한 것 같다(㉙, ㉝). 요컨대 의성, 진보, 안동 방면은 고려와 후백제가 서로 다투고 싸운 경계 지역으로, 때마다 소속이 달랐을 것이다.

고려의 해안 지방 및 웅주 방면의 점령

고창에서의 패전은 견훤의 기세를 크게 꺾은 것 같다(㉝). 고려는 이때부터 동쪽으로는 해안 지방을 병유하여(㉝) 신라를 멸망시킬 기반을 만들고, 서쪽으로는 문의 및 웅주 지방을 점유하여(㉞, ㊱) 후백제의 심장을 위협하기에 이른 것이다. 영안(永安), 하곡(河曲), 직명(直明), 송생(松生) 등 30여 군현(㉝) 중 영안은 『삼국사기』「지리지」에 의하면, 하지현 즉 순주인데, 이곳은 이미 고려의 영유였으므로 여기서 항복해 왔다고 하는 것은 중복일 것이다. 하곡은 「지리지」에 뒷날의 울주(蔚州)라고 되어 있으며 그 군치는 『여지승람』에 의하면 울산에서 서쪽으로 15리에 있다. 송생은 『여지승람』에 의하면 청송(靑松)에서 동쪽으로 15리에 있다. 직명은 상세하지 않지만, 당시 새로 고려에 귀속될만한 지방은 경상도의 동쪽 변경뿐이므로 직명도 역시 같은 방면일 것이다.

후백제의 멸망

그런데 견훤은 아들 신검(新劍)에게 유폐당하자 고려에 투항하여 구원을 요청하기에 이르렀고, 이때부터 국토 붕괴의 서막이 열리게 되었으며, 신검의 패망과 함께 후백제는 완전히 고려에 병합되어 버렸다(㊲, ㊳). 견훤이 금산(金山)에 유폐된 것은 당시에 그 지역에 있었기 때문일 것인데, 그가 금산에 있었던 것은 동북 방면의 수비에 온 힘을 다하려고 했기 때문일 것이다. 신검이 고려군에게 패한 일리천(一利川)은 성산군(星山郡, 성주 가리현加利縣)의 옛 이름이 일리군(一利郡)인 점으로 보아 성주 부근의 낙동강인 듯하지만 분명하지는 않다. 신검이 패한 후 도주한 곳은 그의 도성인 전주일 것인데, 도중에 황산(黃山, 연산連山) 방면을 경유한 것을 보면 추풍령을 넘어 황간과 영동에서 서쪽으로 도주한 것 같다. 그러므로 전쟁터는 금산 방면이었을 것이다. 기록에 고려군이 일선(一善)에 집합했다고 하는 것도 그곳이 바로 적진 앞이었기 때문일 것이다. 그렇다면 일리천은 지금의 감천(甘川)일지도 모르겠다. 이 또한 억측에 지나지 않는다.

개괄

이상에서 고찰한 경상도 방면의 후백제의 영토를 요약하자면 다음과 같다. 초기에는 선산, 금산 부근과 진주 방면의 영유에 지나지 않았지만, 후기에 이르면 북쪽에서는 선산의 동쪽, 비안, 의성부 부근을 점유하여, 상주, 안동, 진보를 차지한 고려와 상대했다. 가장 번성했던 때에는 상주도 경략했다. 남부에서는 진주의 북쪽, 협천, 거창 방면 일대를 경략하여 금산, 선산 방면과 연접할 수 있었다. 중기에 성주, 협천, 진주는 한때 고려에 넘어갔지만 오래지 않아 회복했다. 동쪽의 신라에 대한 경계는 분명하지 않지만, 낙동강 좌측 기슭 일부는 후백제의 세력권 범위에 있었을 것이다. 신라의 국력은 처음부터 후백제에 대항할 수 없었고, 고려의 구원에 의해 겨우 유지할 수 있었을 뿐이었다. 후백제도 신라를 멸망시키는 것을 급선무로 하지 않고 우선 고려를 억제하려고 노력했다. 때문에 후백제의 신라에 대한 교섭이 드물었으므로 그 경계를 추측할 수 있는 자료가 빈약하다. 대체적으로 살펴볼 때 신라의 세력은 그 수도 부근을 크게 벗어나지 못했을 것이다. 적어도 공산 전투 전후로는 후백제의 세력이 영천 방면도 휩쓸었겠지만, 확실한 영토로서 어느 지역까지 보유했는지는 알 수 없다. 고려 태조 13년에 항복했다고 하는 30여 현도 모두 신라의 영유였는지, 혹은 후백제에 귀속되었던 것을 포함한 것인지 추측할 방법이 없다.

❖ 부도(附圖)는 얼마간은 그 세력 범위에 들어간 적이 있다고 생각되는 최대 한계를 기록했다.

부도

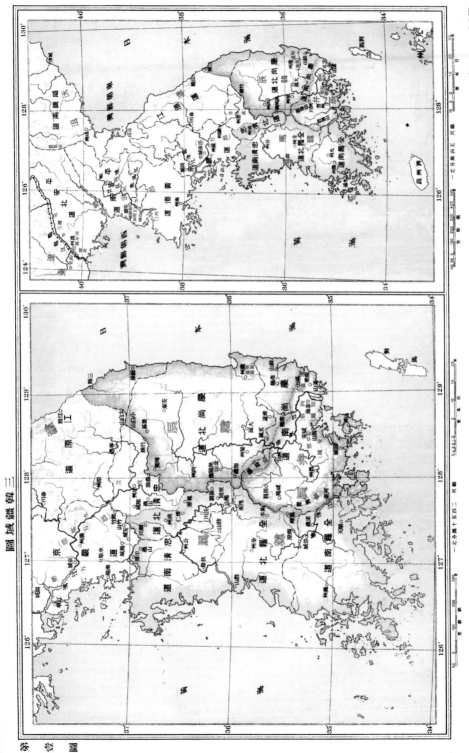

韓疆域圖

第 壹 圖

부도 1. 삼한 강역도

『조선역사지리』·1권

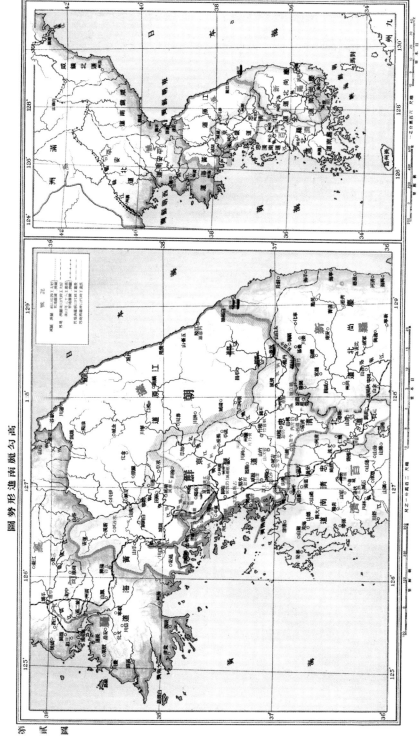

부도 2. 고구려 남진 형세도

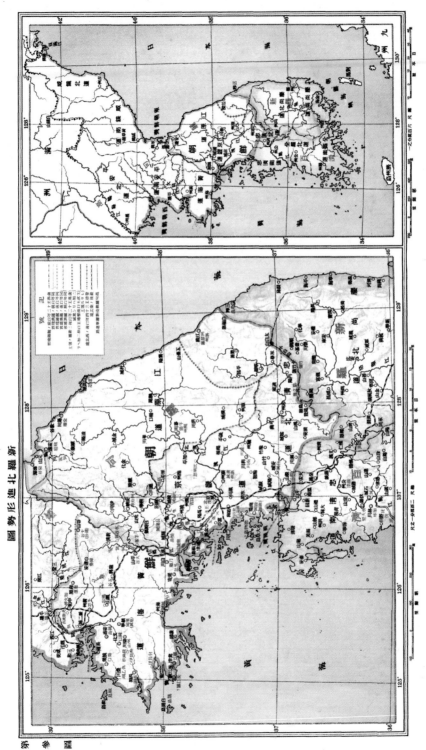

新羅北進形勢圖

부도 3. 신라 북진 형세도

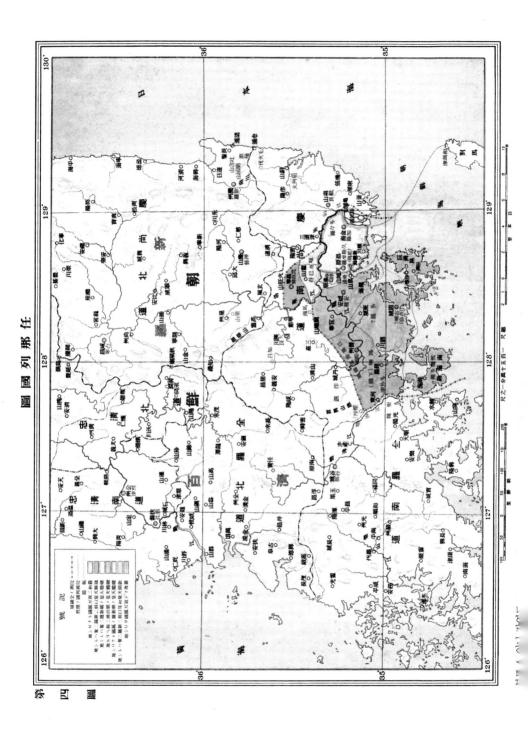

任那列國圖

第四圖

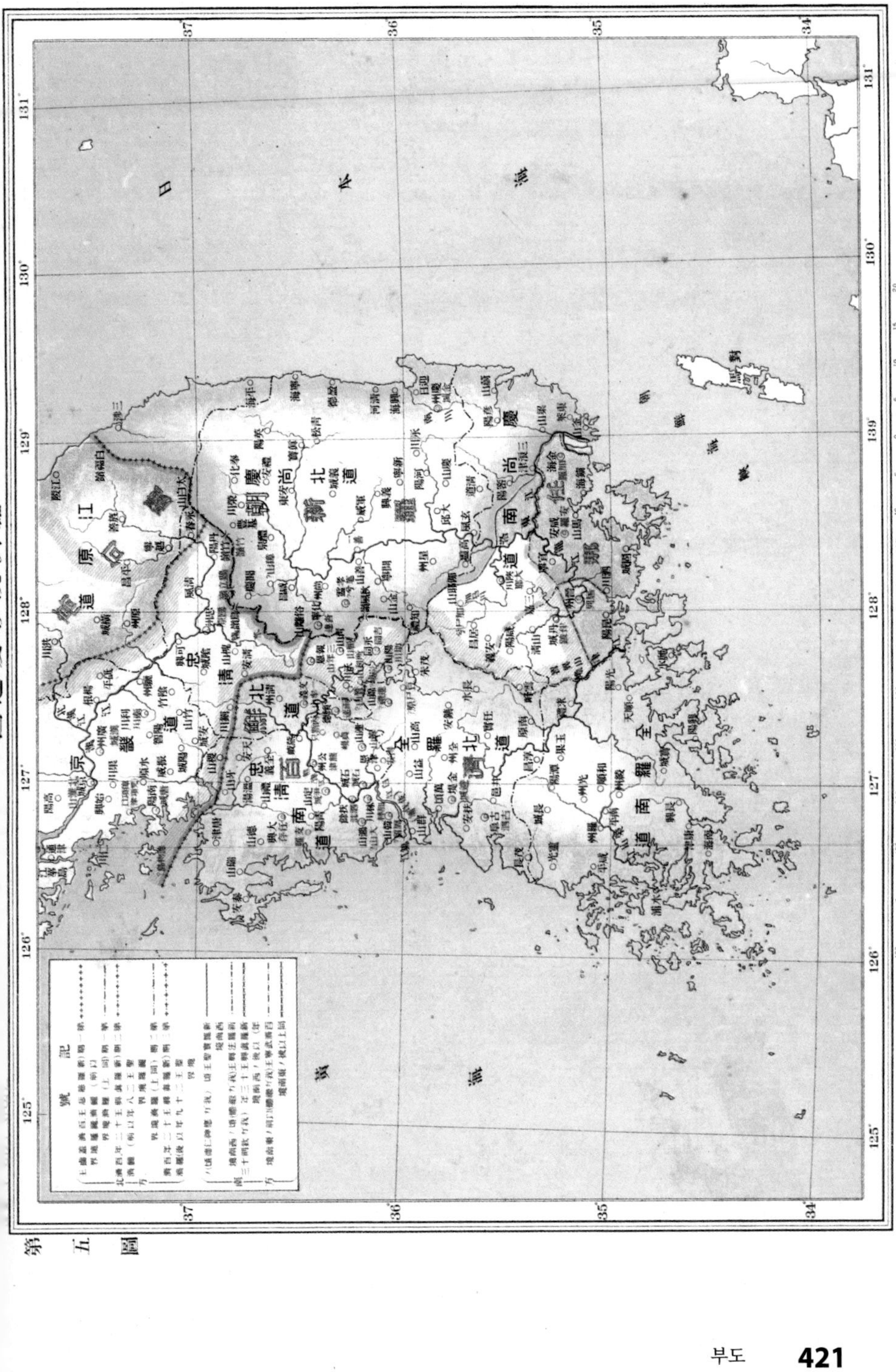

第五圖

부도 5. 신라와 백제의 경계 변천도

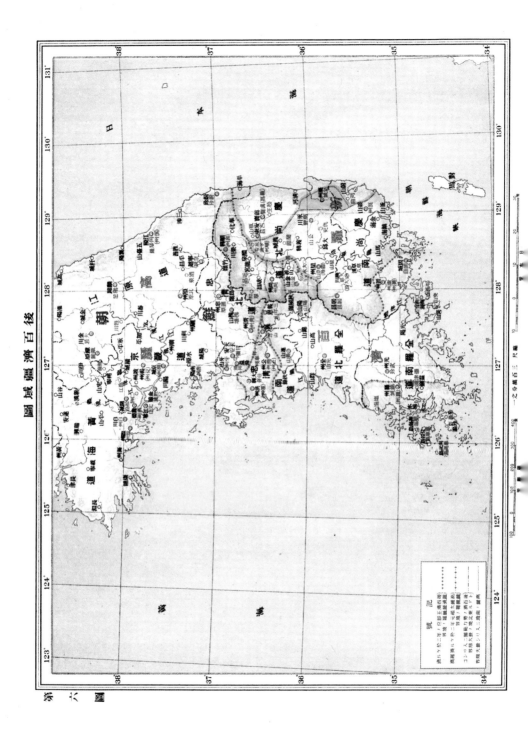

『조선역사지리』 • 1권

지은이　쓰다 소키치(津田左右吉)

옮긴이　한세진·박지영·복기대

발행일　2022년 10월 18일

펴낸곳　주류성출판사

서울특별시 서초구 강남대로 435

TEL | 02-3481-1024 (대표전화) • FAX | 02-3482-0656

www.juluesung.co.kr | juluesung@daum.net

값 30,000원

잘못된 책은 교환해 드립니다.

ISBN 978-89-6246-501-3　93910

＊ 본 저작물 일부에는 김좌진장군체와 경기천년바탕체가 사용되었습니다.

이 번역서는 2014년 대한민국 교육부와 한국연구재단의 한국학 토대기초연구지원사업의 지원을 받아 수행된 연구임(NRF-2014S1A5B4072398).